D'accord! 1A

LANGUE ET CULTURE DU MONDE FRANCOPHONE

VISTA®
HIGHER LEARNING

Boston, Massachusetts

Cover photos: clockwise from top left: characters from the **D'ACCORD!**
Roman-photo video program in Aix-en-Provence, France; honey shop, Provence, France;
artichokes at a local market, Paris, France; Mont Saint Michel, Normandy, France

Publisher: José A. Blanco
Vice President, Editorial Director: Amy Baron
Executive Editor: Sharla Zwirek
Senior National Language Consultant: Norah Lulich Jones
Editorial Development: Diego García
Rights Management: Jorgensen Fernandez, Annie Pickert Fuller, Caitlin O'Brien
Technology Production: Paola Ríos Schaaf, Erica Solari
Design: Mark James, Andrés Vanegas
Production: Manuela Arango, Oscar Díez, Jennifer López

Student Text ISBN: 978-1-68004-105-7
Printed in the United States of America.
Library of Congress Control Number: 2014955376

1 2 3 4 5 6 7 8 9 WC 20 19 18 17 16 15

D'accord! 1A

LANGUE ET CULTURE DU MONDE FRANCOPHONE

TABLE OF CONTENTS

		contextes	roman-photo	culture

v

TABLE OF CONTENTS

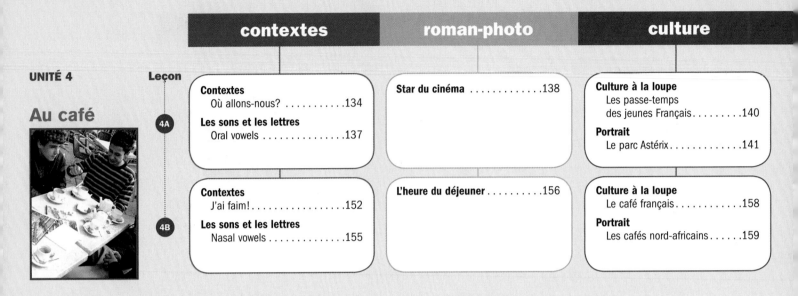

	contextes	roman-photo	culture

Appendices

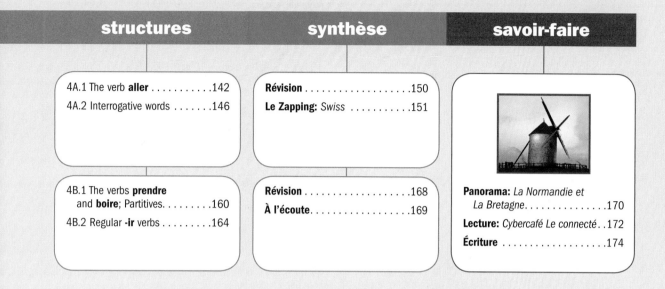

Le monde francophone

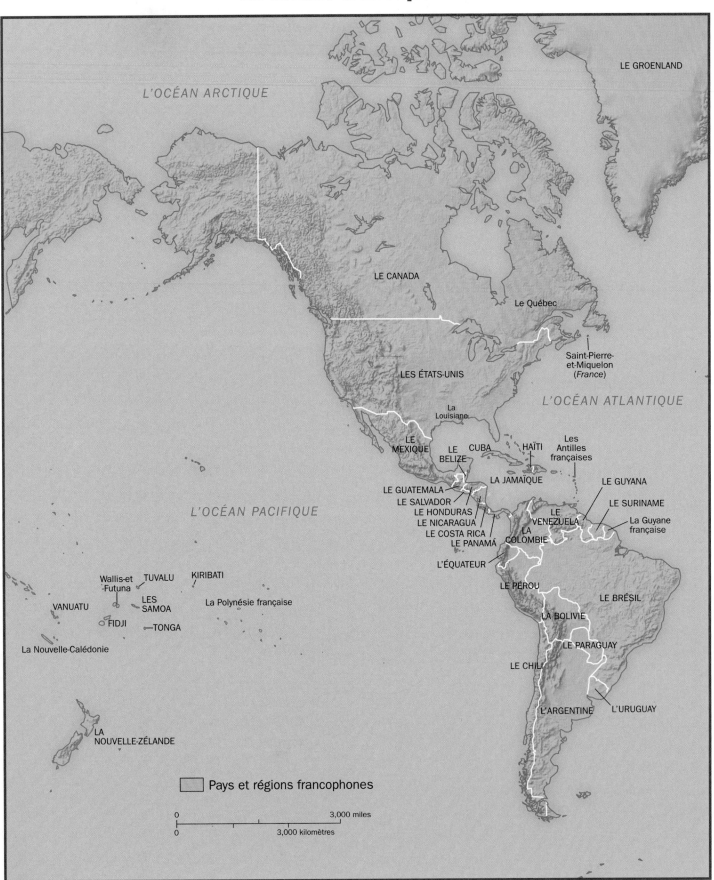

LE GROENLAND

L'OCÉAN ARCTIQUE

LE CANADA

Le Québec

LES ÉTATS-UNIS

Saint-Pierre-et-Miquelon (*France*)

L'OCÉAN ATLANTIQUE

La Louisiane

LE MEXIQUE

LE BELIZE

CUBA

HAÏTI

Les Antilles françaises

LA JAMAÏQUE

LE GUYANA

LE SURINAME

LE GUATEMALA

LE SALVADOR

LE HONDURAS

LE NICARAGUA

LE COSTA RICA

LE PANAMÁ

La Guyane française

LE VENEZUELA

LA COLOMBIE

L'ÉQUATEUR

L'OCÉAN PACIFIQUE

Wallis-et-Futuna

TUVALU

KIRIBATI

VANUATU

LES SAMOA

FIDJI

TONGA

La Polynésie française

LE PÉROU

LE BRÉSIL

LA BOLIVIE

La Nouvelle-Calédonie

LE PARAGUAY

LE CHILI

LA NOUVELLE-ZÉLANDE

L'ARGENTINE

L'URUGUAY

Pays et régions francophones

0   3,000 miles

0   3,000 kilomètres

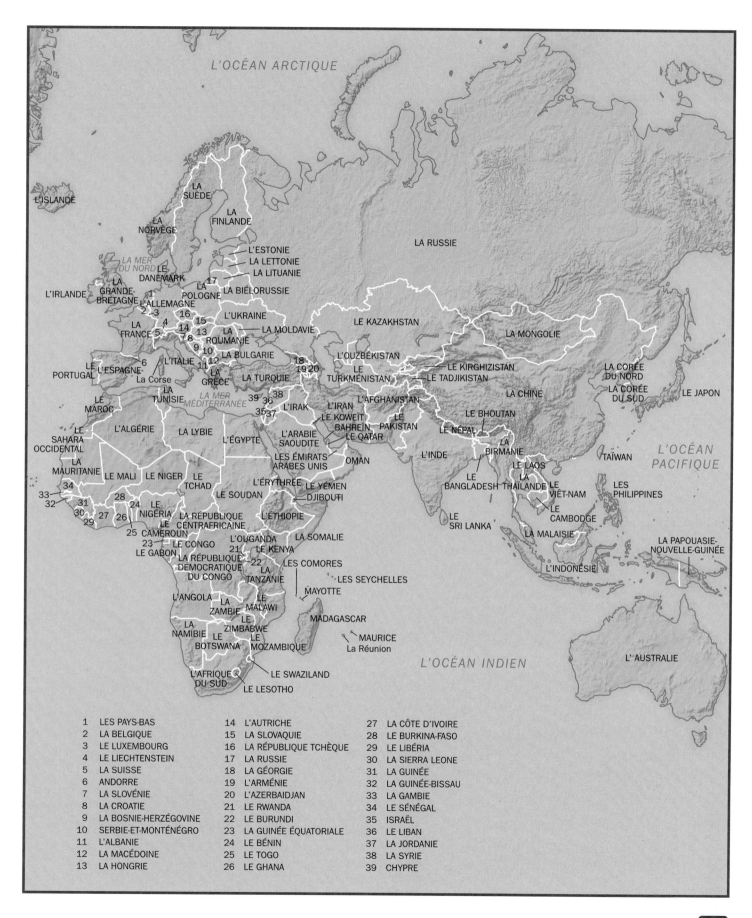

L'OCÉAN ARCTIQUE

L'ISLANDE

LA SUÈDE

LA NORVÈGE

LA FINLANDE

LA MER DU NORD

L'ESTONIE

LA LETTONIE

LA LITUANIE

LE DANEMARK

LA RUSSIE

L'IRLANDE

LA GRANDE-BRETAGNE

17 LA POLOGNE

LA BIÉLORUSSIE

1 L'ALLEMAGNE

L'UKRAINE

LE KAZAKHSTAN

LA MONGOLIE

2 3 16 15

LA FRANCE

5 4 14 13 LA ROUMANIE

8 LA MOLDAVIE

L'OUZBÉKISTAN

LE KIRGHIZISTAN

LA CORÉE DU NORD

9 10

LE 6

L'ESPAGNE

L'ITALIE

11 12 LA BULGARIE

18

LE TURKMÉNISTAN

LE TADJIKISTAN

LA CORÉE DU SUD

LE JAPON

PORTUGAL

La Corse

LA GRÈCE

19 20

LA CHINE

LA TURQUIE

LA TUNISIE

LA MER MÉDITERRANÉE

39 38

36

LE MAROC

35 37

L'IRAK

L'IRAN

L'AFGHANISTAN

LE BHOUTAN

TAÏWAN

L'OCÉAN PACIFIQUE

LE SAHARA OCCIDENTAL

L'ALGÉRIE

LA LYBIE

L'ÉGYPTE

LE KOWEÏT

BAHREÏN

LE QATAR

LE PAKISTAN

LE NÉPAL

LA MAURITANIE

L'ARABIE SAOUDITE

OMAN

L'INDE

LA BIRMANIE

LE MALI

LE NIGER

LE TCHAD

LES ÉMIRATS ARABES UNIS

LE LAOS

34

28

L'ÉRYTHRÉE

LE YÉMEN

LE BANGLADESH THAÏLANDE

LE VIÊT-NAM

LES PHILIPPINES

33

32

31

24 LE NIGÉRIA

LE SOUDAN

DJIBOUTI

30

27 26

LE CAMBODGE

29

25 CAMEROUN

LA RÉPUBLIQUE CENTRAFRICAINE

L'ÉTHIOPIE

LE SRI LANKA

LA MALAISIE

LA PAPOUASIE-NOUVELLE-GUINÉE

23 LE CONGO

LE GABON

L'OUGANDA

21 LE KENYA

LA SOMALIE

L'INDONÉSIE

LA RÉPUBLIQUE DÉMOCRATIQUE DU CONGO

22 LA TANZANIE

LES COMORES

MAYOTTE

LES SEYCHELLES

L'ANGOLA

LA ZAMBIE

LE MALAWI

MADAGASCAR

LA NAMIBIE

LE ZIMBABWE

LE BOTSWANA

LE MOZAMBIQUE

MAURICE

La Réunion

L'OCÉAN INDIEN

L'AUSTRALIE

L'AFRIQUE DU SUD

LE SWAZILAND

LE LESOTHO

1	LES PAYS-BAS	14	L'AUTRICHE	27	LA CÔTE D'IVOIRE
2	LA BELGIQUE	15	LA SLOVAQUIE	28	LE BURKINA-FASO
3	LE LUXEMBOURG	16	LA RÉPUBLIQUE TCHÈQUE	29	LE LIBÉRIA
4	LE LIECHTENSTEIN	17	LA RUSSIE	30	LA SIERRA LEONE
5	LA SUISSE	18	LA GÉORGIE	31	LA GUINÉE
6	ANDORRE	19	L'ARMÉNIE	32	LA GUINÉE-BISSAU
7	LA SLOVÉNIE	20	L'AZERBAIDJAN	33	LA GAMBIE
8	LA CROATIE	21	LE RWANDA	34	LE SÉNÉGAL
9	LA BOSNIE-HERZÉGOVINE	22	LE BURUNDI	35	ISRAËL
10	SERBIE-ET-MONTÉNÉGRO	23	LA GUINÉE ÉQUATORIALE	36	LE LIBAN
11	L'ALBANIE	24	LE BÉNIN	37	LA JORDANIE
12	LA MACÉDOINE	25	LE TOGO	38	LA SYRIE
13	LA HONGRIE	26	LE GHANA	39	CHYPRE

L'Amérique du Nord et du Sud

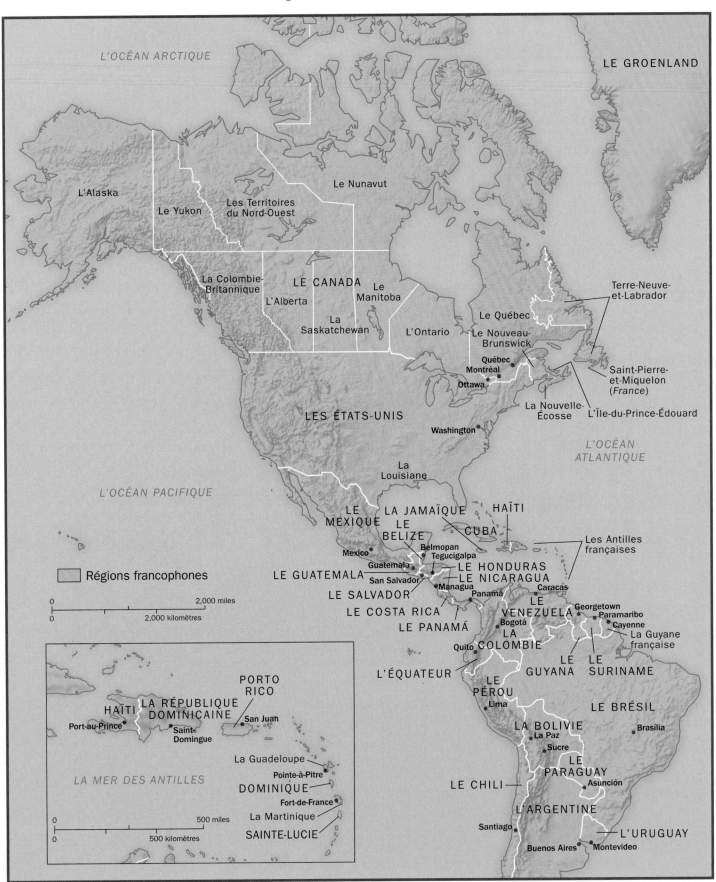

L'OCÉAN ARCTIQUE

LE GROENLAND

L'Alaska

Le Nunavut

Le Yukon

Les Territoires
du Nord-Ouest

La Colombie-
Britannique

LE CANADA

L'Alberta

Le
Manitoba

La
Saskatchewan

L'Ontario

Le Québec

Terre-Neuve-
et-Labrador

Le Nouveau-
Brunswick

Québec
Montréal
Ottawa

Saint-Pierre-
et-Miquelon
(*France*)

La Nouvelle-
Écosse

L'Île-du-Prince-Édouard

LES ÉTATS-UNIS

Washington

L'OCÉAN
ATLANTIQUE

La
Louisiane

L'OCÉAN PACIFIQUE

LE
MEXIQUE

LA JAMAÏQUE

LE
BELIZE

HAÏTI

CUBA

Les Antilles
françaises

Mexico

Belmopan
Tegucigalpa

Guatemala

LE HONDURAS

LE GUATEMALA

San Salvador

LE NICARAGUA

Managua

LE SALVADOR

Panamá

Caracas

LE
VENEZUELA

Georgetown

Paramaribo

Cayenne

LE COSTA RICA

LE PANAMÁ

Bogotá

LA
COLOMBIE

La Guyane
française

Quito

LE
GUYANA

LE
SURINAME

L'ÉQUATEUR

LE
PÉROU

Lima

LE BRÉSIL

Brasília

Régions francophones

0   2,000 miles
0   2,000 kilomètres

LA BOLIVIE

La Paz

Sucre

LE
PARAGUAY

LE CHILI

Asunción

L'ARGENTINE

L'URUGUAY

Santiago

Buenos Aires

Montevideo

PORTO
RICO

HAÏTI

LA RÉPUBLIQUE
DOMINICAINE

San Juan

Port-au-Prince

Saint-
Domingue

LA MER DES ANTILLES

La Guadeloupe

Pointe-à-Pitre

DOMINIQUE

Fort-de-France

La Martinique

SAINTE-LUCIE

0   500 miles
0   500 kilomètres

La France

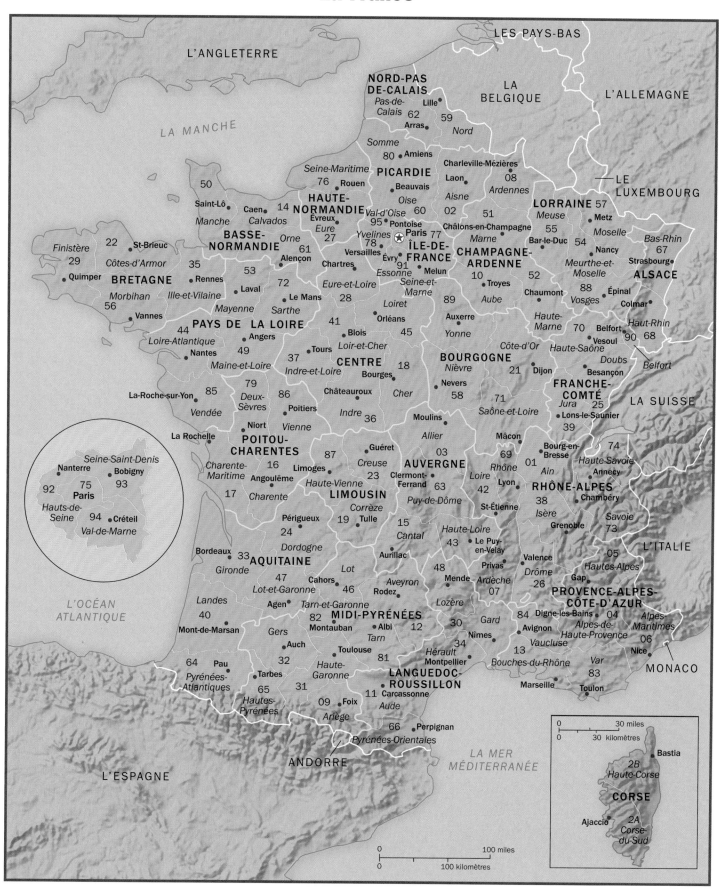

L'ANGLETERRE

LES PAYS-BAS

LA MANCHE

NORD-PAS DE-CALAIS
Pas-de-Calais 62
Lille
LA BELGIQUE
L'ALLEMAGNE
Arras
Nord 59

Somme
80 Amiens
Charleville-Mézières
Laon 08
Ardennes

50
Seine-Maritime
76 Rouen
PICARDIE
Beauvais
Oise 60
Aisne 02
LORRAINE 57
Meuse
Metz
LE LUXEMBOURG

Saint-Lô
Caen 14
HAUTE-NORMANDIE
Évreux
Val-d'Oise
95 Pontoise
51
Châlons-en-Champagne
Marne
Bar-le-Duc 55
54
Moselle
Nancy
Bas-Rhin 67

Manche
Calvados
BASSE-NORMANDIE
Orne
Eure 27
Yvelines 78 Paris 77
Versailles Évry 91
ÎLE-DE-FRANCE
CHAMPAGNE-ARDENNE
Meurthe-et-Moselle
Strasbourg
ALSACE

Finistère 22 St-Brieuc
29 Côtes-d'Armor
35
Alençon 61
Chartres
Essonne
Melun
Seine-et-Marne
10
Troyes 52
Chaumont
Vosges 88 Épinal
Colmar

Quimper
BRETAGNE Rennes
53
Laval
72
Le Mans 28
Eure-et-Loire
Loiret
Orléans
Aube 89
Haute-Marne
70
Belfort
Haut-Rhin 68
90
Vesoul
Haute-Saône
Doubs

Morbihan 56 Vannes
Ille-et-Vilaine
Mayenne
Sarthe
41
Blois
Loir-et-Cher
45
Auxerre
Yonne
Côte-d'Or 21 Dijon
Besançon
Belfort
FRANCHE-COMTÉ

44
Loire-Atlantique
Angers
49
Maine-et-Loire
37
Tours
Indre-et-Loire
CENTRE
Bourges 18
Nièvre
Nevers
Jura 25
Lons-le-Saunier
LA SUISSE

PAYS DE LA LOIRE
Nantes
79
Deux-Sèvres
86
Poitiers
Châteauroux
Cher
58
71
Saône-et-Loire
39

La-Roche-sur-Yon 85
Vendée
Niort
Vienne
Indre 36
Moulins
Mâcon
Bourg-en-Bresse
74
Haute-Savoie

La Rochelle
POITOU-CHARENTES
87
Guéret
Creuse
Allier 03
Rhône 69
01
Ain
Annecy

Seine-Saint-Denis
Nanterre
Bobigny
92 75 93
Paris
Hauts-de-Seine 94 Créteil
Val-de-Marne

Charente-Maritime 16
Limoges
23
AUVERGNE
Loire 42
Lyon
RHÔNE-ALPES
38 Chambéry

17
Charente
Haute-Vienne
LIMOUSIN
Clermont-Ferrand 63
Puy-de-Dôme
St-Étienne
Isère
Savoie 73
Grenoble

Bordeaux 33
AQUITAINE
Périgueux
24
Dordogne
Corrèze 19 Tulle
15
Cantal
Haute-Loire 43
Le Puy-en-Velay
05
Hautes-Alpes
L'ITALIE

Gironde
47
Lot-et-Garonne
Cahors
Lot 46
Aveyron
Rodez
48
Mende
Ardèche 07
Valence
Drôme 26
Gap
PROVENCE-ALPES-CÔTE-D'AZUR

Landes
40
Agen
Tarn-et-Garonne
82
Montauban
Albi
Tarn 12
Lozère
30
Gard
Nîmes
13
Vaucluse
84
Digne-les-Bains
Alpes-de-Haute-Provence 04
Alpes-Maritimes 06
Nice
MONACO

Mont-de-Marsan
Gers
Auch
Toulouse
81
Haute-Garonne
34
Hérault
Montpellier
Bouches-du-Rhône
Var 83

64 Pau
Pyrénées-Atlantiques
32
Tarbes
65
31
MIDI-PYRÉNÉES
LANGUEDOC-ROUSSILLON
Carcassonne 11
Aude
Marseille
Toulon

Hautes-Pyrénées
09 Foix
Ariège
66 Perpignan
Pyrénées-Orientales
LA MER MÉDITERRANÉE

L'OCÉAN ATLANTIQUE

L'ESPAGNE
ANDORRE

0   30 miles
0   30 kilomètres
Bastia
2B
Haute-Corse
CORSE
Ajaccio
2A
Corse-du-Sud

0   100 miles
0   100 kilomètres

L'Europe

LA MER DE BARENTS

0 — 500 miles
0 — 500 kilomètres

Pays francophones

LA MER DE NORVÈGE

L'ISLANDE
Reykjavik

LA SUÈDE

LA FINLANDE

LA NORVÈGE

LA RUSSIE

Helsinki

Oslo   Stockholm

Tallinn
L'ESTONIE

Moscou

LA MER DU NORD

LE DANEMARK

Copenhague

LA MER BALTIQUE

Riga
LA LETTONIE

LA LITUANIE

Vilnius

Minsk

LA RUSSIE

LA BIÉLORUSSIE

L'IRLANDE
Dublin

LES PAYS-BAYS

LA GRANDE-BRETAGNE

La Haye

Londres

Bruxelles
LA BELGIQUE

Berlin

Varsovie

LA POLOGNE

Kiev

L'UKRAINE

L'ALLEMAGNE

Luxembourg

Prague
LA RÉPUBLIQUE TCHÈQUE

LA SLOVAQUIE

LA MOLDAVIE

L'OCÉAN ATLANTIQUE

Paris

LE LUXEMBOURG

LE LIECHTENSTEIN

Bratislava
Vienne

Budapest

Chisinau

Berne

L'AUTRICHE

LA HONGRIE

LA ROUMANIE

LA MER NOIRE

LA SUISSE

Ljubljana

Zagreb

Belgrade

Bucarest

LA FRANCE

LA SLOVÉNIE

LA CROATIE

LA BOSNIE-HERZÉGOVINE

Sarajevo

SERBIE-ET-MONTÉNÉGRO

Monte Carlo

L'ITALIE

LA BULGARIE

Sofia

Skopje

LE PORTUGAL

ANDORRE
Andorre-la-Vieille

MONACO

Rome

Tirana

LA MACÉDOINE

LA TURQUIE

Madrid

La Corse

L'ALBANIE

Lisbonne

L'ESPAGNE

La Sardaigne

LA GRÈCE

Athènes

Nicosie

La Sicile

CHYPRE

La Valette

MALTE

LA MER MÉDITERRANÉE

LE MAROC

LA TUNISIE

L'ÉGYPTE

L'ALGÉRIE

LA LIBYE

L'Afrique

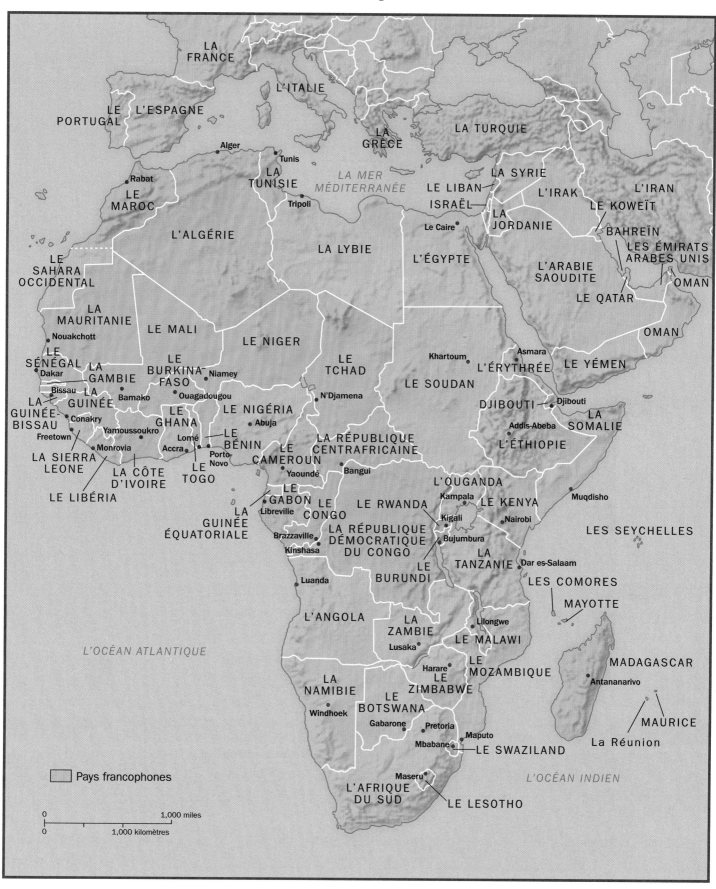

LA FRANCE

LE PORTUGAL
L'ESPAGNE
L'ITALIE
LA GRÈCE
LA TURQUIE

Alger
Tunis
Rabat
LA TUNISIE
LA MER MÉDITERRANÉE
LA SYRIE
LE LIBAN
L'IRAK
L'IRAN

LE MAROC
Tripoli
ISRAËL
Le Caire
LA JORDANIE
LE KOWEÏT
BAHREÏN

L'ALGÉRIE
LA LYBIE
L'ÉGYPTE
L'ARABIE SAOUDITE
LES ÉMIRATS ARABES UNIS
OMAN

LE SAHARA OCCIDENTAL
LE QATAR

LA MAURITANIE
LE MALI
LE NIGER
LE TCHAD
Khartoum
Asmara
L'ÉRYTHRÉE
LE YÉMEN
OMAN

Nouakchott
LE SÉNÉGAL
Dakar
LA GAMBIE
LE BURKINA FASO
Niamey
LE SOUDAN

Bissau
LA GUINÉE
Bamako
Ouagadougou
N'Djamena
DJIBOUTI
Djibouti

LA GUINÉE-BISSAU
Conakry
Yamoussoukro
LE GHANA
LE NIGÉRIA
Abuja
Addis-Abeba
LA SOMALIE

Freetown
Lomé
LE BÉNIN
LE CAMEROUN
LA RÉPUBLIQUE CENTRAFRICAINE
L'ÉTHIOPIE

LA SIERRA LEONE
Monrovia
Accra
Porto-Novo
Yaoundé
Bangui

LE LIBÉRIA
LA CÔTE D'IVOIRE
LE TOGO
L'OUGANDA

LE GABON
LE CONGO
LE RWANDA
Kampala
LE KENYA
Muqdisho

LA GUINÉE ÉQUATORIALE
Libreville
Kigali
Nairobi
LES SEYCHELLES

Brazzaville
LA RÉPUBLIQUE DÉMOCRATIQUE DU CONGO
Bujumbura

Kinshasa
LE BURUNDI
LA TANZANIE
Dar es-Salaam

Luanda
LES COMORES
MAYOTTE

L'ANGOLA
LA ZAMBIE
Lilongwe
MADAGASCAR

Lusaka
LE MALAWI
Antananarivo

Harare
LE MOZAMBIQUE

LA NAMIBIE
LE ZIMBABWE
MAURICE

Windhoek
LE BOTSWANA
La Réunion

Gabarone
Pretoria
Maputo

Mbabane
LE SWAZILAND

L'OCÉAN ATLANTIQUE

Maseru
L'OCÉAN INDIEN

L'AFRIQUE DU SUD
LE LESOTHO

Pays francophones

0   1,000 miles
0   1,000 kilomètres

ROMAN-PHOTO VIDEO PROGRAM

Fully integrated with your textbook, the **Roman-photo** video series contains 36 dramatic episodes—one for each lesson in Levels 1 and 2, and 6 episodes in the **Reprise** chapter in Level 3. The episodes present the adventures of four college students who are studying in the south of France at the Université Aix-Marseille. They live in apartments above and near Le P'tit Bistrot, a café owned by Valérie Forestier. The videos tell their story and the story of Madame Forestier and her teenage son, Stéphane.

The **Roman-photo** dialogues in the printed textbook are an abbreviated version of the dramatic version of the video episodes. Therefore, each **Roman-photo** section in the text can used as a preparation before you view the corresponding video episode, as post-viewing reinforcement, or as a stand-alone section.

Each episode in Levels 1 and 2 feature the characters using the vocabulary and grammar you are studying, as well as previously taught language. Each episode ends with a **Reprise** segment, which features the key language functions and grammar points used in the episode. The first four episodes in the Level 3 **Reprise** chapter review the topics and structures from Levels 1 and 2. The final two episodes bring you up-to-date on the lives of the characters.

THE CAST
Here are the main characters you will meet when you watch **Roman-photo**:

 Of Senegalese heritage
Amina Mbaye

 From Washington, D.C.
David Duchesne

 From Paris
Sandrine Aubry

 From Aix-en-Provence
Valérie Forestier

 Of Algerian heritage
Rachid Kahlid

 And, also from Aix-en-Provence
Stéphane Forestier

FLASH CULTURE VIDEO PROGRAM

For one lesson in each chapter, a **Flash culture** segment allows you to experience the sights and sounds of the French-speaking world and the daily life of French speakers. Each segment is from two-to-three minutes long and is correlated to your textbook in one **Culture** section in each unit.

Hosted by narrators Csilla and Benjamin, these segments of specially shot footage transport you to a variety of venues: schools, parks, public squares, cafés, stores, cinemas, outdoor markets, city streets, festivals, and more. They also incorporate mini-interviews with French speakers in various walks of life: for example, family members, friends, students, and people in different professions.

The footage was filmed taking special care to capture rich, vibrant images that will expand your cultural perspectives with information directly related to the content of your textbook. In addition, the narrations were carefully written to reflect the vocabulary and grammar covered in **D'ACCORD!**

 Each section of your textbook comes with activities on the **D'ACCORD!** Supersite, many of which are auto-graded with immediate feedback. Plus, the Supersite is iPad®-friendly, so it can be accessed on the go! Visit vhlcentral.com to explore the wealth of exciting resources.

Audio:
Vocabulary Practice
My Vocabulary

CONTEXTES
Listen to the audio recording of the vocabulary, and practice using Flashcards, My Vocabulary, and activities that give you immediate feedback.

Audio: Explanation
Record and Compare

LES SONS ET LES LETTRES
Improve your accent by listening to native speakers, then recording your voice and comparing it to the samples provided.

Video: *Roman-photo*
Record and Compare

ROMAN-PHOTO
Travel with David to Aix-en-Provence, France, and meet a group of students living there. Watch the video again at home to see the characters use the vocabulary in a real context.

Reading
Video: *Flash culture*

CULTURE
Experience the sights and sounds of the Francophone world. Watch the **Flash culture** video to expand your cultural perspectives by listening to a variety of native speakers of French. Explore cultural topics through the **Sur Internet** activity.

Presentation
Tutorial

STRUCTURES
Watch an animated, interactive tutorial or review the presentation.

Video: TV Clip
Audio: Activities

SYNTHÈSE
Watch the **Le Zapping** video again outside of class so that you can pause and repeat to really understand what you hear. Practice listening strategies with the online audio activities for **À l'écoute**.

Audio: Synced Reading
Interactive Map
Reading

SAVOIR-FAIRE
Listen along with the Audio-Synced Reading. Use the Interactive Map to explore the places you might want to visit. There's a lot of additional practice, including Internet searches and auto-graded activities.

Audio: Vocabulary
Flashcards
My Vocabulary

VOCABULAIRE
Just what you need to get ready for the test! Review the vocabulary with audio and Flashcards.

Icons

Familiarize yourself with these icons that appear throughout **D'ACCORD!**

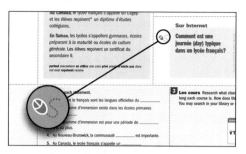

Activity Online
The mouse icon indicates when an activity is also available on the Supersite.

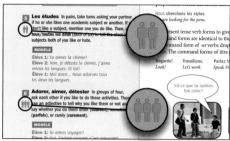

Pair/Group Activities
Two faces indicate a pair activity, and three indicate a group activity.

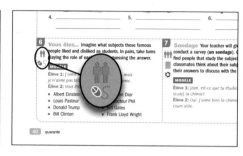

Partner Chat/Virtual Chat Activities
Pair and mouse icons together indicate that the activity may be assigned as a Partner Chat or Virtual Chat video or audio activity on the Supersite.

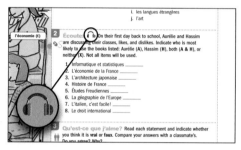

Listening
The headphones icon indicates that audio is available. You will see it in the lesson's **Contextes**, **Les sons et les lettres**, **À l'écoute**, and **Vocabulaire** sections, as well as with all activities that require audio.

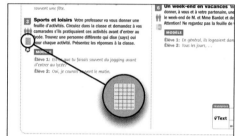

Handout
The activities marked with these icons require handouts that your teacher will give you to help you complete the activities.

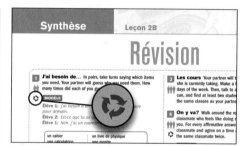

Recycle
The recycling icon indicates that you will need to use vocabulary and grammar learned in previous lessons.

Resources

Ressources boxes let you know exactly which print and technology ancillaries you can use to reinforce and expand on every section of the lessons in your textbook. They even include page numbers when applicable.

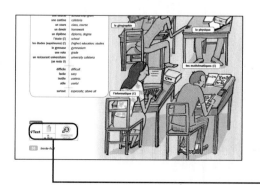

vText
Materials also available in the interactive online textbook

Cahier de l'élève
All-in-one workbook with additional vocabulary and grammar practice; audio activities; and pre-, while-, and post-viewing activities for the video programs

CE
pp. 29–31

Supersite
Additional practice on the Supersite, not included in the textbook

vhlcentral.com
Leçon 2A

The French-speaking World

Do you know someone who speaks French? Chances are you do! French is the fourth most commonly spoken language in the U.S., after English, Spanish, and Mandarin, and is the second most common language in some states. More than 1 million Americans speak French at home. It is the official language of more than twenty-five countries and an official language of the European Union and United Nations. English and French are the only two languages that are spoken on every continent of the world.

The French-speaking World

Speakers of French
(approx. 200 million worldwide)

- America and the Caribbean   7%
- Asia and Oceania   1%
- Europe   42%
- North Africa and the Middle-East   11%
- Sub-Saharan Africa and the Indian Ocean   39%

Source: Organisation internationale de la Francophonie

The Growth of French

Have you ever heard someone say that French is a Romance language? This doesn't mean it's romantic—although some say it is the language of love!—but that it is derived from Latin, the language of the Romans. Gaul, a country largely made up of what is now France and Belgium, was absorbed into the Roman Empire after the Romans invaded Gaul in 58 B.C. Most Gauls began speaking Latin. In the third century, Germanic tribes including the Franks invaded the Roman territories of Western Europe. Their language also influenced the Gauls. As the Roman empire collapsed in the fifth century, people in outlying regions and frontiers were cut off from Rome. The Latin spoken by each group was modified more and more over time. Eventually, the language that was spoken in Paris became the standard for modern-day French.

French in the United States

1500   **1600**   **1700**

1534
Jacques Cartier claims territories for France as he explores the St. Lawrence river, and the French establish fur-trading posts.

1600s
French exploration continues in the Great Lakes and the Mississippi Valley. La Salle takes the colony of Louisiana for France in 1682.

1685–1755
The Huguenots (French Protestants) form communities in America. French Acadians leave Nova Scotia and settle in northern New England and Louisiana.

French in the United States

French came to North America in the 16th and 17th centuries when French explorers and fur traders traveled through what is now America's heartland. French-speaking communities grew rapidly when the French Acadians were forced out of their Canadian settlement in 1755 and settled in New England and Louisiana. Then, in 1803, France sold the Louisiana territory to the United States for 80 million francs, or about 15 million dollars. Overnight, thousands of French people became citizens of the United States, bringing with them their rich history, language, and traditions.

This heritage, combined with that of the other French populations that have immigrated to the United States over the years, as well as U.S. relations with France in World Wars I and II, has led to the remarkable growth of French around the country. After English and Spanish, it is the third most commonly spoken language in the nation. Louisiana, Maine, New Hampshire, and Vermont claim French as the second most commonly spoken language after English.

You've made a popular choice by choosing to take French in school; it is the second most commonly taught foreign language in classrooms throughout the country! Have you heard people speaking French in your community? Chances are that you've come across an advertisement, menu, or magazine that is in French. If you look around, you'll find that French can be found in some pretty common places. Depending on where you live, you may see French on grocery items such as juice cartons and cereal boxes. In some large cities, you can see French language television broadcasts on stations such as TV5Monde. When you listen to the radio or download music from the Internet, some of the most popular choices are French artists who perform in French. In fact, French music sales to the United States have more than doubled since 2004. French and English are the only two official languages of the Olympic Games. More than 20,000 words in the English language are of French origin. Learning French can create opportunities within your everyday life.

1800 — 1900 — 2000

1803
The United States purchases Louisiana, where Cajun French is widely spoken.

1980s
Nearly all high schools, colleges, and universities in the United States offer courses in French as a foreign language. It is the second most commonly studied language.

2009
French is the fourth most commonly spoken language in the U.S., with 1.3 million speakers.

Why Study French?

Connect with the World

Learning French can change how you view the world. While you learn French, you will also explore and learn about the origins, customs, art, music, and literature of people all around the world. When you travel to a French-speaking country, you'll be able to converse freely with the people you meet. And whether here in the U.S. or abroad, you'll find that speaking to people in their native language is the best way to bridge any culture gap.

Learn an International Language

There are many reasons for learning French, a language that has spread to many parts of the world and has along the way embraced words and sounds of languages as diverse as Latin, Arabic, German, and Celtic. The French language, standardized and preserved by the **Académie française** since 1634, is now among the most commonly spoken languages in the world. It is the second language of choice among people who study languages other than English in North America.

Understand the World Around You

Knowing French can also open doors to communities within the United States, and it can broaden your understanding of the nation's history and geography. The very names Delaware, Oregon, and Vermont are French in origin. Just knowing their meanings can give you some insight into, of all things, the history and landscapes for which the states are known. Oregon is derived from a word that means "hurricane," which tells you about the windiness of the Columbia River; and Vermont

City Name	Meaning in French
Bel Air, California	"good air"
Boise, Idaho	"wooded"
Des Moines, Iowa	"river of the monks"
Montclair, New Jersey	"clear mountain"

comes from a phrase meaning "green mountain," which is why its official nickname is The Green Mountain State. You've already been speaking French whenever you talk about these states!

Explore Your Future

How many of you are already planning your future careers? Employers in today's global economy look for workers who know different languages and understand other cultures. Your knowledge of French will make you a valuable candidate for careers abroad as well as in the United States. Doctors, nurses, social workers, hotel managers, journalists, businesspeople, pilots, flight attendants, and many other kinds of professionals need to know French or another foreign language to do their jobs well.

Expand Your Skills

Studying a foreign language can improve your ability to analyze and interpret information and help you succeed in many other subject areas. When you begin learning French, much of your studies will focus on reading, writing, grammar, listening, and speaking skills. You'll be amazed at how the skills involved with learning how a language works can help you succeed in other areas of study. Many people who study a foreign language claim that they gained a better understanding of English and the structures it uses. French can even help you understand the origins of many English words and expand your own vocabulary in English. Knowing French can also help you pick up other related languages, such as Portuguese, Spanish, and Italian. French can really open doors for learning many other skills in your school career.

How to Learn French

Start with the Basics!

As with anything you want to learn, start with the basics and remember that learning takes time!

Vocabulary Every new word you learn in French will expand your vocabulary and ability to communicate. The more words you know, the better you can express yourself. Focus on sounds and think about ways to remember words. Use your knowledge of English and other languages to figure out the meaning of and memorize words like **téléphone**, **l'orchestre**, and **mystérieux**.

Grammar Grammar helps you put your new vocabulary together. By learning the rules of grammar, you can use new words correctly and speak in complete sentences. As you learn verbs and tenses, you will be able to speak about the past, present, or future; express yourself with clarity; and be able to persuade others with your opinions. Pay attention to structures and use your knowledge of English grammar to make connections with French grammar.

Culture Culture provides you with a framework for what you may say or do. As you learn about the culture of French-speaking communities, you'll improve your knowledge of French. Think about a word like **cuisine** and how it relates to a type of food as well as the kitchen itself. Think about and explore customs observed at **le Réveillon de la Saint-Sylvestre** (New Year's Eve) or **le Carnaval** (or **Mardi Gras**, "fat Tuesday") and how they are similar to celebrations you are familiar with. Observe customs. Watch people greet each other or say good-bye. Listen for sayings that capture the spirit of what you want to communicate!

Listen, Speak, Read, and Write

Listening Listen for sounds and for words you can recognize. Listen for inflections and watch for key words that signal a question such as **comment** (how), **où** (where), or **qui** (who). Get used to the sound of French. Play French pop songs or watch French movies. Borrow books on CD from your local library, or try to attend a meeting with a French language group in your community. Download a podcast in French or watch a French newscast online. Don't worry if you don't understand every single word. If you focus on key words and phrases, you'll get the main idea. The more you listen, the more you'll understand!

Speaking Practice speaking French as often as you can. As you talk, work on your pronunciation, and read aloud texts so that words and sentences flow more easily. Don't worry if you don't sound like a native speaker, or if you make some mistakes. Time and practice will help you get there. Participate actively in French class. Try to speak French with classmates, especially native speakers (if you know any), as often as you can.

Reading Pick up a French-language newspaper or a magazine on your way to school, read the lyrics of a song as you listen to it, or read books you've already read in English translated into French. Use reading strategies that you know to understand the meaning of a text that looks unfamiliar. Look for cognates, or words that are related in English and French, to guess the meaning of some words. Read as often as you can, and remember to read for fun!

Writing It's easy to write in French if you put your mind to it. Memorize the basic rules of how letters and sounds are related, practice the use of diacritical marks, and soon you can probably become an expert speller in French! Write for fun—make up poems or songs, write e-mails or instant messages to friends, or start a journal or blog in French.

Tips for Learning French

- **Listen** to French radio shows, often available online. Write down words you can't recognize or don't know and look up the meaning.

- **Watch** French TV shows or movies. Read subtitles to help you grasp the content.

- **Read** French-language newspapers, magazines, Websites, or blogs.

- **Listen** to French songs that you like— anything from a best-selling pop song by Shy'm to an old French ballad by Edith Piaf. Sing along and concentrate on your pronunciation.

- **Seek** out French speakers. Look for neighborhoods, markets, or cultural centers where French might be spoken in your community. Greet people, ask for directions, or order from a menu at a French restaurant in French.

- **Pursue** language exchange opportunities in your school or community. Try to join language clubs or cultural societies, and explore opportunities for studying abroad or hosting a student from a French-speaking country in your home or school.

Practice, practice, practice!

Seize every opportunity you find to listen, speak, read, or write French. Think of it like a sport or learning a musical instrument— the more you practice, the more you will become comfortable with the language and how it works. You'll marvel at how quickly you can begin speaking French and how the world that it transports you to can change your life forever!

- **Connect** your learning to everyday experiences. Think about naming the ingredients of your favorite dish in French. Think about the origins of French place names in the U.S., like Baton Rouge and Fond du Lac, or of common English words and phrases like **café, en route, fiancé, matinée, papier mâché, petite,** and **souvenir.**

- **Use** mnemonics, or a memorizing device, to help you remember words. Make up a saying in English to remember the order of the days of the week in French (L, M, M, J, V, S, D).

- **Visualize** words. Try to associate words with images to help you remember meanings. For example, think of a **pâté** or **terrine** as you learn the names of different types of meats and vegetables. Imagine a national park and create mental pictures of the landscape as you learn names of animals, plants, and habitats.

- **Enjoy** yourself! Try to have as much fun as you can learning French. Take your knowledge beyond the classroom and find ways to make your learning experience your very own.

Common Names

Get started learning French by using a French name in class. You can choose from the lists on these pages, or you can find one yourself. How about learning the French equivalent of your name? The most popular French female names are Marie, Jeanne, Françoise, Monique, and Catherine. The most popular male names in French are Jean, Pierre, Michel, André, and Philippe. Is your name, or that of someone you know, in the French top five?

More Boys Names	More Girls Names
Thomas	Léa
Lucas	Manon
Théo	Chloé
Hugo	Emma
Maxime	Camille
Alexandre	Océane
Antoine	Marie
Enzo	Sarah
Quentin	Clara
Clément	Inès
Nicolas	Laura
Alexis	Julie
Romain	Mathilde
Louis	Lucie
Valentin	Anaïs
Léo	Pauline
Julien	Marine
Paul	Lisa
Baptiste	Eva
Tom	Justine
Nathan	Maéva
Arthur	Jade
Benjamin	Juliette
Florian	Charlotte
Mathis	Émilie

The top five names for boys:	The top five names for girls:
Jean	Marie
Michel	Jeanne
Pierre	Françoise
André	Monique
Philippe	Catherine

Useful French Expressions

The following expressions will be very useful in getting you started learning French. You can use them in class to check your understanding, and to ask and answer questions about the lessons. Learn these ahead of time to help you understand direction lines in French, as well as your teacher's instructions. Remember to practice your French as often as you can!

Expressions utiles	Useful expressions
Corrigez les phrases fausses	Correct the false statements.
Créez/Formez des phrases…	Create/Form sentences…
D'après vous/Selon vous…	According to you…
Décrivez les images/dessins…	Describe the images/drawings…
Désolé(e), j'ai oublié.	I'm sorry, I forgot.
Déterminez si…	Decide whether…
Dites si vous êtes/Dis si tu es d'accord ou non.	Say if you agree or not.
Écrivez une lettre/une phrase.	Write a letter/a sentence.
Employez !es verbes de la liste.	Use the verbs from the list.
En utilisant…	Using…
Est-ce que vous pouvez/tu peux choisir un(e)	Can you please choose …
autre partenaire/quelqu'un d'autre?	another partner/someone else?
Êtes vous prêt(e)?/Es-tu prêt(e)?	Are you ready?
Excusez-moi, je suis en retard.	Excuse me for being late.
Faites correspondre…	Match…
Faites les accords nécessaires.	Make the necessary agreements.

Expressions utiles	Useful expressions
Allez à la page 2.	Go to page 2.
Alternez les rôles.	Switch roles.
À tour de rôle…	Take turns…
À voix haute	Aloud
À votre/ton avis	In your opinion
Après une deuxième écoute…	After a second listening…
Articulez.	Enunciate.; Pronounce carefully.
Au sujet de, À propos de	Regarding/about
Avec un(e) partenaire/un(e) camarade de classe	With a partner/a classmate
Avez-vous/As-tu des questions?	Do you have any questions?
Avez-vous/As-tu fini/terminé?	Are you done?/Have you finished?
Chassez l'intrus.	Choose the item that doesn't belong.
Choisissez le bon mot.	Choose the right word.
Circulez dans la classe.	Walk around the classroom.
Comment dit-on ____ en français?	How do you say ____ in French?
Comment écrit-on ____ en français?	How do you spell ____ in French?

Expressions utiles	Useful expressions
Félicitations!	*Congratulations!*
Indiquez le mot qui ne va pas avec les autres.	*Indicate the word that doesn't belong.*
Indiquez qui a dit…	*Indicate who said…*
J'ai gagné!/Nous avons gagné!	*I won!/We won!*
Je n'ai pas/Nous n'avons pas encore fini.	*I/We have not finished yet.*
Je ne comprends pas.	*I don't understand.*
Je ne sais pas.	*I don't know.*
Je ne serai pas là demain.	*I won't be here tomorrow.*
Je peux continuer?	*May I continue?*
Jouez le rôle de…/ la scène…	*Play the role of…/ the scene…*
Lentement, s'il vous plaît.	*Slowly, please.*
Lisez…	*Read…*
Mettez dans l'ordre…	*Put in order…*
Ouvrez/Fermez votre livre.	*Open/Close your books.*
Par groupes de trois/ quatre…	*In groups of three/four…*
Partagez vos résultats…	*Share your results…*
Posez-vous les questions suivantes.	*Ask each other the following questions.*
Pour demain, faites…	*For tomorrow, do…*

Expressions utiles	Useful expressions
Pour demain, vous allez/ tu vas faire…	*For tomorrow you are going to do…*
Prononcez.	*Pronounce.*
Qu'est-ce que _____ veut dire?	*What does _____ mean?*
Que pensez-vous/ penses-tu de…	*What do you think about…*
Qui a gagné?	*Who won?*
…qui convient le mieux.	*…that best completes/is the most appropriate.*
Rejoignez un autre groupe.	*Get together with another group.*
Remplissez les espaces.	*Fill in the blanks.*
Répondez aux questions suivantes.	*Answer the following questions.*
Soyez prêt(e)s à…	*Be ready to…*
Venez/Viens au tableau.	*Come to the board.*
Vous comprenez?/ Tu comprends?	*Do you understand?*
Vous pouvez nous expliquer/m'expliquer encore une fois, s'il vous plaît?	*Could you explain again, please?*
Vous pouvez répéter, s'il vous plaît?	*Could you repeat that, please?*
Vrai ou faux?	*True or false?*

ACKNOWLEDGMENTS

On behalf of its authors and editors, Vista Higher Learning expresses its sincere appreciation to the many educators nationwide who reviewed materials from **D'ACCORD!**. Their input and suggestions were vitally helpful in forming and shaping the program in its final, published form.

We also extend a special thank you to Stephen Adamson and Séverine Champeny, whose hard work was central to bringing **D'ACCORD!** to fruition.

We are especially grateful to our Senior National Language Consultant, Norah Jones, for her continued support and feedback regarding all aspects of the text.

Reviewers

Campbell Ainsworth
The White Mountain School
Bethlehem, NH

Nancy Aykanian
Westwood High School
Westwood, MA

Maureen Mahany Berger
Moses Brown School
Providence, RI

Joyce Besserer
Brookfield Academy
Brookfield, WI

Liette Brisebois
New Trier High School
Winnetka, IL

Susan Brown
Gaston Day School
Gastonia, NC

Felice Carr
Kingswood Regional High School
Wolfeboro, NH

Allégra Clément-Bayard
John Burroughs School
St. Louis, MO

Ann Clogan
Strake Jesuit College Preparatory
Houston, TX

Wynne M. Curry
The Seven Hills School
Cincinnati, OH

Dr. Sherry Denney
Truman Middle School
St. Louis, MO

Gissele Drpich
Burlington High School
Burlington, VT

Pamela S. Dykes
Notre Dame de Sion High School
Kansas City, MO

Dagmar Ebaugh
Woodward Academy
College Park, GA

Lou Ann Erikson
Deerfield High School
Deerfield, IL

Morganne C. Freeborn
New Hampton School
New Hampton, NH

Kim Frisinger
West Ottawa High School
Hollana, MI

Julie Frye
Lexington High School
Lexington, OH

Walter Giorgis-Blessent
The Bronx High School of Science
Bronx, NY

Andreea Gorodea
Marion L. Steele High School
Amherst, OH

Holly Hammerle
Bloomfield Hills High School
Bloomfield Hills, MI

Dalila Hannouche
Professional Children's School
New York, NY

Michael Houston
Montclair Kimberley Academy
Montclair, NJ

Luciana Jeler
Academy of the Sacred Heart
Bloomfield Hills, MI

Cathy Kendrigan
Loyola Academy
Wilmette, IL

Emily Kunzeman
Boston Trinity Academy
Boston, MA

Jennifer L. Lange
Jefferson High School
Cedar Rapids, IA

Julie LaRocque
Assumption High School
Louisville, KY

Sharon Lawrence
The Knox School
St. James, NY

Laura Longacre
Cheshire Academy
Cheshire, CT

Véronique Lynch
Parkway South High School
Manchester, MO

Rachel M. Martin
Cheney High School
Cheney, WA

Irene Marxsen
First Presbyterian Day School
Macon, GA

Mindy Orrison
Centennial High School
Champaign, IL

Margharita Sandillo Reiter
Ranney School
Tinton Falls, NJ

Rebecca Richardson
Sage Hill School
Newport Coast, CA

Caroline M. Ridenour
Heritage Christian School
North Hills, CA

Sonya Rotman
Horace Mann School
Bronx, NY

Renee Saylor
Walcott Intermediate School
Davenport, IA

Laura Schmuck
Carl Sandburg High School
Orland Park, IL

Lisa Slyman
Sperreng Middle School
St. Louis, MO

Christine Stafford
Holy Innocents' Episcopal School
Atlanta, GA

Claudia S. Travers
Ross School
East Hampton, NY

Nitya Viswanath
Amos Alonzo Stagg High School
Palos Hills, IL

Michelle Webster
Watertown High School
Watertown, WI

Abigail Wilder
Champaign Centennial High School
Champaign, IL

Jason R. Wyckoff
Brunswick High School
Brunswick, OH

Valerie N. Yoshimura
The Archer School for Girls
Los Angeles, CA

Salut!

Pour commencer
- What are these people saying?
  a. Excusez-moi.   b. Bonjour!   c. Merci.
- How many people are in the foreground of the photo?
  a. une personne   b. deux personnes
  c. trois personnes
- What do you think is an appropriate title for the person on the left?
  a. Monsieur   b. Madame   c. Mademoiselle

You will learn how to...
- greet people in French
- say good-bye

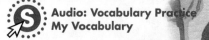 Audio: Vocabulary Practice
My Vocabulary

Ça va?

GEORGES Ça va, Henri?
HENRI Oui, ça va très bien, merci. Et vous, comment allez-vous?
GEORGES Je vais bien, merci.

PAUL Merci!
JEAN Il n'y a pas de quoi.

Vocabulaire

Bonsoir.	Good evening.; Hello.
À bientôt.	See you soon.
À demain.	See you tomorrow.
Bonne journée!	Have a good day!
Au revoir.	Good-bye.
Comme ci, comme ça.	So-so.
Je vais bien/mal.	I am doing well/badly.
Moi aussi.	Me too.
Comment t'appelles-tu? (fam.)	What is your name?
Je vous/te présente... (form./fam.)	I would like to introduce (name) to you.
De rien.	You're welcome.
Excusez-moi. (form.)	Excuse me.
Excuse-moi. (fam.)	Excuse me.
Merci beaucoup.	Thanks a lot.
Pardon.	Pardon (me).
S'il vous plaît. (form.)	Please.
S'il te plaît. (fam.)	Please.
Je vous/t'en prie. (form./fam.)	You're welcome.; It's nothing.
Monsieur (M.)	Sir (Mr.)
Madame (Mme)	Ma'am (Mrs.)
Mademoiselle (Mlle)	Miss
ici	here
là	there
là-bas	over there

MARIE À plus tard, Guillaume!
GUILLAUME À tout à l'heure, Marie!

JACQUES Bonjour, Monsieur Boniface. Je vous présente Thérèse Lemaire.
M. BONIFACE Bonjour, Mademoiselle.
THÉRÈSE Enchantée.

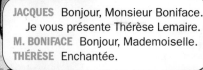

Mise en pratique

MARC Bonjour, je m'appelle Marc, et vous, comment vous appelez-vous?
ANNIE Je m'appelle Annie.
MARC Enchanté.

SOPHIE Bonjour, Catherine!
CATHERINE Salut, Sophie!
SOPHIE Ça va?
CATHERINE Oui, ça va bien, merci. Et toi, comment vas-tu?
SOPHIE Pas mal.

1 **Chassez l'intrus** Circle the word or expression that does not belong.

1. a. Bonjour.
    b. Bonsoir.
    c. Salut.
    d. Pardon.

2. a. Bien.
    b. Très bien.
    c. De rien.
    d. Comme ci, comme ça.

3. a. À bientôt.
    b. À demain.
    c. À tout à l'heure.
    d. Enchanté.

4. a. Comment allez-vous?
    b. Comment vous appelez-vous?
    c. Ça va?
    d. Comment vas-tu?

5. a. Pas mal.
    b. Excuse-moi.
    c. Je vous en prie.
    d. Il n'y a pas de quoi.

6. a. Comment vous appelez-vous?
    b. Je vous présente Dominique.
    c. Enchanté.
    d. Comment allez-vous?

7. a. Pas mal.
    b. Très bien.
    c. Mal.
    d. Et vous?

8. a. Comment allez-vous?
    b. Comment vous appelez-vous?
    c. Et toi?
    d. Je vous en prie.

2 **Écoutez** 🎧 Listen to each of these questions or statements and select the most appropriate response.

1.	Enchanté. ☐	Je m'appelle Thérèse. ☐
2.	Merci beaucoup. ☐	Je vous en prie. ☐
3.	Comme ci, comme ça. ☐	De rien. ☐
4.	Bonsoir, Monsieur. ☐	Moi aussi. ☐
5.	Enchanté. ☐	Et toi? ☐
6.	Bonjour. ☐	À demain. ☐
7.	Pas mal. ☐	Pardon. ☐
8.	Il n'y a pas de quoi. ☐	Moi aussi. ☐
9.	Enchanté. ☐	Très bien. Et vous? ☐
10.	À bientôt. ☐	Mal. ☐

3 **Conversez** Madeleine is introducing her classmate Khaled to Libby, an American exchange student. Complete their conversation, using a different expression from **CONTEXTES** in each blank.

MADELEINE (1) _____!

KHALED Salut, Madeleine. (2) _____?

MADELEINE Pas mal. (3) _____?

KHALED (4) _____, merci.

MADELEINE (5) _____ Libby. Elle est de (*She is from*) Boston.

KHALED (6) _____ Libby. (7) _____ Khaled.

(8) _____?

LIBBY (9) _____, merci.

KHALED Oh, là, là. Je vais rater (*I am going to miss*) le bus. À bientôt.

MADELEINE (10) _____.

LIBBY (11) _____.

Ⓢ Practice more at **vhlcentral.com.**

Communication

4 **Discutez** With a partner, complete these conversations. Then act them out.

Conversation 1 Salut! Je m'appelle François. Et toi, comment t'appelles-tu?

_____

Ça va?

_____

Conversation 2 _____

Comme ci, comme ça. Et vous?

Bon (*Well*), à demain.

_____

Conversation 3 Bonsoir, je vous présente Mademoiselle Barnard.

_____

Enchanté(e).

_____

Très bien, merci. Et vous?

_____

5 **C'est à vous!** How would you greet these people, ask them for their names, and ask them how they are doing? With a partner, write a short dialogue for each item and act it out. Pay attention to the use of **tu** and **vous**.

1. Madame Colombier

2. Mademoiselle Estèves

3. Monsieur Marchand

4. Marie, Guillaume et Geneviève

6 **Présentations** Form groups of three. Introduce yourself, and ask your partners their names and how they are doing. Then, join another group and take turns introducing your partners.

MODÈLE

Élève 1: *Bonjour. Je m'appelle Fatima. Et vous?*
Élève 2: *Je m'appelle Fabienne.*
Élève 3: *Et moi, je m'appelle Antoine. Ça va?*
Élève 1: *Ça va bien, merci. Et toi?*
Élève 3: *Comme ci, comme ça.*

Les sons et les lettres

**Audio: Explanation
Record & Compare**

The French alphabet

The French alphabet is made up of the same 26 letters as the English alphabet. While they look the same, some letters are pronounced differently. They also sound different when you spell.

lettre		exemple	lettre		exemple	lettre		exemple
a	(a)	adresse	j	(ji)	justice	s	(esse)	spécial
b	(bé)	banane	k	(ka)	kilomètre	t	(té)	table
c	(cé)	carotte	l	(elle)	lion	u	(u)	unique
d	(dé)	dessert	m	(emme)	mariage	v	(vé)	vidéo
e	(e)	rebelle	n	(enne)	nature	w	(double vé)	wagon
f	(effe)	fragile	o	(o)	olive	x	(iks)	xylophone
g	(gé)	genre	p	(pé)	personne	y	(i grec)	yoga
h	(hache)	héritage	q	(ku)	quiche	z	(zède)	zéro
i	(i)	innocent	r	(erre)	radio			

Notice that some letters in French words have accents. You'll learn how they influence pronunciation in later lessons. Whenever you spell a word in French, include the name of the accent after the letter. For double letters, use **deux: ss = deux s.**

accent	nom	exemple	orthographe
´	*accent aigu*	**identité**	*I-D-E-N-T-I-T-E-accent aigu*
`	*accent grave*	**problème**	*P-R-O-B-L-E-accent grave-M-E*
^	*accent circonflexe*	**hôpital**	*H-O-accent circonflexe-P-I-T-A-L*
¨	*tréma*	**naïve**	*N-A-I-tréma-V-E*
¸	*cédille*	**ça**	*C-cédille-A*

L'alphabet Practice saying the French alphabet and example words aloud.

Ça s'écrit comment? Spell these words aloud in French.

1. judo
2. yacht
3. forêt
4. zèbre
5. existe
6. clown
7. numéro
8. français
9. musique
10. favorite
11. kangourou
12. parachute
13. différence
14. intelligent
15. dictionnaire
16. alphabet

Dictons Practice reading these sayings aloud.

Grande invitation, petites portions.[1]

Tout est bien qui finit bien.[2]

Lundi *Mardi*

[1] Great boast, small roast.
[2] All's well that ends well.

Au café

 Video: *Roman-photo*
Record & Compare

PERSONNAGES

 Amina

 David

 Monsieur Hulot

 Michèle

 Rachid

 Sandrine

 Stéphane

Valérie

Au kiosque...
SANDRINE Bonjour, Monsieur Hulot!
M. HULOT Bonjour, Mademoiselle Aubry! Comment allez-vous?
SANDRINE Très bien, merci! Et vous?
M. HULOT Euh, ça va. Voici 45 (quarante-cinq) centimes. Bonne journée!
SANDRINE Merci, au revoir!

À la terrasse du café...
AMINA Salut!
SANDRINE Bonjour, Amina. Ça va?
AMINA Ben... ça va. Et toi?
SANDRINE Oui, je vais bien, merci.
AMINA Regarde! Voilà Rachid et... un ami?

RACHID Bonjour!
AMINA ET SANDRINE Salut!
RACHID Je vous présente un ami, David Duchesne.
SANDRINE Je m'appelle Sandrine.
DAVID Enchanté.

STÉPHANE Oh, non! Madame Richard! Le professeur de français!
DAVID Il y a un problème?

STÉPHANE Oui! L'examen de français! Présentez-vous, je vous en prie!

VALÉRIE Oh... l'examen de français! Oui, merci, merci Madame Richard, merci beaucoup! De rien, au revoir!

1 Vrai ou faux? Decide whether each statement is **vrai** or **faux**. Correct the false statements.

1. Sandrine va (*is doing*) bien. *vrai*
2. Sandrine et Amina sont (*are*) amies. *vrai*
3. David est français. *faux → david est American*
4. David est de Washington. *vrai*
5. Rachid présente son frère (*his brother*) David à Sandrine et Amina. *faux → David est Rachids ami*

6. Stéphane est étudiant à l'université. *vrai faux*
Stéphane est au lycée
7. Il y a un problème avec l'examen de sciences politiques. *faux*
Il y a un problem avec l'examen de français
8. Amina, Rachid et Sandrine sont (*are*) à Paris. *faux*
Il sont a Aix-en-Provence
9. Michèle est au P'tit Bistrot. *vrai*
10. Madame Richard est le professeur de Stéphane. *vrai*
11. Valérie va mal. *vrai*
12. Rachid a (*has*) cours de français dans 30 minutes. *vrai*

Practice more at **vhlcentral.com**.

 six

Les étudiants se retrouvent (*meet*) au café.

DAVID Et toi..., comment t'appelles-tu?
AMINA Je m'appelle Amina.
RACHID David est un étudiant américain. Il est de Washington, la capitale des États-Unis.
AMINA Ah, oui! Bienvenue à Aix-en-Provence.
RACHID Bon..., à tout à l'heure.
SANDRINE À bientôt, David.

À l'intérieur (inside) du café...
MICHÈLE Allô. Le P'tit Bistrot. Oui, un moment, s'il vous plaît. Madame Forestier! Le lycée de Stéphane.
VALÉRIE Allô. Oui. Bonjour, Madame Richard. Oui. Oui. Stéphane? Il y a un problème au lycée?

RACHID Bonjour, Madame Forestier. Comment allez-vous?
VALÉRIE Ah, ça va mal.
RACHID Oui? Moi, je vais bien. Je vous présente David Duchesne, étudiant américain de Washington.

DAVID Bonjour, Madame. Enchanté!
RACHID Ah, j'ai cours de sciences politiques dans 30 (trente) minutes. Au revoir, Madame Forestier. À tout à l'heure, David.

Expressions utiles

Introductions

- **David est un étudiant américain. Il est de Washington.**
  David is an American student. He's from Washington.
- **Présentez-vous, je vous en prie!**
  Introduce yourselves, please!
- **Il/Elle s'appelle...**
  His/Her name is...
- **Bienvenue à Aix-en-Provence.**
  Welcome to Aix-en-Provence.

Speaking on the telephone

- **Allô.**
  Hello.
- **Un moment, s'il vous plaît.**
  One moment, please.

Additional vocabulary

- **Regarde! Voilà Rachid et... un ami?**
  Look! There's Rachid and... a friend?
- **J'ai cours de sciences politiques dans 30 (trente) minutes.**
  I have political science class in thirty minutes.
- **Il y a un problème au lycée?**
  Is there a problem at the high school?

Il y a... *There is/are...*	**euh** *um*
Il/Elle est *He/She is...*	**bon** *well; good*
Voici... *Here's...*	**centimes** *cents*
Voilà... *There's...*	

---

 2 **Complétez** Fill in the blanks with the words from the list. Refer to the video scenes as necessary.

1. Bienvenue à Aix-en-Provence.
2. Il est de Washington, la capitale des États-Unis.
3. Voici 45 (quarante-cinq) centimes. Bonne journée!
4. J'ai cours de sciences politiques.
5. David est un étudiant américain.

ai ✓	est ✓
bienvenue ✓	voici ✓
capitale ✓	

 3 **Conversez** In groups of three, write a conversation where you introduce an exchange student to a friend. Be prepared to present your conversation to the class.

ressources
vText
CE pp. 5-6
vhlcentral.com Leçon 1A

ACTIVITÉS

Reading
Video: *Flash culture*

La poignée de main ou la bise?

French friends and relatives usually exchange a kiss (**la bise**) on alternating cheeks whenever they meet and again when they say good-bye. Friends of friends may also kiss when introduced, even though they have just met. This is particularly true among students and young adults. It is normal for men of the same family to exchange **la bise**; otherwise, men generally greet one another with a handshake (**la poignée de main**). As the map shows, the number of kisses varies from place to place in France. In some regions, two kisses (one on each cheek) is the standard while in others, people may exchange as many as four kisses. Whatever the number, each kiss is accompanied by a slight kissing sound.

Unless they are also friends, business acquaintances and coworkers usually shake hands each time they meet and do so again upon leaving. A French handshake is brief and firm, with a single downward motion.

Combien de *How many*

Coup de main

If you are not sure whether you should shake hands or kiss someone, or if you don't know which side to start on, you can always follow the other person's lead.

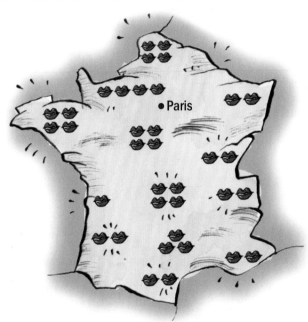

• Paris

Combien de° bises?

---

1 **Vrai ou faux?** Indicate whether each statement is **vrai** or **faux**. Correct any false statements.

1. In northwestern France, giving four kisses is common. *Vrai*

2. Business acquaintances usually kiss one another on the cheek. *faux* They just shake hands

3. French people may give someone they've just met la bise. *vrai*

4. Bises exchanged between French men at a family gathering are common. *vrai*

5. In a business setting, French people often shake hands when they meet each day and again when they leave. *vrai*

6. When shaking hands, French people prefer a long and soft handshake. *faux* They want it brief and firm

7. The number of kisses given can vary from one region to another. *vrai*

8. It is customary for kisses to be given silently. *Faux* they make noise

Practice more at vhlcentral.com.

LE FRANÇAIS QUOTIDIEN

LE FRANÇAIS QUOTIDIEN

Les salutations

À la prochaine!	*Until next time!*
À plus!	*See you later!*
Ciao!	*Bye!*
Coucou!	*Hi there!/Hey!*
Pas grand-chose.	*Nothing much.*
Quoi de neuf?	*What's new?*
Rien de nouveau.	*Nothing new.*

LE MONDE FRANCOPHONE

Les bonnes manières

In any country, an effort to speak the native language is appreciated. Using titles of respect and a few polite expressions, such as **excusez-moi**, **merci**, and **s'il vous plaît**, can take you a long way when conversing with native Francophones.

Dos and don'ts in the francophone world:

France Always greet shopkeepers upon entering a store and say good-bye upon leaving.

Northern Africa Use your right hand when handing items to others.

Quebec Province Make eye contact when shaking hands.

Sub-Saharan Africa Do not show the soles of your feet when sitting.

Switzerland Do not litter or jaywalk.

PORTRAIT

Aix-en-Provence: ville d'eau, ville d'art°

Aix-en-Provence is a vibrant university town that welcomes international students. Its main boulevard, **le cours Mirabeau**, is great for people-watching or just relaxing in a sidewalk café. One can see many beautiful fountains, traditional and ethnic restaurants, and the daily vegetable and flower market among the winding, narrow streets of **la vieille ville** (*old town*).

Aix is also renowned for its dedication to the arts, hosting numerous cultural festivals every year such as **le Festival International d'Art Lyrique**, and **Aix en Musique**. For centuries, artists have been drawn to Provence for its natural beauty and its unique quality of light. Paul Cézanne, artist and native son of Provence, spent his days painting the surrounding countryside.

ville d'eau, ville d'art *city of water, city of art*

Sur Internet

What behaviors are socially unacceptable in French-speaking countries?

Go to **vhlcentral.com** to find more information related to this **Culture** section. Then watch the corresponding **Flash culture**.

---

2 **Les bonnes manières** In which places might these behaviors be particularly offensive?

1. littering *Switzerland*
2. offering a business card with your left hand *Northern Africa*
   Sub-Saharan Africa
3. sitting with the bottom of your foot facing your host
4. failing to greet a salesperson
   France
5. looking away when shaking hand
   Quebec Province

3 **À vous** With a partner, practice meeting and greeting people in French in various social situations.

1. Your good friend from Provence introduces you to her close friend.
2. You walk into your neighborhood bakery.
3. You arrive for an interview with a prospective employer.

ressources

vText

CE
pp. 7–8

vhlcentral.com
Leçon 1A

A C T I V I T É S

1A.1 Nouns and articles

 Presentation Tutorial

Point de départ A noun designates a person, place, or thing. As in English, nouns in French have number (singular or plural). However, French nouns also have gender (masculine or feminine).

masculine singular	masculine plural	feminine singular	feminine plural
le café	**les cafés**	**la bibliothèque**	**les bibliothèques**
the café	*the cafés*	*the library*	*the libraries*

- Nouns that designate a male are usually masculine. Nouns that designate a female are usually feminine.

masculine		feminine	
l'acteur	*the actor*	**l'actrice**	*the actress*
l'ami	*the (male) friend*	**l'amie**	*the (female) friend*
le chanteur	*the (male) singer*	**la chanteuse**	*the (female) singer*
l'étudiant	*the (male) student*	**l'étudiante**	*the (female) student*
le petit ami	*the boyfriend*	**la petite amie**	*the girlfriend*

- Some nouns can designate either a male or a female regardless of their grammatical gender; in other words, whether the word itself is masculine or feminine.

un professeur
a (male or female) teacher, professor

une personne
a (male or female) person

- Nouns for objects that have no natural gender can be either masculine or feminine.

masculine		feminine	
le bureau	*the office; desk*	**la chose**	*the thing*
le lycée	*the high school*	**la différence**	*the difference*
l'examen	*the test, exam*	**la faculté**	*the faculty*
l'objet	*the object*	**la littérature**	*literature*
l'ordinateur	*the computer*	**la sociologie**	*sociology*
le problème	*the problem*	**l'université**	*the university*

- You can usually form the plural of a noun by adding **-s**.

	singular		plural	
typical masculine noun	**l'objet**	*the object*	**les objets**	*the objects*
typical feminine noun	**la télévision**	*the television*	**les télévisions**	*the televisions*

- However, in the case of words that end in **-eau** in the singular, add **-x** to the end to form the plural. For most nouns ending in **-al**, drop the **-al** and add **-aux**.

le bureau → **les bureaux**
the office → *the offices*

l'animal → **les animaux**
the animal → *the animals*

- When you have a group composed of males and females, use the masculine plural noun to refer to it.

les amis	**les étudiants**
the (male and female) friends	*the (male and female) students*

- The English definite article *the* never varies with number or gender of the noun it modifies. However, in French the definite article takes four different forms depending on the gender and number of the noun that it accompanies: **le**, **la**, **l'** or **les**.

	singular noun beginning with a consonant		singular noun beginning with a vowel sound		plural noun	
masculine	le tableau	*the painting/ blackboard*	l'ami	*the (male) friend*	les cafés	*the cafés*
feminine	la librairie	*the bookstore*	l'université	*the university*	les télévisions	*the televisions*

 Boîte à outils

In English, you sometimes omit the definite article when making general statements.

I love French.

Literature is difficult.

In French, you must always use the definite article in such cases.

J'adore le français.

La littérature est difficile.

- In English, the singular indefinite article is *a/an*, and the plural indefinite article is *some*. In French, the singular indefinite articles are **un** and **une**, and the plural indefinite article is **des**. Unlike in English, the indefinite article **des** cannot be omitted in French.

	singular		plural	
masculine	un instrument	*an instrument*	des instruments	*(some) instruments*
feminine	une table	*a table*	des tables	*(some) tables*

Il y a **un ordinateur** ici.	Il y a **des ordinateurs** ici.
There's a computer here.	*There are (some) computers here.*
Il y a **une université** ici.	Il y a **des universités** ici.
There's a university here.	*There are (some) universities here.*

- Use **c'est** followed by a singular article and noun or **ce sont** followed by a plural article and noun to identify people and objects.

Qu'est-ce que **c'est**?	**C'est** une librairie.	**Ce sont** des bureaux.
What is that?	*It's a bookstore.*	*Those are offices.*

 Essayez!   **Select the correct article for each noun.**

le, la, l' ou les?

1. ___*le*___ café
2. _____ bibliothèque
3. _____ acteur
4. _____ amie
5. _____ problèmes
6. _____ lycée
7. _____ examens
8. _____ littérature

un, une ou des?

1. ___*un*___ bureau
2. _____ différence
3. _____ objet
4. _____ amis
5. _____ amies
6. _____ université
7. _____ ordinateur
8. _____ tableaux

Mise en pratique

1 **Les singuliers et les pluriels** Make the singular nouns plural, and vice versa.

1. l'actrice
2. les lycées
3. les différences
4. la chose
5. le bureau
6. le café
7. les librairies

8. la faculté
9. les acteurs
10. l'ami
11. l'université
12. les tableaux
13. le problème
14. les bibliothèques

2 **L'université** Complete the sentences with an appropriate word from the list. Don't forget to provide the missing articles.

| bibliothèque | examen | ordinateurs | sociologie |
| bureau | faculté | petit ami | |

1. À (a) _____, les tableaux et (b) _____ sont (*are*) modernes.
2. Marc, c'est (c) _____ de (*of*) Marie. Marc étudie (*studies*) la littérature.
3. Marie étudie (d) _____. Elle (*She*) est à (e) _____ de l'université.
4. Sylvie étudie pour (*for*) (f) _____ de français.

3 **Les mots** Find ten words (**mots**) hidden in this word jumble. Then, provide the corresponding indefinite articles.

G	N	I	O	R	Z	Y	M	I	P	X	L	R	W
E	B	U	R	E	A	U	X	U	J	V	C	B	N
C	A	F	B	S	M	V	B	G	H	M	N	I	P
A	N	R	Y	E	I	H	K	B	E	F	K	V	F
J	G	O	S	T	E	J	B	O	B	E	G	D	D
E	K	E	L	H	N	U	Q	R	V	F	D	B	M
G	W	F	G	E	R	E	S	D	C	N	U	H	E
P	S	V	B	C	H	O	S	I	U	K	H	S	C
U	Q	K	S	I	Y	M	F	N	A	D	O	X	R
A	B	V	Z	R	I	V	V	A	J	H	W	I	J
E	I	W	Q	L	P	W	J	T	C	P	Y	E	Y
L	I	B	R	A	I	R	I	E	D	U	E	K	L
B	D	O	I	B	S	S	E	U	C	H	L	D	Y
A	Y	P	E	P	J	C	N	R	L	S	G	T	C
T	D	G	A	E	S	Y	L	S	V	C	A	F	E
S	I	J	E	M	X	K	P	Z	A	A	S	O	E
R	I	A	R	B	I	L	A	D	S	F	H	C	W

Communication

4 **Qu'est-ce que c'est?** In pairs, take turns identifying the item(s) in each image.

▶ **MODÈLE**

Élève 1: *Qu'est-ce que c'est?*

Élève 2: *C'est un ordinateur.*

1. _____

2. _____

3. _____

4. _____

5. _____

6. _____

5 **Identifiez** In pairs, take turns providing a category for each item.

MODÈLE

 Michigan, UCLA, Rutgers, Duke
Ce sont des universités.

1. saxophone
2. Ross, Rachel, Joey, Monica, Chandler, Phoebe
3. SAT
4. Library of Congress
5. Sharon Stone, Debra Messing, Catherine Deneuve
6. Céline Dion, Bruce Springsteen

6 **Le français** Your partner gets French words mixed up. Correct your partner as he or she points to various people and objects in the illustration and names them. When you're done, switch roles.

MODÈLE

Élève 1: *C'est une personne.*

Élève 2: *Non, c'est un objet.*

7 **Pictogrammes** In groups of four, someone draws a person, object, or concept for the others to guess. Whoever guesses correctly draws next. Continue until everyone has drawn at least once.

1A.2

Numbers 0–60

 **Presentation Tutorial**

Point de départ Numbers in French follow patterns, as they do in English. First, learn the numbers **0–30**. The patterns they follow will help you learn the numbers **31–60**.

Numbers 0–30		
0–10	**11–20**	**21–30**
0 zéro	11 onze	21 vingt et un
1 un	12 douze	22 vingt-deux
2 deux	13 treize	23 vingt-trois
3 trois	14 quatorze	24 vingt-quatre
4 quatre	15 quinze	25 vingt-cinq
5 cinq	16 seize	26 vingt-six
6 six	17 dix-sept	27 vingt-sept
7 sept	18 dix-huit	28 vingt-huit
8 huit	19 dix-neuf	29 vingt-neuf
9 neuf	20 vingt	30 trente
10 dix		

- When counting a series of numbers, use **un** for *one*.

  un, deux, trois, quatre...
  one, two, three, four...

- When *one* is followed by a noun, use **un** or **une** depending on whether the noun is masculine or feminine.

  un objet   **une** télévision
  an/one object   *a/one television*

- Note that the number **21** (**vingt et un**) follows a different pattern than the numbers **22–30**. When **vingt et un** precedes a feminine noun, add **-e** to the end of it: **vingt et une**.

  vingt et un objets   **vingt et une** choses
  twenty-one objects   *twenty-one things*

- Notice that the numbers **31–39, 41–49**, and **51–59** follow the same pattern as the numbers **21–29**.

Numbers 31–60		
31–34	**35–38**	**39, 40, 50, 60**
31 trente et un	35 trente-cinq	39 trente-neuf
32 trente-deux	36 trente-six	40 quarante
33 trente-trois	37 trente-sept	50 cinquante
34 trente-quatre	38 trente-huit	60 soixante

- As with the number **21**, to indicate a count of **31, 41**, or **51** for a feminine noun, change the **un** to **une**.

  trente et **un** objets   trente et **une** choses
  thirty-one objects   *thirty-one things*

  cinquante et **un** objets   cinquante et **une** choses
  fifty-one objects   *fifty-one things*

- Use **il y a** to say *there is* or *there are* in French. This expression doesn't change, even if the noun that follows it is plural.

   Il y a un ordinateur dans le bureau.
   There is a computer in the office.

   Il y a une table dans le café.
   There is one table in the café.

   Il y a des tables dans le café.
   There are tables in the café.

   Il y a dix-huit objets sur le bureau.
   There are eighteen objects on the desk.

Il y a deux amies.

Il y a trois étudiants.

- In most cases, the indefinite article (**un**, **une**, or **des**) is used with **il y a**, rather than the definite article (**le**, **la**, **l'**, or **les**).

   Il y a un professeur de biologie américain.
   There's an American biology teacher.

   Il y a des étudiants français et anglais.
   There are French and English students.

- Use the expression **il n'y a pas de/d'** followed by a noun to express *there isn't a...* or *there aren't any....* Note that no article (definite or indefinite) is used in this case. Use **de** before a consonant sound and **d'** before a vowel sound.

before a consonant

before a vowel sound

   Il n'y a pas de tables dans le café.
   There aren't any tables in the café.

   Il n'y a pas d'ordinateur dans le bureau.
   There isn't a computer in the office.

- Use **combien de/d'** to ask how many of something there are.

   Il y a combien de tables?
   How many tables are there?

   Il y a combien de librairies?
   How many bookstores are there?

   Il y a combien d'ordinateurs?
   How many computers are there?

   Il y a combien d'étudiants?
   How many students are there?

Essayez! Write out or say the French word for each number below.

1. 15 _quinze_
2. 6 _six_
3. 22 _vingt-deux_
4. 5 _cinq_
5. 12 _douce_
6. 8 _huit_
7. 30 _trente_
8. 21 _vingt et un_
9. 1 _un_
10. 17 _dix-sept_
11. 44 _quarante-quarte_
12. 14 _qua torze_
13. 38 _trente-huit_
14. 56 _cinquante-six_
15. 19 _dix-neuf_

Mise en pratique

1 **Logique** Provide the number that completes each series. Then, write out the number in French.

MODÈLE

2, 4, __6__, 8, 10; __six__

1. 9, 12, __15__, 18, 21; _quize_
2. 15, 20, __25__, 30, 35; _vingt-cinq_
3. 2, 9, __16__, 23, 30; _seize_
4. 0, 10, 20, __30__, 40; _trente_
5. 15, __17__, 19, 21, 23; _dix-sept_
6. 29, 26, __23__, 20, 17; _vingt-trois_
7. 2, 5, 9, __14__, 20, 27; _quatorze_
8. 30, 22, 16, 12, __10__; _dix_

2 **Il y a combien de...?** Provide the number that you associate with these pairs of words.

MODÈLE

lettres: l'alphabet vingt-six

1. mois (*months*): année (*year*)
2. états (*states*): USA
3. semaines (*weeks*): année
4. jours (*days*): octobre
5. âge: le vote
6. Noël: décembre

3 **Numéros de téléphone** Your mother left behind a list of phone numbers to call today. Now she calls you and asks you to read them off. (Note that French phone numbers are read as double, not single, digits.)

MODÈLE

Le bureau, c'est le zéro un, vingt-trois, quarante-cinq, vingt-six, dix-neuf.

1. bureau: 01.23.45.26.19
2. bibliothèque: 01.47.15.54.17
3. café: 01.41.38.16.29
4. librairie: 01.10.13.60.23
5. lycée: 01.58.36.14.12

Practice more at **vhlcentral.com.**

Communication

4 **Contradiction** Thierry is describing the new Internet café in the neighborhood, but Paul is in a bad mood and contradicts everything he says. In pairs, act out the roles using words from the list. Be sure to pay attention to whether the word is singular (use **un/une**) or plural (use **des**).

MODÈLE

Élève 1: *Dans (In) le café, il y a des tables.*
Élève 2: *Non, il n'y a pas de tables.*

actrices	professeurs
bureau	tableau
étudiants	tables
ordinateur	télévision

5 **Sur le campus** Nathalie's little brother wants to know everything about her new campus. In pairs, take turns acting out the roles.

MODÈLE

bibliothèques: 3 ~~how many~~
Élève 1: *Il y a combien de bibliothèques?*
Élève 2: *Il y a trois bibliothèques.*

1. professeurs de littérature: 22 *Il y a vingt-deux professeurs de littérature*
2. étudiants dans (in) la classe de français: 15 *Il y a quinze étudiants dans la classe de français*
3. télévision dans la classe de sociologie: 0 *Il y a zéro télévisions dans la classe de sociologie*
4. ordinateurs dans le café: 8 *Il y a huit ordinateurs dans le café*
5. employés dans la librairie: 51 *Il y a cinquante-et-un employés dans la librairie*
6. tables dans le café: 21 *Il y a vingt et un tables dans le café*
7. tableaux dans la bibliothèque: 47 *Il y a quarante-sept tableaux dans la bibliothèque*
8. personne dans le bureau: 1 *Il y a un personne dans le bureau.*

6 **Choses et personnes** In groups of three, make a list of ten things or people that you see or don't see in the classroom. Use **il y a** and **il n'y a pas de**, and specify the number of items you can find. Then, compare your list with that of another group.

MODÈLE

Élève 1: *Il y a un étudiant français.*
Élève 2: *Il n'y a pas de télévision.*
Élève 3: *Il y a...*

Révision

1 Des lettres In pairs, take turns choosing nouns. One partner chooses only masculine nouns, while the other chooses only feminine. Slowly spell each noun for your partner, who will guess the word. Find out who can give the quickest answers.

2 Le pendu In groups of four, play hangman (**le pendu**). Form two teams of two partners each. Take turns choosing a French word or expression you learned in this lesson for the other team to guess. Continue to play until your team guesses at least one word or expression from each category.

1. un nom féminin
2. un nom masculin
3. un nombre entre (*number between*) 0 et 30
4. un nombre entre 31 et 60
5. une expression

3 C'est... Ce sont... Doug is spending a week in Paris with his French e-mail pal, Marc. As Doug points out what he sees, Marc corrects him sometimes. In pairs, act out the roles. Doug should be right half the time.

MODÈLE

Élève 1: *C'est une bibliothèque?*
Élève 2: *Non, c'est une librairie.*

1. _____

4. _____

2. _____

5. _____

3. _____

6. _____

4 Les présentations In pairs, introduce yourselves. Together, meet another pair. One person per pair should introduce him or herself and his or her partner. Use the items from the list in your conversations. Switch roles until you have met all of the other pairs in the class.

ami	élève
c'est	ami(e)
ce sont	professeur

5 S'il te plaît You need help finding your way and so you ask your partner for assistance. He or she gives you the building (**le bâtiment**) and room (**la salle**) number and you thank him or her. Then, switch roles and repeat with another place from the list.

MODÈLE

Élève 1: *Pardon... l'examen de sociologie, s'il te plaît?*
Élève 2: *Ah oui... bâtiment E, salle dix-sept.*
Élève 1: *Merci beaucoup!*
Élève 2: *De rien.*

Bibliothèque .... Bâtiment C Salle 11
Bureau de Mme Girard .... Bâtiment A Salle 35
Bureau de M. Brachet .... Bâtiment J Salle 42
Bureau de M. Grondin .... Bâtiment H Salle 59
Examen de français .... Bâtiment B Salle 46
Examen d'anglais .... Bâtiment E Salle 24
Examen de sociologie .... Bâtiment E Salle 17
Salle de télévision .... Bâtiment F Salle 33
Salle des ordinateurs .... Bâtiment D Salle 40

6 Mots mélangés You and a partner each have half the words of a wordsearch (**des mots mélangés**). Pick a number and a letter and say them to your partner, who must tell you if he or she has a letter in the corresponding space. Do not look at each other's worksheet.

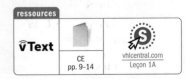

S Video: TV Clip

Le Zapping

Attention au sucre°!

In 2001, the **INPES** or **Institut national de prévention et d'éducation pour la santé°** in France started a program to educate the public about good nutrition and a healthy lifestyle. Their website, **manger-bouger°.fr,** explains how we can all become healthier eaters and why we should exercise more. One of their campaigns also raises public awareness about eating excess fat, salt, or sugar. To get the message across, the ads present foods that are rich in one of these ingredients in a new and surprising context. This particular commercial starts when two friends meet in a coffee shop. Focus on the words and phrases you are already familiar with—how the friends greet each other and how they order from the waiter—and on their body language to understand the gist of the scene.

LE SUCRE N'EST PAS TOUJOURS LÀ OÙ ON LE PENSE

Oui, et toi?

Tu veux° du sucre?

S Compréhension Answer these questions.

1. Which definite and indefinite articles did you hear in the ad? Provide at least two examples.

2. How many coffees did these friends order?

Discussion In groups of three, discuss the answers to these questions. Use as much French as you can.

1. What does the waiter bring with the coffees? What does the ketchup stand for? Can you explain why?

2. Beside the ketchup, what else seems out of place in this scene?

3. Would you say that these two women are close friends? Justify your opinion.

sucre *sugar* santé *health* manger-bouger *eat-move* veux *want*

You will learn how to...

- identify yourself and others
- ask yes/no questions

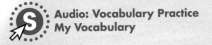

Audio: Vocabulary Practice
My Vocabulary

En classe

une horloge

un crayon

un sac à dos

une fenêtre

un livre

un cahier

un dictionnaire

un stylo

une feuille (de papier)

une corbeille (à papier)

Vocabulaire

Qui est-ce?	*Who is it?*
Quoi?	*What?*
une calculatrice	*calculator*
une montre	*watch*
une porte	*door*
un résultat	*result*
une salle de classe	*classroom*
un(e) camarade de chambre	*roommate*
un(e) camarade de classe	*classmate*
une classe	*class (group of students)*
un copain/ une copine (fam.)	*friend*
un(e) élève	*pupil, student*
une femme	*woman*
une fille	*girl*
un garçon	*boy*
un homme	*man*

Mise en pratique

une carte

une chaise

1 **Chassez l'intrus** Circle the word that does not belong.

1. étudiants, élèves, professeur
2. un stylo, un crayon, un cahier
3. un livre, un dictionnaire, un stylo
4. un homme, un crayon, un garçon
5. une copine, une carte, une femme
6. une porte, une fenêtre, une chaise
7. une chaise, un professeur, une fenêtre
8. un crayon, une feuille de papier, un cahier
9. une calculatrice, une montre, une copine
10. une fille, un sac à dos, un garçon

2 **Écoutez** 🎧 Listen to Madame Arnaud as she describes her French classroom, then check the items she mentions.

1. une porte ☐
2. un professeur ☐
3. une feuille de papier ☐
4. un dictionnaire ☐
5. une carte ☐
6. vingt-quatre cahiers ☐
7. une calculatrice ☐
8. vingt-sept chaises ☐
9. une corbeille à papier ☐
10. un stylo ☐

3 **C'est...** Work with a partner to identify the items you see in the image.

MODÈLE

Élève 1: Qu'est-ce que c'est?
Élève 2: C'est un tableau.

2. ___
1. ___
12. ___
3. ___
11. ___
4. ___
5. ___
6. ___
7. ___
8. ___ 9. ___ 10. ___

1. le tableau
2. la porte
3. le crayon
4. le livre
5. la calculatrice
6. le stylo
7. le papier
8. le bureau
9. le dictionnair
10. la corbeille
11. la chaise
12. la professeure

S Practice more at **vhlcentral.com.**

Communication

4 **Qu'est-ce qu'il y a dans mon sac à dos?** Make a list of six different items that you have in your backpack, then work with a partner to compare your answers.

Dans mon (my) sac à dos, il y a...

1. _____
2. _____
3. _____
4. _____
5. _____
6. _____

Dans le sac à dos de _____ *nom* _____, il y a...

1. _____
2. _____
3. _____
4. _____
5. _____
6. _____

5 **Qu'est-ce que c'est?** Point at eight different items around the classroom and ask a classmate to identify them. Write your partner's responses on the spaces provided below.

MODÈLE

Élève 1: *Qu'est-ce que c'est?*
Élève 2: *C'est un stylo.*

1. _____
2. _____
3. _____
4. _____

5. _____
6. _____
7. _____
8. _____

6 **Pictogrammes** Play pictionary as a class.

- Take turns going to the board and drawing words you learned on pp. 16–17.
- The person drawing may not speak and may not write any letters or numbers.
- The person who guesses correctly in French what the **grand(e) artiste** is drawing will go next.
- Your teacher will time each turn and tell you if your time runs out.

7 **Sept différences** Your teacher will give you and a partner two different drawings of a classroom. Do not look at each other's worksheet. Find seven differences between your picture and your partner's by asking each other questions and describing what you see.

MODÈLE

Élève 1: *Il y a une fenêtre dans ma (my) salle de classe.*
Élève 2: *Oh! Il n'y a pas de fenêtre dans ma salle de classe.*

Les sons et les lettres

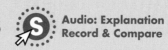

Audio: Explanation Record & Compare

Silent letters

Final consonants of French words are usually silent.

françai~s~ **spor~t~** **vou~s~** **salu~t~**

An unaccented **-e** (or **-es**) at the end of a word is silent, but the preceding consonant is pronounced.

française~ **américaine~** **orange~s~** **japonaise~s~**

The consonants **-c**, **-r**, **-f**, and **-l** are usually pronounced at the ends of words. To remember these exceptions, think of the consonants in the word **c**a**r**e**f**u**l**.

parc   bonjour   actif   animal

lac   professeur   naïf   mal

Prononcez Practice saying these words aloud.

1. traditionnel
2. étudiante
3. généreuse
4. téléphones
5. chocolat
6. Monsieur
7. journalistes
8. hôtel
9. sac
10. concert
11. timide
12. sénégalais
13. objet
14. normal
15. importante

Articulez Practice saying these sentences aloud.

1. Au revoir, Paul. À plus tard!
2. Je vais très bien. Et vous, Monsieur Dubois?
3. Qu'est-ce que c'est? C'est une calculatrice.
4. Il y a un ordinateur, une table et une chaise.
5. Frédéric et Chantal, je vous présente Michel et Éric.
6. Voici un sac à dos, des crayons et des feuilles de papier.

Dictons Practice reading these sayings aloud.

Mieux vaut tard que jamais.[1]

Aussitôt dit, aussitôt fait.[2]

[1] Better late than never.
[2] No sooner said than done.

Les copains

 Video: *Roman-photo*
Record & Compare

PERSONNAGES

Amina

David

Michèle

Stéphane

Touriste

Valérie

À la terrasse du café...
VALÉRIE Alors, un croissant, une crêpe et trois cafés.
TOURISTE Merci, Madame.
VALÉRIE Ah, vous êtes... américain?
TOURISTE Um, non, je suis anglais. Il est canadien et elle est italienne.
VALÉRIE Moi, je suis française.

À l'intérieur du café...
VALÉRIE Stéphane!!!
STÉPHANE Quoi?! Qu'est-ce que c'est?
VALÉRIE Qu'est-ce que c'est! Qu'est-ce que c'est! Une feuille de papier! C'est l'examen de maths! Qu'est-ce que c'est?
STÉPHANE Oui, euh, les maths, c'est difficile.

VALÉRIE Stéphane, tu es intelligent, mais tu n'es pas brillant! En classe, on fait attention au professeur, au cahier et au livre! Pas aux fenêtres. Et pas aux filles!
STÉPHANE Oh, oh, ça va!!

À la table d'Amina et de David...
DAVID Et Rachid, mon colocataire? Comment est-il?
AMINA Il est agréable et très poli... plutôt réservé mais c'est un étudiant brillant. Il est d'origine algérienne.

DAVID Et toi, Amina. Tu es de quelle origine?
AMINA D'origine sénégalaise.
DAVID Et Sandrine?

AMINA Sandrine? Elle est française.
DAVID Mais non... Comment est-elle?
AMINA Bon, elle est chanteuse, alors elle est un peu égoïste. Mais elle est très sociable. Et charmante. Mais attention! Elle est avec Pascal.
DAVID Pfft, Pascal, Pascal...

ACTIVITÉS

1 Identifiez Indicate which character would make each statement: Amina (A), David (D), Michèle (M), Sandrine (S), Stéphane (St), or Valérie (V).

1. Les maths, c'est difficile. St
2. En classe, on fait attention au professeur! V
3. Michèle, les trois cafés sont pour les trois touristes. V
4. Ah, Madame, du calme! M
5. Ma mère est très impatiente! St
6. J'ai (*I have*) de la famille au Sénégal. A
7. Je suis une grande chanteuse! S
8. Mon colocataire est très poli et intelligent. D
9. Pfft, Pascal, Pascal... D
10. Attention, David! Sandrine est avec Pascal. V or A

 Practice more at **vhlcentral.com.**

Amina, David et Stéphane passent la matinée (*spend the morning*) au café.

Au bar...

VALÉRIE Le croissant, c'est pour l'Anglais, et la crêpe, c'est pour l'Italienne.

MICHÈLE Mais, Madame. Ça va? Qu'est-ce qu'il y a?

VALÉRIE Ben, c'est Stéphane. Des résultats d'examens, des professeurs... des problèmes!

MICHÈLE Ah, Madame, du calme! Je suis optimiste. C'est un garçon intelligent. Et vous, êtes-vous une femme patiente?

VALÉRIE Oui... oui, je suis patiente. Mais le Canadien, l'Anglais et l'Italienne sont impatients. Allez! Vite!

VALÉRIE Alors, ça va bien?

AMINA Ah, oui, merci.

DAVID Amina est une fille élégante et sincère.

VALÉRIE Oui! Elle est charmante.

DAVID Et Rachid, comment est-il?

VALÉRIE Oh! Rachid! C'est un ange! Il est intelligent, poli et modeste. Un excellent camarade de chambre.

DAVID Et Sandrine? Comment est-elle?

VALÉRIE Sandrine?! Oh, là, là. Non, non, non. Elle est avec Pascal.

Expressions utiles

Describing people

- **Vous êtes/Tu es américain?**
  You're American?
- **Je suis anglais. Il est canadien et elle est italienne.**
  I'm English. He's Canadian, and she's Italian.
- **Et Rachid, mon colocataire? Comment est-il?**
  And Rachid, my roommate (in an apartment)? What's he like?
- **Il est agréable et très poli... plutôt réservé mais c'est un étudiant brillant.**
  He's nice and polite... rather reserved, but a brilliant student.
- **Tu es de quelle origine?**
  What's your heritage?
- **Je suis d'origine algérienne/sénégalaise.**
  I'm of Algerian/Senegalese heritage.
- **Elle est avec Pascal.**
  She's with (dating) Pascal.
- **Rachid! C'est un ange!**
  Rachid! He's an angel!

Asking questions

- **Ça va? Qu'est-ce qu'il y a?**
  Are you OK? What is it?/What's wrong?

Additional vocabulary

- **Ah, Madame, du calme!**
  Oh, ma'am, calm down!
- **On fait attention à...**
  One pays attention to...
- **Mais attention!** / **alors**
  But watch out! / *so*
- **Allez! Vite!** / **mais**
  Go! Quickly! / *but*
- **Mais non...** / **un peu**
  Of course not... / *a little*

---

2 **Complétez** Use words from the list to describe these people in French. Refer to the video scenes and a dictionary as necessary.

1. Michèle always looks on the bright side. _optimiste_
2. Rachid gets great grades. _intelligent_
3. Amina is very honest. _sincère_
4. Sandrine thinks about herself a lot. _égoïste_
5. Sandrine has a lot of friends. _sociable_

égoïste	
~~intelligent~~	
optimiste	
sincère	
sociable	

3 **Conversez** In pairs, choose the words from this list you would use to describe yourselves. What personality traits do you have in common? Be prepared to share your answers with the class.

brillant	modeste
charmant	optimiste
égoïste	patient
élégant	sincère
intelligent	sociable

ressources

v̄Text

CE pp. 19–20

vhlcentral.com Leçon 1B

A C T I V I T É S

 **Reading**

Qu'est-ce qu'un Français typique?

What is your idea of a typical Frenchman? Do you picture a man wearing a **béret**? How about French women? Are they all fashionable and stylish? Do you picture what is shown in these photos? While real French people fitting one aspect or another of these cultural stereotypes do exist, rarely do you find individuals who fit all aspects.

France is a multicultural society with no single, national ethnicity. While the majority of French people are of Celtic or Latin descent, France has significant North and West African (e.g., Algeria, Morocco, Senegal) and Asian (e.g., Vietnam, Laos, Cambodia) populations as well. Long a **terre d'accueil°**, France today has over eleven million foreigners and immigrants. Even as France has maintained a strong concept of its culture through the preservation of its language, history, and traditions, French culture has been ultimately enriched by the contributions of its immigrant populations. Each region of the country also has its own traditions, folklore, and, often, its own language. Regional languages, such as Provençal, Breton, and Basque, are still spoken in some areas, but the official language is, of course, French.

Immigrants in France, by country of birth

COUNTRY NAME	NUMBER OF PEOPLE
Other European countries	712,377
Algeria	702,811
Morocco	645,695
Sub-Saharan Africa	644,049
Portugal	576,084
Other Asian countries	339,260
Italy	323,809
Spain	262,883
Turkey	234,540
Tunisia	231,062
Cambodia, Laos, Vietnam	162,063
UK	142,949

terre d'accueil *a land welcoming of newcomers*

A C T I V I T É S

1 **Vrai ou faux?** Indicate whether each statement is **vrai** or **faux**. Correct the false statements.

1. Cultural stereotypes are generally true for most people in France.
   faux cultural stereotypes don't exist
2. People in France no longer speak regional languages.
   faux you can speak them in some area's
3. Many immigrants from North Africa live in France.
4. More immigrants in France come from Portugal than from Morocco.
   faux it doesn't show it in the graph
   faux there are more from morocco

5. Algerians and Moroccans represent the largest immigrant populations in France. *Vrai*
6. Immigrant cultures have little impact on French culture.
   faux they influence the culture
7. Because of immigration, France is losing its cultural identity.
   faux it preserves its culture
8. French culture differs from region to region. *Vrai*
9. Most French people are of Anglo-Saxon heritage.
   faux It is not said in the text
10. For many years, France has received immigrants from many countries. *Vrai*

 Practice more at **vhlcentral.com**.

Les gens

ado (*m./f.*)	*adolescent, teen*
bonhomme (*m.*)	*fellow*
gars (*m.*)	*guy*
mec (*m.*)	*guy*
minette (*f.*)	*young woman, sweetie*
nana (*f.*)	*young woman, girl*
pote (*m.*)	*buddy*
type (*m.*)	*guy*

Les langues

Many francophone countries are multilingual, some with several official languages.

Switzerland German, French, Italian, and Romansh are all official languages. German is spoken by about 74% of the population and French by about 21%. Italian and Romansh speakers together account for about 5% of the country's population.

Belgium There are three official languages: French, Dutch, and German. Wallon, the local variety of French, is used by one-third of the population. Flemish, spoken primarily in the north, is used by roughly two-thirds of Belgians.

Morocco Classical Arabic is the official language, but most people speak the Moroccan dialect of Arabic. Berber is spoken by about 10 million people, and French remains Morocco's unofficial third language.

Superdupont

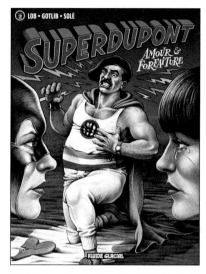

Extrait de Superdupont - Tome 2 © Solé/Fluide Glacial

Superdupont is an ultra-French superhero in a popular comic strip parodying French nationalism. The protector of all things French, he battles the secret enemy organization **Anti-France**, whose agents speak **anti-français**, a mixture of English, Spanish, Italian, Russian, and German. *Superdupont* embodies just about every French stereotype imaginable. For example, the name Dupont, much like Smith in the United States, is extremely common in France. In addition to his **béret** and moustache, he wears a blue, white, and red belt around his waist representing **le drapeau français** (*the French flag*). Physically, he is overweight and has a red nose—signs that he appreciates rich French food and wine. Finally, on his arm is **un coq** (*a rooster*), the national symbol of France. The Latin word for rooster (*gallus*) also means "inhabitant of Gaul," as France used to be called.

Sur Internet

 What countries are former French colonies? | Go to **vhlcentral.com** to find more information related to this **Culture** section.

---

2 **Complétez** Provide responses to these questions.

1. France is often symbolized by this bird: a rooster .
2. Blue, white, red are the colors of the French flag.
3. France was once named inhabitant of Gaul .
4. The French term ado refers to a person aged 15 or 16.
5. flemish is spoken by roughly two-thirds of Belgians.

3 **Et les Américains?** What might a comic-book character based on a "typical American" be like? With a partner, brainstorm a list of stereotypes to create a profile for such a character. Compare the profile you create with your classmates'. Do they fairly represent Americans? Why or why not?

ressources

vText

vhlcentral.com
Leçon 1B

A C T I V I T É S

1B.1 Subject pronouns and the verb *être*

**Presentation
Grammar Tutorial**

Point de départ In French, as in English, the subject of a sentence is the person or thing that performs the action. The verb expresses the action.

SUBJECT ⟷ VERB
Le professeur   parle français.
The teacher   speaks French.

Subject pronouns

- Subject pronouns replace a noun that is the subject of a sentence.

SUBJECT PRONOUN ⟷ VERB
Il   parle français.
He   speaks French.

French subject pronouns					
		singular		**plural**	
first person	je	*I*	nous	*we*	
second person	tu	*you*	vous	*you*	
third person	il	*he/it (masc.)*	ils	*they (masc.)*	
	elle	*she/it (fem.)*	elles	*they (fem.)*	
	on	*one*			

- Subject pronouns in French show number (singular vs. plural) and gender (masculine vs. feminine). When a subject consists of both males and females, use the masculine form of the pronoun to replace it.

Rémy et Marie dansent très bien.
Ils dansent très bien.
They dance very well.

M. et Mme Diop sont de Dakar.
Ils sont de Dakar.
They are from Dakar.

- Use **tu** for informal address and **vous** for formal. **Vous** is also the plural form of *you*, both informal and formal.

Comment vas-**tu**?
How's it going?

Comment t'appelles-**tu**?
What's your name?

Comment allez-**vous**?
How are you?

Comment vous appelez-**vous**?
What is/What are your name(s)?

- The subject pronoun **on** refers to people in general, just as the English subject pronouns *one*, *they*, or *you* sometimes do. **On** can also mean *we* in casual speech. **On** always takes the same verb form as **il** and **elle**.

En France, **on** parle français.
In France, they speak French.

On est au café.
We are at the coffee shop.

The verb *être*

- Être (*to be*) is an irregular verb; its conjugation (set of forms for different subjects) does not follow a pattern. The form **être** is called the infinitive; it does not correspond to any particular subject.

être (to be)			
je suis	*I am*	**nous sommes**	*we are*
tu es	*you are*	**vous êtes**	*you are*
il/elle est	*he/she/it is*	**ils/elles sont**	*they are*
on est	*one is*		

- Note that the **-s** of the subject pronoun **vous** is pronounced as an English *z* in the phrase **vous êtes**.

    Vous êtes à Paris.   **Vous êtes** M. Leclerc? Enchantée.
    You are in Paris.   *Are you Mr. Leclerc? Pleased to meet you.*

C'est and *il/elle* est

- Use **c'est** or its plural form **ce sont** plus a noun to identify who or what someone or something is. Remember to use an article before the noun.

    C'est un téléphone.   **Ce sont** des photos.
    That's a phone.   *Those are pictures.*

- When the expressions **c'est** and **ce sont** are followed by proper names, don't use an article before the names.

    C'est Amina.   **Ce sont** Amélie et Anne.
    That's Amina.   *That's Amélie and Anne.*

- Use **il/elle est** and **ils/elles sont** to refer to someone or something previously mentioned.

    La bibliothèque? **Elle est** moderne.   Nathalie et Félix? **Ils sont** intelligents.
    The library? It's modern.   *Nathalie and Félix? They are intelligent.*

- Use the phrases **il/elle est** and **ils/elles sont** to tell someone's profession. Note that in French, you do not use the article before the profession.

    Voilà M. Richard. **Il est** acteur.   **Elles sont** chanteuses.
    There's Mr. Richard. He's an actor.   *They are singers.*

> **🔧 Boîte à outils**
>
> Use **c'est** or **ce sont** instead of **il/elle est** and **ils/elles sont** when you have an adjective qualifying the noun that follows:
>
> **C'est un professeur intelligent.**
> *He is an intelligent teacher.*
>
> **Ce sont des actrices élégantes.**
> *Those are elegant actresses.*

Essayez!   **Fill in the blanks with the correct forms of the verb *être*.**

1. Je _____ *suis* _____ ici.
2. Ils _____ intelligents.
3. Tu _____ étudiante.
4. Nous _____ à Québec.
5. Vous _____ Mme Lacroix?
6. Marie _____ chanteuse.

Mise en pratique

1 **Pascal répète** Pascal repeats everything his older sister Odile says. Give his response after each statement, using subject pronouns.

MODÈLE

Chantal est étudiante.
Elle est étudiante.

1. Les professeurs sont en Tunisie.
2. Mon (*My*) petit ami Charles n'est pas ici.
3. Moi, je suis chanteuse.
4. Nadège et moi, nous sommes au lycée.
5. Tu es un ami.
6. L'ordinateur est dans (*in*) la chambre.
7. Claude et Charles sont là.
8. Lucien et toi (*you*), vous êtes copains.

2 **Où sont-ils?** Thérèse wants to know where all her friends are. Tell her by completing the sentences with the appropriate subject pronouns and the correct forms of **être**.

MODÈLE

Sylvie / au café
Elle est au café.

1. Georges / à la faculté de médecine
2. Marie et moi / dans (*in*) la salle de classe
3. Christine et Anne / à la bibliothèque
4. Richard et Vincent / là-bas
5. Véronique, Marc et Anne / à la librairie
6. Jeanne / au bureau
7. Hugo et Isabelle / au lycée
8. Martin / au bureau

3 **Identifiez** Describe these photos using **c'est, ce sont, il/elle est,** or **ils/elles sont.**

1. _____ un acteur.

2. _____ ici.

3. _____ copines.

4. _____ chanteuse.

5. _____ là.

6. _____ des montres.

Practice more at **vhlcentral.com.**

Communication

4 **Assemblez** In pairs, take turns using the verb **être** to combine elements from both columns. Talk about yourselves and people you know.

A	B
Singulier:	
Je	agréable
Tu	d'origine française
Mon (*My*, masc.) prof	difficile
Mon/Ma (*My*, fem.)	élève
camarade de classe	sincère
Mon cours	sociable
————	————
Pluriel:	
Nous	agréables
Mes (*My*) profs	copains/copines
Mes camarades	difficiles
de classe	élèves
Mes cours	sincères

5 **Qui est-ce?** In pairs, identify who or what is in each picture. If possible, use **il/elle est** or **ils/elles sont** to add something else about each person or place.

▶ **MODÈLE**

C'est Céline Dion. Elle est chanteuse.

1. _____

2. _____

3. _____

4. _____

5. _____

6. _____

6 **On est comment?** In pairs, take turns describing these famous people using the phrases **C'est, Ce sont, Il/Elle est,** or **Ils/Elles sont** and words from the box.

professeur(s)	actrice(s)	chanteuse(s)
chanteur(s)	adorable(s)	pessimiste(s)
optimiste(s)	timide(s)	acteur(s)

1. Justin Bieber
2. Rihanna et Gwen Stefani
3. Barack Obama
4. Johnny Depp
5. Lucille Ball et Desi Arnaz
6. Meryl Streep

7 **Enchanté** You and your brother are in a local bookstore. You run into one of his classmates, whom you've never met. In a brief conversation, introduce yourselves, ask one another how you are, and say something about yourselves using a form of **être**.

Structures

1B.2   Adjective agreement

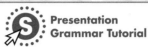

Presentation
Grammar Tutorial

Point de départ Adjectives are words that describe people, places, and things. In French, adjectives are often used with the verb **être** to point out the qualities of nouns or pronouns.

Le cours est **difficile**.

- Many adjectives in French are cognates; that is, they have the same or similar spellings and meanings in French and English.

Word that sounds the same in both languages

Cognate descriptive adjectives

agréable	pleasant	intelligent(e)	intelligent
amusant(e)	fun	intéressant(e)	interesting
brillant(e)	brilliant	occupé(e)	busy
charmant(e)	charming	optimiste	optimistic
désagréable	unpleasant	patient(e)	patient
différent(e)	different	pessimiste	pessimistic
difficile	difficult	poli(e)	polite
égoïste	selfish	réservé(e)	reserved
élégant(e)	elegant	sincère	sincere
impatient(e)	impatient	sociable	sociable
important(e)	important	sympathique (sympa)	nice
indépendant(e)	independent	timide	shy

- In French, most adjectives agree in number and gender with the nouns they describe. Most adjectives form the feminine by adding a silent **-e** (no accent) to the end of the masculine form. Adding a silent **-s** to the end of masculine and feminine forms gives you the plural forms of both.

	masculine	feminine
singular	patient	patiente
plural	patients	patientes

Henri est **élégant.**
Henri is elegant.

Claire et Lise sont **élégantes.**
Claire and Lise are elegant.

- If the masculine form of the adjective already ends in an unaccented **-e**, do not add another one for the feminine form.

MASCULINE SINGULAR   NO CHANGE   FEMININE SINGULAR
optimiste ⟷ **optimiste**

Use the masculine plural form of an adjective to describe a group composed of masculine and feminine nouns: **Henri et Patricia sont élégants.**

- French adjectives are usually placed after the noun they modify when they don't directly follow a form of **être**.

  Ce sont des **élèves brillantes**.
  They're brilliant students.

  Bernard est un homme **agréable et poli**.
  Bernard is a pleasant and polite man.

- Here are some adjectives of nationality. Note that the **-n** of adjectives that end in **-ien** doubles before the final **-e** of the feminine form: **algérienne, canadienne, italienne, vietnamienne**.

Adjectives of nationality			
algérien(ne)	*Algerian*	**japonais(e)**	*Japanese*
allemand(e)	*German*	**marocain(e)**	*Moroccan*
anglais(e)	*English*	**martiniquais(e)**	*from Martinique*
américain(e)	*American*	**mexicain(e)**	*Mexican*
canadien(ne)	*Canadian*	**québécois(e)**	*from Quebec*
espagnol(e)	*Spanish*	**sénégalais(e)**	*Senegalese*
français(e)	*French*	**suisse**	*Swiss*
italien(ne)	*Italian*	**vietnamien(ne)**	*Vietnamese*

en the
Ex: californienne

- The first letter of adjectives of nationality is not capitalized.

Il est américain.

Elle est française.

- An adjective whose masculine singular form already ends in **-s** keeps the identical form in the masculine plural.

  Pierre est **un ami sénégalais**.
  Pierre is a Senegalese friend.

  Pierre et Yves sont **des amis sénégalais**.
  Pierre and Yves are Senegalese friends.

- To ask someone's nationality or heritage, use **Quelle est ta/votre nationalité?** or **Tu es/Vous êtes de quelle origine?**

  Quelle est votre nationalité?
  What is your nationality?

  Je suis de nationalité canadienne.
  I'm Canadian.

  Tu es de quelle origine?
  What is your heritage?

  Je suis d'origine italienne.
  I'm of Italian heritage.

Essayez! **Write in the correct forms of the adjectives.**

1. Marc est ____timide____ (timide).
2. Ils sont _____ (anglais).
3. Elle adore la littérature _____ (français).
4. Ce sont des actrices _____ (suisse).
5. Marie n'est pas _____ (mexicain).
6. Les actrices sont _____ (impatient).
7. Elles sont _____ (réservé).
8. Il y a des universités _____ (important).
9. Christelle est _____ (amusant).
10. Les élèves sont _____ (poli) en cours.
11. Mme Castillon est très _____ (occupé).
12. Luc et moi, nous sommes _____ (sincère).

Mise en pratique

1 Nous aussi! Jean-Paul is bragging about himself, but his younger sisters Stéphanie and Gisèle believe they possess the same attributes. Provide their responses.

MODÈLE

Je suis amusant.
Nous aussi, nous sommes amusantes.

1. Je suis intelligent. _____
2. Je suis sincère. _____
3. Je suis élégant. _____
4. Je suis patient. _____
5. Je suis sociable. _____
6. Je suis poli. _____
7. Je suis charmant. _____
8. Je suis optimiste. _____

2 Les nationalités You are with a group of students from all over the world. Indicate their nationalities according to the cities they come from.

MODÈLE

Monique est de (*from*) Paris.
Elle est française.

1. Les amies Fumiko et Keiko sont de Tokyo.
2. Hans est de Berlin.
3. Juan et Pablo sont de Guadalajara.
4. Wendy est de Londres.
5. Jared est de San Francisco.
6. Francesca est de Rome.
7. Aboud et Moustafa sont de Casablanca.
8. Jean-Pierre et Mario sont de Québec.

3 Voilà Mme... Your parents are having a party and you point out different people to your friend. Use one of the adjectives you just learned each time.

MODÈLE

Voilà M. Duval. Il est sénégalais.
C'est un ami.

M. Duval   M. Forestier
   Catherine et Jeanne   Georges et Denise Mme Malbon

Practice more at **vhlcentral.com.**

Communication

4 **Interview** Interview someone to see what he or she is like. In pairs, play both roles. Are you compatible as friends?

MODÈLE

pessimiste
Élève 1: *Tu es pessimiste?*
Élève 2: *Non, je suis optimiste.*

1. impatient
2. modeste
3. timide
4. sincère

5. égoïste
6. sociable
7. indépendant
8. amusant

5 **Ils sont comment?** In pairs, take turns describing each item below. Tell your partner whether you agree (**C'est vrai**) or disagree (**C'est faux**) with the descriptions.

MODÈLE

Johnny Depp
Élève 1: *C'est un acteur désagréable.*
Élève 2: *C'est faux. Il est charmant.*

1. Beyoncé et Céline Dion
2. les étudiants de Harvard
3. Usher
4. la classe de français
5. le président des États-Unis (*United States*)
6. Tom Hanks et Gérard Depardieu
7. le prof de français
8. Steven Spielberg
9. notre (*our*) lycée
10. Kate Winslet et Julia Roberts

6 **Au café** You and two classmates are talking about your new teachers, each of whom is very different from the other two. In groups of three, create a dialogue in which you greet one another and describe your teachers.

Révision

1 **Festival francophone** With a partner, choose two characters from the list and act out a conversation between them. The people are meeting for the first time at a francophone festival. Then, change characters and repeat.

Angélique,
Sénégal

Abdel,
Algérie

Laurent,
Martinique

Sylvain,
Suisse

Hélène,
Canada

Daniel,
France

Mai,
Viêt-Nam

Nora,
Maroc

2 **Tu ou vous?** How would the conversations between the characters in **Activité 1** differ if they were all 19-year-old students at a university orientation? Write out what you would have said differently. Then, exchange papers with a new partner and make corrections. Return the paper to your partner and act out the conversation using a new character.

3 **En commun** In pairs, tell your partner the name of a friend. Use adjectives to say what you both (**tous/toutes les deux**) have in common. Then, share with the class what you learned about your partner and his or her friend.

MODÈLE

Charles est un ami. Nous sommes tous les deux amusants.
Nous sommes patients aussi.

4 **Comment es-tu?** Your teacher will give you a worksheet. Survey as many classmates as possible to ask if they would use the adjectives listed to describe themselves. Then, decide which two students in the class are most similar.

MODÈLE

Élève 1: *Tu es timide?*
Élève 2: *Non. Je suis sociable.*

Adjectifs	Noms
1. timide	Éric
2. impatient(e)	
3. optimiste	
4. réservé(e)	
5. charmant(e)	
6. poli(e)	
7. agréable	
8. amusant(e)	

5 **Mes camarades de classe** Write a brief description of the students in your French class. What are their names? What are their personalities like? What is their heritage? Use all the French you have learned so far. Your paragraph should be at least eight sentences long. Remember, be complimentary!

6 **Les descriptions** Your teacher will give you one set of drawings of eight people and a different set to your partner. Each person in your drawings has something in common with a person in your partner's drawings. Find out what it is without looking at your partner's sheet.

MODÈLE

Élève 1: *Jean est à la bibliothèque.*
Élève 2: *Gina est à la bibliothèque.*
Élève 1: *Jean et Gina sont à la bibliothèque.*

À l'écoute

Audio: Activities

STRATÉGIE

Listening for words you know

You can get the gist of a conversation by listening for words and phrases you already know.

🎧 To help you practice this strategy, listen to this sentence and make a list of the words you have already learned.

_____   _____

_____   _____

Préparation

Look at the photograph. Where are these people? What are they doing? In your opinion, do they know one another? Why or why not? What do you think they're talking about?

À vous d'écouter 🎧

As you listen, circle the items you associate with Hervé and those you associate with Laure and Lucas.

HERVÉ	LAURE ET LUCAS
la littérature	le café
l'examen	la littérature
le bureau	la sociologie
le café	la librairie
la bibliothèque	le lycée
la librairie	l'examen
le tableau	l'université

Compréhension

Vrai ou faux? Based on the conversation you heard, indicate whether each of the following statements is **vrai** or **faux**.

	Vrai	Faux
1. Lucas and Hervé are good friends.	☐	☐
2. Hervé is preparing for an exam.	☐	☐
3. Laure and Lucas know each other from school.	☐	☐
4. Hervé is on his way to the library.	☐	☐
5. Lucas and Laure are going to a café.	☐	☐
6. Lucas studies literature.	☐	☐
7. Laure is in high school.	☐	☐
8. Laure is not feeling well today.	☐	☐

Présentations 👥 It's your turn to get to know your classmates. Using the conversation you heard as a model, select a partner you do not know and introduce yourself to him or her in French. Follow the steps below.

- Greet your partner.
- Find out his or her name.
- Ask how he or she is doing.
- Introduce your partner to another student.
- Say good-bye.

ressources

v Text | vhlcentral.com Leçon 1B

Practice more at **vhlcentral.com**.

Panorama

Interactive Map
Reading

Heiva°, Papeete, Tahiti

Le monde francophone

Les pays en chiffres°

Organisation internationale de la Francophonie

▶ **Nombre de pays°** où le français est **langue°** officielle: *28*

▶ **Nombre de pays** où le français est **parlé°:** *plus de° 60*

▶ **Nombre de francophones dans le monde°:** *200.000.000 (deux cents millions)*

SOURCE: Organisation internationale de la Francophonie

Villes capitales

▶ **Algérie:** *Alger*
▶ **Cameroun:** *Yaoundé*
▶ **France:** *Paris*
▶ **Guinée:** *Conakry*
▶ **Haïti:** *Port-au-Prince*

▶ **Laos:** *Vientiane*
▶ **Mali:** *Bamako*
▶ **Rwanda:** *Kigali*
▶ **Seychelles:** *Victoria*
▶ **Suisse:** *Berne*

Francophones célèbres

▶ **Marie Curie,** *Pologne, scientifique, prix Nobel en chimie et physique (1867–1934)*

▶ **René Magritte,** *Belgique, peintre° (1898–1967)*

▶ **Ousmane Sembène,** *Sénégal, cinéaste° et écrivain° (1923–2007)*

▶ **Jean Reno,** *France, acteur° (1948–)*

▶ **Céline Dion,** *Québec, chanteuse° (1968–)*

▶ **Marie-José Pérec,** *Guadeloupe (France), athlète (1968–)*

L'AMÉRIQUE DU NORD

L'EUROPE
LA FRANCE
L'ASI

L'OCÉAN ATLANTIQUE

L'AFRIQUE

L'OCÉAN PACIFIQUE

L'AMÉRIQUE DU SUD

L'OCÉAN INDIEN

la mosquée de la plage de Ouakam, Dakar, Sénégal

PAYS FRANCOPHONES EN ASIE
LE LAOS
LE CAMBODGE
L'OCÉAN INDIEN
LE VIÊT-NAM

0		3,000 miles
0		3,000 kilomètres

☐ Pays et régions francophones

Incroyable mais vrai!

La langue française est une des rares langues à être parlées sur° cinq continents. C'est aussi la langue officielle de beaucoup d'organisations internationales comme° l'OTAN°, les Nations unies, l'Union européenne, et aussi les Jeux° Olympiques! Le français est la deuxième° langue enseignée° dans le monde, après l'anglais.

chiffres *numbers* **pays** *countries* **langue** *language* **parlé** *spoken*
plus de *more than* **monde** *world* **peintre** *painter* **cinéaste** *filmmaker*
écrivain *writer* **chanteuse** *singer* **sur** *on* **comme** *such as* **l'OTAN**
NATO **Jeux** *Games* **deuxième** *second* **enseignée** *taught* **Heiva** *an annual Tahitian festival*

La société

Le français au Québec

Au Québec, province du Canada, le français est la langue officielle, parlée par° 80% (quatre-vingts pour cent) de la population. Les Québécois, pour° préserver l'usage de la langue, ont° une loi° qui oblige l'affichage° en français dans les lieux° publics. Le français est aussi la langue co-officielle du Canada: les employés du gouvernement doivent° être bilingues.

Les gens

Les francophones d'Algérie

Depuis° 1830 (mille huit cent trente), date de l'acquisition de l'Algérie par la France, l'influence culturelle française y° est très importante. À présent ancienne° colonie, l'Algérie est un des plus grands° pays francophones au monde. L'arabe est la langue officielle, mais le français est la deuxième langue parlée et est compris° par la majorité de la population algérienne.

Les destinations

La Louisiane

Ce territoire au sud° des États-Unis a été nommé «Louisiane» en l'honneur du Roi° de France Louis XIV. En 1803 (mille huit cent trois), Napoléon Bonaparte vend° la colonie aux États-Unis pour 15 millions de dollars, pour empêcher° son acquisition par les Britanniques. Aujourd'hui° en Louisiane, 200.000 (deux cent mille) personnes parlent° le français cajun. La Louisiane est connue° pour sa° cuisine cajun, comme° le jambalaya, ici sur° la photo avec le chef Paul Prudhomme.

Les traditions

La Journée internationale de la Francophonie

Chaque année°, l'Organisation internationale de la Francophonie (O.I.F.) coordonne la Journée internationale de la Francophonie. Dans plus de° 100 (cent) pays et sur cinq continents, on célèbre la langue française et la diversité culturelle francophone avec des festivals de musique, de gastronomie, de théâtre, de danse et de cinéma. Le rôle principal de l'O.I.F. est la promotion de la langue française et la défense de la diversité culturelle et linguistique du monde francophone.

Qu'est-ce que vous avez appris? Complete the sentences.

1. _Ousmane Sembene_ est un cinéaste africain.
2. _200,000,000_ de personnes parlent français dans le monde.
3. _OIF_ est responsable de la promotion de la diversité culturelle francophone.
4. Les employés du gouvernement du Canada parlent _français et anglaise_.
5. En Algérie, la langue officielle est _l'arabe_.
6. Une majorité d'Algériens comprend (understands) _fraçais_.
7. Le nom «Louisiane» vient du (comes from the) nom de _King Louis XIV_.
8. Plus de 100 pays célèbrent _Day of the french language_.
9. Le français est parlé sur _cinq_ continents.
10. En 1803, Napoléon Bonaparte vend _La Louisiane_ aux États-Unis.

ressources

v Text   CE pp. 27-28   vhlcentral.com Leçon 1B

Sur Internet

1. Les États-Unis célèbrent la Journée internationale de la Francophonie. Faites (Make) une liste de trois événements (events) et dites (say) où ils ont lieu (take place).
2. Trouvez des informations sur un(e) chanteur/chanteuse francophone célèbre aux États-Unis. Citez (Cite) trois titres de chanson (song titles).

parlée par spoken by **pour** in order to **ont** have **loi** law **affichage** posting **lieux** places **doivent** must **Depuis** Since **y** there **ancienne** former **un des plus grands** one of the largest **compris** understood **au sud** in the South **a été nommé** was named **Roi** King **vend** sells **empêcher** to prevent **Aujourd'hui** Today **parlent** speak **connue** known **sa** its **comme** such as **sur** in **Chaque année** Each year **Dans plus de** In more than

Practice more at **vhlcentral.com**.

Lecture

Audio: Synced Reading

Avant la lecture

Examinez le texte

Briefly look at the document. What kind of information is listed? In what order is it listed? Where do you usually find such information? Can you guess what this document is?

Mots apparentés

Read the list of cognates in the **Stratégie** box again. How many cognates can you find in the reading selection? Are there additional cognates in the reading? Which ones? Can you guess their English equivalents?

Devinez

In addition to using cognates and words you already know, you can also use context to guess the meaning of words you do not know. Find the following words in the reading selection and try to guess what they mean. Compare your answers with those of a classmate.

> horaires   lundi   ouvert   soirs   tous

Carnet d'adresses

Carnet d'adresses

Recherche

A B C D E F G H I J K

DAMERY Jean-Claude
dentiste
18, rue des Lilas   02 38 23 45 46
45000 Orléans

Café de la Poste
Ouvert° tous les jours°, de 7h00° à 22h00
25, place de la Poste   02 38 27 18 00
45000 Orléans

Librairie Balzac
Horaires: 9h00–12h00 et 14h00–18h00
18, route de Lorient   02 38 18 60 36
45000 Orléans

DANTEC Pierre-Henri
médecin généraliste
23, rue du Lac   02 38 47 34 20
45000 Orléans

Banque du Centre
Ouvert de 9h00 à 17h00 du lundi° au vendredi°
17, boulevard Giroud   02 38 58 35 00
45000 Orléans

Dîner vendredi 8h00
Restaurant du Chat qui dort

11:29 AM ?

| Contacts | Éditer |

Q R S T U V W X Y Z

☐ **Messier et fils°**
Réparations ordinateurs et télévisions
✉ 56, boulevard Henri IV   02 38 44 42 59
45000 Orléans

☐ **Théâtre de la Comédie**
✉ 11, place de la Comédie   02 38 45 32 11
45000 Orléans

☐ **Pharmacie Vidal**
✉ 45, rue des Acacias   02 38 13 57 53
45000 Orléans

☐ **Restaurant du Chat qui dort°**
Ouvert tous les soirs pour le dîner / Horaires: 19h00 à 23h00
✉ 29, avenue des Rosiers   02 38 45 35 08
45000 Orléans

☑ **Bibliothèque municipale**
✉ Place de la gare   02 38 56 43 22
45000 Orléans

☑ **Lycée Molière**
✉ 15, rue Molière   02 38 29 23 04
45000 Orléans

Après la lecture

Où aller? Tell where each of these people should go based on what they need or want to do.

MODÈLE

Camille's daughter is starting high school.
Lycée Molière

1. Mrs. Leroy needs to deposit her paycheck.
   _____

2. Laurent would like to take his girlfriend out for a special dinner.
   _____

3. Marc has a toothache.
   _____

4. Céleste would like to go see a play tonight.
   _____

5. Pauline's computer is broken.
   _____

6. Mr. Duchemin needs to buy some aspirin for his son.
   _____

7. Jean-Marie needs a book on French history but he doesn't want to buy one.
   _____

8. Noémie thinks she has the flu.
   _____

9. Mr. and Mrs. Prudhomme want to go out for breakfast this morning.
   _____

10. Jonathan wants to buy a new book for his sister's birthday.

Notre annuaire With a classmate, select three of the listings from the reading and use them as models to create similar listings in French advertising places or services in your area.

MODÈLE

Restaurant du Chat qui dort
Ouvert tous les soirs pour le dîner
Horaires: 19h00 à 23h00
29, avenue des Rosiers
45000 Orléans
02 38 45 35 08

Always Good Eats Restaurant
Ouvert tous les jours
Horaires: 6h00 à 19h00
1250 9th Avenue
San Diego, CA 92108
224-0932

Ouvert *Open* **tous les jours** *every day* **7h00 (sept heures)** *7:00* **lundi** *Monday*
vendredi *Friday* **fils** *son(s)* **Chat qui dort** *Sleeping cat*

Écriture

Writing in French

Why do we write? All writing has a purpose. For example, we may write a poem to reveal our innermost feelings, a letter to impart information, or an essay to persuade others to accept a point of view. Proficient writers are not born, however. Writing requires time, thought, effort, and a lot of practice. Here are some tips to help you write more effectively in French.

DO

▶ Write your ideas in French.

▶ Make an outline of your ideas.

▶ Decide what the purpose of your writing will be.

▶ Use the grammar and vocabulary that you know.

▶ Use your textbook for examples of style, format, and expressions in French.

▶ Use your imagination and creativity to make your writing more interesting.

▶ Put yourself in your reader's place to determine if your writing is interesting.

DON'T

▶ Translate your ideas from English to French.

▶ Repeat what is in the textbook or on a web page.

▶ Use a bilingual dictionary until you have learned how to use one effectively.

Thème

Faites une liste!

Avant l'écriture

1. Imagine that several students from a French-speaking country will be spending a year at your school. You've been asked to put together a list of people and places that might be useful and of interest to them. Your list should include:

   ■ Your name, address, phone number(s) (home and/or cell), and e-mail address

   ■ The names of four other students in your French class, their addresses, phone numbers, and e-mail addresses

   ■ Your French teacher's name, office and/or cell phone number(s), and e-mail address

   ■ Your school library's phone number and hours

   ■ The names, addresses, and phone numbers of three places near your school where students like to go

2. Write down the names of the classmates you want to include.

3. Interview your classmates and your teacher to find out the information you need to include. Use the following questions and write down their responses.

Informal	Formal
Comment t'appelles-tu?	Comment vous appelez-vous?
Quel est ton numéro de téléphone?	Quel est votre numéro de téléphone?
Quelle est ton adresse e-mail?	Quelle est votre adresse e-mail?

4. Think of three places in your community that a group of students from a French-speaking country would enjoy visiting. They could be a library, a bookstore, a coffee shop, a restaurant, a theater, or a park. Find out their addresses, telephone numbers, and e-mail addresses/URLs and write them down.

5. Go online and do a search for two websites that promote your town or area's history, culture, and attractions. Write down their URLs.

Écriture

Write your complete list, making sure it includes all the relevant information. It should include at least five people (with their phone numbers and e-mail addresses), four places (with phone numbers and addresses), and two websites (with URLs). Avoid using a dictionary and just write what you can in French.

Après l'écriture

1. Exchange your list with a partner's. Comment on his or her work by answering these questions.

   ■ Did your partner include the correct number of people, places, and websites?

   ■ Did your partner include the pertinent information for each?

NOM: _Madame Smith (professeur de français)_ ☎

ADRESSE: _Compton School_ ✉

NUMÉRO DE TÉLÉPHONE: _645-3458 (bureau)_

NUMÉRO DE PORTABLE: _919-0040_

ADRESSE E-MAIL: _absmith@yahoo.com_

NOTES: —

NOM: _Skate World_

ADRESSE: _8970 McNeil Road_

NUMÉRO DE TÉLÉPHONE: _658-0349_

NUMÉRO DE PORTABLE: —

ADRESSE E-MAIL: _skate@skateworld.com_

NOTES: —

2. Edit your partner's work, pointing out any spelling or content errors. Notice the use of these editing symbols:

   ⤴ delete

   ∧ insert letter or word(s) written in margin

   | replace letter or word(s) with one(s) in margin

   ≡ change to uppercase

   / change to lowercase

   ∿ transpose indicated letters or words

Now look at this model of what an edited draft looks like:

3. Revise your list according to your partner's comments and corrections. After writing the final version, read it one more time to eliminate these kinds of problems:

   ■ spelling errors

   ■ punctuation errors

   ■ capitalization errors

   ■ use of incorrect verb forms

   ■ use of incorrect adjective agreement

   ■ use of incorrect definite and indefinite articles

Vocabulaire

Unité 1

 Flashcards
Audio: Vocabulary
My Vocabulary

En classe

une bibliothèque	library
un café	café
une faculté	university; faculty
une librairie	bookstore
un lycée	high school
une salle de classe	classroom
une université	university
un dictionnaire	dictionary
une différence	difference
un examen	exam, test
la littérature	literature
un livre	book
un problème	problem
un résultat	result
la sociologie	sociology
un bureau	desk; office
une carte	map
une chaise	chair
une fenêtre	window
une horloge	clock
un ordinateur	computer
une porte	door
une table	table
un tableau	blackboard; picture
la télévision	television
un cahier	notebook
une calculatrice	calculator
une chose	thing
une corbeille (à papier)	wastebasket
un crayon	pencil
une feuille (de papier)	sheet of paper
un instrument	instrument
une montre	watch
un objet	object
un sac à dos	backpack
un stylo	pen

Les personnes

un(e) ami(e)	friend
un(e) camarade de chambre	roommate
un(e) camarade de classe	classmate
une classe	class (group of students)
un copain/une copine (fam.)	friend
un(e) élève	pupil, student
un(e) étudiant(e)	student
un(e) petit(e) ami(e)	boyfriend/girlfriend
une femme	woman
une fille	girl
un garçon	boy
un homme	man
une personne	person
un acteur/une actrice	actor
un chanteur/ une chanteuse	singer
un professeur	teacher, professor

Les présentations

Comment vous appelez-vous? (form.)	What is your name?
Comment t'appelles-tu? (fam.)	What is your name?
Enchanté(e).	Delighted.
Et vous/toi? (form./fam.)	And you?
Je m'appelle...	My name is...
Je vous/te présente... (form./fam.)	I would like to introduce (name) to you.

Identifier

c'est/ce sont	it's/they are
Combien...?	How much/many...?
ici	here
Il y a...	There is/are...
là	there
là-bas	over there
Qu'est-ce que c'est?	What is it?
Qui est-ce?	Who is it?
Quoi?	What?
voici	here is/are
voilà	there is/are

Bonjour et au revoir

À bientôt.	See you soon.
À demain.	See you tomorrow.
À plus tard.	See you later.
À tout à l'heure.	See you later.
Au revoir.	Good-bye.
Bonne journée!	Have a good day!
Bonjour.	Good morning.; Hello.
Bonsoir.	Good evening.; Hello.
Salut!	Hi!; Bye!

Comment ça va?

Ça va?	What's up?; How are things?
Comment allez-vous? (form.)	How are you?
Comment vas-tu? (fam.)	How are you?
Comme ci, comme ça.	So-so.
Je vais bien/mal.	I am doing well/badly.
Moi aussi.	Me too.
Pas mal.	Not badly.
Très bien.	Very well.

Expressions de politesse

De rien.	You're welcome.
Excusez-moi. (form.)	Excuse me.
Excuse-moi. (fam.)	Excuse me.
Il n'y a pas de quoi.	You're welcome.
Je vous/t'en prie. (form./fam.)	You're welcome.; It's nothing.
Merci beaucoup.	Thank you very much.
Monsieur (M.)	Sir (Mr.)
Madame (Mme)	Ma'am (Mrs.)
Mademoiselle (Mlle)	Miss
Pardon.	Pardon (me).
S'il vous plaît. (form.)	Please.
S'il te plaît. (fam.)	Please.

Expressions utiles	See pp. 7 and 25.
Numbers 0–60	See p. 14.
Subject pronouns	See p. 28.
être	See p. 29.
Descriptive adjectives	See p. 32.
Adjectives of nationality	See p. 33.

ressources

v̂Text

vhlcentral.com
Unité 1

Au lycée

Pour commencer

- Which room at school is pictured?
  a. la bibliothèque   b. la salle de classe
  c. le café
- What are the students looking at?
  a. un cahier   b. un professeur   c. un livre
- How do the students look in this photo?
  a. intelligents   b. sociables   c. sérieux
- Which item is not visible in the photo?
  a. une table   b. une fenêtre
  c. un ordinateur

You will learn how to...

- talk about your classes
- ask questions and express negation

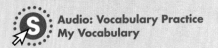

Audio: Vocabulary Practice
My Vocabulary

Les cours

Vocabulaire	
J'aime bien...	I like...
Je n'aime pas tellement...	I don't like... very much
être reçu(e) à un examen	to pass an exam
l'architecture (f.)	architecture
l'art (m.)	art
le droit	law
l'éducation physique (f.)	physical education
la gestion	business administration
les lettres (f.)	humanities
la philosophie	philosophy
les sciences (politiques / po) (f.)	(political) science
le stylisme	fashion design
une bourse	scholarship, grant
une cantine	cafeteria
un cours	class, course
un devoir	homework
un diplôme	diploma, degree
l'école (f.)	school
les études (supérieures) (f.)	(higher) education; studies
le gymnase	gymnasium
une note	grade
un restaurant universitaire (un resto U)	university cafeteria
difficile	difficult
facile	easy
inutile	useless
utile	useful
surtout	especially; above all

la biologie

la chimie

Je déteste la physique! (détester)

J'adore la géographie! (adorer)

la géographie

la physique

les mathématiques (f.)

l'informatique (f.)

Mise en pratique

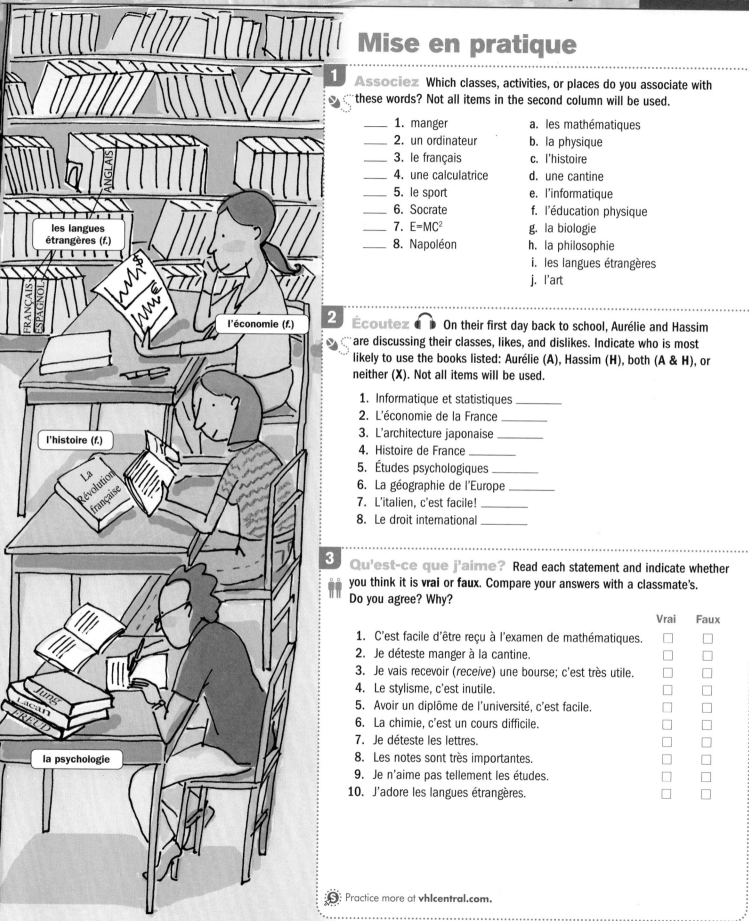

les langues étrangères (f.)

l'économie (f.)

l'histoire (f.)

La Révolution française

la psychologie

1 **Associez** Which classes, activities, or places do you associate with these words? Not all items in the second column will be used.

____ 1. manger   a. les mathématiques
____ 2. un ordinateur   b. la physique
____ 3. le français   c. l'histoire
____ 4. une calculatrice   d. une cantine
____ 5. le sport   e. l'informatique
____ 6. Socrate   f. l'éducation physique
____ 7. E=MC²   g. la biologie
____ 8. Napoléon   h. la philosophie
    i. les langues étrangères
    j. l'art

2 **Écoutez** On their first day back to school, Aurélie and Hassim are discussing their classes, likes, and dislikes. Indicate who is most likely to use the books listed: Aurélie (**A**), Hassim (**H**), both (**A & H**), or neither (**X**). Not all items will be used.

1. Informatique et statistiques _____
2. L'économie de la France _____
3. L'architecture japonaise _____
4. Histoire de France _____
5. Études psychologiques _____
6. La géographie de l'Europe _____
7. L'italien, c'est facile! _____
8. Le droit international _____

3 **Qu'est-ce que j'aime?** Read each statement and indicate whether you think it is **vrai** or **faux**. Compare your answers with a classmate's. Do you agree? Why?

	Vrai	Faux
1. C'est facile d'être reçu à l'examen de mathématiques.	☐	☐
2. Je déteste manger à la cantine.	☐	☐
3. Je vais recevoir (*receive*) une bourse; c'est très utile.	☐	☐
4. Le stylisme, c'est inutile.	☐	☐
5. Avoir un diplôme de l'université, c'est facile.	☐	☐
6. La chimie, c'est un cours difficile.	☐	☐
7. Je déteste les lettres.	☐	☐
8. Les notes sont très importantes.	☐	☐
9. Je n'aime pas tellement les études.	☐	☐
10. J'adore les langues étrangères.	☐	☐

Practice more at **vhlcentral.com**.

Communication

4 **Conversez** In pairs, fill in the blanks according to your own situations. Then, act out the conversation for the class.

Élève A: _____, comment ça va?

Élève B: _____. Et toi?

Élève A: _____ merci.

Élève B: Est-ce que tu aimes le cours de _____?

Élève A: J'adore le cours de _____.

Élève B: Moi aussi. Tu aimes _____?

Élève A: Non, j'aime mieux (*better*) _____.

Élève B: Bon, à bientôt.

Élève A: À _____.

5 **Qu'est-ce que c'est?** Write a caption for each image, stating where the students are and how they feel about the classes they are attending. Then, in pairs, take turns reading your captions for your partner to guess about whom you are talking.

> **MODÈLE**
>
> *C'est le cours de français.*
> *Le français, c'est facile.*

Nietzsche, philosophe allemand…

1. _____

2. _____

3. _____

4. _____

5. _____

6. _____

6 **Vous êtes...** Imagine what subjects these famous people liked and disliked as students. In pairs, take turns playing the role of each one and guessing the answer.

> **MODÈLE**
>
> **Élève 1:** *J'aime la physique et la chimie, mais je n'aime pas tellement les cours d'économie.*
> **Élève 2:** *Vous êtes Albert Einstein!*

- Albert Einstein
- Louis Pasteur
- Donald Trump
- Bill Clinton
- Christian Dior
- Le docteur Phil
- Bill Gates
- Frank Lloyd Wright

7 **Sondage** Your teacher will give you a worksheet to conduct a survey (**un sondage**). Go around the room to find people that study the subjects listed. Ask what your classmates think about their subjects. Keep a record of their answers to discuss with the class.

> **MODÈLE**
>
> **Élève 1:** *Jean, est-ce que tu étudies (do you study) la chimie?*
> **Élève 2:** *Oui. J'aime bien la chimie. C'est un cours utile.*

Les sons et les lettres

Audio: Explanation
Record & Compare

🎧 Liaisons

Consonants at the end of French words are generally silent but are usually pronounced when the word that follows begins with a vowel sound. This linking of sounds is called a liaison.

À tout à l'heure!   **Comment allez-vous?**

- -

An **s** or an **x** in a liaison sounds like the letter **z**.

les étudiants   **trois élèves**   **six élèves**   **deux hommes**

- -

Always make a liaison between a subject pronoun and a verb that begins with a vowel sound; always make a liaison between an article and a noun that begins with a vowel sound.

nous aimons   **ils ont**   **un étudiant**   **les ordinateurs**

- -

Always make a liaison between **est** (a form of **être**) and a word that begins with a vowel or a vowel sound. Never make a liaison with the final consonant of a proper name.

Robert est anglais.   **Paris est exceptionnelle.**

- -

Never make a liaison with the conjunction **et** (*and*).

Carole et Hélène   **Jacques et Antoinette**

- -

Never make a liaison between a singular noun and an adjective that follows it.

un cours horrible   **un instrument élégant**

🔊 Prononcez Practice saying these words and expressions aloud.

1. un examen
2. des étudiants
3. les hôtels
4. dix acteurs
5. Paul et Yvette
6. cours important
7. des informations
8. les études
9. deux hommes
10. Bernard aime
11. chocolat italien
12. Louis est

🔊 Articulez Practice saying these sentences aloud.

1. Nous aimons les arts.
2. Albert habite à Paris.
3. C'est un objet intéressant.
4. Sylvie est avec Anne.
5. Ils adorent les deux universités.

🔊 Dictons Practice reading these sayings aloud.

Les amis de nos amis sont nos amis.[1]

Un hôte non invité doit apporter son siège.[2]

[1] Friends of our friends are our friends.
[2] An uninvited guest must bring his own chair.

ressources

v̂Text

CE
p. 32

vhlcentral.com
Leçon 2A

quarante-neuf **49**

Trop de devoirs!

Video: *Roman-photo*
Record & Compare

PERSONNAGES

Amina

Antoine

David

Rachid

Sandrine

Stéphane

ANTOINE Je déteste le cours de sciences po.

RACHID Oh? Mais pourquoi? Je n'aime pas tellement le prof, Monsieur Dupré, mais c'est un cours intéressant et utile!

ANTOINE Tu crois? Moi, je pense que c'est très difficile, et il y a beaucoup de devoirs. Avec Dupré, je travaille, mais je n'ai pas de bons résultats.

RACHID Si on est optimiste et si on travaille, on est reçu à l'examen.

ANTOINE Toi, oui, mais pas moi! Toi, tu es un étudiant brillant! Mais moi, les études, oh là là.

DAVID Eh! Rachid! Oh! Est-ce que tu oublies ton coloc?

RACHID Pas du tout, pas du tout. Antoine, voilà, je te présente David, mon colocataire américain.

DAVID Nous partageons un des appartements du P'tit Bistrot.

ANTOINE Le P'tit Bistrot? Sympa!

SANDRINE Salut! Alors, ça va l'université française?

DAVID Bien, oui. C'est différent de l'université américaine, mais c'est intéressant.

AMINA Tu aimes les cours?

DAVID J'aime bien les cours de littérature et d'histoire françaises. Demain, on étudie *Les Trois Mousquetaires* d'Alexandre Dumas.

SANDRINE J'adore Dumas. Mon livre préféré, c'est *Le Comte de Monte-Cristo*.

RACHID Sandrine! S'il te plaît! *Le Comte de Monte-Cristo*?

SANDRINE Pourquoi pas? Je suis chanteuse, mais j'adore les classiques de la littérature.

DAVID Donne-moi le sac à dos, Sandrine.

Au P'tit Bistrot...

RACHID Moi, j'aime le cours de sciences po, mais Antoine n'aime pas Dupré. Il pense qu'il donne trop de devoirs.

ACTIVITÉS

1 **Vrai ou faux?** Choose whether each statement is **vrai** or **faux**. Correct the false statements.

1. Rachid et Antoine n'aiment pas le professeur Dupré.

2. Antoine aime bien le cours de sciences po.

3. Rachid et Antoine partagent (*share*) un appartement.

4. David et Rachid cherchent (*look for*) Amina et Sandrine après (*after*) les cours.

5. Le livre préféré de Sandrine est *Le Comte de Monte-Cristo*.

6. L'université française est très différente de l'université américaine.

7. Stéphane aime la chimie.

8. Monsieur Dupré est professeur de maths.

9. Antoine a (*has*) beaucoup de devoirs.

10. Stéphane adore l'anglais.

 Practice more at **vhlcentral.com.**

Antoine, David, Rachid et Stéphane parlent (*talk*)
de leurs (*their*) cours.

RACHID Ah... on a rendez-vous avec Amina et Sandrine. On y va?
DAVID Ah, oui, bon, ben, salut, Antoine!
ANTOINE Salut, David. À demain, Rachid!

SANDRINE Bon, Pascal, au revoir, chéri.
RACHID Bonjour, chérie. Comme j'adore parler avec toi au téléphone! Comme j'adore penser à toi!

STÉPHANE Dupré? Ha! C'est Madame Richard, mon prof de français. Elle, elle donne trop de devoirs.
AMINA Bonjour, comment ça va?
STÉPHANE Plutôt mal. Je n'aime pas Madame Richard. Je déteste les maths. La chimie n'est pas intéressante. L'histoire-géo, c'est l'horreur. Les études, c'est le désastre!

DAVID Le français, les maths, la chimie, l'histoire-géo... mais on n'étudie pas les langues étrangères au lycée en France?
STÉPHANE Si, malheureusement! Moi, j'étudie l'anglais. C'est une langue très désagréable! Oh, non, non, ha, ha, c'est une blague, ha, ha. L'anglais, j'adore l'anglais. C'est une langue charmante....

Expressions utiles

Talking about classes

- **Tu aimes les cours?**
  Do you like the classes?
- **Antoine n'aime pas Dupré.**
  Antoine doesn't like Dupré.
- **Il pense qu'il donne trop de devoirs.**
  He thinks he gives too much homework.
- **Tu crois? Mais pourquoi?**
  You think? But why?
- **Avec Dupré, je travaille, mais je n'ai pas de bons résultats.**
  With Dupré, I work, but I don't get good results (grades).
- **Demain, on étudie *Les Trois Mousquetaires*.**
  Tomorrow we're studying The Three Musketeers.
- **C'est mon livre préféré.**
  It's my favorite book.

Additional vocabulary

- **On a rendez-vous (avec des ami(e)s).**
  We're meeting (friends).
- **Comme j'adore...**
  How I love...
- **parler au téléphone**
  to talk on the phone
- **C'est une blague.**
  It's a joke.
- **Si, malheureusement!**
  Yes, unfortunately!
- **On y va? / On y va.**
  Are you ready? / Let's go.
- **Eh!**
  Hey!
- **pas du tout**
  not at all
- **chéri(e)**
  darling

---

2 **Complétez** Match the people in the second column with the verbs in the first. Refer to a dictionary, the dialogue, and the video stills as necessary. Use each option once.

_____ 1. travailler   a. Sandrine is very forgetful.

_____ 2. partager   b. Rachid is very studious.

_____ 3. oublier   c. David can't afford his own apartment.

_____ 4. étudier   d. Amina is very generous.

_____ 5. donner   e. Stéphane needs to get good grades.

3 **Conversez** In this episode, Rachid, Antoine, David, and Stéphane talk about the subjects they are studying. Get together with a partner. Do any of the characters' complaints or preferences remind you of your own? Whose opinions do you agree with? Whom do you disagree with?

ACTIVITÉS

Reading
Video: *Flash culture*

CULTURE À LA LOUPE

Au lycée

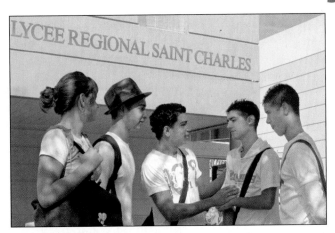

What is high school like in France? At the end of middle school (**le collège**), French students begin three years of high-school study at the **lycée**. Beginning in **seconde** (10th grade), students pass into **première** (11th grade) and end with **la terminale** (12th grade).

The **lycée** experience is quite different from American high school. For example, the days are much longer: often from 8:00 am until 5:00 pm. On Wednesdays, classes typically end at noon. Students in some **lycées** may also have class on Saturday morning. French schools do not offer organized sports, like American schools do, but students who want to play an organized sport can join **l'Association sportive scolaire.** Every public **lycée** must offer this option to its students. All such extra-curricular activities take place after school hours or on Wednesday afternoons.

Grades are based on a 20-point scale, with 10 being the average grade. As students advance in their studies, it becomes harder for them to achieve a grade of 16/20 or even 14/20. A student can receive a below-average score in one or more courses and still advance to the next level as long as their overall grade average is at least 10/20.

Another important difference is that French students must begin a specialization while in high school, at the end of the **classe de seconde.** That choice is likely to influence the rest of their studies and, later, their job choice. While they can change their mind after the first trimester of **première,** by then students are already set on a course towards the **baccalauréat** or **bac,** the terminal exam that concludes their **lycée** studies.

Système français de notation

NOTE FRANÇAISE	NOTE AMÉRICAINE	%	NOTE FRANÇAISE	NOTE AMÉRICAINE	%
0	F	0	11	B-	82
2	F	3	12	B+	88
3	F	8	13	A-	93
4	F	18	14	A	95
5	F	28	15	A	96
6	F	38	16	A+	98
7	D-	60	17	A+	98
8	D-	65	18	A+	99
9	D+	68	19	A+	99
10	C	75	20	A+	100

ACTIVITÉS

1 **Vrai ou faux?** Indicate whether each statement is **vrai** or **faux**.

1. The **lycée** comes after **collège**.
2. It takes 4 years to complete **lycée**.
3. The grade order in the **lycée** is **terminale, première,** and lastly **seconde**.
4. **Lycées** never have classes on Saturday.
5. French students have class from Monday to Friday all day long.

6. French students have to specialize in a field of study while in high school.
7. French students begin their specialization in **première**.
8. The French grading system resembles the US grading system.
9. The highest grade that a French student can get is 20/20.
10. To obtain a grade of 20/20 is common in France.

Practice more at **vhlcentral.com.**

Les cours

être fort(e) en...	to be good at
être nul(le) en...	to stink at
sécher un cours	to skip a class
potasser	to cram
piger	to get it
l'emploi du temps	class schedule
l'histoire-géo	history-geography
les maths	math
la philo	philosophy
le prof	teacher
la récré(ation)	recess

Le lycée

Le «lycée» n'existe pas partout°.

En Afrique francophone, on utilise° les termes de *lycée* et de *baccalauréat*.

En Belgique, le lycée public s'appelle une *école secondaire* ou un *athénée*. Un lycée privé° s'appelle un *collège*. Le bac n'existe pas°.

En Suisse, les lycées s'appellent *gymnases*, *écoles préparant à la maturité* ou *écoles de culture générale*. Les élèves reçoivent° un certificat du secondaire II.

partout *everywhere* **on utilise** *one uses* **privé** *private* **n'existe pas** *does not exist* **reçoivent** *receive*

Immersion française au Canada

Au Canada, l'anglais et le français sont les langues officielles, mais les provinces ne sont pas nécessairement bilingues — le Nouveau-Brunswick est la seule province officiellement bilingue. Seulement 17,4% des Canadiens parlent le français et l'anglais. Pourtant°, il existe un programme d'immersion française qui encourage le bilinguisme: certains élèves d'école primaire ou secondaire (lycée) choisissent de suivre leurs cours° en français. Pendant° trois années ou plus, les élèves ont tous° les cours uniquement en français. Au Nouveau-Brunswick, 32% des élèves y sont inscrits°. Au Québec, province majoritairement francophone, mais avec une communauté anglophone importante, 22% des élèves sont inscrits dans le programme d'immersion française.

Pourtant *However* **suivre leurs cours** *take their classes* **Pendant** *For* **ont tous** *take all* **inscrits** *enrolled*

Coup de main

To read decimal places in French, use the French word **virgule** (*comma*) where you would normally say *point* in English. To say *percent*, use **pour cent**.

17,4% **dix-sept virgule quatre pour cent**
seventeen point four percent

Sur Internet

Comment est une journée (*day*) typique dans un lycée français?

Go to **vhlcentral.com** to find more information related to this **Cultura** section.

2 Complete each statement.

1. L'anglais et le français sont les langues officielles du _____.
2. Le programme d'immersion existe dans les écoles primaires et _____.
3. Le programme d'immersion est pour une période de _____ ans ou plus.
4. Au Nouveau-Brunswick, la communauté _____ est importante.
5. En Suisse, les lycées s'appellent _____.

3 **Les cours** Research what classes are taught in the **lycée** and how long each course is. How does this compare to your class schedule? You may search in your library or online.

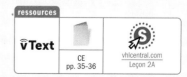

ressources

vText

CE pp. 35-36

vhlcentral.com
Leçon 2A

A C T I V I T É S

2A.1 Present tense of regular *-er* verbs

Presentation
Grammar
Tutorial

- The infinitives of most French verbs end in **-er**. To form the present tense of regular **-er** verbs, drop the **-er** from the infinitive and add the corresponding endings for the different subject pronouns. This chart demonstrates how to conjugate regular **-er** verbs.

parler (to speak)			
je parle	I speak	nous parlons	we speak
tu parles	you speak	vous parlez	you speak
il/elle/on parle	he/she/it/one speaks	ils/elles parlent	they speak

- Here are some other verbs that are conjugated the same way as **parler**.

Common *-er* verbs			
adorer	to love; to adore	habiter (à)	to live (in)
aimer	to like; to love	manger	to eat
aimer mieux	to prefer (to like better)	oublier	to forget
arriver	to arrive	partager	to share
chercher	to look for	penser (que/qu'...)	to think (that...)
commencer	to begin, to start	regarder	to look (at)
dessiner	to draw; to design	rencontrer	to meet
détester	to hate	retrouver	to meet up with; to find (again)
donner	to give	travailler	to work
étudier	to study	voyager	to travel

- Note that **je** becomes **j'** when it appears before a verb that begins with a vowel sound.

  J'habite à Bruxelles.
  I live in Brussels.

  J'étudie la psychologie.
  I study psychology.

- With the verbs **adorer**, **aimer**, and **détester**, use the definite article before a noun to tell what someone loves, likes, prefers, or hates.

  J'aime mieux **l'**art.
  I prefer art.

  Marine déteste **les** devoirs.
  Marine hates homework.

- Use infinitive forms after the verbs **adorer**, **aimer**, and **détester** to say that you like (or hate, etc.) to do something. Only the first verb should be conjugated.

  Ils **adorent travailler** ici.
  They love working here.

  Ils **détestent étudier** ensemble.
  They hate to study together.

- The present tense in French can be translated in different ways in English. The English equivalent for a sentence depends on its context.

  Éric et Nadine **étudient** la physique.
  Éric and Nadine study physics.
  Éric and Nadine are studying physics.
  Éric and Nadine do study physics.

  Nous **travaillons** à Paris.
  We work in Paris.
  We are working in Paris.
  We do work in Paris.

- Sometimes the present tense can be used to indicate an event in the near future, in which case it can be translated using *will* in English.

  Je **retrouve** le professeur demain.
  I will meet up with the teacher tomorrow.

  Elles **arrivent** à Dijon demain.
  They will arrive in Dijon tomorrow.

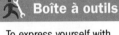
Boîte à outils

To express yourself with greater accuracy, use these adverbs: **assez** (*enough*), **d'habitude** (*usually*), **de temps en temps** (*from time to time*), **parfois** (*sometimes*), **quelquefois** (*sometimes*), **rarement** (*rarely*), **souvent** (*often*), **toujours** (*always*).

- Verbs ending in **-ger** (**manger, partager, voyager**) and **-cer** (**commencer**) have a spelling change in the **nous** form. All the other forms are the same as regular **-er** verbs.

manger
je mange
tu manges
il/elle/on mange
nous mangeons
vous mangez
ils/elles mangent

commencer
je commence
tu commences
il/elle/on commence
nous commençons
vous commencez
ils/elles commencent

Nous **voyageons** avec une amie.
We are traveling with a friend.

Nous **commençons** les devoirs.
We're starting our homework.

🏃 **Boîte à outils**

The spelling change in the **nous** form is made in order to maintain the same sound that the **c** and the **g** make in the infinitives **commencer** and **manger**.

Est-ce que tu oublies ton coloc?

Nous partageons un des appartements du P'tit Bistrot.

- Unlike the English *to look for,* the French **chercher** requires no preposition before the noun that follows it.

Nous **cherchons les stylos**.
We're looking for the pens.

Vous **cherchez la montre**?
Are you looking for the watch?

- The **nous** and **vous** command forms are identical to those of the present tense. The **tu** command form of **-er** verbs drops the **-s** from the present tense form. The command forms of **être** are irregular: **sois, soyons, soyez**.

Regarde!	**Travaillons.**	**Parlez** français.	**Sois** patiente!
Look!	*Let's work.*	*Speak French.*	*Be patient!*

Essayez!   **Complete the sentences with the correct present tense forms of the verbs.**

1. Je ___*parle*___ (parler) français en classe.
2. Nous _____ (habiter) près de (*near*) l'école.
3. Ils _____ (aimer) le cours de sciences politiques.
4. Vous _____ (manger) en classe?!
5. Le cours _____ (commencer) à huit heures (*at eight o'clock*).
6. Marie-Claire _____ (chercher) un stylo.
7. Nous _____ (partager) un crayon en cours de maths.
8. Tu _____ (étudier) l'économie.
9. Les élèves _____ (voyager) en France.
10. Nous _____ (adorer) le prof d'anglais.

Mise en pratique

1 Complétez Complete the conversation with the correct forms of the verbs.

ARTHUR Tu (1) _____ (parler) bien français!

OLIVIER Mon ami Marc et moi, nous (2) _____ (retrouver) un professeur de français et nous (3) _____ (étudier) ensemble. Et toi, tu (4) _____ (travailler)?

ARTHUR Non, j' (5) _____ (étudier) l'art et l'économie. Je (6) _____ (dessiner) bien et j' (7) _____ (aimer) beaucoup l'art moderne. Marc et toi, vous (8) _____ (habiter) à Paris?

2 Phrases Form sentences using the words provided. Conjugate the verbs and add any necessary words.

1. je / oublier / devoir de littérature
2. nous / commencer / études supérieures
3. vous / rencontrer / amis / au / lycée
4. Hélène / détester / travailler
5. tu / chercher / cours / facile
6. élèves / arriver / avec / dictionnaires

3 Après l'école Say what Stéphanie and her friends are doing after (**après**) school.

▶ **MODÈLE**
Nathalie cherche un livre.

1. André _____ à la bibliothèque.

2. Édouard _____ Caroline au café.

3. Jérôme et moi, nous _____.

4. Julien et Audrey _____ avec Simon.

5. Robin et toi, vous _____ avec la classe.

6. Je _____.

4 Le verbe logique Complete the following sentences logically with the correct form of an –er verb.

1. La chimie, c'est très difficile. Je _____ !
2. Qu'est-ce que tu _____ dans le sac à dos?
3. Nous _____ souvent à la cantine.
4. Tristan et Irène _____ toujours les clés (*keys*).
5. Le film _____ dans dix minutes.
6. Yves et toi, vous _____ que Martine est charmante?
7. M. et Mme Legrand _____ à Paris.
8. On n'aime pas _____ la télévision.

Practice more at **vhlcentral.com.**

Communication

5 **Activités** In pairs, tell your partner which of these activities you and your best friend both do. Then, share your partner's answers with the class. Later, get together with a second partner and report to the class again.

MODÈLE

To your partner: *Nous parlons au téléphone, nous...*
To the class: *Ils/Elles parlent au téléphone, ils/elles...*
To your partner: *Nous travaillons, nous...*
To the class: *Ils/Elles travaillent, ils/elles...*

manger à la cantine	étudier une langue étrangère
oublier les devoirs	commencer les devoirs
retrouver des amis au café	arriver en classe
travailler	voyager

6 **Les études** In pairs, take turns asking your partner if he or she likes one academic subject or another. If you don't like a subject, mention one you do like. Then, use **tous** (*m.*)/**toutes** (*f.*) **les deux** (*both of us*) to tell the class what subjects both of you like or hate.

MODÈLE

Élève 1: *Tu aimes la chimie?*
Élève 2: *Non, je déteste la chimie. J'aime mieux les langues.*
Élève 1: *Moi aussi... Nous adorons tous/toutes les deux les langues.*

7 **Un sondage** In groups of three, survey your partners to find out how frequently they do certain activities. First, prepare a chart with a list of eight activities. Then take turns asking your partners how often they do each one, and record each person's response.

MODÈLE

Élève 1: *Moi, je dessine rarement. Et toi?*
Élève 2: *Moi aussi, je dessine rarement.*
Élève 3: *Moi, je dessine parfois.*

Activité	souvent	parfois	rarement
dessiner		Sara	David Clara
voyager	Clara David Sara		

8 **Adorer, aimer, détester** In groups of four, ask each other if you like to do these activities. Then, use an adjective to tell why you like them or not and say whether you do them often (**souvent**), sometimes (**parfois**), or rarely (**rarement**).

MODÈLE

Élève 1: *Tu aimes voyager?*
Élève 2: *Oui, j'adore voyager. C'est amusant! Je voyage souvent.*
Élève 3: *Moi, je déteste voyager. C'est désagréable! Je voyage rarement.*

dessiner	partager
étudier le week-end	une chambre
manger au restaurant	retrouver des amis
oublier les devoirs	travailler à
parler avec	la bibliothèque
les professeurs	voyager

2A.2 Forming questions and expressing negation

Presentation
Grammar Tutorial

Forming questions

- There are four principal ways to ask a question in French. The first and simplest way is to make a statement but with rising intonation. In writing, simply put a question mark at the end. This method is considered informal.

Vous habitez à Bordeaux?
You live in Bordeaux?

Tu aimes le cours de français?
You like French class?

- A second way is to place the phrase **Est-ce que...** directly before a statement. This turns it into a question. If the next word begins with a vowel sound, use **Est-ce qu'**. Questions with **est-ce que** are somewhat formal.

Est-ce que vous parlez français?
Do you speak French?

Est-ce qu'il aime dessiner?
Does he like to draw?

- A third way is to end a statement with a tag question, such as **n'est-ce pas?** (*isn't that right?*) or **d'accord?** (*OK?*). This method can be formal or informal.

Nous mangeons à midi, **n'est-ce pas**?
We eat at noon, don't we?

On commence à deux heures, **d'accord**?
We're starting at two o'clock, OK?

- A fourth way is to invert the order of the subject pronoun and the verb and place a hyphen between them. If the verb ends in a vowel and the subject pronoun begins with one (e.g., **il**, **elle**, or **on**), insert **-t-** between the verb and the pronoun to make pronunciation easier. Inversion is considered more formal.

Parlez-vous français?
Do you speak French?

Mange-t-il à midi?
Does he eat at noon?

Est-elle élève?
Is she a student?

- If the subject is a noun rather than a pronoun, place the noun at the beginning of the question followed by the inverted verb and pronoun.

Le professeur parle-t-il français?
Does the teacher speak French?

Nina arrive-t-elle demain?
Does Nina arrive tomorrow?

Les élèves mangent-ils à la cantine?
Do the students eat at the cafeteria?

Rachid et toi étudiez-vous l'économie?
Do you and Rachid study Economics?

- The inverted form of **il y a** is **y a-t-il**. **C'est** becomes **est-ce**.

Y a-t-il une horloge dans la classe?
Is there a clock in the class?

Est-ce le professeur de lettres?
Is he the humanities professor?

- Use **pourquoi** to ask *why?* Use **parce que** (**parce qu'** before a vowel sound) to answer *because*.

Pourquoi retrouves-tu Sophie ici?
Why are you meeting Sophie here?

Parce qu'elle habite près d'ici.
Because she lives near here.

- You can use **est-ce que** after **pourquoi** or any question word to form a question. With **est-ce que**, you don't use inversion.

Pourquoi détestes-tu la chimie?
Why do you hate Chemistry?

Pourquoi est-ce que tu détestes la chimie?
Why do you hate Chemistry?

Où habitez-vous?
Where do you live?

Où est-ce que vous habitez?
Where do you live?

Expressing negation

- To make a sentence negative in French, place **ne** (**n'** before a vowel sound) before the conjugated verb and **pas** after it.

  Je **ne dessine pas** bien.
  I don't draw well.

  Elles **n'étudient pas** la chimie.
  They don't study chemistry.

- In the construction [*conjugated verb + infinitive*], **ne** (**n'**) comes before the conjugated verb and **pas** after it.

  Abdel **n'aime pas** étudier.
  Abdel doesn't like to study.

  Vous **ne détestez pas** travailler?
  You don't hate to work?

- In questions with inversion, place **ne** before the inversion and **pas** after it.

  Abdel **n'aime-t-il pas** étudier?
  Doesn't Abdel like to study?

  Ne détestez-vous pas travailler?
  Don't you hate to work?

- Use these expressions to respond to a statement or a question that requires a *yes* or *no* answer.

Boîte à outils

Note the affirmative statements that correspond to the negative ones on the left:
Je dessine bien.
Elles étudient la chimie.

Expressions of agreement and disagreement			
oui	*yes*	(mais) non	*no (but of course not)*
bien sûr	*of course*	pas du tout	*not at all*
moi/toi non plus	*me/you neither*	peut-être	*maybe, perhaps*

Vous aimez manger à la cantine?
Do you like to eat in the cafeteria?

Non, pas du tout.
No, not at all.

- Use **si** instead of **oui** to contradict a negative question.

  Parles-tu à Daniel?
  Are you talking to Daniel?

  Oui.
  Yes.

  Ne parles-tu pas à Daniel?
  Aren't you talking to Daniel?

  Si!
  Yes (I am)!

 Essayez! Make questions out of these statements. Use **est-ce que/qu'** in items 1–6 and inversion in 7–12.

Statement	Question
1. Vous mangez à la cantine.	*Est-ce que vous mangez à la cantine?*
2. Ils adorent les devoirs.	
3. La biologie est difficile.	
4. Tu travailles.	
5. Elles cherchent le prof.	
6. Aude voyage beaucoup.	
7. Vous arrivez demain.	*Arrivez-vous demain?*
8. L'élève oublie le livre.	
9. La physique est utile.	
10. Il y a deux salles de classe.	
11. Ils n'habitent pas à Québec.	
12. C'est le professeur d'art.	

Mise en pratique

1 **L'inversion** Restate the questions using inversion.

1. Est-ce que vous parlez espagnol?
2. Est-ce qu'il étudie à Paris?
3. Est-ce qu'ils voyagent avec des amis?
4. Est-ce que tu aimes les cours de langues?
5. Est-ce que le professeur parle anglais?
6. Est-ce que les élèves aiment dessiner?

2 **Les questions** Ask the questions that correspond to the answers. Use **est-ce que/qu'** and inversion for each item.

MODÈLE

Nous habitons loin (*far away*).
Est-ce que vous habitez loin? / Habitez-vous loin?

1. Il mange à la cantine.
2. J'oublie les examens.
3. François déteste les maths.
4. Nous adorons voyager.
5. Les cours ne commencent pas demain.
6. Les élèves arrivent en classe.

3 **Complétez** Complete the conversation with the correct questions for the answers given. Act it out with a partner.

MYLÈNE   Salut, Arnaud. Ça va?

ARNAUD   Oui, ça va. Alors (*So*)... (1) _____

MYLÈNE   J'adore le cours de sciences po, mais je déteste l'informatique.

ARNAUD   (2) _____

MYLÈNE   Parce que le prof est très strict.

ARNAUD   (3) _____

MYLÈNE   Oui, il y a des élèves sympathiques... Et demain? (4) _____

ARNAUD   Peut-être, mais demain je retrouve aussi Dominique.

MYLÈNE   (5) _____

ARNAUD   Pas du tout!

Communication

4 **Au café** In pairs, take turns asking each other questions about the drawing. Use verbs from the list.

> **MODÈLE**
>
> **Élève 1:** *Monsieur Laurent parle à Madame Martin, n'est-ce pas?*
> **Élève 2:** *Mais non. Il déteste parler!*

arriver	dessiner	manger	partager
chercher	étudier	oublier	rencontrer

Anne et Sylvie   Didier   André

Madame Martin   Monsieur Laurent

5 **Questions** You and your partner want to get to know each other better. Take turns asking each other questions. Modify or add elements as needed.

> **MODÈLE** aimer / l'art
>
> **Élève 1:** *Est-ce que tu aimes l'art?*
> **Élève 2:** *Oui, j'adore l'art.*

1. détester / devoirs
2. étudier / avec / amis
3. penser qu'il y a / cours / intéressant / au lycée
4. cours de sciences / être / facile
5. aimer mieux / biologie / ou / physique
6. retrouver / copains / à la cantine

6 **Confirmez** In groups of three, confirm whether the statements are true of your school. Correct any untrue statements by making them negative.

> **MODÈLE**
>
> Les profs sont désagréables.
> *Pas du tout, les profs ne sont pas désagréables.*

1. Les cours d'informatique sont inutiles.
2. Il y a des élèves de nationalité allemande.
3. Nous mangeons une cuisine excellente à la cantine.
4. Tous (*All*) les élèves étudient à la bibliothèque.
5. Le cours de chimie est facile.
6. Nous adorons le gymnase.

Révision

1 **Des styles différents** In pairs, compare these two very different classes. Then, tell your partner which class you prefer and why.

2 **Les activités** In pairs, discuss whether these expressions apply to both of you. React to every answer you hear.

MODÈLE

Élève 1: *Est-ce que tu étudies le week-end?*
Élève 2: *Non! Je n'aime pas étudier le week-end.*
Élève 1: *Moi non plus. J'aime mieux étudier le soir.*

1. adorer la cantine
2. aimer le cours d'art
3. étudier à la bibliothèque
4. manger souvent (*often*) des sushis
5. oublier les devoirs
6. parler espagnol
7. travailler le soir
8. voyager souvent

3 **Le lycée** In pairs, prepare ten questions inspired by the list and what you know about your school. Together, survey as many classmates as possible to find out what they like and dislike.

MODÈLE

Élève 1: *Est-ce que tu aimes étudier à la bibliothèque?*
Élève 2: *Non, pas trop. J'aime mieux étudier...*

bibliothèque	élève	cantine
bureau	gymnase	salle de classe
cours	librairie	salle d'ordinateurs

4 **Pourquoi?** Survey as many classmates as possible to find out if they like these subjects and why. Ask what adjective they would pick to describe them. Tally the most popular answers for each subject.

MODÈLE

Élève 1: *Est-ce que tu aimes la philosophie?*
Élève 2: *Pas tellement.*
Élève 1: *Pourquoi?*
Élève 2: *Parce que c'est trop difficile.*

1. la biologie
2. la chimie
3. l'histoire
4. l'éducation physique
5. l'informatique
6. les langues
7. les mathématiques
8. la psychologie

a. agréable
b. amusant
c. désagréable
d. difficile
e. facile
f. important
g. inutile
h. utile

5 **Les conversations** In pairs, act out a short conversation between the people shown in each drawing. They should greet each other, describe what they are doing, and discuss their likes or dislikes. Choose your favorite skit and role-play it for another pair.

MODÈLE

Élève 1: *Bonjour, Aurélie.*
Élève 2: *Salut! Tu travailles, n'est-ce pas?*

6 **Les portraits** Your teacher will give you and a partner a set of drawings showing the likes and dislikes of eight people. Discuss each person's tastes. Do not look at each other's worksheet.

MODÈLE

Élève 1: *Sarah n'aime pas travailler.*
Élève 2: *Mais elle adore manger.*

S Video: TV Clip

À vos marques, prêts°... étudiez!

The University of Moncton was founded in 1963 and is the largest French-speaking university in Canada outside Quebec. Its three campuses of Edmunston, Moncton, and Shippagan are located in New Brunswick. Students come from the local Francophone region of Acadia, from other Canadian provinces, and from countries around the world such as Guinea, Haiti, and Morocco.

The mission of the University of Moncton is not only to foster the academic development of these students but also to offer them a nurturing environment that will encourage their personal and social growth.

On n'apprend° pas seulement° dans les classes.

Mon université.

Compréhension Answer these questions.

1. What are the three kinds of activities offered at the University of Moncton?
2. Give examples of each type of activity.
3. Where does learning take place at the University of Moncton?
4. Do students receive a lot of attention from their professors? Explain.

Discussion In pairs, discuss the answers to these questions.

1. What are the University of Moncton's strengths?
2. Would you like to study there once you graduate from high school? Explain.

À vos marques, prêts *Ready, set* apprend *learn* seulement *only*

You will learn how to...

- say when things happen
- discuss your schedule

Audio: Vocabulary Practice
My Vocabulary

Une semaine au lycée

Quizzlet

Vocabulaire	
demander	to ask
échouer	to fail
écouter	to listen (to)
enseigner	to teach
expliquer	to explain
trouver	to find; to think
Quel jour sommes-nous?	What day is it?
un an	year
une/cette année	one/this year
après	after
après-demain	day after tomorrow
un/cet après-midi	an/this afternoon
aujourd'hui	today
demain (matin/ après-midi/soir)	tomorrow (morning/ afternoon/evening)
un jour	day
une journée	day
un/ce matin	a/this morning
la matinée	morning
un mois/ce mois-ci	month/this month
une/cette nuit	a/this night
une/cette semaine	a/this week
un/ce soir	an/this evening
une soirée	evening
un/le/ce week-end	a/the/this weekend
dernier/dernière	last
premier/première	first
prochain(e)	next

assister au cours d'économie

passer l'examen de maths

téléphoner à Marc

préparer l'examen de maths

dîner en famille

ressources

v̂Text

CE pp. 43–45

vhlcentral.com Leçon 2B

Mise en pratique

1 Écoutez 🎧 You will hear Lorraine describing her schedule. Listen carefully and indicate whether the statements are **vrai** or **faux**.

	Vrai	Faux
1. Lorraine étudie à l'université le soir.	☐	☐
2. Elle trouve le cours de mathématiques facile.	☐	☐
3. Elle étudie le week-end.	☐	☐
4. Lorraine étudie la chimie le mardi et le jeudi matin.	☐	☐
5. Le professeur de mathématiques explique bien.	☐	☐
6. Lorraine regarde la télévision, écoute de la musique ou téléphone à Claire et Anne le soir.	☐	☐
7. Lorraine travaille dans (*in*) une librairie.	☐	☐
8. Elle étudie l'histoire le mardi et le jeudi matin.	☐	☐
9. Lorraine adore dîner avec sa famille le week-end.	☐	☐
10. Lorraine rentre à la maison le soir.	☐	☐

2 La classe de Mme Arnaud Complete this paragraph by selecting the correct verb from the list below. Make sure to conjugate the verb. Some verbs will not be used.

demander	~~expliquer~~	~~rentrer~~
~~écouter~~	~~passer un examen~~	~~travailler~~
~~enseigner~~	préparer	~~trouver~~
~~étudier~~	~~regarder~~	visiter

Madame Arnaud (1) ~~travaille~~ au lycée. Elle (2) enseigne le français. Elle (3) explique les verbes et la grammaire aux élèves. Le vendredi, en classe, les élèves (4) regardent une vidéo en français ou (*or*) (5) écoutent de la musique française. Ce week-end, ils (6) étudient pour (*for*) (7) ~~préparer un examen~~ passer l'examen très difficile de lundi matin. Je/J' (8) ~~rentre préparer~~ beaucoup pour ce cours, mais mes (*my*) amis et moi, nous (9) trouvons la classe sympa. 6/9

3 Quel jour sommes-nous? Complete each statement with the correct day of the week.

1. Aujourd'hui, c'est mercredi   8/8
2. Demain, c'est jeudi.
3. Après-demain, c'est vendredi
4. Le week-end, c'est samedi et dimanche
5. Le premier jour de la semaine en France, c'est lundi
6. Les jours du cours de français sont lundi, mardi, jeudi, vendredi
7. Mon (*My*) jour préféré de la semaine, c'est samedi.
8. Je travaille à la bibliothèque dimanche.

samedi | dimanche

visiter Paris avec une amie

rentrer à la maison

🅢 Practice more at **vhlcentral.com.**

Communication

4 **Conversez** Interview a classmate.

1. Quel jour sommes-nous?
2. Quand (*When*) est le prochain cours de français?
3. Quand rentres-tu à la maison?
4. Est-ce que tu prépares un examen cette année?
5. Est-ce que tu écoutes la radio? Quel genre de musique aimes-tu?
6. Quand téléphones-tu à des amis?
7. Est-ce que tu regardes la télévision l'après-midi ou (*or*) le soir?
8. Est-ce que tu dînes dans un restaurant ce mois-ci?

5 **Le premier jour** You make a new friend in your French class and want to know what his or her class schedule is like this semester. With a partner, prepare a conversation to perform for the class where you:

- ask his or her name
- ask what classes he or she is taking
- ask on which days of the week he or she has French class
- ask at which times of day (morning or afternoon) he or she has English and History classes

6 **Bataille navale** Your teacher will give you a worksheet. Choose four spaces on your chart and mark them with a battleship. In pairs, formulate questions by using the subjects in the first column and the verbs in the first row to find out where your partner has placed his or her battleships. Whoever "sinks" the most battleships wins.

MODÈLE

Élève 1: *Est-ce que Luc et Sabine téléphonent à Jérôme?*
Élève 2: *Oui, ils téléphonent à Jérôme.*
(*if you marked that square*)
Non, ils ne téléphonent pas à Jérôme.
(*if you didn't mark that square*)

	enseigner	téléphoner
Marie		
Luc et Sabine		🚢

7 **Le week-end** Write a schedule to show what you do during a typical weekend. Use the verbs you know. Compare your schedule with a classmate's, and talk about the different activities that you do and when. Be prepared to discuss your results with the class.

	Moi	Nom
Le vendredi soir 🌙		
Le samedi matin ☀		
Le samedi après-midi ☼		
Le samedi soir 🌙		
Le dimanche matin ☀		
Le dimanche après-midi ☼		
Le dimanche soir 🌙		

Les sons et les lettres

Audio: Explanation
Record & Compare

 The letter r

The French **r** is very different from the English *r*. The English *r* is pronounced by placing the tongue in the middle and toward the front of the mouth. The French **r** is pronounced in the throat. You have seen that an **-er** at the end of a word is usually pronounced **-ay**, as in the English word *way*, but without the glide sound.

| chante**r** | mange**r** | explique**r** | aime**r** |

In most other cases, the French **r** has a very different sound. Pronunciation of the French **r** varies according to its position in a word. Note the different ways the **r** is pronounced in these words.

| **r**ivière | littérature | ordinateur | devoir |

If an **r** falls between two vowels or before a vowel, it is pronounced with slightly more friction.

| **r**a**r**e | ga**r**age | Eu**r**ope | **r**ose |

An **r** sound before a consonant or at the end of a word is pronounced with slightly less friction.

| po**r**te | bou**r**se | ado**r**e | jou**r** |

Prononcez Practice saying these words aloud.

1. crayon
2. professeur
3. plaisir
4. différent
5. terrible
6. architecture
7. trouver
8. restaurant
9. rentrer
10. regarder
11. lettres
12. réservé
13. être
14. dernière
15. arriver
16. après

Articulez Practice saying these sentences aloud.

1. Au revoir, Professeur Colbert!
2. Rose arrive en retard mardi.
3. Mercredi, c'est le dernier jour des cours.
4. Robert et Roger adorent écouter la radio.
5. La corbeille à papier, c'est quarante-quatre euros!
6. Les parents de Richard sont brillants et très agréables.

Dictons Practice reading these sayings aloud.

Qui ne risque rien n'a rien.[1]

Quand le renard prêche, gare aux oies.[2]

[1] Nothing ventured, nothing gained.
[2] When the fox preaches, watch your geese.

ressources

v̂ Text

CE
p. 46

vhlcentral.com
Leçon 2B

soixante-sept **67**

On trouve une solution

Video: *Roman-photo*
Record & Compare

Amina

Astrid

David

Rachid

Sandrine

Stéphane

À la terrasse du café...

RACHID Alors, on a rendez-vous avec David demain à cinq heures moins le quart pour rentrer chez nous.

SANDRINE Aujourd'hui, c'est mercredi. Demain... jeudi. Le mardi et le jeudi, j'ai cours de chant de trois heures vingt à quatre heures et demie. C'est parfait!

AMINA Pas de problème. J'ai cours de stylisme...

AMINA Salut, Astrid!

ASTRID Bonjour.

RACHID Astrid, je te présente David, mon (*my*) coloc américain.

DAVID Alors, cette année, tu as des cours très difficiles, n'est-ce pas?

ASTRID Oui? Pourquoi?

DAVID Ben, Stéphane pense que les cours sont très difficiles.

ASTRID Ouais, Stéphane, il assiste au cours, mais... il ne fait pas ses (*his*) devoirs et il n'écoute pas les profs. Cette année est très importante, parce que nous avons le bac...

DAVID Ah, le bac...

Au parc...

ASTRID Stéphane! Quelle heure est-il? Tu n'as pas de montre?

STÉPHANE Oh, Astrid, excuse-moi! Le mercredi, je travaille avec Astrid au café sur le cours de maths...

ASTRID Et le mercredi après-midi, il oublie! Tu n'as pas peur du bac, toi!

STÉPHANE Tu as tort, j'ai très peur du bac! Mais je n'ai pas <u>envie de passer</u> mes (*my*) journées, mes soirées et mes week-ends avec des livres!

ASTRID Je suis d'accord avec toi, Stéphane! J'ai envie de passer les week-ends avec mes copains... des copains qui n'oublient pas les rendez-vous!

RACHID Écoute, Stéphane, tu as des problèmes avec ta (*your*) mère, avec Astrid aussi.

STÉPHANE Oui, et j'ai d'énormes problèmes au lycée. Je déteste le bac.

RACHID Il n'est pas tard pour commencer à travailler pour être reçu au bac.

STÉPHANE Tu crois, Rachid?

A C T I V I T É S

1 **Vrai ou faux?** Choose whether each statement is vrai or faux. Correct the false statements.

1. Le mardi et le mercredi, Sandrine a (*has*) cours de chant.

2. Le jeudi, Amina a cours de stylisme.

3. Astrid pense qu'il est impossible de réussir (*pass*) le bac.

4. La famille de David est allemande.

5. Le mercredi, Stéphane travaille avec Astrid au café sur le cours de maths.

6. Stéphane a beaucoup de problèmes.

7. Rachid est optimiste.

8. Stéphane dîne chez Rachid samedi.

9. Le sport est très important pour Stéphane.

10. Astrid est fâchée (*angry*) contre Stéphane.

 Practice more at **vhlcentral.com.**

Les amis organisent des rendez-vous.

RACHID C'est un examen très important que les élèves français passent la dernière année de lycée pour continuer en études supérieures.

DAVID Euh, n'oublie pas, je suis de famille française.

ASTRID Oui, et c'est difficile, mais ce n'est pas impossible. Stéphane trouve que les études ne sont pas intéressantes. Le sport, oui, mais pas les études.

RACHID Le sport? Tu cherches Stéphane, n'est-ce pas? On trouve Stéphane au parc! Allons-y, Astrid.

ASTRID D'accord. À demain!

RACHID Oui. Mais le sport, c'est la dernière des priorités. Écoute, dimanche prochain, tu dînes chez moi et on trouve une solution.

STÉPHANE Rachid, tu n'as pas envie de donner des cours à un lycéen nul comme moi!

RACHID Mais si, j'ai très envie d'enseigner les maths...

STÉPHANE Bon, j'accepte. Merci, Rachid. C'est sympa.

RACHID De rien. À plus tard!

Expressions utiles

Talking about your schedule

- **Alors, on a rendez-vous demain à cinq heures moins le quart pour rentrer chez nous.**
  So, we're meeting tomorrow at quarter to five to go home (our home).

- **J'ai cours de chant de trois heures vingt à quatre heures et demie.**
  I have voice (singing) class from three-twenty to four-thirty.

- **J'ai cours de stylisme de deux heures à quatre heures vingt.**
  I have fashion design class from two o'clock to four-twenty.

- **Quelle heure est-il?** • **Tu n'as pas de montre?**
  What time is it? *You don't have a watch?*

Talking about school

- **Nous avons le bac.**
  We have the bac.

- **Il ne fait pas ses devoirs.**
  He doesn't do his homework.

- **Tu n'as pas peur du bac!**
  You're not afraid of the bac!

- **Tu as tort, j'ai très peur du bac!**
  You're wrong, I'm very afraid of the bac!

- **Je suis d'accord avec toi.**
  I agree with you.

- **J'ai d'énormes problèmes.**
  I have big/enormous problems.

- **Tu n'as pas envie de donner des cours à un(e) lycéen(ne) nul(le) comme moi.**
  You don't want to teach a high school student as bad as myself.

Useful expressions

- **C'est parfait!**
  That's perfect!
- **Ouais.**
  Yeah.
- **Allons-y!**
  Let's go!
- **C'est sympa.**
  That's nice/fun.
- **D'accord.**
  OK./All right.

---

2 **Répondez** Answer these questions. Refer to the video scenes and use a dictionary as necessary. You do not have to answer in complete sentences.

1. Où est-ce que tu as envie de voyager?
2. Est-ce que tu as peur de quelque chose? De quoi?
3. Qu'est-ce que tu dis (*say*) quand tu as tort?

3 **À vous!** With a partner, describe someone you know whose personality, likes, or dislikes resemble those of Rachid or Stéphane.

MODÈLE

Paul est comme (like) Rachid... il est sérieux.

ressources

vText

CE pp. 47–48

vhlcentral.com Leçon 2B

A
C
T
I
V
I
T
É
S

Reading

Le bac

The three years of lycée **culminate in a high-stakes exam called the** baccalauréat **or** bac. Students begin preparing for this exam by the end of **seconde** (10th grade), when they must decide the type of **bac** they will take. This choice determines their coursework during the last two years of **lycée**; for example, a student who plans to take the **bac S** will study mainly physics, chemistry, and math. Most students take **le bac économique et social (ES)**, **le bac littéraire (L)**, or **le bac scientifique (S)**. Others, though, choose to follow a more technical path, for example **le bac sciences et technologies de l'industrie et du développement durable (STI2D) le bac sciences et technologies de la santé et du social (ST2S)**, or **le bac sciences et technologies du management et de la gestion (STMG)** There is even a **bac technique** for hotel management, and music/dance!

The **bac** has both oral and written sections, which are weighted differently according to the type of **bac**. This means that, for example, a bad grade on the math section would lower a

student's grade significantly on a **bac S** but to a lesser degree on a **bac L**. In all cases the highest possible grade is 20/20. If a student's overall score on the **bac** is below 10/20 (the minimum passing grade) but above 8/20, he/she can take the **rattrapage**, or make-up exam. If the student fails again, then he/she can **redoubler**, or repeat the school year and take the **bac** again.

Students usually go to find out their results with friends and classmates just a few days after they take the exam. This yearly ritual is full of emotion: it's common to see groups of students frantically looking for their results posted on bulletin boards at the **lycée**. Over 80% of students successfully pass the **bac** every year, granting them access to France's higher education system.

Students can pass the **bac** with:

18/20 - 20/20	mention Très bien et félicitations du jury
16/20 - 18/20	mention Très bien
14/20 - 16/20	mention Bien
12/20 - 14/20	mention Assez bien
10/20 - 12/20	no special mention

Coup de main

In French, a superscript $^{-e}$ following a numeral tells you that it is an ordinal number. It is the equivalent of a $^{-th}$ after a numeral in English: 10e (dixième) = 10th.

A C T I V I T É S

1 **Vrai ou faux?** Indicate whether each statement is **vrai** or **faux**.

1. The **bac** is an exam that students take at the end of **terminale**.
2. The **bac** has only oral exams.
3. The highest possible grade on the **bac** is 20/20.
4. Students decide which **bac** they will take at the beginning of **terminale**.
5. Most students take the **bac technique**.
6. All the grades of the **bac** are weighted equally.

7. A student with an average grade of 14.5 on the **bac** receives his diploma with **mention bien**.
8. A student who fails the **bac** but has an overall grade of 8/20 can take a make-up exam.
9. A student who fails the **bac** and the **rattrapage** cannot repeat the year.
10. Passing the **bac** enables students to register for college or to apply for the **grandes écoles**.

Practice more at **vhlcentral.com**.

LE FRANÇAIS QUOTIDIEN

Les examens

assurer/cartonner (à un examen)	*to ace (an exam)*
bachoter	*to cram for the **bac***
bosser	*to work hard*
une moyenne	*an average*
rater (un examen)	*to fail (an exam)*
réviser	*to study, to review*
un(e) surveillant(e)	*a proctor*
tricher	*to cheat*

LE MONDE FRANCOPHONE

Le français langue étrangère

Voici quelques° écoles du monde francophone où vous pouvez étudier° le français.

En Belgique Université de Liège

En France Université de Franche-Comté–Centre de linguistique appliquée, Université de Grenoble, Université de Paris IV–Sorbonne

À la Martinique Institut Supérieur d'Études Francophones, à Schoelcher

En Nouvelle-Calédonie Centre de Rencontres et d'Échanges Internationaux du Pacifique, à Nouméa

Au Québec Université Laval, Université de Montréal

Aux îles Saint-Pierre et Miquelon Le FrancoForum, à Saint-Pierre

En Suisse Université Populaire de Lausanne, Université de Neuchâtel

quelques *some* **où vous pouvez étudier** *where you can study*

PORTRAIT

Les études supérieures en France

Après qu'ils passent le bac, les étudiants français ont le choix° de plusieurs° types d'étude: les meilleurs° entrent en classe préparatoire pour passer les concours d'entrée aux° grandes écoles. Les grandes écoles forment l'élite de l'enseignement supérieur en France. Les plus connues° sont l'ENA (école nationale d'administration), Polytechnique, HEC (école des hautes études commerciales) et Sciences Po (institut des sciences politiques). Certains étudiants choisissent° une école spécialisée, comme une école de commerce ou de journalisme. Ces écoles proposent une formation° et un diplôme très spécifiques. L'autre° possibilité est l'entrée à l'université. Les étudiants d'université se spécialisent dans un domaine dès° la première année. Les études universitaires durent° trois ou quatre ans en général, et plus pour un doctorat.

choix *choice* **plusieurs** *several* **meilleurs** *best* **concours d'entrée aux** *entrance tests to the* **plus connues** *most well known* **choisissent** *choose* **formation** *education* **autre** *other* **dès** *starting in* **durent** *last*

Sur Internet

Quel (*Which*) bac aimeriez-vous (*would you like*) passer?

Go to **vhlcentral.com** to find more information related to this **Culture** section.

2 **Les études supérieures en France** What kind of higher education might these students seek?

1. Une future journaliste
2. Un élève exceptionnel
3. Une étudiante en anglais
4. Un étudiant en affaires
5. Un étudiant de chimie

3 **Et les cours?** In French, name two courses you might take in preparation for each of these **baccalauréat** exams.

1. un bac L
2. un bac STMG
3. un bac ES
4. un bac STI2D

ressources

vText | vhlcentral.com Leçon 2B

A C T I V I T É S

2B.1

Present tense of *avoir*

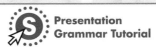
Presentation
Grammar Tutorial

Point de départ The verb **avoir** (*to have*) is used frequently. You will have to memorize each of its present tense forms because they are irregular.

Present tense of *avoir*			
j'ai	*I have*	**nous avons**	*we have*
tu as	*you have*	**vous avez**	*you have*
il/elle/on a	*he/she/it/one has*	**ils/elles ont**	*they have*

On a rendez-vous avec David demain.

Cette année, nous avons le bac.

- Liaison is required between the final consonants of **on, nous, vous, ils**, and **elles** and the first vowel of forms of **avoir** that follow them. When the final consonant is an **-s**, pronounce it as a z before the verb forms.

  On a un prof sympa.
  We have a nice teacher.

  Nous avons un cours d'art.
  We have an art class.

  Vous avez deux stylos.
  You have two pens.

  Elles ont un examen de psychologie.
  They have a Psychology exam.

- Keep in mind that an indefinite article, whether singular or plural, usually becomes **de/d'** after a negation.

J'ai **un** cours difficile.
I have a difficult class.

Je n'ai pas **de** cours difficile.
I don't have a difficult class.

Il a **des** examens.
He has exams.

Il n'a pas **d'**examens.
He does not have exams.

- The verb **avoir** is used in certain idiomatic or set expressions where English generally uses *to be* or *to feel*.

Expressions with *avoir*

avoir... ans	to be... years old	avoir froid	to be cold
avoir besoin (de)	to need	avoir honte (de)	to be ashamed (of)
avoir de la chance	to be lucky	avoir l'air	to look like, to seem
		avoir peur (de)	to be afraid (of)
avoir chaud	to be hot	avoir raison	to be right
avoir envie (de)	to feel like	avoir sommeil	to be sleepy
		avoir tort	to be wrong

Boîte à outils

In the expression **avoir l'air** + [*adjective*], the adjective does not change to agree with the subject. It is always masculine singular, because it agrees with **air**. Examples:

Elle a l'air charmant.
She looks charming.

Ils ont l'air content.
They look happy.

Il a chaud.

Ils ont froid.

Elle a sommeil.

Il a de la chance.

- The expressions **avoir besoin de**, **avoir honte de**, **avoir peur de**, and **avoir envie de** can be followed by either a noun or a verb.

J'**ai besoin d'**une calculatrice.
I need a calculator.

J'**ai besoin d'**étudier.
I need to study.

- The command forms of **avoir** are irregular: **aie, ayons, ayez.**

Aie un peu de patience.
Be a little patient.

N'**ayez** pas peur.
Don't be afraid.

Essayez!

Complete the sentences with the correct forms of avoir.

1. La température est de 35 degrés Celsius. Nous ___avons___ chaud.

2. En Alaska, en décembre, vous _____ froid.

3. Martine _____ envie de danser.

4. Ils _____ besoin d'une calculatrice pour le devoir.

5. Est-ce que tu _____ peur des insectes?

6. Sébastien pense que je travaille aujourd'hui. Il _____ raison.

7. J' _____ cours d'économie le lundi.

8. Mes amis voyagent beaucoup. Ils _____ de la chance.

9. Mohammed _____ deux cousins à Marseille.

10. Vous _____ un grand appartement.

Mise en pratique

1 **On a...** Use the correct forms of **avoir** to form questions from these elements. Use inversion and provide an affirmative or negative answer as indicated.

MODÈLE

tu / bourse (oui)
As-tu une bourse? Oui, j'ai une bourse.

1. nous / dictionnaire (oui)
2. Luc / diplôme (non)
3. elles / montres (non)
4. vous / copains (oui)
5. Thérèse / téléphone (oui)
6. Charles et Jacques / calculatrice (non)
7. on / examen (non)
8. tu / livres de français (non)

2 **C'est évident** Describe these people using expressions with **avoir**.

1. J' _____ étudier.

2. Vous _____.

3. Tu _____.

4. Elles _____.

3 **Assemblez** Use the verb avoir and combine elements from the two columns to create sentences about yourself, your class, and your school. Make any necessary changes or additions.

A	B
Je	cours utiles
Le lycée	bonnes notes
Les profs	professeurs brillants
Mon (*My*) petit ami	ami(e) mexicain(e) / anglais(e)
Ma (*My*) petite amie	/ canadien(ne) / vietnamien(ne)
Nous	élèves intéressants
	cantine agréable
	cours d'informatique

Practice more at **vhlcentral.com.**

Communication

4 **Besoins** Your teacher will give you a worksheet. Ask different classmates if they need to do these activities. Find at least one person to answer **Oui** and at least one to answer **Non** for each item.

MODÈLE

regarder la télé

Élève 1: Tu as besoin de regarder la télé?
Élève 2: Oui, j'ai besoin de regarder la télé.
Élève 3: Non, je n'ai pas besoin de regarder la télé.

Activités	Oui	Non
1. regarder la télé	Anne	Louis
2. étudier ce soir		
3. passer un examen cette semaine		
4. retrouver des amis demain		
5. travailler à la bibliothèque		
6. commencer un devoir important		
7. téléphoner à un(e) copain/copine ce week-end		
8. parler avec le professeur		

5 **C'est vrai?** Interview a classmate by transforming each of these statements into a question. Be prepared to report the results of your interview to the class.

MODÈLE J'ai deux ordinateurs.

Élève 1: Tu as deux ordinateurs?
Élève 2: Non, je n'ai pas deux ordinateurs.

1. J'ai peur des examens.
2. J'ai seize ans.
3. J'ai envie de visiter Montréal.
4. J'ai un cours de biologie.
5. J'ai sommeil le lundi matin.
6. J'ai un(e) petit(e) ami(e) égoïste.

6 **Interview** You are talking to a college admissions advisor. Answer his or her questions. In pairs, practice the scene and role-play it for the class.

1. Qu'est-ce que (*What*) vous avez envie d'étudier?
2. Est-ce que vous avez d'excellentes notes?
3. Est-ce que vous avez envie de partager une chambre?
4. Est-ce que vous mangez à la cantine?
5. Est-ce que vous avez un ordinateur?
6. Est-ce que vous retrouvez des amis au lycée?
7. Est-ce que vous écoutez de la musique?
8. Est-ce que vous avez des cours le matin?
9. Est-ce que vous avez envie d'habiter sur le campus?

Leçon 2B

  **Presentation**
Grammar Tutorial

...ime

...art Use the verb **être** with numbers to tell time.

...o ways to ask what time it is.

...e est-il?   **Quelle heure avez-vous/as-tu?**
...s it?   ✱ *What time do you have?*

...y itself to express time on the hour. Use **une heure** for one o'clock.

Avez-vous l'heur? do you have the time?

Il est **six heures**.   Il est **une heure**.

- Express time from the hour to the half-hour by stating the number of minutes it is past the hour.

Il est quatre heures **cinq**.   Il est onze heures **vingt**.

- Use **et quart** to say that it is fifteen minutes past the hour.
  Use **et demie** to say that it is thirty minutes past the hour.

Il est une heure **et quart**.   Il est sept heures **et demie**.

- To express time from the half hour to the hour, subtract the number of minutes or the portion of an hour from the next hour.

Il est trois heures **moins dix**.   Il est une heure **moins le quart**.

- To express at what time something happens, use the preposition **à**.

Le cours commence **à neuf**   Nous avons un examen
heures moins vingt.   **à une heure**.
The class starts at 8:40.   *We have a test at one o'clock.*

Boîte à outils

In English, you often leave out the word *o'clock* when telling time. You might say "The class starts at eleven" or "I arrive at seven." In French, however, you must always include the word **heure(s)**.

- In French, the hour and minutes are separated by the letter **h**, which stands for **heure**, whereas in English a colon is used.

  Ex: 3:25 = **3h25**   11:10 = **11h10**   5:15 = **5h15**

- **Liaison** occurs between numbers and the word **heure(s)**. Final -s and -x in **deux**, **trois**, **six**, and **dix** are pronounced like a z. The final -f of **neuf** is pronounced like a *v*.

  Ex:
  deu(z)
  Il est **deux heures**.
  It's two o'clock.

  neuv
  Il est **neuf heures** et quart.
  It's 9:15.

- You do not usually make a **liaison** between the verb form **est** and a following number that starts with a vowel sound.

  Il est onze heures.   Il est une heure vingt.   Il est huit heures et demie.
  It's eleven o'clock.   *It's 1:20.*   *It's 8:30.*

Quizlet

Expressions for telling time

À quelle heure?	(At) what time/ When?	midi	*noon*
de l'après-midi	*in the afternoon*	minuit	*midnight*
du matin	*in the morning*	pile	*sharp, on the dot*
du soir	*in the evening*	presque	*almost*
en avance	*early*	tard	*late* → It is late
en retard	*late* → subject is late	tôt	*early*
		vers	*about*

Il est **minuit** à Paris.
It's midnight in Paris.

Il est six heures **du soir** à New York.
It's six o'clock in the evening in New York.

- The 24-hour clock is often used to express official time. Departure times, movie times, and store hours are expressed in this fashion. Only numbers are used to tell time this way. Expressions like **et demie**, **moins le quart**, etc. are not used.

  Le train arrive à **dix-sept heures six**.
  The train arrives at 5:06 p.m.

  Le film est à **vingt-deux heures trente-sept**.
  The film is at 10:37 p.m.

J'ai cours de trois heures vingt à quatre heures et demie.

Stéphane! Quelle heure est-il?

Essayez!   **Complete the sentences by writing out the correct times according to the cues.**

1. (1:00 a.m.) Il est _une heure_ du matin.
2. (2:50 a.m.) Il est _trois heures moins dix_ du matin.
3. (8:30 p.m.) Il est _huit heures et demie_ du soir.
4. (10:08 a.m.) Il est _dix heures et huit_ du matin.
5. (7:15 p.m.) Il est _sept heures et quart_ du soir.
6. (12:00 p.m.) Il est _midi_.
7. (4:05 p.m.) Il est _quatre heures et cinq_ de l'après-midi.
8. (4:45 a.m.) Il est _cinq heures moins le quart_ du matin.
9. (3:20 a.m.) Il est _trois heures et vingt_ du matin.
10. (12:00 a.m.) Il est _minuit_.

Mise en pratique

1 Quelle heure est-il? Give the time shown on each clock or watch.

MODÈLE

Il est quatre heures et quart de l'après-midi.

1. _____ 2. _____ 3. _____ 4. _____

5. _____ 6. _____ 7. _____ 8. _____

2 À quelle heure? Find out when you and your friends are going to do certain things.

MODÈLE

À quelle heure est-ce qu'on étudie? (about 8 p.m.)
On étudie vers huit heures du soir.

À quelle heure...

1. ...est-ce qu'on arrive au café? (at 10:30 a.m.)
2. ...est-ce que vous parlez avec le professeur? (at noon)
3. ...est-ce que tu travailles? (late, at 11:15 p.m.)
4. ...est-ce qu'on regarde la télé? (at 9:00 p.m.)
5. ...est-ce que Marlène et Nadine mangent? (around 1:45 p.m.)
6. ...est-ce que le cours commence? (very early, at 8:20 a.m.)

3 Départ à... Tell what each of these times would be on a 24-hour clock.

MODÈLE

Il est trois heures vingt de l'après-midi.
Il est quinze heures vingt.

1. Il est dix heures et demie du soir.
2. Il est deux heures de l'après-midi.
3. Il est huit heures et quart du soir.
4. Il est minuit moins le quart.
5. Il est six heures vingt-cinq du soir.
6. Il est trois heures moins cinq du matin.
7. Il est six heures moins le quart de l'après-midi.
8. Il est une heure et quart de l'après-midi.
9. Il est neuf heures dix du soir.
10. Il est sept heures quarante du soir.

Practice more at **vhlcentral.com.**

Communication

4 **Télémonde** Look at this French TV guide. In pairs, ask questions about program start times.

MODÈLE

Élève 1: À quelle heure commence Télé-ciné sur Antenne 4?
Élève 2: Télé-ciné commence à dix heures dix du soir.

dessins animés	*cartoons*
feuilleton télévisé	*soap opera*
film policier	*detective film*
informations	*news*
jeu télévisé	*game show*

VENDREDI

Antenne 2	Antenne 4	Antenne 5
15h30 Pomme d'Api (dessins animés)	**14h00** Football: match France-Italie	**18h25** Montréal: une ville à visiter
17h35 Reportage spécial: le sport dans les lycées	**19h45** Les informations	**19h30** Des chiffres et des lettres (jeu télévisé)
20h15 La famille Menet (feuilleton télévisé)	**20h30** Concert: orchestre de Nice	**21h05** Reportage spécial: les Sénégalais
21h35 Télé-ciné: L'inspecteur Duval (film policier)	**22h10** Télé-ciné: Une chose difficile (comédie dramatique)	**22h05** Les informations

5 **Où es-tu?** In pairs, take turns asking where (**où**) your partner usually is on these days at these times. Choose from the places listed.

au lit (*bed*)	**chez moi** (*at home*)
à la cantine	**chez mes copains**
à la bibliothèque	**au lycée**
en ville (*town*)	**au restaurant**
au parc	
en cours	

1. Le samedi: à 8h00 du matin; à midi; à minuit
2. En semaine: à 9h00 du matin; à 3h00 de l'après-midi; à 7h00 du soir
3. Le dimanche: à 4h00 de l'après-midi; à 6h30 du soir; à 10h00 du soir
4. Le vendredi: à 11h00 du matin; à 5h00 de l'après-midi; à 11h00 du soir

6 **Le suspect** A student at your school is a suspect in a crime. You and a partner are detectives. Keeping a log of the student's activities, use the 24-hour clock to say what he or she is doing when.

MODÈLE

À vingt-deux heures trente-trois, il parle au téléphone.

Révision

1 **J'ai besoin de...** In pairs, take turns saying which items you need. Your partner will guess why you need them. How many times did each of you guess correctly?

MODÈLE

Élève 1: J'ai besoin d'un cahier et d'un dictionnaire pour demain.
Élève 2: Est-ce que tu as un cours de français?
Élève 1: Non. J'ai un examen d'anglais.

un cahier	un livre de physique
une calculatrice	une montre
une carte	un ordinateur
un dictionnaire	un stylo
une feuille de papier	un téléphone

2 **À la fac** Imagine you're attending college. To complete your degree, you need two language classes, a science class, and an elective of your choice. Take turns deciding what classes you need or want to take. Your partner will tell you the days and times so you can set up your schedule.

MODÈLE

Élève 1: J'ai besoin d'un cours de maths, peut-être «Initiation aux maths».
Élève 2: C'est le mardi et le jeudi après-midi, de deux heures à trois heures et demie.
Élève 1: J'ai aussi besoin d'un cours de langue...

Les cours	Jours et heures
Allemand	mardi, jeudi; 14h00-15h30
Biologie II	mardi, jeudi; 9h00-10h30
Chimie générale	lundi, mercredi; 11h00-12h30
Espagnol	lundi, mercredi; 11h00-12h30
Gestion	mercredi; 13h00-14h30
Histoire des États-Unis	jeudi; 12h15-14h15
Initiation à la physique	lundi, mercredi; 12h00-13h30
Initiation aux maths	mardi, jeudi; 14h00-15h30
Italien	lundi, mercredi; 12h00-13h30
Japonais	mardi, jeudi; 9h00-10h30
Les philosophes grecs	lundi; 15h15-16h45
Littérature moderne	mardi; 10h15-11h15

3 **Les cours** Your partner will tell you what classes he or she is currently taking. Make a list, including the times and days of the week. Then, talk to as many classmates as you can, and find at least two students who take at least two of the same classes as your partner.

4 **On y va?** Walk around the room and find at least one classmate who feels like doing each of these activities with you. For every affirmative answer, record the name of your classmate and agree on a time and date. Do not speak to the same classmate twice.

MODÈLE

Élève 1: Tu as envie de retrouver des amis avec moi?
Élève 2: Oui, pourquoi pas? Samedi, à huit heures du soir, peut-être?
Élève 1: D'accord!

chercher un café sympa	regarder la télé française
manger à la cantine	retrouver des amis
écouter de la musique	travailler à la bibliothèque
étudier le français cette semaine	visiter un musée

5 **Au téléphone** Two former high school friends are attending different universities. In pairs, imagine a conversation where they discuss the time, their classes, and likes or dislikes about campus life. Then, role-play the conversation for the class and vote for the best skit.

MODÈLE

Élève 1: J'ai cours de chimie à dix heures et demie.
Élève 2: Je n'ai pas de cours de chimie cette année.
Élève 1: N'aimes-tu pas les sciences?
Élève 2: Si, mais...

6 **La semaine de Patrick** Your teacher will give you and a partner different incomplete pages from Patrick's day planner. Do not look at each other's worksheet while you complete your own.

MODÈLE

Élève 1: Lundi matin, Patrick a cours de géographie à dix heures et demie.
Élève 2: Lundi, il a cours de sciences po à deux heures de l'après-midi.

ressources

v Text | CE pp. 49-54 | vhlcentral.com Leçon 2B

À l'écoute  Audio: Activities

STRATÉGIE

Listening for cognates

You already know that cognates are words that have similar spellings and meanings in two or more languages: for example *group* and **groupe** or *activity* and **activité**. Listen for cognates to increase your comprehension of spoken French.

 To help you practice this strategy, you will listen to two sentences. Make a list of all the cognates you hear.

Préparation

Based on the photograph, who and where do you think Marie-France and Dominique are? Do you think they know each other well? Where are they probably going this morning? What do you think they are talking about?

À vous d'écouter 🎧

Listen to the conversation and list any cognates you hear. Listen again and complete the highlighted portions of Marie-France's schedule.

28 OCTOBRE

8H00	*jogging*	14H00	
8H30		14H30	
9H00		15H00	
9H30		15H30	
10H00		16H00	
10H30		16H30	
11H00		17H00	
11H30		17H30	*étudier*
12H00		18H00	
12H30		18H30	
13H00	*bibliothèque*	19H00	*téléphoner à papa*
13H30		19H30	*Sophie:*

ressources

v̂Text | vhlcentral.com Leçon 2B

 Practice more at **vhlcentral.com**.

Compréhension

Vrai ou faux? 🔊 Indicate whether each statement is **vrai** or **faux**. Then correct the false statements.

1. D'après Marie-France, la biologie est facile.
   _____

2. Marie-France adore la chimie.
   _____

3. Marie-France et Dominique mangent au restaurant vietnamien à midi.
   _____

4. Dominique aime son cours de sciences politiques.
   _____

5. Monsieur Meyer est professeur de physique.
   _____

6. Monsieur Meyer donne des devoirs faciles.
   _____

7. Le lundi après-midi, Marie-France a psychologie et physique.
   _____

8. Aujourd'hui, Dominique mange au resto U.
   _____

Votre emploi du temps 👥 With a partner, discuss the classes you're taking. Be sure to say when you have each one, and give your opinion of at least three courses.

Panorama

Interactive Map Reading

La France

Le pays en chiffres

▶ **Superficie:** *549.000 km²*
(cinq cent quarante-neuf mille kilomètres carrés°)

▶ **Population:** *62.106.000 (soixante-deux millions*
cent six mille)
SOURCE: INSEE

▶ **Industries principales:** *agro-alimentaires°,*
assurance°, banques, énergie, produits
pharmaceutiques, produits de luxe,
télécommunications, tourisme, transports

La France est le pays° le plus° visité du monde°
avec plus de° 60 millions de touristes chaque°
année. Son histoire, sa culture et ses monuments–
plus de 12.000 (douze mille)–et musées–plus de
1.200 (mille deux cents)–attirent° des touristes
d'Europe et de partout° dans le monde.

▶ **Villes principales:** *Paris, Lille, Lyon,*
Marseille, Toulouse

▶ **Monnaie°:** *l'euro*
La France est un pays membre de
l'Union européenne et, en 2002,
l'euro a remplacé° le franc français
comme° monnaie nationale.

Français célèbres

▶ **Jeanne d'Arc,** *héroïne française*···
(1412–1431)

▶ **Émile Zola,** *écrivain° (1840–1902)*

▶ **Auguste Renoir,** *peintre° (1841–1919)*···

▶ **Claude Debussy,** *compositeur et*
musicien (1862–1918)

▶ **Camille Claudel,** *femme sculpteur (1864–1943)*

▶ **Claudie André-Deshays,** *médecin,*
première astronaute française (1957–)···

carrés *square* agro-alimentaires *food processing* assurance *insurance* pays
country le plus *the most* monde *world* plus de *more than* chaque
each attirent *attract* partout *everywhere* Monnaie *Currency* a remplacé
replaced comme *as* écrivain *writer* peintre *painter* élus à vie *elected for*
life Depuis *Since* mots *words* courrier *mail* pont *bridge*

LA FRANCE

LE ROYAUME-UNI

LA MER DU NORD

LA MANCHE

LA BELGIQUE   L'ALLEMAGNE

Lille

Le Havre   Rouen   LES ARDENNES   LE LUXEMBOURG
Caen   la Seine   la Marne
le Mont-St-Michel   Versailles   ★ **Paris**   Strasbourg
Rennes   LES VOSGES   le Rhin
Nantes   la Loire

L'OCÉAN ATLANTIQUE
Bourges
Poitiers   la Saône   LE JURA   LA SUISSE
Limoges   Lyon
Clermont-Ferrand   L'ITALIE
Bordeaux   la Garonne   LE MASSIF CENTRAL   LES ALPES
le Rhône   Aix-en-Provence
Toulouse   Nîmes   MONACO
LES PYRÉNÉES   Marseille   LA CORSE
ANDORRE   LA MER MÉDITERRANÉE
L'ESPAGNE

un bateau-mouche sur la Seine

le château de Chenonceau

0   100 miles
0   100 kilomètres

le pont° du Gard

Incroyable mais vrai!

Être «immortel», c'est réguler et défendre le
bon usage du français! Les académiciens
de l'Académie française sont élus à vie° et
s'appellent les «Immortels». Depuis° 1635
(mille six cent trente-cinq), ils décident de
l'orthographe correcte des mots° et publient
un dictionnaire. Attention, c'est «courrier°
électronique», pas «e-mail»!

La géographie

L'Hexagone

Surnommé° «Hexagone» à cause de° sa forme géométrique, le territoire français a trois fronts maritimes: l'océan Atlantique, la mer° Méditerranée et la Manche°; et quatre frontières° naturelles: les Pyrénées, les Ardennes, les Alpes et le Jura. À l'intérieur du pays°, le Massif central et les Vosges ponctuent° un relief composé de vastes plaines et de forêts. La Loire, la Seine, la Garonne, le Rhin et le Rhône sont les fleuves° principaux de l'Hexagone.

La technologie

Le Train à Grande Vitesse

Le chemin de fer° existe en France depuis° 1827 (mille huit cent vingt-sept). Aujourd'hui, la SNCF (Société nationale des chemins de fer français) offre la possibilité aux voyageurs de se déplacer° dans tout° le pays et propose des tarifs° avantageux aux élèves et aux moins de 25 ans°. Le TGV (Train à Grande Vitesse°) roule° à plus de 300 (trois cents) km/h (kilomètres/heure) et emmène° les voyageurs jusqu'à° Londres et Bruxelles.

Les arts

Le cinéma, le 7e art!

L'invention du cinématographe par les frères° Lumière en 1895 (mille huit cent quatre-vingt-quinze) marque le début° du «7e (septième) art». Le cinéma français donne naissance° aux prestigieux César° en 1976 (mille neuf cent soixante-seize), à des cinéastes talentueux comme° Jean Renoir, François Truffaut et Luc Besson, et à des acteurs mémorables comme Brigitte Bardot, Catherine Deneuve, Olivier Martinez et Audrey Tautou.

L'économie

L'industrie

Avec la richesse de la culture française, il est facile d'oublier que l'économie en France n'est pas limitée à l'artisanat°, à la gastronomie ou à la haute couture°. En fait°, la France est une véritable puissance° industrielle et se classe° parmi° les économies les plus° importantes du monde. Ses° activités dans des secteurs comme la construction automobile (Peugeot, Citroën, Renault), l'industrie aérospatiale (Airbus) et l'énergie nucléaire (Électricité de France) sont considérables.

Qu'est-ce que vous avez appris? Complete these sentences.

1. _____ est une femme sculpteur française.
2. Les Académiciens sont élus _____.
3. Pour «e-mail», on utilise aussi l'expression _____.
4. À cause de sa forme, la France s'appelle aussi _____.
5. La _____ offre la possibilité de voyager dans tout le pays.
6. Avec le _____, on voyage de Paris à Londres.
7. Les _____ sont les inventeurs du cinéma.
8. _____ est un grand cinéaste français.
9. La France est une grande puissance _____.
10. Électricité de France produit (*produces*) _____.

ressources

v̂ Text

CE
pp. 55-56

vhlcentral.com
Leçon 2B

Sur Internet

1. Cherchez des informations sur l'Académie française. Faites (*Make*) une liste de mots ajoutés à la dernière édition du dictionnaire de l'Académie française.

2. Cherchez des informations sur l'actrice Catherine Deneuve. Quand a-t-elle commencé (*did she begin*) sa (*her*) carrière? Trouvez ses (*her*) trois derniers films.

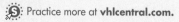 Practice more at **vhlcentral.com.**

Surnommé *Nicknamed* à cause de *because of* mer *sea* Manche *English Channel* frontières *borders* pays *country* ponctuent *punctuate* fleuves *rivers* chemin de fer *railroad* depuis *since* se déplacer *travel* dans tout *throughout* tarifs *fares* moins de 25 ans *people under 25* Train à Grande Vitesse *high speed train* roule *rolls, travels* emmène *takes* jusqu'à *all the way to* frères *brothers* début *beginning* donne naissance *gives birth* César *equivalent of the Oscars in France* comme *such as* artisanat *craft industry* haute couture *high fashion* En fait *In fact* puissance *power* se classe *ranks* parmi *among* les plus *the most* Ses *Its*

Lecture

Audio:
Synced Reading

Avant la lecture

Recognizing the format of a document can help you to predict its content. For instance, invitations, greeting cards, and classified ads follow an easily identifiable format, which usually gives you a general idea of the information they contain. Look at the text and identify it based on its format.

	lundi	mardi	mercredi	jeudi	vendredi
8h30	biologie	littérature	biologie	littérature	biologie
9h00					
9h30	anglais	anglais	anglais	anglais	anglais
10h00					
10h30	maths	histoire	maths	histoire	maths
11h00					
11h30	français		français		français
12h00					
12h30					
1h00	art	économie	art	économie	art

If you guessed that this is a page from a student's schedule, you are correct. You can now infer that the document contains information about a student's weekly schedule, including days, times, and activities.

Examinez le texte

Briefly look at the document. What is its format? What kind of information is given? How is it organized? Are there any visuals? What kind? What type(s) of documents usually contain these elements?

Mots apparentés

As you have already learned, in addition to format, you can use cognates to help you predict the content of a document. With a classmate, make a list of all the cognates you find in the reading selection. Based on these cognates and the format of the document, can you guess what this document is and what it's for?

ÉCOLE DE FRANÇAIS

(pour étrangers°) DE LILLE

COURS DE FRANÇAIS POUR TOUS°	COURS DE SPÉCIALISATION
Niveau° débutant°	Français pour enfants°
Niveau élémentaire	Français des affaires°
Niveau intermédiaire	Droit° français
Niveau avancé	Français pour le tourisme
Conversation	Culture et civilisation
Grammaire française	Histoire de France
	Art et littérature
	Arts culinaires

26, place d'Arsonval • 59000 Lille
Tél. 03.20.52.48.17 • Fax. 03.20.52.48.18 • www.efpelille.fr

Programmes de 2 à 8 semaines,

4 à 8 heures par jour

Immersion totale

Professeurs diplômés

le Musée des Beaux-Arts, Lille

GRAND CHOIX° D'ACTIVITÉS SUPPLÉMENTAIRES

- Excursions à la journée dans la région
- Visites de monuments et autres sites touristiques
- Sorties° culturelles (théâtre, concert, opéra et autres spectacles°)
- Sports et autres activités de loisir°

HÉBERGEMENT°

- En cité universitaire°
- Dans° une famille française
- À l'hôtel

pour étrangers *for foreigners* **tous** *all* **Niveau** *Level* **débutant** *beginner* **enfants** *children* **affaires** *business* **Droit** *Law* **choix** *choice* **Sorties** *Outings* **spectacles** *shows* **loisir** *leisure* **hébergement** *lodging* **cité universitaire** *university dormitories (on campus)* **Dans** *In*

Après la lecture

Répondez Select the correct response or completion to each question or statement, based on the reading selection.

1. C'est une brochure pour...
   a. des cours de français pour étrangers.
   b. une université française.
   c. des études supérieures en Belgique.

2. «Histoire de France» est...
   a. un cours pour les professeurs diplômés.
   b. un cours de spécialisation.
   c. un cours pour les enfants.

3. Le cours de «Français pour le tourisme» est utile pour...
   a. une étudiante qui (*who*) étudie les sciences po.
   b. une femme qui travaille dans un hôtel de luxe.
   c. un professeur d'administration des affaires.

4. Un étudiant étranger qui commence le français assiste probablement à quel (*which*) cours?
   a. Cours de français pour tous, Niveau avancé
   b. Cours de spécialisation, Art et littérature
   c. Cours de français pour tous, Niveau débutant

5. Quel cours est utile pour un homme qui parle assez bien français et qui travaille dans l'économie?
   a. Cours de spécialisation, Français des affaires
   b. Cours de spécialisation, Arts culinaires
   c. Cours de spécialisation, Culture et civilisation

6. Le week-end, les étudiants...
   a. passent des examens.
   b. travaillent dans des hôtels.
   c. visitent la ville et la région.

7. Les étudiants qui habitent dans une famille...
   a. ont envie de rencontrer des Français.
   b. ont des bourses.
   c. ne sont pas reçus aux examens.

8. Un étudiant en architecture va aimer...
   a. le cours de droit français.
   b. les visites de monuments et de sites touristiques.
   c. les activités sportives.

Complétez Complete these sentences.

1. Le numéro de téléphone est le _____.
2. Le numéro de fax est le _____.
3. L'adresse de l'école est _____.
4. L'école offre des programmes de français de _____ semaines et de _____ par jour.

Écriture

Brainstorming

How do you find ideas to write about? In the early stages of writing, brainstorming can help you generate ideas on a specific topic. You should spend ten to fifteen minutes brainstorming and jotting down any ideas about the topic that occur to you. Whenever possible, try to write down your ideas in French. Express your ideas in single words or phrases, and jot them down in any order. While brainstorming, do not worry about whether your ideas are good or bad. Selecting and organizing ideas should be the second stage of your writing. Remember that the more ideas you write down while brainstorming, the more options you will have to choose from later when you start to organize your ideas.

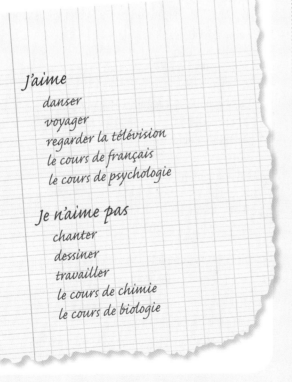

J'aime
danser
voyager
regarder la télévision
le cours de français
le cours de psychologie

Je n'aime pas
chanter
dessiner
travailler
le cours de chimie
le cours de biologie

Thème
Une description personnelle
Avant l'écriture

1. Write a description of yourself to post on a website in order to find a francophone e-pal. Your description should include:

   - your name and where you are from
   - the name of your school and where it is located
   - the courses you are currently taking and your opinion of each one
   - some of your likes and dislikes
   - where you work if you have a job
   - any other information you would like to include

Use a chart like this one to brainstorm information about your likes and dislikes.

J'aime	Je n'aime pas

2. Now take the information about your likes and dislikes and fill out this new chart to help you organize the content of your description.

Je m'appelle...	(name).
Je suis de...	(where you are from).
J'étudie...	(names of classes) à/au/à la (name of school).
Je ne travaille pas./ Je travaille à/au/ à la/chez...	(place where you work).
J'aime...	(activities you like).
Je n'aime pas...	(activities you dislike).

Écriture

Use the information from the second chart to write a paragraph describing yourself. Make sure you include all the information from the chart in your paragraph. Use the structures provided for each topic.

Bonjour!

Je m'appelle Stacy Adams. Je suis américaine. J'étudie au lycée à New York. Je travaille à la bibliothèque le samedi. J'aime parler avec des amis, lire (*read*), écouter de la musique et voyager, parce que j'aime rencontrer des gens. Par contre, je n'aime pas le sport...

Après l'écriture

1. Exchange a rough draft of your description with a partner. Comment on his or her work by answering these questions:

- Did your partner include all the necessary information (at least six facts)?

- Did your partner use the structures provided in the chart?

- Did your partner use the vocabulary of the unit?

- Did your partner use the grammar of the unit?

2. Revise your description according to your partner's comments. After writing the final version, read it one more time to eliminate these kinds of problems:

- spelling errors

- punctuation errors

- capitalization errors

- use of incorrect verb forms

- use of incorrect adjective agreement

- use of incorrect definite and indefinite articles

Verbes

adorer	to love
aimer	to like; to love
aimer mieux	to prefer
arriver	to arrive
chercher	to look for
commencer	to begin, to start
dessiner	to draw
détester	to hate
donner	to give
étudier	to study
habiter (à/en)	to live in
manger	to eat
oublier	to forget
parler (au téléphone)	to speak (on the phone)
partager	to share
penser (que/qu')	to think (that)
regarder	to look (at), to watch
rencontrer	to meet
retrouver	to meet up with; to find (again)
travailler	to work
voyager	to travel

Vocabulaire supplémentaire

J'adore...	I love...
J'aime bien...	I like...
Je n'aime pas tellement...	I don't like... very much.
Je déteste...	I hate...
être reçu(e) à un examen	to pass an exam

Des questions et des opinions

bien sûr	of course
d'accord	OK, all right
Est-ce que/qu'...?	question phrase
(mais) non	no (but of course not)
moi/toi non plus	me/you neither
ne... pas	no, not
n'est-ce pas?	isn't that right?
oui/si	yes
parce que	because
pas du tout	not at all
peut-être	maybe, perhaps
pourquoi?	why?

ressources

v̂Text

vhlcentral.com
Unité 2

Les cours

assister	to attend
demander	to ask
dîner	to have dinner
échouer	to fail
écouter	to listen (to)
enseigner	to teach
expliquer	to explain
passer un examen	to take an exam
préparer	to prepare (for)
rentrer (à la maison)	to return (home)
téléphoner à	to telephone
trouver	to find; to think
visiter	to visit (a place)
l'architecture (f.)	architecture
l'art (m.)	art
la biologie	biology
la chimie	chemistry
le droit	law
l'économie (f.)	economics
l'éducation physique (f.)	physical education
la géographie	geography
la gestion	business administration
l'histoire (f.)	history
l'informatique (f.)	computer science
les langues (étrangères) (f.)	(foreign) languages
les lettres (f.)	humanities
les mathématiques (maths) (f.)	mathematics
la philosophie	philosophy
la physique	physics
la psychologie	psychology
les sciences (politiques/po) (f.)	(political) science
le stylisme	fashion design
une bourse	scholarship, grant
une cantine	cafeteria
un cours	class, course
un devoir	homework
un diplôme	diploma, degree
l'école (f.)	school
les études (supérieures) (f.)	(higher) education; studies
le gymnase	gymnasium
une note	grade
un restaurant universitaire (un resto U)	university cafeteria

Expressions utiles	See pp. 51 and 69.
Telling time	See pp. 76-77.

Expressions de temps

Quel jour sommes-nous?	What day is it?
un an	year
une/cette année	one/this year
après	after
après-demain	day after tomorrow
un/cet après-midi	an/this afternoon
aujourd'hui	today
demain (matin/ après-midi/soir)	tomorrow (morning/ afternoon/evening)
un jour	day
une journée	day
(le) lundi, mardi, mercredi, jeudi, vendredi, samedi, dimanche	(on) Monday(s), Tuesday(s), Wednesday(s), Thursday(s), Friday(s), Saturday(s), Sunday(s)
un/ce matin	a/this morning
la matinée	morning
un mois/ce mois-ci	a month/this month
une/cette nuit	a/this night
une/cette semaine	a/this week
un/ce soir	an/this evening
une soirée	evening
un/le/ce week-end	a/the/this weekend
dernier/dernière	last
premier/première	first
prochain(e)	next

Adjectifs et adverbes

difficile	difficult
facile	easy
inutile	useless
utile	useful
surtout	especially; above all

Expressions avec avoir

avoir	to have
avoir... ans	to be... years old
avoir besoin (de)	to need
avoir chaud	to be hot
avoir de la chance	to be lucky
avoir envie (de)	to feel like
avoir froid	to be cold
avoir honte (de)	to be ashamed (of)
avoir l'air	to look like
avoir peur (de)	to be afraid (of)
avoir raison	to be right
avoir sommeil	to be sleepy
avoir tort	to be wrong

La famille et les copains

3

Pour commencer

- Combien de personnes y a-t-il sur la photo?
  a. deux b. trois c. quatre
- Où sont ces personnes?
  a. à la maison b. en ville c. dans un magasin
- Que font ces amis?
  a. Ils mangent. b. Ils étudient. c. Ils parlent et ils s'amusent.

Leçon 3A

CONTEXTES . . . . . pages 90–93
- Family, friends, and pets
- **L'accent aigu** and **l'accent grave**

ROMAN-PHOTO . pages 94–95
- **L'album de photos**

CULTURE . . . . pages 96–97
- The family in France
- **Flash culture**

STRUCTURES. . . pages 98–105
- Descriptive adjectives
- Possessive adjectives

SYNTHÈSE . . . . pages 106–107
- **Révision**
- **Le Zapping**

Leçon 3B

CONTEXTES . . . pages 108–111
- More descriptive adjectives
- Professions and occupations
- **L'accent circonflexe, la cédille,** and **le tréma**

ROMAN-PHOTO . pages 112–113
- **On travaille chez moi!**

CULTURE . . . . . . pages 114–115
- Relationships

STRUCTURES. . pages 116–123
- Numbers 61–100
- Prepositions of location and disjunctive pronouns

SYNTHÈSE . . . . pages 124–125
- **Révision**
- **À l'écoute**

Savoir-faire . pages 126–131

- **Panorama: Paris**
- **Lecture:** Read a short article about pets.
- **Écriture:** Write a letter to a friend.

You will learn how to...

- discuss family, friends, and pets
- express ownership

Audio: Vocabulary Practice
My Vocabulary

La famille de Marie Laval

Luc Garneau

mon grand-père

Vocabulaire

divorcer	to divorce
épouser	to marry
aîné(e)	elder
cadet(te)	younger
un beau-frère	brother-in-law
un beau-père	father-in-law; stepfather
une belle-mère	mother-in-law; stepmother
un demi-frère	half-brother; stepbrother
une demi-sœur	half-sister; stepsister
les enfants (m., f.)	children
un(e) époux/épouse	husband/wife
une famille	family
une femme	wife; woman
une fille	daughter; girl
les grands-parents (m.)	grandparents
les parents (m.)	parents
un(e) voisin(e)	neighbor
un chat	cat
un oiseau	bird
un poisson	fish
célibataire	single
divorcé(e)	divorced
fiancé(e)	engaged
marié(e)	married
séparé(e)	separated
veuf/veuve	widowed

Juliette Laval

ma mère, fille de
Luc et d'Hélène

Robert Laval

mon père, mari
de Juliette

Véronique Laval

ma belle-sœur,
femme de
mon frère

Guillaume Laval

mon frère

Marie Laval

moi, Marie Laval,
fille de Juliette
et de Robert

Matthieu Laval

mon neveu

Émilie Laval

ma nièce

petits-enfants
de mes parents

ressources

v̂Text

CE
p. 57–59

vhlcentral.com
Leçon 3A

Hélène Garneau

ma grand-mère

Sophie Garneau **Marc Garneau**

ma tante,
femme de Marc

mon oncle, fils de
Luc et d'Hélène

Jean Garneau **Isabelle Garneau** **Virginie Garneau**

mon cousin,
petit-fils de Luc
et d'Hélène

ma cousine, sœur
de Jean et de
Virginie, petite-fille
de Luc et d'Hélène

ma cousine,
sœur de Jean et
d'Isabelle,
petite-fille de Luc
et d'Hélène

Bambou

le chien de
mes cousins

Mise en pratique

1 Qui est-ce? Match the definition in the first list with the correct item from the second list. Not all the items will be used.

1. ____ le frère de ma cousine
2. ____ le père de mon cousin
3. ____ le mari de ma grand-mère
4. ____ le fils de mon frère
5. ____ la fille de mon grand-père
6. ____ le fils de ma mère
7. ____ la fille de mon fils
8. ____ le fils de ma belle-mère

a. mon grand-père
b. ma sœur
c. ma tante
d. mon cousin
e. mon neveu
f. mon demi-frère
g. mon oncle
h. ma petite-fille
i. mon frère

2 Choisissez Fill in the blank by selecting the most appropriate answer.

1. Voici le frère de mon père. C'est mon _____ (oncle, neveu, fiancé).
2. Voici la mère de ma cousine. C'est ma _____ (grand-mère, voisine, tante).
3. Voici la petite-fille de ma grand-mère. C'est ma _____ (cousine, nièce, épouse).
4. Voici le père de ma mère. C'est mon _____ (grand-père, oncle, cousin).
5. Voici le fils de mon père, mais ce n'est pas le fils de ma mère. C'est mon _____ (petit-fils, demi-frère, voisin).

3 Complétez Complete each sentence with the appropriate word.

1. Voici ma nièce. C'est la _____ de ma mère.
2. Voici la mère de ma tante. C'est ma _____.
3. Voici la sœur de mon oncle. C'est ma _____.
4. Voici la fille de mon père, mais pas de ma mère. C'est ma _____.
5. Voici le mari de ma mère, mais ce n'est pas mon père. C'est mon _____.

4 Écoutez 🎧 Listen to each statement made by Marie Laval. Based on her family tree, indicate whether it is **vrai** or **faux**.

	Vrai	Faux		Vrai	Faux
1.	☐	☐	6.	☐	☐
2.	☐	☐	7.	☐	☐
3.	☐	☐	8.	☐	☐
4.	☐	☐	9.	☐	☐
5.	☐	☐	10.	☐	☐

Practice more at **vhlcentral.com.**

Communication

5 **L'arbre généalogique** With a classmate, identify the members of the family by asking how each one is related to Anne Durand.

> **MODÈLE**
>
> **Élève 1:** *Qui est Louis Durand?*
> **Élève 2:** *C'est le grand-père d'Anne.*

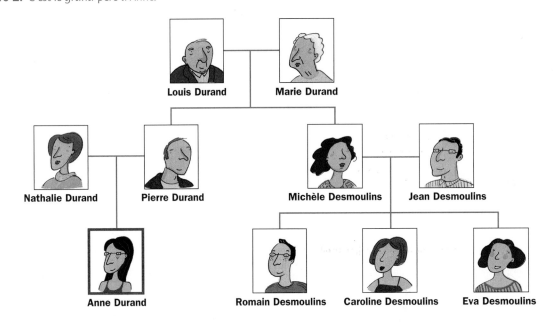

6 **Entrevue** With a classmate, take turns asking each other these questions.

1. Combien de personnes y a-t-il dans ta famille?
2. Comment s'appellent tes parents?
3. As-tu des frères et sœurs?
4. Combien de cousins/cousines as-tu? Comment s'appellent-ils/elles? Où habitent-ils/elles?
5. Quel(le) (*Which*) est ton cousin préféré/ta cousine préférée?
6. As-tu des neveux/des nièces?
7. Comment s'appellent tes grands-parents? Où habitent-ils?
8. Combien de petits-enfants ont tes grands-parents?

> ## Coup de main
>
> Use these words to help you complete this activity.
>
> **ton** *your (m.)* → **mon** *my (m.)*
> **ta** *your (f.)* → **ma** *my (f.)*
> **tes** *your (pl.)* → **mes** *my (pl.)*

7 **Qui suis-je?** Your teacher will give you a worksheet. Walk around the class and ask your classmates questions about their families. When a classmate gives one of the answers on the worksheet, write his or her name in the corresponding space. Be prepared to discuss the results with the class.

> **MODÈLE** J'ai un chien.
>
> **Élève 1:** *Est-ce que tu as un chien?*
> **Élève 2:** *Oui, j'ai un chien (You write the student's name.)/Non, je n'ai pas de chien. (You ask another classmate.)*

Les sons et les lettres

Audio: Explanation
Record & Compare

L'accent aigu and l'accent grave

In French, diacritical marks (*accents*) are an essential part of a word's spelling. They indicate how vowels are pronounced or distinguish between words with similar spellings but different meanings. **L'accent aigu** (´) appears only over the vowel **e**. It indicates that the **e** is pronounced similarly to the vowel *a* in the English word *cake*, but shorter and crisper.

| **é**tudier | r**é**serv**é** | **é**l**é**gant | t**é**l**é**phone |

L'accent aigu also signals some similarities between French and English words. Often, an **e** with **l'accent aigu** at the beginning of a French word marks the place where the letter *s* would appear at the beginning of the English equivalent.

| **é**ponge | **é**pouse | **é**tat | **é**tudiante |
| *sponge* | *spouse* | *state* | *student* |

L'accent grave (`) appears only over the vowels **a**, **e**, and **u**. Over the vowel **e**, it indicates that the **e** is pronounced like the vowel *e* in the English word *pet*.

| tr**è**s | apr**è**s | m**è**re | ni**è**ce |

Although **l'accent grave** does not change the pronunciation of the vowels **a** or **u**, it distinguishes words that have a similar spelling but different meanings.

| la | là | ou | où |
| *the* | *there* | *or* | *where* |

Prononcez Practice saying these words aloud.

1. agréable
2. sincère
3. voilà
4. faculté
5. frère
6. à
7. déjà
8. éléphant
9. lycée
10. poème
11. là
12. élève

Articulez Practice saying these sentences aloud.

1. À tout à l'heure!
2. Thérèse, je te présente Michèle.
3. Hélène est très sérieuse et réservée.
4. Voilà mon père, Frédéric, et ma mère, Ségolène.
5. Tu préfères étudier à la fac demain après-midi?

Dictons Practice reading these sayings aloud.

À vieille mule, frein doré.[2]

Tel père, tel fils.[1]

[1] Like father, like son.
[2] For an old mule, a golden bit.

ressources

v̂Text

CE
p. 60

vhlcentral.com
Leçon 3A

L'album de photos

Video: *Roman-photo*
Record & Compare

Amina

Michèle

Stéphane

Valérie

MICHÈLE Mais, qui c'est? C'est ta sœur? Tes parents?

AMINA C'est mon ami Cyberhomme.

MICHÈLE Comment est-il? Est-ce qu'il est beau? Il a les yeux de quelle couleur? Marron ou bleue? Et ses cheveux? Ils sont blonds ou châtains?

AMINA Je ne sais pas.

MICHÈLE Toi, tu es timide.

VALÉRIE Stéphane, tu as dix-sept ans. Cette année, tu passes le bac, mais tu ne travailles pas!

STÉPHANE Écoute, ce n'est pas vrai, je déteste mes cours, mais je travaille beaucoup. Regarde, mon cahier de chimie, mes livres de français, ma calculatrice pour le cours de maths, mon dictionnaire anglais-français...

STÉPHANE Oh, et qu'est-ce que c'est? Ah, oui, les photos de tante Françoise.

VALÉRIE Des photos? Mais où?

STÉPHANE Ici! Amina, on peut regarder des photos de ma tante sur ton ordinateur, s'il te plaît?

AMINA Ah, et ça, c'est toute la famille, n'est-ce pas?

VALÉRIE Oui, ça, c'est Henri, sa femme, Françoise, et leurs enfants: le fils aîné, Bernard, et puis son frère, Charles, sa sœur, Sophie, et leur chien, Socrate.

STÉPHANE J'aime bien Socrate. Il est vieux, mais il est amusant!

VALÉRIE Ah! Et Bernard, il a son bac aussi et sa mère est très heureuse.

STÉPHANE Moi, j'ai envie d'habiter avec oncle Henri et tante Françoise. Comme ça, pas de problème pour le bac!

STÉPHANE Pardon, maman. Je suis très heureux ici, avec toi. Ah, au fait, Rachid travaille avec moi pour préparer le bac.

VALÉRIE Ah, bon? Rachid est très intelligent... un étudiant sérieux.

1 **Vrai ou faux?** Are these sentences **vrai** or **faux**? Correct the false ones.

1. Amina communique avec sa (*her*) tante par ordinateur.
2. Stéphane n'aime pas ses (*his*) cours au lycée.
3. Ils regardent des photos de vacances.
4. Henri est le frère aîné de Valérie.
5. Bernard est le cousin de Stéphane.

6. Charles a déjà son bac.
7. La tante de Stéphane s'appelle Françoise.
8. Stéphane travaille avec Amina pour préparer le bac.
9. Socrate est le fils d'Henri et de Françoise.
10. Rachid n'est pas un bon étudiant.

 Practice more at **vhlcentral.com**.

Stéphane et Valérie regardent des photos
de famille avec Amina.

À la table d'Amina...

AMINA Alors, voilà vos photos.
Qui est-ce?

VALÉRIE Oh, c'est Henri, mon
frère aîné!

AMINA Quel âge a-t-il?

VALÉRIE Il a cinquante ans. Il est très
sociable et c'est un très bon père.

VALÉRIE Ah! Et ça, c'est ma nièce
Sophie et mon neveu Charles!
Regarde, Stéphane, tes cousins!

STÉPHANE Je n'aime pas Charles.
Il est tellement sérieux.

VALÉRIE Il est peut-être trop sérieux,
mais, lui, il a son bac!

AMINA Et Sophie, qu'elle est jolie!

VALÉRIE ... et elle a déjà son bac.

AMINA Ça, oui, préparer le bac avec
Rachid, c'est une idée géniale!

VALÉRIE Oui, c'est vrai. En théorie,
c'est une excellente idée. Mais tu
prépares le bac avec Rachid, hein?
Pas le prochain match de foot!

Expressions utiles

Talking about your family

- **C'est ta sœur? Ce sont tes parents?**
  Is that your sister? Are those your parents?

- **C'est mon ami.**
  That's my friend.

- **Ça, c'est Henri, sa femme, Françoise,
  et leurs enfants.**
  *That's Henri, his wife, Françoise, and
  their kids.*

Describing people

- **Il a les yeux de quelle couleur? Marron
  ou bleue?**
  What color are his eyes? Brown or blue?

- **Il a les yeux bleus.**
  He has blue eyes.

- **Et ses cheveux? Ils sont blonds ou
  châtains? Frisés ou raides?**
  *And his hair? Is it blond or brown? Curly
  or straight?*

- **Il a les cheveux châtains et frisés.**
  He has curly brown hair.

Additional vocabulary

- **On peut regarder des photos de ma tante
  sur ton ordinateur?**
  *Can/May we look at some photos from my
  aunt on your computer?*

- **C'est toute la famille, n'est-ce pas?**
  That's the whole family, right?

- **Je ne sais pas (encore).**
  I (still) don't know.

- **Alors...**
  So...
- **peut-être**
  maybe

- **vrai**
  true
- **au fait**
  by the way

- **une photo(graphie)**
  a photograph
- **Hein?**
  Right?

- **une idée**
  an idea
- **déjà**
  already

---

2 **Vocabulaire** Choose the adjective that describes how Stéphane
would feel on these occasions. Refer to a dictionary as necessary.

1. on his 87th birthday _____

2. after finding 20€ _____

3. while taking the **bac** _____

4. after getting a good grade _____

5. after dressing for a party _____

| beau |
| heureux |
| sérieux |
| vieux |

3 **Conversez** In pairs, describe which member of your family is
most like Stéphane. How are they alike? Do they both like sports?
Do they take similar courses? How do they like school? How
are their personalities? Be prepared to describe your partner's
"Stéphane" to the class.

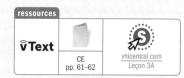
A
C
T
I
V
I
T
É
S

La famille en France

Comment est la famille française? Est-elle différente de la famille américaine? La majorité des Français sont-ils mariés, divorcés ou célibataires?

Il n'y a pas de réponse simple à ces questions. Les familles françaises sont très diverses. Le mariage est toujours° très populaire: la majorité des hommes et des femmes sont mariés. Mais attention!

Les nombres° de personnes divorcées et de personnes célibataires augmentent chaque° année.

La structure familiale traditionnelle existe toujours en France, mais il y a des structures moins traditionnelles, comme les familles monoparentales, où° l'unique parent est divorcé, séparé ou veuf. Il y a aussi des familles recomposées, c'est-à-dire qui combinent deux familles, avec un beau-père, une belle-mère, des demi-frères et des demi-sœurs. Certains couples choisissent° le Pacte Civil de Solidarité (PACS), qui offre certains droits° et protections aux couples non-mariés.

Géographiquement, les membres d'une famille d'immigrés peuvent° habiter près ou loin° les uns des autres. Mais en général, ils préfèrent habiter les uns près des autres parce que l'intégration est parfois° difficile. Il existe aussi des familles d'immigrés séparées entre° la France et le pays d'origine.

Alors, oubliez les stéréotypes des familles en France. Elles sont grandes et petites, traditionnelles et non-conventionnelles; elles changent et sont toujours les mêmes°.

Coup de main

Remember to read decimal places in **French** using the French word **virgule** (*comma*) where you would normally say *point* in English. To say *percent*, use **pour cent**.

64,3% soixante-quatre virgule trois pour cent

sixty-four point three percent

La situation familiale des Français
(par tranche° d'âge)

ÂGE	CÉLIBATAIRE	EN COUPLE SANS ENFANTS	EN COUPLE AVEC ENFANTS	PARENT D'UNE FAMILLE MONOPARENTALE
< 25 ans	3,6%	2,8%	1%	0,3%
25–29 ans	16,7%	26,5%	26,2%	2,6%
30–44 ans	10,9%	9,8%	64,3%	6,2%
45–59 ans	11,7%	29,9%	47,2%	5,9%
> 60 ans	20,3%	59,2%	11,7%	2,9%

SOURCE: INSEE

toujours *still* **nombres** *numbers* **chaque** *each* **où** *where* **choisissent** *choose* **droits** *rights* **peuvent** *can* **près ou loin** *near or far from* **les uns des autres** *one another* **parfois** *sometimes* **entre** *between* **mêmes** *same* **tranche** *bracket*

A C T I V I T É S

1 Complétez Provide logical answers, based on the reading.

1. Si on regarde la population française d'aujourd'hui, on observe que les familles françaises sont très _diverses_

2. Le _mariage_ est toujours très populaire en France.

3. La majorité des hommes et des femmes sont _mariés_

4. Le nombre de Français qui sont _célibataires_ augmente.

5. Dans les familles _monoparentes_, l'unique parent est divorcé, séparé ou veuf.

6. Il y a des familles qui combinent _deux_ familles.

7. Le _PACS_ offre certains droits et protections aux couples qui ne sont pas mariés.

8. Les immigrés aiment _habiter_ les uns près des autres.

9. Oubliez les _stéréotypes_ des familles en France.

10. Les familles changent et sont toujours _les mêmes_

S Practice more at **vhlcentral.com**.

LE FRANÇAIS QUOTIDIEN

La famille

un frangin	*brother*
une frangine	*sister*
maman	*Mom*
mamie	*Nana, Grandma*
un minou	*kitty*
papa	*Dad*
papi	*Grandpa*
tata	*Auntie*
tonton	*Uncle*
un toutou	*doggy*

LE MONDE FRANCOPHONE

Les fêtes et la famille

Les États-Unis ont quelques fêtes° en commun avec le monde francophone, mais les dates et les traditions de ces fêtes diffèrent d'un pays° à l'autre°. Voici deux fêtes associées à la famille.

La Fête des mères

En France le dernier° dimanche de mai ou le premier° dimanche de juin.

En Belgique le deuxième° dimanche de mai

À l'île Maurice le dernier dimanche de mai

Au Canada le deuxième dimanche de mai

La Fête des pères

En France le troisième° dimanche de juin

En Belgique le deuxième dimanche de juin

Au Canada le troisième dimanche de juin

quelques fêtes *some holidays* **pays** *country* **autre** *other* **dernier** *last* **premier** *first* **deuxième** *second* **troisième** *third*

PORTRAIT

Annotate

Les Noah

Dans° la famille Noah, le sport est héréditaire. À chacun son° sport: pour° Yannick, né° en France, c'est le tennis; pour son père, Zacharie, né à Yaoundé, au Cameroun, c'est le football°; pour son fils, Joakim, né aux États-Unis, c'est le basket-ball. Yannick est champion junior à Wimbledon en 1977 et participe aux championnats° du Grand Chelem° dans les années 1980. Son fils, Joakim, est un joueur° de basket-ball aux États-Unis. Il gagne° la finale du *Final Four NCAA* en 2006 et en 2007 avec les Florida Gators. Il est aujourd'hui joueur professionnel avec les Chicago Bulls. Le sport est dans le sang° chez les Noah!

Dans *In* **À chacun son** *To everybody his* **pour** *for* **né** *born* **football** *soccer* **championnats** *championships* **Chelem** *Slam* **joueur** *player* **gagne** *wins* **sang** *blood*

Sur Internet

Yannick Noah: célébrité du tennis et… de la chanson?°

Go to **vhlcentral.com** to find more cultural information related to this **Culture** section. Then watch the corresponding **Flash culture**.

---

2 **Vrai ou faux?** Indicate if these statements are **vrai** or **faux**.

1. Le tennis est héréditaire chez les Noah. *Vrai* *faux*
   Le sport est héréditaire chez noah.
2. Zacharie Noah est né au Cameroun. *Vrai*
3. Zacharie Noah était (*was*) un joueur de basket-ball. *faux*
   Il est un joueur de football
4. Yannick gagne à l'US Open. *faux*
   Yannick gagne le finale du Final Four NCAA
5. Joakim joue (*plays*) pour les Lakers. *faux*
   Il joue pour les bulls.
6. Le deuxième dimanche de mai, c'est la Fête des mères en Belgique et au Canada. *Vrai*

Yannick gagne à Wimbledon.

3 **À vous…** With a partner, write six sentences describing another celebrity family whose members all share a common field or profession. Be prepared to share your sentences with the class.

A C T I V I T É S

10/16 = 8.7

3A.1 Descriptive adjectives  Presentation Grammar Tutorial

Point de départ As you learned in **Leçon 1B**, adjectives describe people, places, and things. In French, unlike English, the forms of most adjectives will vary depending on whether the nouns they describe are masculine or feminine, singular or plural. Furthermore, French adjectives are usually placed after the noun they modify when they don't directly follow a form of **être**.

SINGULAR MASCULINE NOUN ⟷ SINGULAR MASCULINE ADJECTIVE

Le **père** est **américain**.
The father is American.

PLURAL MASCULINE NOUN ⟷ PLURAL MASCULINE ADJECTIVE

As-tu des **cours** **faciles**?
Do you have easy classes?

- You've already learned several adjectives of nationality and some adjectives to describe your classes. Here are some adjectives used to describe physical characteristics.

Adjectives of physical description			
bleu(e)	blue	joli(e)	pretty
blond(e)	blond	laid(e)	ugly
brun(e)	dark (hair)	marron	brown (not for hair)
châtain	brown (hair)	noir(e)	black
court(e)	short	petit(e)	small, short (stature)
grand(e)	tall, big	raide	straight (hair)
jeune	young	vert(e)	green

- Notice that, in the examples below, the adjectives agree in gender (masculine or feminine) and number (singular or plural) with the subjects. In general, add **-e** to make an adjective feminine. If an adjective already ends in an unaccented **-e,** add nothing. In general, to make an adjective plural, add **-s.** If an adjective already ends in an **-s,** add nothing.

Elles sont **blondes** et **petites**.
They are blond and short.

L'examen est **long**.
The exam is long.

Je n'aime pas **les cheveux raides**.
I don't like straight hair.

Les tableaux sont **laids**.
The paintings are ugly.

- Use the expression **de taille moyenne** to describe someone or something of medium size.

Victor est un homme **de taille moyenne**.
Victor is a man of medium height.

C'est une université **de taille moyenne**.
It's a medium-sized university.

- The adjective **marron** is invariable; in other words, it does not agree in gender and number with the noun it modifies. The adjective **châtain** is almost exclusively used to describe hair color.

Mon neveu a les **yeux marron**.
My nephew has brown eyes.

Ma nièce a les **cheveux châtains**.
My niece has brown hair.

Some irregular adjectives

masculine singular	feminine singular	masculine plural	feminine plural	
beau	belle	beaux	belles	*beautiful; handsome*
bon	bonne	bons	bonnes	*good; kind*
fier	fière	fiers	fières	*proud*
gros	grosse	gros	grosses	*fat*
heureux	heureuse	heureux	heureuses	*happy*
intellectuel	intellectuelle	intellectuels	intellectuelles	*intellectual*
long	longue	longs	longues	*long*
naïf	naïve	naïfs	naïves	*naive*
roux	rousse	roux	rousses	*red-haired*
vieux	vieille	vieux	vieilles	*old*

À noter

In **Leçon 1B,** you learned that if the masculine singular form of an adjective already ends in **-s (sénégalais),** you don't add another one to form the plural. The same is also true for words that end in **-x (roux, vieux).**

- The forms of the adjective **nouveau** (*new*) follow the same pattern as those of **beau.**

  MASCULINE PLURAL
  J'ai trois **nouveaux** stylos.
  I have three new pens.

  FEMININE SINGULAR
  Tu aimes la **nouvelle** horloge?
  Do you like the new clock?

- Other adjectives that follow the pattern of **heureux** are **curieux** (*curious*), **malheureux** (*unhappy*), **nerveux** (*nervous*), and **sérieux** (*serious*).

Position of certain adjectives

- Certain adjectives are usually placed *before* the noun they modify. These include: **beau, bon, grand, gros, jeune, joli, long, nouveau, petit,** and **vieux.**

  J'aime bien les **grandes familles.**
  I like large families.

  Joël est un **vieux copain.**
  Joël is an old friend.

- Other adjectives that are also generally placed before a noun are: **mauvais(e)** (*bad*), **pauvre** (*poor as in unfortunate*), **vrai(e)** (*true, real*).

  Ça, c'est un **pauvre** homme.
  That is an unfortunate man.

  C'est une **vraie** catastrophe!
  This is a real disaster!

Boîte à outils

When **pauvre** and **vrai(e)** are placed after the noun, they have a slightly different meaning: **pauvre** means *poor as in not rich,* and **vrai(e)** means *true.*

Ça, c'est un homme **pauvre.**
That is a poor man.

C'est une histoire **vraie.**
This is a true story.

- When placed before a *masculine singular noun that begins with a vowel sound,* these adjectives have a special form.

beau	➤	bel	➤	un **bel** appartement
vieux		vieil		un **vieil** homme
nouveau		nouvel		un **nouvel** ami

- The plural indefinite article **des** changes to **de** when the adjective comes before the noun.

  ADJECTIVE BEFORE NOUN
  J'habite avec **de bons amis.**
  I live with good friends.

  ADJECTIVE AFTER NOUN
  J'habite avec **des amis sympathiques.**
  I live with nice friends.

Essayez! Provide all four forms of the adjectives.

1. grand _grand, grande, grands, grandes_
2. nerveux _____
3. roux _____
4. bleu _____
5. naïf _____
6. gros _____
7. long _____
8. fier _____

Mise en pratique

1 Ressemblances Family members often look and behave alike.
Describe these family members.

> **MODÈLE**
>
> Caroline est intelligente. Elle a un frère.
> *Il est intelligent aussi.*

1. Jean est curieux. Il a une sœur.
2. Carole est blonde. Elle a un cousin.
3. Albert est gros. Il a trois tantes.
4. Sylvie est fière et heureuse. Elle a un fils.
5. Christophe est vieux. Il a une demi-sœur.
6. Martin est laid. Il a une petite-fille.
7. Sophie est intellectuelle. Elle a deux grands-pères.
8. Céline est naïve. Elle a deux frères.
9. Anne est belle. Elle a cinq neveux.
10. Anissa est rousse. Elle a un mari.

2 Une femme heureuse Complete these sentences about Christine.
Remember: some adjectives precede and some follow the nouns
they modify.

> **MODÈLE**
>
> Christine / avoir / trois enfants (beau)
> *Christine a trois beaux enfants.*

1. Elle / avoir / des amis (sympathique)

   _____

2. Elle / habiter / dans un appartement (nouveau)

   _____

3. Son *(Her)* mari / avoir / un travail (bon)

   _____

4. Ses *(Her)* filles / être / des étudiantes (sérieux)

   _____

5. Christine / être / une femme (heureux)

   _____

6. Son mari / être / un homme (beau)

   _____

7. Elle / avoir / des collègues amusant(e)s

   _____

8. Sa *(Her)* secrétaire / être / une fille (jeune/intellectuel)

   _____

9. Elle / avoir / des chiens (bon)

   _____

10. Ses voisins / être (poli)

   _____

Practice more at **vhlcentral.com.**

Communication

3 **Descriptions** In pairs, take turns describing these people and things using the expressions **C'est** or **Ce sont**.

> **MODÈLE**
>
> *C'est un cours difficile.*

1._____

2._____

3._____

4._____

5._____

6._____

4 **Comparaisons** In pairs, take turns comparing these brothers and their sister. Make as many comparisons as possible, then share them with the class to find out which pair is most perceptive.

> **MODÈLE**
>
> *Géraldine et Jean-Paul sont grands mais Tristan est petit.*

Jean-Paul   Tristan   Géraldine

5 **Qui est-ce?** Choose the name of a classmate. Your partner must guess the person by asking up to 10 **oui** or **non** questions. Then, switch roles.

> **MODÈLE**
>
> **Élève 1:** *C'est un homme?*
> **Élève 2:** *Oui.*
> **Élève 1:** *Il est de taille moyenne?*
> **Élève 2:** *Non.*

6 **Les bons copains** Interview two classmates to learn about one of their friends, using these questions. Your partners' answers will incorporate descriptive adjectives. Be prepared to report to the class what you learned.

- Est-ce que tu as un(e) bon(ne) copain/copine?
- Comment est-ce qu'il/elle s'appelle?
- Quel âge est-ce qu'il/elle a?
- Comment est-ce qu'il/elle est?
- Il/Elle est de quelle origine?
- Quels cours est-ce qu'il/elle aime?
- Quels cours est-ce qu'il/elle déteste?

3A.2

Possessive adjectives

Presentation
Grammar Tutorial

Point de départ In both English and French, possessive adjectives express ownership or possession.

Boîte à outils

In **Contextes**, you learned a few possessive adjectives with family vocabulary: **mon grand-père, ma sœur, mes cousins**.

Possessive adjectives

masculine singular	feminine singular	plural	
mon	ma	mes	*my*
ton	ta	tes	*your (fam. and sing.)*
son	sa	ses	*his, her, its*
notre	notre	nos	*our*
votre	votre	vos	*your (form. or pl.)*
leur	leur	leurs	*their*

C'est ta sœur?
Tes parents?

Voilà vos photos.

- Possessive adjectives are always placed before the nouns they modify.

  C'est **ton** père?
  Is that your father?

  Non, c'est **mon** oncle.
  No, that's my uncle.

  Voici **notre** mère.
  Here's our mother.

  Ce sont **tes** livres?
  Are these your books?

- In French, unlike English, possessive adjectives agree in gender and number with the nouns they modify.

  mon frère
  my brother

  ma sœur
  my sister

  mes grands-parents
  my grandparents

  ton chat
  your cat

  ta nièce
  your niece

  tes chiens
  your dogs

- Note that the forms **notre**, **votre**, and **leur** are the same for both masculine and feminine nouns. They only change to indicate whether the noun is singular or plural.

  notre neveu
  our nephew

  notre famille
  our family

  nos enfants
  our children

  leur cousin
  their cousin

  leur cousine
  their cousin

  leurs cousins
  their cousins

- The masculine singular forms **mon**, **ton**, and **son** are used with all singular nouns that begin with a vowel *even if they are feminine.*

  mon amie
  my friend

  ton école
  your school

  son histoire
  his story

Boîte à outils

You already know that there are two ways to express *you* in French: **tu** (informal and singular) and **vous** (formal or plural). Remember that the possessive adjective must always correspond to the form of *you* that is used.

Tu parles à **tes** amis?

Vous parlez à **vos** amis?

- In English, the possessor's gender is indicated by the use of the possessive adjectives *his* or *her*. In French however, the choice of **son**, **sa**, and **ses** depends on the gender and number of the noun possessed, *not* the gender and number of the possessor.

    son frère = *his/her brother*   **sa** sœur = *his/her sister*   **ses** parents = *his/her parents*

Context will usually help to clarify the meaning of the possessive adjective.

   J'aime **Nadine** mais je n'aime pas **son** frère.   **Rémy** et **son** frère sont trop sérieux.
   I like Nadine but I don't like her brother.   *Rémy and his brother are too serious.*

Possession with *de*

- In English, you use *'s* to express relationships or ownership. In French, use **de (d')** + [*the noun or proper name*] instead.

   C'est le petit ami **d'Élisabeth**.   C'est le petit ami **de ma sœur**.
   That's Élisabeth's boyfriend.   *That's my sister's boyfriend.*

   Tu aimes la cousine **de Thierry**?   J'ai l'adresse **de ses parents**.
   Do you like Thierry's cousin?   *I have his parents' address.*

- When the preposition **de** is followed by the definite articles **le** and **les**, they contract to form **du** and **des**, respectively. There is no contraction when **de** is followed by **la** and **l'**.

   de + le ▶ du   de + les ▶ des

   L'opinion **du** grand-père est importante.   La fille **des** voisins a les cheveux châtains.
   The grandfather's opinion is important.   *The neighbors' daughter has brown hair.*

   Le nom **de l'**oiseau, c'est Lulu.   J'ai le nouvel album **de la** chanteuse française.
   The bird's name is Lulu.   *I have the French singer's new album.*

On peut regarder des photos de ma tante?

Elle a déjà son bac.

Try

Essayez!   **Provide the appropriate form of each possessive adjective.**

mon, ma, mes (my)
1. __mon__ livre
2. __ma__ librairie
3. __mes__ professeurs

ton, ta, tes (your)
4. __tes__ ordinateurs
5. __ta__ télévision
6. __ton__ stylo

son, sa, ses (his, her, its)
7. __sa__ table
8. __ses__ problèmes
9. __son__ école

notre, nos (our)
10. __notre__ cahier
11. __nos__ études
12. __notre__ bourse

votre, vos (your)
13. __vos__ soirées
14. __notre__ lycée
15. __vos__ devoirs

leur, leurs (their)
16. __leur__ résultat
17. __leur__ classe
18. __leurs__ notes

Mise en pratique

1 Complétez Complete the sentences with the correct possessive adjectives.

MODÈLE

Karine et Léo, vous avez ___*vos*___ (*your*) stylos?

1. _____ (*My*) sœur est très patiente.
2. Marc et Julien adorent _____ (*their*) cours de philosophie et de maths.
3. Nadine et Gisèle, qui est _____ (*your*) amie?
4. C'est une belle photo de _____ (*their*) grand-mère.
5. Nous voyageons en France avec _____ (*our*) enfants.
6. Est-ce que tu travailles beaucoup sur _____ (*your*) ordinateur?
7. _____ (*Her*) cousins habitent à Paris.

2 Identifiez Identify the owner of each object.

▶ **MODÈLE**

Ce sont les cahiers de Sophie.

Sophie

Christophe
1. _____

Paul
2. _____

Stéphanie
3. _____

Georgette
4. _____

Jacqueline
5. _____

Christine
6. _____

3 Qui est-ce? Look at the Mercier family tree and explain the relationships between these people.

MODÈLE

Hubert → Marie et Fabien
C'est leur père.

1. Marie → Guy
2. Agnès et Hubert → Thomas et Mégane
3. Thomas et Daniel → Yvette
4. Fabien → Guy
5. Claire → Thomas et Daniel
6. Thomas → Marie

Hubert   Agnès

Yvette   Fabien   Marie   Guy

Thomas   Lucie   Daniel   Mégane   Claire

Practice more at **vhlcentral.com.**

Communication

4 **Ma famille** Use these cues to interview as many classmates as you can to learn about their family members. Then, tell the class what you found out.

MODÈLE

mère / parler / espagnol
Élève 1: *Est-ce que ta mère parle espagnol?*
Élève 2: *Oui, ma mère parle espagnol.*

1. sœur / travailler / en Californie

   _____

2. frère / être / célibataire

   _____

3. cousins / avoir / un chien

   _____

4. cousin / voyager / beaucoup

   _____

5. père / adorer / les ordinateurs

   _____

6. parents / être / divorcés

   _____

7. tante / avoir / les yeux marron

   _____

8. grands-parents / habiter / en Floride

   _____

5 **Tu connais?** In pairs, take turns telling your partner if someone among your family or friends has these characteristics. Be sure to use a possessive adjective or **de** in your responses.

MODÈLE

français
Mes cousins sont français.

1. naïf	5. optimiste	9. curieux
2. beau	6. grand	10. vieux
3. petit	7. blond	11. roux
4. sympathique	8. mauvais	12. intellectuel

6 **Portrait de famille** In groups of three, take turns describing your family. Listen carefully to your partners' descriptions without taking notes. After everyone has spoken, two of you describe the other's family to see how well you remember.

MODÈLE

Élève 1: *Sa mère est sociable.*
Élève 2: *Sa mère est blonde.*
Élève 3: *Mais non! Ma mère est timide et elle a les cheveux châtains.*

Révision

1 Expliquez In pairs, take turns randomly calling out one person from column A and one from column B. Your partner will explain how they are related.

MODÈLE

Élève 1: *ta sœur et ta mère*
Élève 2: *Ma sœur est la fille de ma mère.*

A	B
1. sœur	a. cousine
2. tante	b. mère
3. cousins	c. grand-père
4. frère	d. neveux
5. père	e. oncle

2 Les yeux de ma mère List seven physical or personality traits that you share with other members of your family. Be specific. Then, in pairs, compare your lists and be ready to present your partner's list to the class.

MODÈLE

Élève 1: *J'ai les yeux bleus de mon père et je suis fier/fière comme mon grand-père.*
Élève 2: *Moi, je suis impatient(e) comme ma mère.*

3 Les familles célèbres In groups of four, play a guessing game. Imagine that you belong to one of these famous families or one of your choice. Start describing your new family to your partners. The first person who guesses which family you are describing and where you fit in is the winner. He or she should describe another family.

> La famille Adams
> La famille Griswold
> La famille Kennedy
> La famille Osborne
> La famille Simpson

4 La famille idéale Walk around the room to survey your classmates. Ask them to describe their ideal family. Record their answers. Then, in pairs, compare your results.

MODÈLE

Élève 1: *Comment est ta famille idéale?*
Élève 2: *Ma famille idéale est petite, avec deux enfants et beaucoup de chiens et de chats.*

5 Le casting A casting director is on the phone with an agent to find actors for a new comedy about a strange family. In pairs, act out their conversation and find an actor to play each character, based on these illustrations.

MODÈLE

Élève 1 (*agent*): *Pour la mère, il y a Émilie. Elle est rousse et elle a les cheveux courts.*
Élève 2 (*casting director*): *Ah, non. La mère est brune et elle a les cheveux longs. Avez-vous une actrice brune?*

La famille

le fils   la fille   le père   la mère   le cousin

Les acteurs et les actrices

Julie   Annick   Michelle   Patrick   Laurent   Émilie   Stéphane   Robert

6 Les différences Your teacher will give you and a partner each a similar drawing of a family. Identify and name the six differences between your picture and your partner's.

MODÈLE

Élève 1: *La mère est blonde.*
Élève 2: *Non, la mère est brune.*

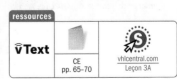

ressources

v̂Text   CE pp. 65–70   vhlcentral.com Leçon 3A

Video: TV Clip

Le Zapping

Pages d'Or

The **Pages d'Or** (*Golden Pages*) of Belgium offer a range of services that connect businesses with potential customers. In addition to the traditional printed telephone book, the **Pages d'Or** use technology to reach a wide customer base. The **Pages d'Or** website, listings on CD-ROM or DVD, and digital television allow consumers to find businesses quickly for the services they need.

Pages d'Or®
www.pagesdor.be

—Papa, combien tu m'aimes?

—Pour toi, je décrocherais° la Lune°.

Compréhension Answer these questions.

1. Qui (*Who*) sont les deux personnes dans la publicité (*ad*)?
2. Pourquoi l'homme téléphone-t-il pour obtenir une grue (*crane*)?
3. Comment trouve-t-il le numéro de téléphone?

Discussion In groups of three, discuss the answers to these questions.

1. Pourquoi est-il facile de trouver un numéro de téléphone aujourd'hui? Comment le faites-vous?
2. Employez le vocabulaire de cette leçon pour décrire les parents idéaux.

décrocherais *would take down* **Lune** *Moon*

You will learn how to...
- describe people
- talk about occupations

Audio: Vocabulary Practice
My Vocabulary

Comment sont-ils?

Ils sont paresseux.

Il est rapide.

Il est fort.

Il est travailleur.

discrète (discret m.)

fatiguée (fatigué m.)

jaloux (jalouse f.)

inquiète (inquiet m.)

triste

Vocabulaire

actif/active	active
antipathique	unpleasant
courageux/courageuse	courageous, brave
cruel(le)	cruel
doux/douce	sweet; soft
ennuyeux/ennuyeuse	boring
étranger/étrangère	foreign
faible	weak
favori(te)	favorite
fou/folle	crazy
généreux/généreuse	generous
génial(e) (géniaux pl.)	great
gentil(le)	nice
lent(e)	slow
méchant(e)	mean
modeste	modest, humble
pénible	tiresome
prêt(e)	ready
sportif/sportive	athletic
un(e) architecte	architect
un(e) artiste	artist
un(e) athlète	athlete
un(e) avocat(e)	lawyer
un(e) dentiste	dentist
un homme/une femme d'affaires	businessman/woman
un ingénieur	engineer
un(e) journaliste	journalist
un médecin	doctor

Mise en pratique

la coiffeuse
(coiffeur *m.*)

Il est drôle.

un musicien
(musicienne *f.*)

1 Les célébrités Match these famous people with their professions. Not all of the professions will be used.

_____ 1. Donald Trump
_____ 2. Claude Monet
_____ 3. Paul Mitchell
_____ 4. Dr. Phil C. McGraw
_____ 5. Serena Williams
_____ 6. Katie Couric
_____ 7. Beethoven
_____ 8. Frank Lloyd Wright

a. médecin
b. journaliste
c. musicien(ne)
d. coiffeur/coiffeuse
e. artiste
f. architecte
g. avocat(e)
h. homme/femme d'affaires
i. athlète
j. dentiste

2 Les contraires Complete each sentence with the opposite adjective.

1. Ma grand-mère n'est pas cruelle, elle est _____.
2. Mon frère n'est pas travailleur, il est _____.
3. Mes cousines ne sont pas faibles, elles sont _____.
4. Ma tante n'est pas drôle, elle est _____.
5. Mon oncle est un bon athlète. Il n'est pas lent, il est _____.
6. Ma famille et moi, nous ne sommes pas antipathiques, nous sommes _____.
7. Mes parents ne sont pas méchants, ils sont _____.
8. Mon oncle n'est pas heureux, il est _____.

3 Écoutez 🎧 You will hear descriptions of three people. Listen carefully and indicate whether the statements about them are **vrai** or **faux**.

Nora   **Ahmed**   **Françoise**

	Vrai	Faux
1. L'architecte aime le sport.	☐	☐
2. L'artiste est paresseuse.	☐	☐
3. L'artiste aime son travail.	☐	☐
4. Ahmed est médecin.	☐	☐
5. Françoise est gentille.	☐	☐
6. Nora est avocate.	☐	☐
7. Nora habite au Québec.	☐	☐
8. Ahmed est travailleur.	☐	☐
9. Françoise est mère de famille.	☐	☐
10. Ahmed habite avec sa femme.	☐	☐

🅢 Practice more at **vhlcentral.com**.

Communication

4 **Les professions** In pairs, say what the real professions of these people are. Alternate reading and answering the questions.

> **MODÈLE**
> **Élève 1:** *Est-ce que Sabine et Sarah sont femmes d'affaires?*
> **Élève 2:** *Non, elles sont avocates.*

1. Est-ce que Louis est architecte?

2. Est-ce que Jean est professeur?

3. Est-ce que Juliette est ingénieur?

4. Est-ce que Charles est médecin?

5. Est-ce que Pauline est musicienne?

6. Est-ce que Jacques et Brigitte sont avocats?

7. Est-ce qu'Édouard est dentiste?

8. Est-ce que Martine et Sophie sont dentistes?

5 **Conversez** Interview a classmate. Your partner should answer **pourquoi** questions with **parce que** (*because*).

1. Quel âge ont tes parents? Comment sont-ils?
2. Quelle est la profession de tes parents?
3. Qui est ton/ta cousin(e) préféré(e)? Pourquoi?
4. Qui n'est pas ton/ta cousin(e) préféré(e)? Pourquoi?
5. As-tu des animaux de compagnie (*pets*)? Quel est ton animal de compagnie favori? Pourquoi?
6. Qui est ton professeur préféré? Pourquoi?
7. Qui est gentil dans la classe?
8. Quelles professions aimes-tu?

6 **Les petites annonces** Write a **petite annonce** (*personal ad*) where you describe yourself and your ideal significant other. Include details such as profession, age, physical characteristics, and personality, both for yourself and for the person you hope reads the ad. Your teacher will post the ads. In groups, take turns reading them and then vote for the most interesting one.

7 **Quelle surprise!** You run into your best friend from high school ten years after you graduated and want to know what his or her life is like today. With a partner, prepare a conversation where you:

- greet each other
- ask each other's ages
- ask what each other's professions are
- ask about marital status and for a description of your significant others
- ask if either of you have children, and if so, for a description of them

Les sons et les lettres

Audio: Explanation Record & Compare

L'accent circonflexe, la cédille, and le tréma

L'accent circonflexe (^) can appear over any vowel.

| pâté | prêt | aîné | drôle | croûton |

L'accent circonflexe is also used to distinguish between words with similar spellings but different meanings.

| mûr | mur | sûr | sur |
| *ripe* | *wall* | *sure* | *on* |

L'accent circonflexe indicates that a letter, frequently an **s**, has been dropped from an older spelling. For this reason, **l'accent circonflexe** can be used to identify French cognates of English words.

hospital → hôpital   *forest* → forêt

La cédille (¸) is only used with the letter **c**. A **c** with a **cédille** is pronounced with a soft **c** sound, like the *s* in the English word *yes*. Use a **cédille** to retain the soft **c** sound before an **a**, **o**, or **u**. Before an **e** or an **i**, the letter **c** is always soft, so a **cédille** is not necessary.

| garçon | français | ça | leçon |

Le tréma (¨) is used to indicate that two vowel sounds are pronounced separately. It is always placed over the second vowel.

| égoïste | naïve | Noël | Haïti |

Prononcez Practice saying these words aloud.

1. naïf   3. châtain   5. français   7. théâtre   9. égoïste
2. reçu   4. âge   6. fenêtre   8. garçon   10. château

Articulez Practice saying these sentences aloud.

1. Comment ça va?
2. Comme ci, comme ça.
3. Vous êtes française, Madame?
4. C'est un garçon cruel et égoïste.
5. J'ai besoin d'être reçu à l'examen.
6. Caroline, ma sœur aînée, est très drôle.

Dictons Practice reading these sayings aloud.

Impossible n'est pas français.[1]

Plus ça change, plus c'est la même chose.[2]

[1] There's no such thing as "can't". (lit. *impossible is not French*.)
[2] The more things change, the more they stay the same.

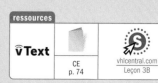
ressources
v̂ Text   CE p. 74   vhlcentral.com Leçon 3B

On travaille chez moi!

 Video: *Roman-photo*
Record & Compare

PERSONNAGES

Amina

David

Rachid

Sandrine

Stéphane

Valérie

SANDRINE Alors, Rachid, où est David?

Un portable sonne (a cell phone rings)...

VALÉRIE Allô.

RACHID Allô.

AMINA Allô.

SANDRINE C'est Pascal! Je ne trouve pas mon téléphone!

AMINA Il n'est pas dans ton sac à dos?

SANDRINE Non!

RACHID Ben, il est sous tes cahiers.

SANDRINE Non plus!

AMINA Il est peut-être derrière ton livre... ou à gauche.

SANDRINE Mais non! Pas derrière! Pas à gauche! Pas à droite! Et pas devant!

RACHID Non! Il est là... sur la table. Mais non! La table à côté de la porte.

SANDRINE Ce n'est pas vrai! Ce n'est pas Pascal! Numéro de téléphone 06.62.70.94.87. Mais qui est-ce?

DAVID Sandrine? Elle est au café?

RACHID Oui... pourquoi?

DAVID Ben, j'ai besoin d'un bon café, oui, d'un café très fort. D'un espresso! À plus tard!

RACHID Tu sais, David, lui aussi, est pénible. Il parle de Sandrine. Sandrine, Sandrine, Sandrine.

RACHID ET STÉPHANE C'est barbant!

STÉPHANE C'est ta famille? C'est où?

RACHID En Algérie, l'année dernière chez mes grands-parents. Le reste de ma famille — mes parents, mes sœurs et mon frère, habitent à Marseille.

STÉPHANE C'est ton père, là?

RACHID Oui. Il est médecin. Il travaille beaucoup.

RACHID Et là, c'est ma mère. Elle, elle est avocate. Elle est très active... et très travailleuse aussi.

A C T I V I T É S

1 Identifiez Indicate which character would make each statement. The names may be used more than once. Write **D** for David, **R** for Rachid, **S** for Sandrine, and **St** for Stéphane.

1. J'ai envie d'être architecte. _____

2. Numéro de téléphone 06.62.70.94.87. _____

3. David est un colocataire pénible. _____

4. Stéphane! Tu n'es pas drôle! _____

5. Que c'est ennuyeux! _____

6. On travaille chez moi! _____

7. Sandrine, elle est tellement pénible. _____

8. Sandrine? Elle est au café? _____

9. J'ai besoin d'un café très fort. _____

10. C'est pour ça qu'on prépare le bac. _____

 Practice more at **vhlcentral.com**.

Sandrine perd (*loses*) son téléphone.
Rachid aide Stéphane à préparer le bac.

STÉPHANE Qui est-ce? C'est moi!

SANDRINE Stéphane! Tu n'es pas drôle!

AMINA Oui, Stéphane. C'est cruel.

STÉPHANE C'est génial...

RACHID Bon, tu es prêt? On travaille chez moi!

À l'appartement de Rachid et de David...

STÉPHANE Sandrine, elle est tellement pénible. Elle parle de Pascal, elle téléphone à Pascal... Pascal, Pascal, Pascal! Que c'est ennuyeux!

RACHID Moi aussi, j'en ai marre.

STÉPHANE Avocate? Moi, j'ai envie d'être architecte.

RACHID Architecte? Alors, c'est pour ça qu'on prépare le bac.

Rachid et Stéphane au travail...

RACHID Allez, si *x* égale 83 et *y* égale 90, la réponse, c'est...

STÉPHANE Euh... 100?

RACHID Oui! Bravo!

Expressions utiles

Making complaints

- **Sandrine, elle est tellement pénible.**
  Sandrine is so tiresome.

- **J'en ai marre.**
  I'm fed up.

- **Tu sais, David, lui aussi, est pénible.**
  You know, David, he's tiresome, too.

- **C'est barbant!/C'est la barbe!**
  What a drag!

Reading numbers

- **Numéro de téléphone 06.62.70.94.87 (zéro six, soixante-deux, soixante-dix, quatre-vingt-quatorze, quatre-vingt-sept).**
  Phone number 06.62.70.94.87.

- **Si *x* égale 83 (quatre-vingt-trois) et *y* égale 90 (quatre-vingt-dix)...**
  If x equals 83 and y equals 90...

- **La réponse, c'est 100 (cent).**
  The answer is 100.

Expressing location

- **Où est le téléphone de Sandrine?**
  Where is Sandrine's telephone?

- **Il n'est pas dans son sac à dos.**
  It's not in her backpack.

- **Il est sous ses cahiers.**
  It's under her notebooks.

- **Il est derrière son livre, pas devant.**
  It's behind her book, not in front.

- **Il est à droite ou à gauche?**
  Is it to the right or to the left?

- **Il est sur la table à côté de la porte.**
  It's on the table next to the door.

---

2 **Vocabulaire** Refer to the video stills and dialogues to match these people and objects with their locations.

_____ 1. sur la table
_____ 2. pas sous les cahiers
_____ 3. devant Rachid
_____ 4. au café
_____ 5. à côté de la porte
_____ 6. en Algérie

a. le téléphone de Sandrine
b. Sandrine
c. l'ordinateur de Rachid
d. la famille de Rachid
e. le café de Rachid
f. la table

3 **Écrivez** In pairs, write a brief description in French of one of the video characters. Do not mention the character's name. Describe his or her personality traits, physical characteristics, and career path. Be prepared to read your description aloud to your classmates, who will guess the identity of the character.

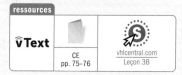

ressources

vText

CE
pp. 75-76

vhlcentral.com
Leçon 3B

A
C
T
I
V
I
T
É
S

 **Reading**

L'amitié

Quelle est la différence entre un copain et un ami? Un petit ami, qu'est-ce que c'est? Avoir plus de copains que° d'amis, c'est normal. Des copains sont des personnes qu'on voit assez souvent°, comme° des gens de l'école ou du travail°, et avec qui on parle de sujets ordinaires. L'amitié° entre copains est souvent éphémère et n'est pas très profonde. D'habitude°, ils ne parlent pas de problèmes très personnels.

Par contre°, des amis parlent de choses plus importantes et plus intimes. L'amitié est plus profonde, solide et stable, même si° on ne voit pas ses amis très souvent. Un ami, c'est une personne très proche° qui vous écoute quand vous avez un problème.

Un(e) petit(e) ami(e) est une personne avec qui on a une relation très intime et établie°, basée sur l'amour. Les jeunes couples français sortent° souvent en groupe avec d'autres° couples plutôt que° seuls; même si un jeune homme et une jeune femme sortent ensemble°, normalement chaque personne paie sa part.

Coup de main

To ask *what is* or *what are*, you can use **quel** and a form of the verb **être**. The different forms of **quel** agree in gender and number with the nouns to which they refer:

Quel/Quelle est...?
What is...?

Quels/Quelles sont...?
What are...?

plus de... que *more... than* **voit assez souvent** *sees rather often* **comme** *such as* **du travail** *from work* **L'amitié** *Friendship* **D'habitude** *Usually* **Par contre** *On the other hand* **même si** *even if* **proche** *close* **établie** *established* **sortent** *go out* **d'autres** *other* **plutôt que** *rather than* **ensemble** *together*

A C T I V I T É S

1 Vrai ou faux? Are these statements **vrai** or **faux**? Correct the false statements.

1. D'habitude, on a plus d'amis que de copains.

2. Un copain est une personne qu'on ne voit pas souvent.

3. On parle de sujets intimes avec un copain.

4. Un ami est une personne avec qui on a une relation très solide.

5. Normalement, on ne parle pas de ses problèmes personnels avec ses copains.

6. Un ami vous écoute quand vous avez un problème.

7. L'amitié entre amis est plus profonde que l'amitié entre copains.

8. En général, les jeunes couples français vont au café ou au cinéma en groupe.

9. Un petit ami est comme un copain.

10. En France, les femmes ne paient pas quand elles sortent.

 Practice more at **vhlcentral.com**.

Pour décrire les gens

bête	*stupid*
borné(e)	*narrow-minded*
canon	*good-looking*
coincé(e)	*inhibited*
cool	*relaxed*
dingue	*crazy*
malin/maligne	*clever*
marrant(e)	*funny*
mignon(ne)	*cute*
zarbi	*weird*

Le mariage: Qu'est-ce qui est différent?

En France Les mariages sont toujours à la mairie°, en général le samedi après-midi. Beaucoup de couples vont° à l'église° juste après. Il y a un grand dîner le soir. Tous les amis et la famille sont invités.

Au Maroc Les amis de la mariée lui appliquent° du henné sur les mains°.

En Suisse Il n'y a pas de *bridesmaids* comme aux États-Unis mais il y a deux témoins°. En Suisse romande, la partie francophone du pays°, les traditions pour le mariage sont assez° similaires aux traditions en France.

mairie *city hall* **vont** *go* **église** *church* **lui appliquent** *apply* **henné sur les mains** *henna to the hands* **témoins** *witnesses* **pays** *country* **assez** *rather*

Les Depardieu

Gérard

Guillaume

Les Depardieu sont une famille d'acteurs français. Gérard, le père, est l'acteur le plus célèbre° de France. Lauréat° de deux César°, un pour *Le Dernier Métro*° et l'autre° pour *Cyrano de Bergerac*, et d'un Golden Globe pour le film américain *Green Card*, il joue depuis plus de trente ans° et a tourné dans° plus de 120 (cent vingt) films. Sa fille, Julie, a aussi du succès dans la profession: elle a déjà° deux César et a joué° dans *Un long dimanche de fiançailles*°. Son fils, Guillaume (1971–2008), a joué dans beaucoup de films dont° *Tous les matins du monde*° avec son père. Les deux enfants ont joué avec leur père dans *Le Comte de Monte-Cristo*.

le plus célèbre *most famous* **Lauréat** *Winner* **César** *César awards (the equivalent of the Oscars in France)* **Le Dernier Métro** *The Last Metro* **l'autre** *the other* **il joue depuis plus de trente ans** *he has been acting for more than thirty years* **a tourné dans** *has been in* **déjà** *already* **a joué** *has acted* **Un long dimanche de fiançailles** *A Very Long Engagement* **dont** *including* **Tous les matins du monde** *All the Mornings of the World*

Julie

Sur Internet

Quand ils sortent (*go out*), où vont (*go*) les jeunes couples français?

Go to **vhlcentral.com** to find more cultural information related to this **Culture** section.

2 **Les Depardieu** Complete these statements with the correct information.

1. Gérard Depardieu a joué dans plus de _____ films.

2. Guillaume était (*was*) _____ de Gérard Depardieu.

3. Julie est _____ de Gérard Depardieu.

4. Julie joue avec Gérard dans _____.

5. Guillaume a joué avec Gérard dans _____.

6. Julie a déjà _____ César.

3 **Comment sont-ils?** Look at the photos of the Depardieu family. With a partner, take turns describing each person in detail in French. How old do you think they are? What do you think their personalities are like? Do you see any family resemblances?

A C T I V I T É S

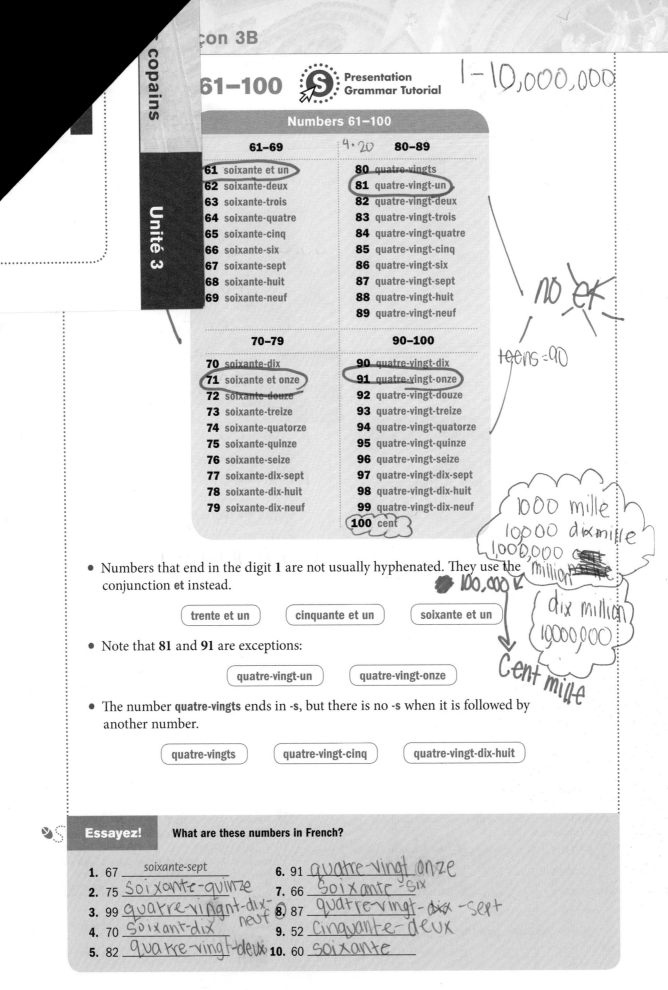

61–100

Presentation
Grammar Tutorial

1–10,000,000 (handwritten)

Numbers 61–100		
61–69	*4·20*	**80–89**
61 soixante et un		80 quatre-vingts
62 soixante-deux		81 quatre-vingt-un
63 soixante-trois		82 quatre-vingt-deux
64 soixante-quatre		83 quatre-vingt-trois
65 soixante-cinq		84 quatre-vingt-quatre
66 soixante-six		85 quatre-vingt-cinq
67 soixante-sept		86 quatre-vingt-six
68 soixante-huit		87 quatre-vingt-sept
69 soixante-neuf		88 quatre-vingt-huit
		89 quatre-vingt-neuf
70–79		**90–100**
70 soixante-dix		90 quatre-vingt-dix
71 soixante et onze		91 quatre-vingt-onze
72 soixante-douze		92 quatre-vingt-douze
73 soixante-treize		93 quatre-vingt-treize
74 soixante-quatorze		94 quatre-vingt-quatorze
75 soixante-quinze		95 quatre-vingt-quinze
76 soixante-seize		96 quatre-vingt-seize
77 soixante-dix-sept		97 quatre-vingt-dix-sept
78 soixante-dix-huit		98 quatre-vingt-dix-huit
79 soixante-dix-neuf		99 quatre-vingt-dix-neuf
		100 cent

(handwritten notes: no et, teens = 90)

- Numbers that end in the digit **1** are not usually hyphenated. They use the conjunction **et** instead.

  trente et un   **cinquante et un**   **soixante et un**

- Note that **81** and **91** are exceptions:

  quatre-vingt-un   **quatre-vingt-onze**

- The number **quatre-vingts** ends in **-s**, but there is no **-s** when it is followed by another number.

  quatre-vingts   **quatre-vingt-cinq**   **quatre-vingt-dix-huit**

(handwritten cloud notes: 1000 mille / 10000 dix mille / 1,000,000 / million / dix million / 10000,000 / 100,000 / Cent mille)

Essayez!   What are these numbers in French?

1. 67 _soixante-sept_
2. 75 _Soixante-quinze_
3. 99 _quatre-vingt-dix-neuf_
4. 70 _Soixant-dix_
5. 82 _quatre-vingt-deux_
6. 91 _quatre-vingt onze_
7. 66 _soixante-six_
8. 87 _quatre-vingt-dix-sept_
9. 52 _cinquante-deux_
10. 60 _soixante_

Le français vivant

Identifiez Scan this catalogue page, and identify the instances where the numbers 61–100 are used.

Questions

1. Qui sont les personnes sur la photo?
2. Où est-ce qu'elles habitent?
3. Qu'est-ce qu'elles ont dans leur maison?
4. Quels autres *(other)* objets trouve-t-on dans le Catalogue AAZ? (Imaginez.)
5. Quels sont leurs prix *(prices)*?

Mise en pratique

1 Les numéros de téléphone Write down these phone numbers, then read them aloud in French.

> **MODÈLE**
>
> C'est le zéro un, quarante-trois, soixante-quinze, quatre-vingt-trois, seize.
> 01.43.75.83.16

1. C'est le zéro deux, soixante-cinq, trente-trois, quatre-vingt-quinze, zéro six.
02.65.33.95.06

2. C'est le zéro un, quatre-vingt-dix-neuf, soixante-quatorze, quinze, vingt-cinq.
01.99.74.15.25

3. C'est le zéro cinq, soixante-cinq, onze, zéro huit, quatre-vingts.
05.65.11.08.80

4. C'est le zéro trois, quatre-vingt-dix-sept, soixante-dix-neuf, cinquante-quatre, vingt-sept.
03.97.79.54.27

5. C'est le zéro quatre, quatre-vingt-cinq, soixante-neuf, quatre-vingt-dix-neuf, quatre-vingt-onze.
04.85.69.99.91

6. C'est le zéro un, vingt-quatre, quatre-vingt-trois, zéro un, quatre-vingt-neuf.
01.24.83.01.89

7. C'est le zéro deux, quarante et un, soixante et onze, douze, soixante.
02.41.71.12.60

8. C'est le zéro quatre, cinquante-huit, zéro neuf, quatre-vingt-dix-sept, treize.
04.58.09.97.13

2 Les maths Read these math problems aloud, then write out each answer in words.

> **MODÈLE**
>
> $65 + 3 = $ _soixante-huit_
> Soixante-cinq plus trois font (equals) soixante-huit.

1. $70 + 15 = $ _____
2. $82 + 10 = $ _____
3. $76 + 3 \ = $ _____
4. $88 + 12 = $ _____
5. $40 + 27 = $ _____
6. $67 + 6 \ = $ _____
7. $43 + 54 = $ _____
8. $78 + 5 \ = $ _____
9. $70 + 20 = $ _____
10. $64 + 16 = $ _____

3 Comptez Read the following numbers aloud in French, then follow the pattern to provide the missing numbers.

1. 60, 62, 64, ... 80
2. 76, 80, 84, ... 100
3. 10, 20, 30, ... 90
4. 81, 83, 85, ... 99
5. 62, 63, 65, 68, ... 98
6. 55, 57, 59, ... 73
7. 100, 95, 90, ... 60
8. 99, 96, 93, ... 69

Communication

4 **Questions indiscrètes** With a partner, take turns asking how old these people are.

M. Hubert

Mme Hubert

M. Moreau

Mme Moreau

M. Durand

Mme Durand

> **MODÈLE**
>
> **Élève 1:** *Madame Hubert a quel âge?*
> **Élève 2:** *Elle a 70 ans.*

5 **Qui est-ce?** Interview as many classmates as you can in five minutes to find out the name, relationship, and age of their oldest family member. Identify the student with the oldest family member to the class.

> **MODÈLE**
>
> **Élève 1:** *Qui est le plus vieux (the oldest) dans ta famille?*
> **Élève 2:** *C'est ma tante Julie. Elle a soixante-dix ans.*

6 **Fournitures scolaires** Take turns playing the role of a store employee ordering the school supplies (**fournitures scolaires**) below. Tell how many of each item you need. Your partner will write down the number of items ordered. Switch roles when you're done.

> **MODÈLE**
>
> **Élève 1:** *Vous avez besoin de combien de crayons?*
> **Élève 2:** *J'ai besoin de soixante-dix crayons.*

1._____

2._____

3._____

4._____

5._____

6._____

7._____

8._____

3B.2

Prepositions of location and disjunctive pronouns

Presentation
Grammar Tutorial

Point de départ You have already learned expressions in French containing prepositions like **à**, **de**, and **en**. Prepositions of location describe the location of something or someone in relation to something or someone else.

- Use the preposition **à** before the name of any city to express *in, to*. The preposition that accompanies the name of a country varies, but you can use **en** in many cases.

    Il étudie **à Nice**.
    He studies in Nice.

    Je voyage **en France** et **en Belgique**.
    I'm traveling to France and Belgium.

Prepositions of location

à côté de	*next to*		**en face de**	*facing, across from*
à droite de	*to the right of*		**entre**	*between*
à gauche de	*to the left of*		**loin de**	*far from*
dans	*in*		**par**	*by*
derrière	*behind*		**près de**	*close to, near*
devant	*in front of*		**sous**	*under*
en	*in*		**sur**	*on*

- Use the forms **du, de la, de l'** and **des** in prepositional expressions when they are appropriate.

    La cantine est **à côté du** gymnase.
    The cafeteria is next to the gym.

    Notre chien aime manger **près des** fenêtres.
    Our dog likes to eat near the windows.

    Ils sont **devant** la bibliothèque.
    They're in front of the library.

    Le café est **à droite de** l'hôtel.
    The café is to the right of the hotel.

- You can further modify prepositions of location by using intensifiers such as **tout** (*very, really*) and **juste** (*just, right*).

    Ma sœur habite **juste en face de** l'université.
    My sister lives right across from the university.

    Le lycée est **juste derrière** son appartement.
    The high school is just behind his apartment.

    Eva travaille **tout près de** la fac.
    Eva works really close to (the university) campus.

    La librairie est **tout à côté du** café.
    The bookstore is right next to the café.

- You may use a preposition without the word **de** *if it is not followed by a noun.*

    Ma sœur habite **juste à côté**.
    My sister lives right next door.

    Elle travaille **tout près**.
    She works really close by.

Il n'est pas sous les cahiers.

Pas derrière! Pas à droite!

- The preposition **chez** has no exact English equivalent. It expresses the idea of *at* or *to someone's house* or *place*.

Louise n'aime pas étudier **chez Arnaud** parce qu'il parle beaucoup.
Louise doesn't like studying at Arnaud's because he talks a lot.

Ce matin, elle n'étudie pas parce qu'elle est **chez sa cousine**.
This morning she's not studying because she's at her cousin's.

- The preposition **chez** is also used to express the idea of *at* or *to a professional's office* or *business*.

chez le docteur
at the doctor's

chez la coiffeuse
to the hairdresser's

On travaille chez moi!

Stéphane est chez Rachid.

- When you want to use a pronoun that refers to a person after any type of preposition, you don't use a subject pronoun. Instead, you use what are called disjunctive pronouns.

Disjunctive pronouns			
singular		plural	
je → moi		nous → nous	
tu → toi		vous → vous	
il → lui		ils → eux	
elle → elle		elles → elles	

Maryse travaille **à côté de moi**.
Maryse is working next to me.

J'aime mieux dîner **chez vous**.
I prefer to have dinner at your house.

Nous pensons **à toi**.
We're thinking about you.

Voilà ma cousine Lise, **devant nous**.
There's my cousin Lise, in front of us.

Tu as besoin **d'elle** aujourd'hui?
Do you need her today?

Vous n'avez pas peur **d'eux**.
You're not afraid of them.

Essayez! **Complete each sentence with the equivalent of the expression in parentheses.**

1. La librairie est <u>derrière</u> (*behind*) la cantine.

2. J'habite _____ (*close to*) leur lycée.

3. Le laboratoire est _____ (*next to*) ma résidence.

4. Tu retournes _____ (*to the house of*) tes parents ce week-end?

5. La fenêtre est _____ (*across from*) la porte.

6. Mon sac à dos est _____ (*under*) la chaise.

7. Ses crayons sont _____ (*on*) la table.

8. Votre ordinateur est _____ (*in*) la corbeille!

9. Il n'y a pas de secrets _____ (*between*) amis.

10. Le professeur est _____ (*in front of*) les élèves.

Mise en pratique

1 **Où est ma montre?** Claude has lost her watch. Choose the appropriate prepositions to complete her friend Pauline's questions.

> **MODÈLE**
>
> Elle est (*à gauche du* / entre le) livre?

1. Elle est (sur / entre) le bureau?
2. Elle est (par / derrière) la télévision?
3. Elle est (entre / dans) le lit et la table?
4. Elle est (en / sous) la chaise?
5. Elle est (sur / à côté de) la fenêtre?
6. Elle est (près du / entre le) sac à dos?
7. Elle est (devant / sur) la porte?
8. Elle est (dans / sous) la corbeille?

2 **Complétez** Look at the drawing, and complete these sentences with the appropriate prepositions.

> **MODÈLE**
>
> Nous sommes <u>chez</u> nos cousins.

1. Nous sommes _____ la maison de notre tante.
2. Michel est _____ Béatrice.
3. _____ Jasmine et Laure, il y a le petit cousin, Adrien.
4. Béatrice est _____ Jasmine.
5. Jasmine est tout _____ Béatrice.
6. Michel est _____ Laure.
7. Un oiseau est _____ la maison.
8. Laure est _____ Adrien.

Michel
Laure
Adrien
Jasmine
Béatrice

3 **Où est-on?** Tell where these people, animals, and things are in relation to each other. Replace the second noun or pronoun with the appropriate disjunctive pronoun.

> ▶ **MODÈLE**
>
> Alex / Anne
> *Alex est à droite d'elle.*

1._____   2._____

3._____   4._____   5._____   6._____

1. l'oiseau / je
2. le chien / Gabrielle et Emma
3. le monument / tu
4. l'ordinateur / Ousmane
5. Mme Fleury / Max et Élodie
6. les enfants / la grand-mère

Practice more at **vhlcentral.com.**

Communication

4 **Où est l'objet?** In pairs, take turns asking where these items are in the classroom. Use prepositions of location.

> **MODÈLE** la carte
>
> **Élève 1:** *Où est la carte?*
> **Élève 2:** *Elle est devant la classe.*

1. l'horloge	4. la fenêtre	7. la corbeille
2. l'ordinateur	5. le bureau du professeur	8. la porte
3. le tableau	6. ton livre de français	

5 **Qui est-ce?** Choose someone in the room. The rest of the class will guess whom you chose by asking yes/no questions that use prepositions of location.

> **MODÈLE**
>
> *Est-ce qu'il/elle est derrière Dominique?*
> *Est-ce qu'il/elle est entre Jean-Pierre et Suzanne?*

6 **S'il vous plaît...?** A tourist stops someone on the street to ask where certain places are located. In pairs, play these roles using the map to locate the places.

> **MODÈLE**
>
> **Élève 1:** *La banque, s'il vous plaît?*
> **Élève 2:** *Elle est en face de l'hôpital.*

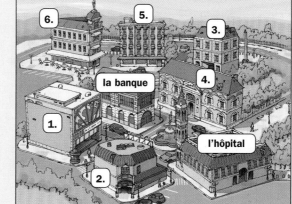

1. le cinéma Ambassadeur
2. le restaurant Chez Marlène
3. la librairie Antoine
4. le lycée Camus
5. l'hôtel Royal
6. le café de la Place

7 **Ma ville** In pairs, take turns telling your partner where the places below are located in your town or neighborhood. You may use your school as a reference point. Correct your partner when you disagree.

> **MODÈLE**
>
> la banque
> *La banque est tout près du lycée.*

1. le café	5. l'hôtel
2. la librairie	6. la bibliothèque
3. l'université	7. l'hôpital
4. le gymnase	8. le restaurant italien

Révision

1 **Le basket** These basketball rivals are competing for the title. In pairs, predict the missing playoff scores. Then, compare your predictions with those of another pair. Be prepared to share your predictions with the class.

1. Ohio State 76, Michigan _____
2. Florida _____, Florida State 84
3. Stanford _____, UCLA 79
4. Purdue 81, Indiana _____
5. Duke 100, Virginia _____
6. Kansas 95, Colorado _____
7. Texas _____, Oklahoma 88
8. Kentucky 98, Tennessee _____

2 **La famille d'Édouard** In pairs, take turns guessing how the members of Édouard's family are related to him and to each other by describing their locations in the photo. Compare your answers with those of another pair.

MODÈLE

Son père est derrière sa mère.

Édouard

3 **La ville** In pairs, take turns describing the location of a building (**un bâtiment**) somewhere in your town or city. Your partner must guess which building you are describing in three tries. Keep score to determine the winner after several rounds.

MODÈLE

Élève 1: *C'est un bâtiment entre la banque et le lycée.*
Élève 2: *C'est l'hôpital?*
Élève 1: *C'est ça!*

ressources

v̂Text

CE
pp. 77–82

vhlcentral.com
Leçon 3B

4 **C'est quel numéro?** What courses would you take if you were studying at a French university? Take turns deciding and having your partner give you the phone number for enrollment information.

MODÈLE

Élève 1: *Je cherche un cours de philosophie.*
Élève 2: *C'est le zéro quatre...*

Département	Numéro de téléphone
Architecture	04.76.65.74.92
Biologie	04.76.72.63.85
Chimie	04.76.84.79.64
Littérature anglaise	04.76.99.90.82
Mathématiques	04.76.86.66.93
Philosophie	04.76.75.99.80
Psychologie	04.76.61.88.91
Sciences politiques	04.76.68.96.81
Sociologie	04.76.70.83.97

5 **À la librairie** In pairs, role-play a customer at a bookstore and a clerk who points out where supplies are located. Then, switch roles. Each turn, the customer picks four items from the list. Use the drawing to find the supplies.

MODÈLE

Élève 1: *Je cherche des stylos.*
Élève 2: *Ils sont à côté des cahiers.*

des cahiers	un dictionnaire
une calculatrice	un iPhone®
une carte	du papier
des crayons	un sac à dos

6 **Trouvez** Your teacher will give you and your partner each a drawing of a family picnic. Ask each other questions to find out where all of the family members are located.

MODÈLE

Élève 1: *Qui est à côté du père?*
Élève 2: *Le neveu est à côté du père.*

À l'écoute

 Audio: Activities

STRATÉGIE

Asking for repetition/ Replaying the recording

Sometimes it is difficult to understand what people say, especially in a noisy environment. During a conversation, you can ask someone to repeat by asking **Comment?** (*What?*) or **Pardon?** (*Pardon me?*). In class, you can ask your teacher to repeat by saying, **Répétez, s'il vous plaît** (*Repeat, please*). If you don't understand a recorded activity, you can simply replay it.

To help you practice this strategy, you will listen to a short paragraph. Ask your teacher to repeat it or replay the recording, and then summarize what you heard.

Préparation

Based on the photograph, where do you think Suzanne and Diane are? What do you think they are talking about?

À vous d'écouter

Now you are going to hear Suzanne and Diane's conversation. Use **R** to indicate adjectives that describe Suzanne's boyfriend, Robert. Use **E** for adjectives that describe Diane's boyfriend, Édouard. Some adjectives will not be used.

_____ brun	_____ optimiste
_____ laid	_____ intelligent
_____ grand	_____ blond
_____ intéressant	_____ beau
_____ gentil	_____ sympathique
_____ drôle	_____ patient

ressources

v̂Text

vhlcentral.com
Leçon 3B

 Practice more at **vhlcentral.com**.

Compréhension

Identifiez-les Whom do these statements describe?

1. Elle a un problème avec un garçon. _____

2. Il ne parle pas à Diane. _____

3. Elle a de la chance. _____

4. Ils parlent souvent. _____

5. Il est sympa. _____

6. Il est timide. _____

Vrai ou faux? Indicate whether each sentence is **vrai** or **faux**, then correct any false statements.

1. Édouard est un garçon très patient et optimiste.

   _____

2. Diane pense que Suzanne a de la chance.

   _____

3. Suzanne et son petit ami parlent de tout.

   _____

4. Édouard parle souvent à Diane.

   _____

5. Robert est peut-être un peu timide.

   _____

6. Suzanne parle de beaucoup de choses avec Robert.

   _____

Panorama

Interactive Map
Reading

l'Arc de Triomphe

Paris

La ville en chiffres

- **Superficie:** *105 km² (cent cinq kilomètres carrés°)*
- **Population:** *plus de° 9.828.000 (neuf millions huit cent vingt-huit mille)*
  SOURCE: Population Division, UN Secretariat

Paris est la capitale de la France. On a l'impression que Paris est une grande ville—et c'est vrai si on compte° ses environs°. Néanmoins°, Paris mesure moins de° 10 kilomètres de l'est à l'ouest°. On peut ainsi° très facilement visiter la ville à pied°. Paris est divisée en 20 arrondissements°. Chaque° arrondissement a son propre maire° et son propre caractère.

- **Industries principales:** *haute couture, finances, transports, technologie, tourisme*
- **Musées:** *plus de 150 (cent cinquante): le musée° du Louvre, le musée d'Orsay, le centre Georges Pompidou et le musée Rodin*

Parisiens célèbres

- **Victor Hugo,** *écrivain° et activiste (1802–1885)*
- **Charles Baudelaire,** *poète (1821–1867)*
- **Auguste Rodin,** *sculpteur (1840–1917)*
- **Jean-Paul Sartre,** *philosophe (1905–1980)*
- **Simone de Beauvoir,** *écrivain (1908–1986)*
- **Édith Piaf,** *chanteuse (1915–1963)*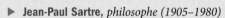
- **Emmanuelle Béart,** *actrice (1965–)*

Basilique du Sacré-Cœur

Place du Tertre

Le Moulin Rouge

Parc Monceau

BOULEVARD HAUSSMANN

Arc de Triomphe

AVENUE DES CHAMPS-ÉLYSÉES

Opéra Garnier

La Madeleine

BLVD. DES CAPUCINES

BLVD. DES ITALIENS

AVE. DE L'OPÉRA

BOULEVARD DE SÉBASTOPOL

Bois de Boulogne

Jardins du Trocadéro

Grand Palais

Place de la Concorde

Jeu de Paume

RUE DE RIVOLI

Les Halles

Beaubourg/Centre Georges Pompidou-Centre National d'Art et de Culture

QUAI D'ORSAY

Seine

Orangerie

Jardin des Tuileries

Musée du Louvre

RUE DE RIVOLI

Assemblée Nationale

BLVD ST.-GERMAIN

Musée d'Orsay

Hôtel de Ville

Place des Vosges

Tour Eiffel

Parc du Champ de Mars

Hôtel des Invalides

Conciergerie

Île de la Cité

Cathédrale Notre-Dame

Île St-Louis

Opéra de Paris Bastille

École Militaire

BOULEVARD ST. GERMAIN

BOULEVARD RASPAIL

Jardin du Luxembourg

BOULEVARD SAINT-MICHEL

Sorbonne

Panthéon

Seine

Tour Montparnasse

Paris ★
LA FRANCE

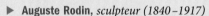

l'opéra Garnier

0   0.5 mile
0   0.5 kilomètre

une terrasse de café

Incroyable mais vrai!

Sous les rues° de Paris, il y a une autre ville: les catacombes. Ici reposent° les squelettes d'environ 7.000.000 (sept millions) de personnes provenant° d'anciens cimetières de Paris et de ses environs. Plus de 250.000 (deux cent cinquante mille) touristes par an visitent cette ville de repos° éternel.

Les monuments

La tour Eiffel

La tour Eiffel a été construite° en 1889 (mille huit cent quatre-vingt-neuf) pour l'Exposition universelle, à l'occasion du centenaire° de la Révolution française. Elle mesure 324 (trois cent vingt-quatre) mètres de haut et pèse° 10.100 (dix mille cent) tonnes. La tour attire près de° 7.000.000 (sept millions) de visiteurs par an°.

Les gens

Paris-Plages

Pour les Parisiens qui ne voyagent pas pendant l'été°, la ville de Paris a créé° Paris-Plages pour apporter la plage° aux Parisiens! Inauguré en 2001 et installé sur les quais° de la Seine, Paris-Plages consiste en trois kilomètres de sable et d'herbe°, plein° d'activités comme la natation° et le volley. Ouvert en° juillet et en août, près de 4.000.000 (quatre millions) de personnes visitent Paris-Plages chaque° année.

Les musées

Le musée du Louvre

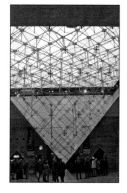

Ancien° palais royal, le musée du Louvre est aujourd'hui un des plus grands musées du monde° avec sa vaste collection de peintures°, de sculptures et d'antiquités orientales, égyptiennes, grecques et romaines. L'œuvre° la plus célèbre de la collection est *La Joconde*° de Léonard de Vinci. La pyramide de verre°, créée par l'architecte américain I.M. Pei, marque l'entrée° principale du musée.

Les transports

Le métro

L'architecte Hector Guimard a commencé à réaliser° des entrées du métro de Paris en 1898 (mille huit cent quatre-vingt-dix-huit). Ces entrées sont construites dans le style Art Nouveau: en forme de plantes et de fleurs°. Le métro est aujourd'hui un système très efficace° qui permet aux passagers de traverser° Paris rapidement.

 Qu'est-ce que vous avez appris? **Complétez les phrases.**

1. La ville de Paris est divisée en vingt _____.
2. Chaque arrondissement a ses propres _____ et _____.
3. Charles Baudelaire est le nom d'un _____ français.
4. Édith Piaf est une _____ française.
5. Plus de 250.000 personnes par an visitent _____ sous les rues de Paris.

6. La tour Eiffel mesure _____ mètres de haut.
7. En 2001, la ville de Paris a créé _____ au bord (*banks*) de la Seine.
8. Le musée du Louvre est un ancien _____.
9. _____ est une création de I.M. Pei.
10. Certaines entrées du métro sont de style _____.

ressources

v̂Text

CE
pp. 83–84

vhlcentral.com
Leçon 3B

Sur Internet

1. Quels sont les monuments les plus importants à Paris? Qu'est-ce qu'on peut faire (*can do*) dans la ville?
2. Trouvez des informations sur un des musées de Paris.
3. Recherchez la vie (*Research the life*) d'un(e) Parisien(ne) célèbre.
4. Cherchez un plan du métro de Paris et trouvez comment aller du Louvre à la tour Eiffel.

 Practice more at **vhlcentral.com**.

construite *built* **centenaire** *100-year anniversary* **pèse** *weighs* **attire près de** *attracts nearly* **par an** *per year* **pendant l'été** *during the summer* **a créé** *created* **apporter la plage** *bring the beach* **quais** *banks* **de sable et d'herbe** *of sand and grass* **plein** *full* **natation** *swimming* **Ouvert en** *Open in* **chaque** *each* **Ancien** *Former* **monde** *world* **peintures** *paintings* **L'œuvre** *The work (of art)* **La Joconde** *The Mona Lisa* **verre** *glass* **entrée** *entrance* **a commencé à réaliser** *began to create* **fleurs** *flowers* **efficace** *efficient* **traverser** *to cross*

Lecture

 **Audio: Synced Reading**

Avant la lecture

Predicting content from visuals

When you are reading in French, be sure to look for visual clues that will orient you as to the content and purpose of what you are reading. Photos and illustrations, for example, will often give you a good idea of the main points that the reading covers. You may also encounter helpful visuals that summarize large amounts of data in a way that is easy to comprehend; these visuals include bar graphs, pie charts, flow charts, lists of percentages, and other diagrams.

Le Top 10 des chiens de race°
% DE FOYERS° POSSESSEURS
les caniches° **9,3%**
les labradors **7,8%**
les yorkshires **5,6%**
les épagneuls bretons° **4,6%**
les bergers allemands° **4,1%**
les autres bergers **3,3%**
les bichons **2,7%**
les cockers/fox-terriers **2,2%**
les boxers **2%**
les colleys **1,6%**

Examinez le texte

Take a quick look at the visual elements of the article in order to generate a list of ideas about its content. Then, compare your list with a classmate's. Are your lists the same or are they different? Discuss your lists and make any changes needed to produce a final list of ideas.

ressources

vText

vhlcentral.com
Leçon 3B

race *breed* **foyers** *households* **caniches** *poodles* **épagneuls bretons** *Brittany Spaniels* **bergers allemands** *German Shepherds*

Fido

Les Français adorent les animaux. Plus de la moitié° des foyers en France ont un chien, un chat ou un autre animal de compagnie°. Les chiens sont particulièrement appréciés et intégrés dans la famille et la société françaises.

Qui possède un chien en France et pourquoi? Souvent°, la présence d'un chien en famille suit l'arrivée° d'enfants, parce que les parents pensent qu'un chien contribue positivement à leur développement. Il est aussi commun de trouver deux chiens ou plus dans le même° foyer.

Les chiens sont d'excellents compagnons. Leurs maîtres° sont moins seuls° et déclarent avoir moins de stress. Certaines personnes possèdent un chien pour avoir plus d'exercice

en famille

physique. Et il y a aussi des personnes qui possèdent un chien parce qu'elles en ont toujours eu un° et n'imaginent pas une vie° sans° chien.

Les chiens ont parfois° les mêmes droits° que les autres membres de la famille, et parfois des droits spéciaux. Bien sûr, ils accompagnent leurs maîtres pour les courses en ville° et les promenades dans le parc, et ils entrent même dans certains magasins°. Ne trouvez-vous pas parfois un caniche ou un labrador, les deux races les plus° populaires en France, avec son maître dans un restaurant?

En France, il n'est pas difficile d'observer que les chiens ont une place privilégiée au sein de° la famille.

Pourquoi avoir un animal de compagnie?

RAISON	CHIENS	CHATS	OISEAUX	POISSONS
Pour l'amour des animaux	61,4%	60,5%	61%	33%
Pour avoir de la compagnie	43,5%	38,2%	37%	10%
Pour s'occuper°	40,4%	37,7%	0%	0%
Parce que j'en ai toujours eu un°	31,8%	28,9%	0%	0%
Pour le bien-être° personnel	29,2%	26,2%	0%	0%
Pour les enfants	23,7%	21,3%	30%	48%

Plus de la moitié *More than half* **animal de compagnie** *pet* **Souvent** *Often* **suit l'arrivée** *follows the arrival* **même** *same* **maîtres** *owners* **moins** *less* **seuls** *lonely* **en ont toujours eu un** *have always had one* **vie** *life* **sans** *without* **parfois** *sometimes* **droits** *rights* **courses en ville** *errands in town* **magasins** *stores* **les plus** *the most* **au sein de** *in the heart of* **s'occuper** *keep busy* **Parce que j'en ai toujours eu un** *Because I've always had one* **bien-être** *well-being*

Après la lecture

Vrai ou faux? Indicate whether these items are **vrai** or **faux**, based on the reading. Correct the false ones.

	Vrai	Faux
1. Les chiens accompagnent leurs maîtres pour les promenades dans le parc.	☐	☐
2. Parfois, les chiens accompagnent leurs maîtres dans les restaurants.	☐	☐
3. Le chat n'est pas un animal apprécié en France.	☐	☐
4. Certaines personnes déclarent posséder un chien pour avoir plus d'exercice physique.	☐	☐
5. Certaines personnes déclarent posséder un chien pour avoir plus de stress.	☐	☐
6. En France, les familles avec enfants n'ont pas de chien.	☐	☐

Fido en famille Choose the correct response according to the article.

1. Combien de foyers en France ont au moins (*at least*) un animal de compagnie?
   a. 20%–25%
   b. 40%–45%
   c. 50%–55%

2. Pourquoi est-ce une bonne idée d'avoir un chien?
   a. pour plus de compagnie et plus de stress
   b. pour l'exercice physique et être seul
   c. pour la compagnie et le développement des enfants

3. Que pensent les familles françaises de leurs chiens?
   a. Les chiens sont plus importants que les enfants.
   b. Les chiens font partie (*are part*) de la famille et participent aux activités quotidiennes (*daily*).
   c. Le rôle des chiens est limité aux promenades.

4. Quelles races de chien les Français préfèrent-ils?
   a. les caniches et les oiseaux
   b. les labradors et les bergers allemands
   c. les caniches et les labradors

5. Y a-t-il des familles avec plus d'un chien?
   a. non
   b. oui
   c. les caniches et les labradors

Mes animaux In groups of three, say why you own or someone you know owns a pet. Give one of the reasons listed in the table on the left or a different one. Use the verb **avoir** and possessive adjectives.

MODÈLE

Mon grand-père a un chien pour son bien-être personnel.

Écriture

Using idea maps

How do you organize ideas for a first draft? Often, the organization of ideas represents the most challenging part of the writing process. Idea maps are useful for organizing pertinent information. Here is an example of an idea map you can use when writing.

SCHÉMA D'IDÉES

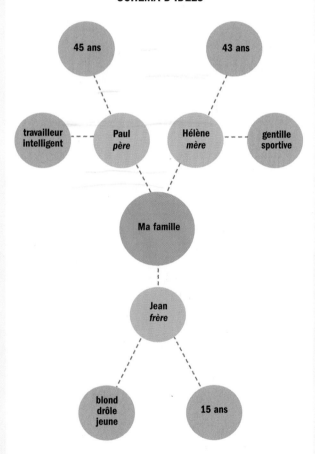

Thème
Écrivez une lettre

Avant l'écriture

1. A French-speaking friend wants to know about your family. Using some of the verbs and adjectives you learned in this lesson, write a brief letter describing your own family or an imaginary one. Be sure to include information from each of these categories for each family member:

- Names, ages, and relationships

- Physical characteristics

- Hobbies and interests

Before you begin, create an idea map like the one on the left, with a circle for each member of your family.

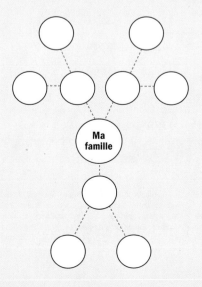

ressources

v̂ Text

vhlcentral.com
Leçon 3B

2. Once you have completed your idea map, compare it with the one created by a classmate. Did you both include the same kind of information? Did you list all your family members? Did you include information from each of the three categories for each person?

3. Here are some useful expressions for writing a letter in French:

Salutations	
Cher Fabien,	*Dear Fabien,*
Chère Joëlle,	*Dear Joëlle,*

Asking for a response	
Réponds-moi vite.	*Write back soon.*
Donne-moi de tes nouvelles.	*Tell me all your news.*

Closings	
Grosses bises!	*Big kisses!*
Je t'embrasse!	*Kisses!*
Bisous!	*Kisses!*
À bientôt!	*See you soon!*
Amitiés,	*In friendship,*
Cordialement,	*Cordially,*
À plus (tard),	*Until later,*

Écriture

Use your idea map and the list of letter-writing expressions to write a letter that describes your family to a friend. Be sure to include some of the verbs and adjectives you have learned in this lesson.

Cher Christophe,

Mon père s'appelle Gabriel. Il a 42 ans. Il est grand, a les cheveux châtains et les yeux marron. Il est architecte et travaille à Paris. Il aime dessiner, lire (to read) et voyager. Ma mère, Nicole, a 37 ans. Elle est petite, blonde et a les yeux bleus. Elle est professeur d'anglais à l'université. Comme mon père, elle aime voyager. Elle aime aussi faire (to do) du sport. Ma sœur, Élodie, a 17 ans. Elle est grande, a les cheveux châtains et les yeux verts. Elle est encore au lycée. Elle adore écouter de la musique et aller au (to go to) cinéma. Mon oncle, ...
Et ta famille, comment est-elle? Donne-moi vite de tes nouvelles!
À bientôt!
Caroline

Après l'écriture

1. Exchange rough drafts with a partner. Comment on his or her work by answering these questions:

- Did your partner make the adjectives agree with the person described?

- Did your partner include the age, family relationship, physical characteristics, and hobbies and interests of each family member?

- Did your partner use verb forms correctly?

- Did your partner use the letter-writing expressions correctly?

2. Revise your description according to your partner's comments. After writing the final version, read it once more to eliminate these kinds of problems:

- spelling errors
- punctuation errors
- capitalization errors
- use of incorrect verb forms
- adjectives that do not agree with the nouns they modify

La famille

aîné(e)	elder
cadet(te)	younger
un beau-frère	brother-in-law
un beau-père	father-in-law; stepfather
une belle-mère	mother-in-law; stepmother
une belle-sœur	sister-in-law
un(e) cousin(e)	cousin
un demi-frère	half-brother; stepbrother
une demi-sœur	half-sister; stepsister
les enfants (m., f.)	children
un époux/ une épouse	spouse
une famille	family
une femme	wife; woman
une fille	daughter; girl
un fils	son
un frère	brother
une grand-mère	grandmother
un grand-père	grandfather
les grands-parents (m.)	grandparents
un mari	husband
une mère	mother
un neveu	nephew
une nièce	niece
un oncle	uncle
les parents (m.)	parents
un père	father
une petite-fille	granddaughter
un petit-fils	grandson
les petits-enfants (m.)	grandchildren
une sœur	sister
une tante	aunt
un chat	cat
un chien	dog
un oiseau	bird
un poisson	fish

Adjectifs descriptifs

antipathique	unpleasant
bleu(e)	blue
blond(e)	blond
brun(e)	dark (hair)
court(e)	short
drôle	funny
faible	weak
fatigué(e)	tired
fort(e)	strong
frisé(e)	curly
génial(e) (géniaux pl.)	great
grand(e)	big; tall
jeune	young
joli(e)	pretty
laid(e)	ugly
lent(e)	slow
mauvais(e)	bad
méchant(e)	mean
modeste	modest, humble
noir(e)	black
pauvre	poor, unfortunate
pénible	tiresome
petit(e)	small, short (stature)
prêt(e)	ready
raide	straight
rapide	fast
triste	sad
vert(e)	green
vrai(e)	true; real

Vocabulaire supplémentaire

divorcer	to divorce
épouser	to marry
célibataire	single
divorcé(e)	divorced
fiancé(e)	engaged
marié(e)	married
séparé(e)	separated
veuf/veuve	widowed
un(e) voisin(e)	neighbor

Expressions utiles	See pp. 95 and 113.
Possessive adjectives	See p. 102.
Numbers 61–100	See p. 116.
Prepositions of location	See p. 120.

Professions et occupations

un(e) architecte	architect
un(e) artiste	artist
un(e) athlète	athlete
un(e) avocat(e)	lawyer
un coiffeur/ une coiffeuse	hairdresser
un(e) dentiste	dentist
un homme/une femme d'affaires	businessman/ woman
un ingénieur	engineer
un(e) journaliste	journalist
un médecin	doctor
un(e) musicien(ne)	musician

Adjectifs irréguliers

actif/active	active
beau/belle	beautiful; handsome
bon(ne)	kind; good
châtain	brown (hair)
courageux/ courageuse	courageous, brave
cruel(le)	cruel
curieux/curieuse	curious
discret/discrète	discreet; unassuming
doux/douce	sweet; soft
ennuyeux/ennuyeuse	boring
étranger/étrangère	foreign
favori(te)	favorite
fier/fière	proud
fou/folle	crazy
généreux/généreuse	generous
gentil(le)	nice
gros(se)	fat
inquiet/inquiète	worried
intellectuel(le)	intellectual
jaloux/jalouse	jealous
long(ue)	long
(mal)heureux/ (mal)heureuse	(un)happy
marron	brown
naïf/naïve	naive
nerveux/nerveuse	nervous
nouveau/nouvelle	new
paresseux/paresseuse	lazy
roux/rousse	red-haired
sérieux/sérieuse	serious
sportif/sportive	athletic
travailleur/ travailleuse	hard-working
vieux/vieille	old

Au café

Pour commencer

- Quelle heure est-il, à votre avis?
  a. neuf heures du matin b. midi
  c. dix heures du soir
- Qu'est-ce qu'il y a sur la table?
  a. des sandwiches b. des boissons
  c. de la soupe
- Qu'est-ce que ces garçons ont envie de faire?
  a. boire b. manger c. partager

You will learn how to...
- say where you are going
- say what you are going to do

**Audio: Vocabulary Practice
My Vocabulary**

Were are we going.

Où allons-nous?

Vocabulaire

21 terms

danser	to dance
explorer	to explore
fréquenter	to frequent; to visit *frequently*
inviter	to invite
nager	to swim
patiner	to skate
une banlieue	suburbs
une boîte (de nuit)	nightclub
un bureau	office; desk
un centre commercial	shopping center, mall
un centre-ville	city/town center, downtown
un cinéma (ciné)	movie theater, movies
un endroit	place
un grand magasin	department store
un gymnase	gym
un hôpital	hospital
un lieu	place
un magasin	store
un marché	market
un musée	museum
un parc	park
une piscine	pool
un restaurant	restaurant
une ville	city, town
une église	church
une épicerie	a grocery store

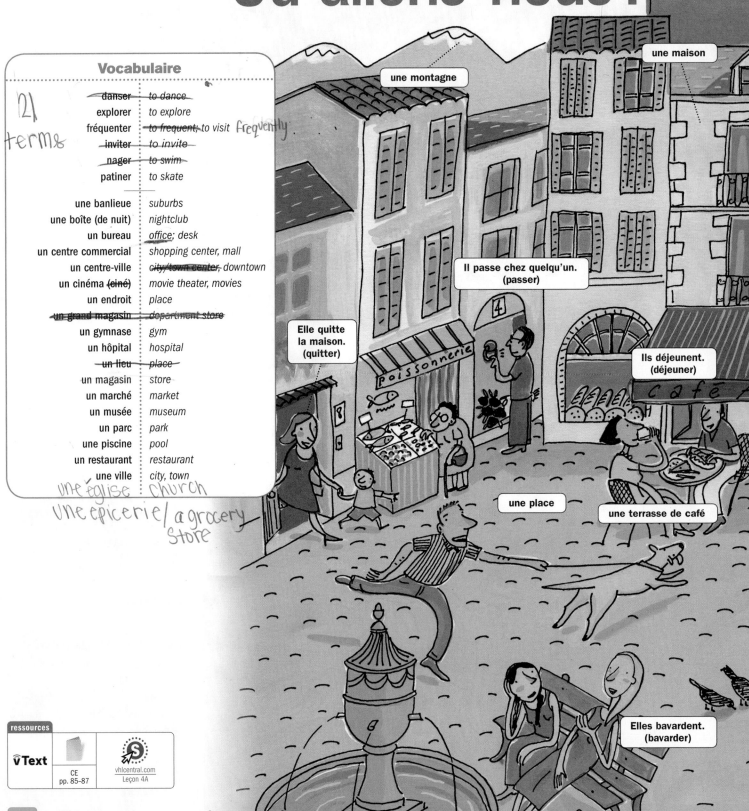

une montagne

une maison

Il passe chez quelqu'un.
(passer)

Elle quitte
la maison.
(quitter)

Ils déjeunent.
(déjeuner)

une place

une terrasse de café

Elles bavardent.
(bavarder)

ressources

vText

CE
pp. 85-87

vhlcentral.com
Leçon 4A

Attention!

une église

Remember that nouns that end in –al have an irregular plural. Replace –al with –aux.

un hôpital → deux hôpitaux

À (to, at) before le or les makes these contractions:
à + le = au   à + les = aux
le musée → au musée
les endroits → aux endroits
À does NOT contract with l' or la.

une épicerie

euromarché

JOURNAUX

un kiosque

Il dépense de l'argent (m.). (dépenser)

Mise en pratique

1 **Associez** Quels lieux associez-vous à ces activités?

1. nager _uni pisine_
2. danser _un boîte de nuit_
3. dîner _un restaurant_
4. travailler _un bureau_
5. habiter _une ville_
6. épouser _une église_
7. voir (to see) un film _une cinema_
8. acheter (to buy) des fruits _une épicerie_

2 **Écoutez** 🎧 Djamila parle de sa journée à son amie Samira. Écoutez la conversation et mettez (put) les lieux de la liste dans l'ordre chronologique. Il y a deux lieux en trop (extra).

____ a. à l'hôpital
____ b. à la maison
____ c. à la piscine
____ d. au centre commercial
____ e. au cinéma
____ f. à l'église
____ g. au musée
____ h. au bureau
____ i. au parc
____ j. au restaurant

Coup de main

Note that the French **Je vais à...** is the equivalent of the English *I am going to...*

3 **Logique ou illogique** Lisez chaque phrase et déterminez si l'action est logique ou illogique. Corrigez si nécessaire.

	logique	illogique
1. Maxime invite Delphine à une épicerie.	☐	☑

Maxime invite Delphine à une cinema

| 2. Caroline et Aurélie bavardent au marché. | | ☑ |

Caroline et Aurélie bavardent au parc

| 3. Nous déjeunons à l'épicerie. | ☐ | ☑ |

Nous déjeuns a le restaurant.

| 4. Ils dépensent beaucoup d'argent au centre commercial. | ☑ | ☐ |

| 5. Vous explorez une ville. | ☑ | ☐ |

| 6. Vous escaladez (climb) une montagne. | ☑ | ☐ |

| 7. J'habite en banlieue. | ☑ | ☐ |

| 8. Tu danses dans un marché. | ☐ | ☑ |

Tu danses dans un boîte de nuit.

 Practice more at **vhlcentral.com**.

Communication

4 **Conversez** Avec un(e) partenaire, échangez vos opinions sur ces activités. Utilisez un élément de chaque colonne dans vos réponses.

MODÈLE

Élève 1: Moi, j'adore bavarder au restaurant, mais je déteste parler au musée.

Élève 2: Moi aussi, j'adore bavarder au restaurant. Je ne déteste pas parler au musée, mais j'aime mieux bavarder au parc.

Opinion	Activité	Lieu
adorer	bavarder	au bureau
aimer (mieux)	danser	au centre commercial
ne pas tellement aimer	déjeuner	au centre-ville
détester	dépenser de l'argent	au cinéma
	étudier	au gymnase
	inviter	au musée
	nager	au parc
	parler	à la piscine
	patiner	au restaurant

5 **La journée d'Anne** Votre professeur va vous donner, à vous et à votre partenaire, une feuille d'activités partiellement illustrée. À tour de rôle, posez-vous des questions pour compléter vos feuilles respectives. Utilisez le vocabulaire de la leçon. Attention! Ne regardez pas la feuille de votre partenaire.

MODÈLE

Élève 1: À 7h30, Anne quitte la maison. Qu'est-ce qu'elle fait ensuite (do next)?

Élève 2: À 8h00, elle...

Anne

6 **Une lettre** Écrivez une lettre à un(e) ami(e) dans laquelle (*in which*) vous décrivez vos activités de la semaine. Utilisez les expressions de la liste.

bavarder	passer chez quelqu'un
déjeuner	travailler
dépenser de l'argent	quitter la maison
étudier	un centre commercial
manger au restaurant	un cinéma

Cher Paul,

Comment vas-tu? Pour (For) moi, tout va bien. Je suis très actif/active. Je travaille beaucoup et j'ai beaucoup d'amis. En général, le samedi, après les cours, je déjeune chez moi et l'après-midi, je bavarde avec mes amis...

Les sons et les lettres

 Audio: Explanation
Record & Compare

🎧 **Oral vowels**

French has two basic kinds of vowel sounds: oral vowels, the subject of this discussion, and nasal vowels, presented in **Leçon 4B**. Oral vowels are produced by releasing air through the mouth. The pronunciation of French vowels is consistent and predictable.

In short words (usually two-letter words), **e** is pronounced similarly to the *a* in the English word *about*.

le	que	ce	de

The letter **a** alone is pronounced like the *a* in *father*.

la	ça	ma	ta

The letter **i** by itself and the letter **y** are pronounced like the vowel sound in the word *bee*.

ici	livre	stylo	lycée

The letter combination **ou** sounds like the vowel sound in the English word *who*.

vous	nous	oublier	écouter

The French **u** sound does not exist in English. To produce this sound, say *ee* with your lips rounded.

tu	du	une	étudier

Prononcez Répétez les mots suivants à voix haute.

1. je	5. utile	9. mari	13. gymnase
2. chat	6. place	10. active	14. antipathique
3. fou	7. jour	11. Sylvie	15. calculatrice
4. ville	8. triste	12. rapide	16. piscine

Articulez Répétez les phrases suivantes à voix haute.

1. Salut, Luc. Ça va?
2. La philosophie est difficile.
3. Brigitte est une actrice fantastique.
4. Suzanne va à son cours de physique.
5. Tu trouves le cours de maths facile?
6. Viviane a une bourse universitaire.

Plus on est de fous, plus on rit.[2]

Dictons Répétez les dictons à voix haute.

Qui va à la chasse perd sa place.[1]

[1] He who steps out of line loses his place.
[2] The more the merrier.

Star du cinéma

 Video: *Roman-photo*
Record & Compare

PERSONNAGES

Amina

David

Pascal

Sandrine

À l'épicerie...
DAVID Juliette Binoche? Pas possible! Je vais chercher Sandrine!

Au café...
PASCAL Alors, chérie, tu vas faire quoi de ton week-end?
SANDRINE Euh, demain je vais déjeuner au centre-ville.
PASCAL Bon... et quand est-ce que tu vas rentrer?
SANDRINE Euh, je ne sais pas. Pourquoi?

PASCAL Pour rien. Et demain soir, tu vas danser?
SANDRINE Ça dépend. Je vais passer chez Amina pour bavarder avec elle.
PASCAL Combien d'amis as-tu à Aix-en-Provence?
SANDRINE Oh, Pascal...
PASCAL Bon, moi, je vais continuer à penser à toi jour et nuit.

DAVID Mais l'actrice! Juliette Binoche!
SANDRINE Allons-y! Vite! C'est une de mes actrices préférées! J'adore le film *Chocolat*!
AMINA Et comme elle est chic! C'est une vraie star!
DAVID Elle est à l'épicerie! Ce n'est pas loin d'ici!

Dans la rue...
AMINA Mais elle est où, cette épicerie? Nous allons explorer toute la ville pour rencontrer Juliette Binoche?
SANDRINE C'est là, l'épicerie Pierre Dubois, à côté du cinéma?
DAVID Mais non, elle n'est pas à l'épicerie Pierre Dubois, elle est à l'épicerie près de l'église, en face du parc.

AMINA Et combien d'églises est-ce qu'il y a à Aix?
SANDRINE Il n'y a pas d'église en face du parc!
DAVID Bon, hum, l'église sur la place.
AMINA D'accord, et ton église sur la place, elle est ici au centre-ville ou en banlieue?

 1 **Vrai ou faux?** Indiquez pour chaque phrase si l'affirmation est vraie ou fausse et corrigez si nécessaire.

1. David va chercher Pascal.
2. Sandrine va déjeuner au centre-ville.
3. Pascal va passer chez Amina.
4. Pascal va continuer à penser à Sandrine jour et nuit.
5. Pascal va bien.

6. Juliette Binoche est l'actrice préférée de Sandrine.
7. L'épicerie est loin du café.
8. L'épicerie Pierre Dubois est à côté de l'église.
9. Il n'y a pas d'église en face du parc.
10. Juliette Binoche fréquente le P'tit Bistrot.

 Practice more at **vhlcentral.com**.

A C T I V I T É S

David et les filles à la recherche de (*in search of*) leur actrice préférée

SANDRINE Oui. Génial.
Au revoir, Pascal.
AMINA Salut, Sandrine. Comment
va Pascal?
SANDRINE Il va bien, mais il
adore bavarder.

DAVID Elle est là, elle est là!
SANDRINE Mais, qui est là?
AMINA Et c'est où, «là»?
DAVID Juliette Binoche! Mais non,
pas ici!
SANDRINE ET AMINA Quoi? Qui? Où?

Devant l'épicerie...
DAVID C'est elle, là! Hé, JULIETTE!
AMINA Oh, elle est belle!
SANDRINE Elle est jolie, élégante!
AMINA Elle est... petite?
DAVID Elle, elle... est... vieille?!?

AMINA Ce n'est pas du tout
Juliette Binoche!
SANDRINE David, tu es complètement
fou! Juliette Binoche, au
centre-ville d'Aix?
AMINA Pourquoi est-ce qu'elle ne
fréquente pas le P'tit Bistrot?

2 Questions À l'aide (*the help*) d'un dictionnaire, choisissez le bon mot pour chaque question.

1. (Avec qui, Quoi) Sandrine parle-t-elle au téléphone?

2. (Où, Parce que) Sandrine va-t-elle déjeuner?

3. (Qui, Pourquoi) Pascal demande-t-il à Sandrine quand elle va rentrer?

4. (Combien, Comment) d'amis Sandrine a-t-elle?

5. (Combien, À qui) Amina demande-t-elle comment va Pascal?

6. (Quand, Où) est Juliette Binoche?

3 Écrivez Pensez à votre acteur ou actrice préféré(e) et préparez un paragraphe où vous décrivez son apparence, sa personnalité et sa carrière. Comment est-il/elle? Dans quel(s) (*which*) film(s) joue-t-il/elle? Si un jour vous rencontrez cet acteur/cette actrice, qu'est-ce que vous allez lui dire (*say to him or her*)?

ressources

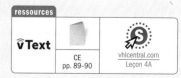

v̂ Text

CE
pp. 89–90

vhlcentral.com
Leçon 4A

A C T I V I T É S

CULTURE À LA LOUPE

Les passe-temps des jeunes Français

Comment est-ce que les jeunes occupent leur temps libre° en France? Les jeunes de 15 à 25 ans passent beaucoup de temps à regarder la télévision: environ° 12 heures par° semaine. Ils écoutent aussi beaucoup de musique: environ 16 heures par semaine, et surfent souvent° sur Internet (11 heures). Environ 25% des jeunes Français ont même° déjà° un blog sur Internet. Les jeux° vidéo sont aussi très populaires: les jeunes jouent° en moyenne° 15 heures par semaine.

En France, les jeunes aiment également° les activités culturelles, en particulier le cinéma: en moyenne, ils y° vont une fois° par semaine. Ils aiment aussi la littérature et l'art: presque° 50% (pour cent) visitent des musées ou des monuments historiques chaque année et plus de° 40% vont au théâtre ou à des concerts. Un jeune sur cinq° joue d'un instrument de musique ou chante°, et environ 20% d'entre eux° pratiquent une activité artistique, comme la danse, le théâtre, la sculpture, le dessin° ou la peinture°. La photographie et la vidéo sont aussi très appréciées.

Il ne faut pas° oublier de mentionner que les jeunes Français sont aussi très sportifs. Bien sûr, comme tous les jeunes, ils préfèrent parfois° simplement se détendre° et bavarder avec des amis.

Finalement, les passe-temps des jeunes Français sont similaires aux activités des jeunes Américains!

temps libre *free time* environ *around* par *per* souvent *often* même *even* déjà *already* jeux *games* jouent *play* en moyenne *on average* également *also* y *there* fois *time* presque *almost* plus de *more than* Un... sur cinq *One... in five* chante *sings* d'entre eux *of them* dessin *drawing* peinture *painting* Il ne faut pas *One must not* parfois *sometimes* se détendre *relax* les *them*

Les activités culturelles des Français

(% des Français qui les° pratiquent)

le dessin	7%
la peinture	4%
le piano	3%
autre instrument de musique	3%
la danse	2%
la guitare	2%
la sculpture	1%
le théâtre	1%

SOURCE: Francoscopie

A C T I V I T É S

1 **Vrai ou faux?** Indiquez si les phrases sont **vraies** ou **fausses**. Corrigez les phrases fausses.

1. Les jeunes Français n'écoutent pas de musique.

2. Ils n'utilisent pas Internet.

3. Ils aiment aller au musée.

4. Ils n'aiment pas beaucoup les livres.

5. Ils n'aiment pas pratiquer d'activités artistiques.

6. Les Français entre 15 et 25 ans ne font pas de sport.

7. Les passe-temps des jeunes Américains sont similaires aux passe-temps des jeunes Français.

8. L'instrument de musique le plus (*the most*) populaire en France est le piano.

9. Plus de (*More*) gens pratiquent la peinture que la sculpture.

10. Environ 10% des Français pratiquent la sculpture.

 Practice more at **vhlcentral.com.**

Le verlan

En France, on entend parfois° des jeunes
parler en **verlan**. En verlan, les syllabes des
mots sont inversées°:

l'envers° → vers–l'en → verlan.

Voici quelques exemples:

français	verlan	anglais
louche	chelou	*shady*
café	féca	*café*
mec	keum	*guy*
femme	meuf	*woman*

parfois *sometimes* **inversées** *inverted* **l'envers** *the reverse*

Où passer le temps

Voici quelques endroits typiques où les jeunes
francophones aiment se restaurer° et passer
du temps.

En Afrique de l'Ouest

Le maquis Commun dans beaucoup de pays°
d'Afrique de l'Ouest°, le maquis est un restaurant où
on peut manger à bas prix°. Situé en ville ou en bord
de route°, le maquis est typiquement en plein air°.

Au Sénégal

Le tangana Le terme «tang» signifie «chaud» en
wolof, une des langues nationales du Sénégal.
Le tangana est un lieu populaire pour se restaurer.
On trouve souvent les tanganas au coin de la rue°,
en plein air, avec des tables et des bancs°.

se restaurer *have something to eat* **pays** *countries* **Ouest** *West*
à bas prix *inexpensively* **en bord de route** *on the side of the road*
en plein air *outdoors* **coin de la rue** *street corner* **bancs** *benches*

Le parc Astérix

Situé° à 30 kilomètres de
Paris, en Picardie, le parc
Astérix est le premier parc
à thème français. Le parc
d'attractions°, ouvert° en
1989, est basé sur la bande
dessinée° française, *Astérix
le Gaulois.* Création de René
Goscinny et d'**Albert Uderzo**,
Astérix est un guerrier
gaulois° qui lutte° contre l'invasion des Romains. Au parc Astérix, il y
a des montagnes russes°, des petits trains
et des spectacles, tous° basés sur les
aventures d'Astérix et de son meilleur ami,
Obélix. Une des attractions, *le Tonnerre°
de Zeus*, est la plus grande° montagne
russe en bois° d'Europe.

Situé *Located* **parc d'attractions** *amusement park*
ouvert *opened* **bande dessinée** *comic strip* **guerrier**
gaulois *Gallic warrior* **lutte** *fights* **montagnes russes** *roller
coasters* **tous** *all* **Tonnerre** *Thunder* **la plus grande**
the largest **en bois** *wooden*

Sur Internet

**Comment sont les
parcs d'attractions
dans les autres pays
francophones?**

Go to **vhlcentral.com**
to find more
information related to
this **Culture** section.

---

2 **Compréhension** Complétez les phrases.

1. Le parc Astérix est basé sur Astérix le Gaulois, une _____.
2. Astérix le Gaulois est une _____ de René Goscinny et d'Albert Uderzo.
3. Le parc Astérix est près de la ville de _____.
4. Astérix est un _____ gaulois.
5. En verlan, on peut passer du temps avec ses copains au _____.
6. Au Sénégal, on parle aussi le _____.

3 **Vos activités préférées** Posez des questions à trois
ou quatre de vos camarades de classe à propos de leurs
activités favorites. Comparez vos résultats avec ceux (*those*)
d'un autre groupe.

ressources

 vText

 vhlcentral.com
Leçon 4A

A C T I V I T É S

4A.1

The verb *aller*

Presentation
Grammar Tutorial

Point de départ In **Leçon 1A**, you saw a form of the verb **aller** (*to go*) in the expression **ça va**. Now you will use this verb, first, to talk about going places and, second, to express actions that take place in the immediate future.

aller			
je vais	*I go*	**nous allons**	*we go*
tu vas	*you go*	**vous allez**	*you go*
il/elle/on va	*he/she/it/one goes*	**ils/elles vont**	*they go*

- The verb **aller** is irregular. Only the **nous** and **vous** forms resemble the infinitive.

  Tu **vas** souvent au cinéma?
  Do you go to the movies often?

  Nous **allons** au marché le samedi.
  We go to the market on Saturdays.

  Je **vais** à la piscine.
  I'm going to the pool.

  Vous **allez** au parc aussi?
  Are you going to the park too?

- **Aller** can also be used with another verb to tell what is going to happen. This construction is called **le futur proche** (*the immediate future*). Conjugate **aller** in the present tense and place the other verb's infinitive form directly after it.

  Nous **allons déjeuner** sur la terrasse.
  We're going to eat lunch on the terrace.

  Marc et Julie **vont explorer** le centre-ville.
  Marc and Julie are going to explore the city center.

  Je **vais partager** la pizza avec ma copine.
  I'm going to share the pizza with my friend.

  Elles **vont retrouver** Guillaume à la cantine.
  They're going to meet Guillaume at the cafeteria.

Demain, je vais déjeuner au centre-ville.

Et quand est-ce que tu vas rentrer?

À noter

In **Leçon 2A**, you learned how to form questions with inversion when you have a conjugated verb + infinitive. Follow the same pattern for **le futur proche**. Example: **Théo va-t-il déjeuner à midi?**

- To negate an expression in **le futur proche**, place **ne/n'** before the conjugated form of **aller** and **pas** after it.

  Je **ne vais pas** oublier la date.
  I'm not going to forget the date.

  Nous **n'allons pas** quitter la maison.
  We're not going to leave the house.

  Tu **ne vas pas** manger au café?
  Aren't you going to eat at the café?

  Ousmane **ne va pas** retrouver Salima au parc.
  Ousmane is not going to meet Salima at the park.

- Note that **le futur proche** can be used with the infinitive of **aller** to mean *going to go (somewhere)*.

  Elle **va aller** à la piscine.
  She's going to go to the pool.

  Vous **allez aller** au gymnase ce soir?
  Are you going to go to the gym tonight?

The preposition à

- The preposition **à** can be translated in various ways in English: *to, in, at*. When followed by the definite article **le** or **les**, the preposition **à** and the definite article contract into one word.

  à + le ▶ au   à + les ▶ aux

  Nous allons **au** magasin.   Ils parlent **aux** profs.
  We're going to the store.   *They're talking to the teachers.*

- The preposition **à** does not contract with **la** or **l'**.

  à + la ▶ à la   à + l' ▶ à l'

  Je rentre **à la** maison.   Il va **à l'**épicerie.
  I'm going back home.   *He's going to the grocery store.*

- The preposition **à** often indicates a physical location, as with **aller à** and **habiter à**. However, it can have other meanings depending on the verb used.

Verbs with the preposition *à*			
commencer à + [*infinitive*]	to start (doing something)	penser à	to think about
parler à	to talk to	téléphoner à	to phone (someone)

  Elle va **parler au** professeur.   Il **commence à travailler** demain.
  She's going to talk to the teacher.   *He starts working tomorrow.*

- In general, **à** is used to mean *at* or *in*, whereas **dans** is used to mean *inside* or *within*. When learning a place name in French, learn the preposition that accompanies it.

Prepositions with place names			
à la maison	at home	dans la maison	inside the house
à Paris	in Paris	dans Paris	within Paris
en ville	in town	dans la ville	within the town
sur la place	in the square	à/sur la terrasse	on the terrace

  Tu travailles **à la maison**?   On mange **dans la maison**.
  Are you working at home?   *We'll eat in the house.*

Essayez!   Utilisez la forme correcte du verbe **aller**.

1. Comment ça ___*va*___?

2. Tu _____ à la piscine pour nager.

3. Ils _____ au centre-ville.

4. Nous _____ bavarder au parc.

5. Vous _____ aller au restaurant ce soir?

6. Elle _____ aller à l'église dimanche matin.

7. Ce soir, je _____ faire mes devoirs.

8. On ne _____ pas passer par l'épicerie cet après-midi.

Mise en pratique

1 **Questions parentales** Votre père est très curieux. Trouvez les questions qu'il pose.

MODÈLE

tes frères / piscine
Tes frères vont à la piscine?

1. tu / cinéma / ce soir _____
2. tes amis et toi, vous / café _____
3. ta mère et moi, nous / ville / vendredi _____
4. ton ami(e) / souvent / marché _____
5. je / musée / avec toi / demain _____
6. tes amis / parc _____
7. on / église / dimanche _____
8. tes amis et toi, vous / parfois / gymnase _____

2 **Samedi prochain** Voici ce que (*what*) vous et vos amis faites (*are doing*) aujourd'hui. Indiquez que vous allez faire les mêmes (*same*) choses samedi prochain.

MODÈLE

Je nage.
Samedi prochain aussi, je vais nager.

1. Paul bavarde avec ses copains. _____
2. Nous dansons. _____
3. Je dépense de l'argent dans un magasin. _____
4. Luc et Sylvie déjeunent au restaurant. _____
5. Vous explorez le centre-ville. _____
6. Tu patines. _____
7. Amélie nage à la piscine. _____
8. Lucas et Sabrina téléphonent à leurs grands-parents. _____

3 **Où vont-ils?** Avec un(e) partenaire, indiquez où vont les personnages.

▶ **MODÈLE**

Henri va au cinéma.

Henri

1. tu

2. nous

3. Paul et Luc

4. vous

Practice more at **vhlcentral.com.**

Communication

4 **Activités du week-end** Avec un(e) partenaire, assemblez les éléments des colonnes pour poser des questions. Rajoutez (*Add*) d'autres éléments utiles.

 MODÈLE

Élève 1: *Est-ce que tu vas déjeuner aves tes copains?*
Élève 2: *Oui, je vais déjeuner avec mes copains.*

A	B	C	D
ta sœur	aller	voyager	professeur
vous		aller	cinéma
tes copains		déjeuner	piscine
nous		bavarder	centre
tu		nager	commercial
ton petit ami		parler	café
ta petite amie		inviter	parents
tes		téléphoner	copains
grands-parents		visiter	petit(e) ami(e)
		patiner	camarades de classe
			musée
			cousin(e)s

5 **Le grand voyage** Vous avez gagné (*have won*) un voyage. Par groupes de trois, expliquez à vos camarades ce que vous allez faire pendant (*during*) le voyage. Vos camarades vont deviner (*to guess*) où vous allez.

MODÈLE

Élève 1: *Je vais visiter le musée du Louvre.*
Élève 2: *Est-ce que tu vas aller à Paris?*

6 **À Deauville** Votre professeur va vous donner, à vous et à votre partenaire, un plan (*map*) de Deauville. Attention! Ne regardez pas la feuille de votre partenaire.

 MODÈLE

Élève 1: *Où va Simon?*
Élève 2: *Il va au kiosque.*

Interrogative words   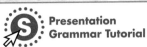 **Presentation**
Grammar Tutorial

Point de départ In **Leçon 2A**, you learned four ways to formulate yes or no questions in French. However, many questions seek information that can't be provided by a simple yes or no answer.

- Use these words with **est-ce que** or inversion.

Interrogative words			
à quelle heure?	*at what time?*	quand?	*when?*
combien (de)?	*how many?;*	que/qu'...?	*what?*
	how much?	quel(le)(s)?	*which?; what?*
comment?	*how?; what?*	(à/avec/pour)	*(to/with/for)*
où?	*where?*	qui?	*who(m)?*
pourquoi?	*why?*	quoi?	*what?*

À qui le professeur parle-t-il ce matin?
Who is the teacher talking to this morning?

Combien de villes **y a-t-il** en Suisse?
How many cities are there in Switzerland?

Pourquoi est-ce que tu danses?
Why are you dancing?

Que vas-tu manger?
What are you going to eat?

- When the question word **qui** (*who*) is the subject of a sentence, it is followed directly by a verb. The verb in this case is always in the third person singular.

Qui invite Patrice à dîner?
Who is inviting Patrice to dinner?

Qui n'aime pas danser?
Who doesn't like to dance?

- When the question word **qui** (*whom*) is the object of a sentence, it is followed by **est-ce que** or inversion.

Qui est-ce que tu regardes?
Who are you looking at?

Qui regardes-tu?
Who are you looking at?

- Although **quand?** and **à quelle heure?** can both be translated as *when?*, they are not interchangeable in French. Use **quand** to talk about a day or date, and **à quelle heure** to talk about a specific time of day.

Quand est-ce que le cours commence?
When does the class start?

À quelle heure est-ce qu'il commence?
At what time does it begin?

Il commence **le lundi 28 août**.
It starts Monday, August 28.

Il commence **à dix heures et demie**.
It begins at 10:30.

- Another way to formulate questions with most interrogative words is by placing them after a verb. This kind of formulation is very informal but very common.

Tu t'appelles **comment**?
What's your name?

Tu habites **où**?
Where do you live?

- Note that **quoi?** (*what?*) must immediately follow a preposition in order to be used with **est-ce que** or **inversion**. If no preposition is necessary, place **quoi** after the verb.

À quoi pensez-vous?
What are you thinking about?

Elle étudie **quoi**?
What does she study?

De quoi est-ce qu'il parle?
What is he talking about?

Tu regardes **quoi**?
What are you looking at?

Boîte à outils

If a question word is followed immediately by the verb **être**, don't use **est-ce que**.

Où est mon sac à dos?
Where is my backpack?

Comment est ta petite amie?
What's your girlfriend like?

À noter

Refer to **Structures 2A.2** to review how to answer a question with **pourquoi** using **parce que/qu'**.

- Use **Comment?** or **Pardon?** to indicate that you don't understand what's being said. You may also use **Quoi?** but only in informal situations with friends.

Vous allez voyager cette année?
Are you going to travel this year?

Comment?
I beg your pardon?

The interrogative adjective *quel(le)(s)*

- The interrogative adjective **quel** means *what* or *which*. The form of **quel** varies in gender and number with the noun it modifies.

The interrogative adjective *quel(le)(s)*			
	singular		**plural**
masculine	Quel	*restaurant?*	Quels *cours?*
feminine	Quelle	*montre?*	Quelles *filles?*

Quel restaurant aimes-tu?
Which restaurant do you like?

Quels cours commencent à dix heures?
What classes start at ten o'clock?

Quelle montre a-t-il?
What watch does he have?

Quelles filles vont à la cantine?
Which girls are going to the cafeteria?

- **Qu'est-ce que** and **quel** both mean *what*, but they are used differently. Use a form of **quel** to ask *What is/are...?* if you want to know specific information about a noun. **Quel(le)(s)** may be followed directly by a form of **être** and a noun, in which case the form of **quel(le)(s)** agrees with that noun.

Quel est ton numéro de téléphone?
What is your phone number?

Quels sont tes cours préférés?
What are your favorite classes?

Quelles amies invites-tu?
What friends are you inviting?

Quelle heure est-il?
What time is it?

- Use **qu'est-ce que** in most other cases.

Qu'est-ce que tu vas manger?
What are you going to eat?

Qu'est-ce que Sandrine étudie?
What is Sandrine studying?

Tu es de quelle origine?

Quel jour sommes-nous?

Essayez!   **Donnez les mots (*words*) interrogatifs.**

1. _Comment_ allez-vous?
2. _____ est-ce que vous allez faire (*do*) après le cours?
3. Le cours de français commence à _____ heure?
4. _____ est-ce que tu ne travailles pas?
5. Avec _____ est-ce qu'on va au cinéma ce soir?
6. _____ d'élèves y a-t-il dans la salle de classe?
7. _____ musées vas-tu visiter?
8. _____ est-ce que tes parents arrivent?
9. _____ n'aime pas voyager?
10. _____ est-ce qu'on dîne ce soir?

Mise en pratique

1 Le français familier Utilisez l'inversion pour reformuler les questions.

> **MODÈLE**
>
> Tu t'appelles comment?
> *Comment t'appelles-tu?*

1. Tu habites où? _____
2. Le film commence à quelle heure? _____
3. Il est quelle heure? _____
4. Tu as combien de frères? _____
5. Le prof parle quand? _____
6. Vous aimez quoi? _____
7. Elle téléphone à qui? _____
8. Il étudie comment? _____
9. Il y a combien d'enfants? _____
10. Elle aime qui? _____

2 La paire Trouvez la paire et formez des phrases complètes. Utilisez chaque (*each*) option une seule fois (*only once*).

1.	À quelle heure	a.	est-ce que tu regardes?
2.	Comment	b.	habitent-ils?
3.	Combien de	c.	est-ce que tu habites dans le centre-ville?
4.	Avec qui	d.	est-ce que le cours commence?
5.	Où	e.	heure est-il?
6.	Pourquoi	f.	vous appelez-vous?
7.	Qu'	g.	villes est-ce qu'il y a aux États-Unis?
8.	Quelle	h.	parlez-vous?

3 La question Vous avez les réponses. Quelles sont les questions?

> **MODÈLE**
>
> Il est midi.
> *Quelle heure est-il?*

1. Les cours commencent à huit heures. _____
2. Stéphanie habite à Paris. _____
3. Julien danse avec Caroline. _____
4. Elle s'appelle Julie. _____
5. Laetitia a deux chiens. _____
6. Elle déjeune dans ce restaurant parce qu'il est à côté de son bureau. _____
7. Nous allons bien, merci. _____
8. Je vais au marché mardi. _____
9. Simon aime danser. _____
10. Brigitte pense à ses études. _____

Communication

4 **Questions et réponses** À tour de rôle, posez une question à un(e)
partenaire au sujet de chaque (*each*) thème de la liste. Posez une seconde
question basée sur sa réponse.

 MODÈLE

Élève 1: *Où est-ce que tu habites?*
Élève 2: *J'habite chez mes parents.*
Élève 1: *Pourquoi est-ce que tu habites chez tes parents?*

Thèmes

- où vous habitez
- ce que vous faites (*do*) le week-end
- à qui vous téléphonez
- combien de frères et sœurs vous avez
- les endroits que vous fréquentez avec vos copains
- comment sont vos camarades de classe
- quels cours vous aimez

5 **La montagne** Par groupes de quatre, lisez (*read*) avec attention la lettre de
Céline. Fermez votre livre. Une personne du groupe va poser une question basée
sur l'information donnée. La personne qui répond pose une autre question au
groupe, etc.

> Bonjour. Je m'appelle Céline. J'ai 17 ans. Je suis
> grande, mince et sportive. J'habite à Grenoble
> dans une maison agréable. Je suis en première.
> J'adore la montagne.
>
> Tous les week-ends, je vais skier à Chamrousse
> avec mes trois amis Alain, Catherine et Pascal.
> Nous skions de midi à cinq heures. À six heures,
> nous prenons un chocolat chaud à la terrasse
> d'un café ou nous allons manger des crêpes
> dans un restaurant. Nous allons au cinéma
> tous ensemble.

6 **Le week-end** Avec un(e) partenaire, posez-vous des questions pour savoir (*know*)
où vous allez aller ce (*this*) week-end. Utilisez **le futur proche**. Posez beaucoup de
questions pour avoir tous les détails sur les projets (*plans*) de votre partenaire.

MODÈLE

Élève 1: *Où est-ce que tu vas aller samedi?*
Élève 2: *Je vais aller au centre commercial.*
Élève 1: *Avec qui?*

Révision

1 En ville Par groupes de trois, interviewez vos camarades. Où allez-vous en ville? Quand ils mentionnent un endroit de la liste, demandez des détails (quand? avec qui? pourquoi? etc.). Présentez les réponses à la classe.

le centre commercial	le musée
le cinéma	le parc
le gymnase	la piscine
le marché	le restaurant

2 La semaine prochaine Voici votre agenda (*day planner*). Parlez de votre semaine avec un(e) partenaire. Mentionnez trois activités associées au travail et trois activités d'un autre type. Deux des activités doivent (*must*) être des activités de groupe.

MODÈLE

Lundi, je vais préparer un examen, mais samedi, je vais danser en boîte.

	L	M	M	J	V	S	D
8h30							
9h00							
9h30							
10h00							
10h30							
11h00							
11h30							
12h00							
12h30							

3 Le week-end Par groupes de trois, posez-vous des questions sur vos projets (*plans*) pour le week-end prochain. Donnez des détails. Mentionnez aussi des activités faites (*made*) pour deux personnes.

MODÈLE

Élève 1: *Quels projets avez-vous pour ce week-end?*
Élève 2: *Nous allons au marché samedi.*
Élève 3: *Et nous allons au cinéma dimanche.*

4 Ma ville À tour de rôle, vous invitez votre partenaire dans une ville pour une visite d'une semaine. Préparez une liste d'activités variées et proposez-les (*them*) à votre partenaire. Ensuite (*Then*), comparez vos villes et vos projets (*plans*) avec ceux (*those*) d'un autre groupe.

MODÈLE

Élève 1: *Samedi, on va au centre-ville.*
Élève 2: *Nous allons dépenser de l'argent!*

5 Où passer un long week-end? Vous et votre partenaire avez la possibilité de passer un long week-end à Montréal ou à La Nouvelle-Orléans, mais vous préférez chacun(e) (*each one*) une ville différente. Jouez la conversation pour la classe.

MODÈLE

Élève 1: *À Montréal, on va aller dans les librairies!*
Élève 2: *Oui, mais à La Nouvelle-Orléans, je vais aller à des concerts de musique cajun!*

Montréal

- le jardin (*garden*) botanique
- le musée des Beaux-Arts
- le parc du Mont-Royal
- le Vieux-Montréal

La Nouvelle-Orléans

- le Café du Monde
- la cathédrale Saint-Louis
- la route des plantations
- le vieux carré, quartier (*neighborhood*) français

6 La semaine de Martine Votre professeur va vous donner, à vous et à votre partenaire, des informations sur la semaine de Martine. Attention! Ne regardez pas la feuille de votre partenaire.

MODÈLE

Lundi matin, Martine va dessiner au parc.

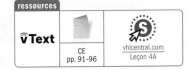

ressources

vText

CE
pp. 91-96

vhlcentral.com
Leçon 4A

 **Video: TV Clip**

Le Zapping

SWISS made

La compagnie Swiss International Air Lines offre à ses passagers une alternative aux compagnies aériennes° contemporaines. En général, le public a une mauvaise opinion des compagnies: les gens° se plaignent° constamment du mauvais service et de la mauvaise cuisine. Voilà pourquoi Swiss International Air Lines propose à ses clients l'élégance et le confort. Sa stratégie de marketing bénéficie de l'excellente réputation des produits et des services suisses, dont° la qualité supérieure est reconnue° dans le monde entier.

—Le ventilateur doucement° murmure...   —Au micro° parle le copilote...

Compréhension Répondez aux questions.

1. Quels endroits d'une ville trouve-t-on dans la publicité (*ad*)?
2. Quels types de personnes y a-t-il dans la publicité? Pourquoi est-ce important?

Discussion Par groupes de quatre, répondez aux questions.

1. Avez-vous un produit fabriqué en Suisse? Si oui, quel produit? Décrivez sa qualité. Sinon, quel produit suisse avez-vous envie de posséder? Pourquoi?
2. Vous allez fonder une compagnie aérienne différente des autres (*from the others*). Comment est-elle différente? Quelles destinations va-t-elle proposer?

compagnies aériennes *airlines* **les gens** *people* **se plaignent** *complain* **dont** *whose*
reconnue *recognized* **avion** *plane* **Le ventilateur doucement** *The fan gently* **micro** *microphone*

You will learn how to...
- order food and beverages
- ask for your check

Audio: Vocabulary Practice
My Vocabulary

J'ai faim!

Vocabulaire	
apporter	to bring, to carry
coûter	to cost
Combien coûte(nt)...?	How much is/are...?
une baguette	baguette (long, thin loaf of bread)
le beurre	butter
des frites (f.)	French fries
un fromage	cheese
le jambon	ham
un pain (de campagne)	(country-style) bread
un sandwich	sandwich
une boisson (gazeuse)	(soft) (carbonated) drink/ beverage
un chocolat (chaud)	(hot) chocolate
une eau (minérale)	(mineral) water
un jus (d'orange, de pomme, etc.)	(orange, apple, etc.) juice
le lait	milk
une limonade	lemon soda
un thé (glacé)	(iced) tea
(pas) assez (de)	(not) enough (of)
beaucoup (de)	a lot (of)
d'autres	others
un morceau (de)	piece, bit (of)
un peu (plus/moins) (de)	a little (more/less) (of)
plusieurs	several
quelque chose	something; anything
quelques	some
tous (m. pl.)	all
tout (m. sing.)	all
tout le/tous les (m.)	all the
toute la/toutes les (f.)	all the
trop (de)	too many/much (of)
un verre (de)	glass (of)

un serveur (serveuse f.)

le prix

une bouteille d'eau

l'addition (f.)

une soupe

les croissants (m.)

Elle laisse un pourboire. (laisser)

Il a faim.

menu du jour
soupe du jour 3.50€
plat du jour 12€

ressources

vText

CE pp. 97–99

vhlcentral.com Leçon 4B

le sucre

le thé

Il a soif.

une tasse

un café

Il mange quelque chose. (manger)

un éclair

un café

Mise en pratique

1 **Chassez l'intrus** Trouvez le mot qui ne va pas avec les autres.

1. un croissant, le pain, le fromage, une baguette
2. une limonade, un jus de pomme, un jus d'orange, le beurre
3. des frites, un sandwich, le sucre, le jambon
4. le jambon, un éclair, un croissant, une baguette
5. l'eau, la boisson, l'eau minérale, la soupe
6. l'addition, un chocolat, le pourboire, coûter
7. apporter, d'autres, plusieurs, quelques
8. un morceau, une bouteille, un verre, une tasse

2 **Reliez** Choisissez les expressions de quantité qui correspondent le mieux (*the best*) aux produits.

MODÈLE

un morceau de baguette

| une bouteille de une tasse de |
| un morceau de un verre de |

1. _____ eau
2. _____ sandwich
3. _____ fromage
4. _____ chocolat
5. _____ café
6. _____ jus de pomme
7. _____ thé
8. _____ limonade

3 **Écoutez** 🎧 Écoutez la conversation entre André et le serveur du café Gide, et décidez si les phrases sont **vraies** ou **fausses**.

	Vrai	Faux
1. André n'a pas très soif.	☐	☐
2. André n'a pas faim.	☐	☐
3. Au café, on peut commander (*one may order*) un jus d'orange, une limonade, un café ou une boisson gazeuse.	☐	☐
4. André commande un sandwich au jambon avec du fromage.	☐	☐
5. André commande une tasse de chocolat.	☐	☐
6. André déteste le lait et le sucre.	☐	☐
7. André n'a pas beaucoup d'argent.	☐	☐
8. André ne laisse pas de pourboire.	☐	☐

Practice more at **vhlcentral.com**.

Communication

4 **Combien coûte...?** Regardez la carte et, à tour de rôle, demandez à votre partenaire combien coûte chaque élément. Répondez par des phrases complètes.

🔁 **MODÈLE**

Élève 1: *Combien coûte un sandwich?*
Élève 2: *Un sandwich coûte 3,50€.*

1. _____
2. _____
3. _____
4. _____
5. _____
6. _____
7. _____
8. _____

5 **Conversez** Interviewez un(e) camarade de classe.

1. Qu'est-ce que tu aimes boire (*drink*) quand tu as soif? Quand tu as froid? Quand tu as chaud?
2. Quand tu as faim, est-ce que tu manges un sandwich? Qu'est-ce que tu aimes manger?
3. Est-ce que tu aimes le café ou le thé? Combien de tasses est-ce que tu aimes boire par jour?
4. Comment est-ce que tu aimes le café? Avec du lait? Avec du sucre? Noir (*Black*)?
5. Comment est-ce que tu aimes le thé? Avec du lait? Avec du sucre? Nature (*Black*)?
6. Dans ta famille, qui aime le thé? Et le café?
7. Est-ce que tu aimes les boissons gazeuses ou l'eau minérale?
8. Quand tu manges avec ta famille dans un restaurant, est-ce que vous laissez un pourboire au serveur/à la serveuse?

6 **Au restaurant** Choisissez deux partenaires et écrivez une conversation entre deux client(e)s et leur serveur/serveuse. Préparez-vous à jouer (*perform*) la scène devant la classe.

Client(e)s

- Demandez des détails sur le menu et les prix.
- Choisissez des boissons et des plats (*dishes*).
- Demandez l'addition.

Serveur/Serveuse

- Parlez du menu et répondez aux questions.
- Apportez les plats et l'addition.

Coup de main

Vous désirez?
What can I get you?

Je voudrais...
I would like...

C'est combien?
How much is it/this/that?

7 **Sept différences** Votre professeur va vous donner, à vous et à votre partenaire, deux feuilles d'activités différentes. Attention! Ne regardez pas la feuille de votre partenaire.

🔁 **MODÈLE**

Élève 1: *J'ai deux tasses de café.*
Élève 2: *Oh, j'ai une tasse de thé!*

Les sons et les lettres

**Audio: Explanation
Record & Compare**

 Nasal vowels

In French, when vowels are followed by an **m** or an **n** in a single syllable, they usually become nasal vowels. Nasal vowels are produced by pushing air through both the mouth and the nose.

The nasal vowel sound you hear in **français** is usually spelled **an** or **en**.

an	français	enchanté	enfant

The nasal vowel sound you hear in **bien** may be spelled **en**, **in**, **im**, **ain**, or **aim**. The nasal vowel sound you hear in **brun** may be spelled **un** or **um**.

examen	américain	lundi	parfum

The nasal vowel sound you hear in **bon** is spelled **on** or **om**.

ton	allons	combien	oncle

When **m** or **n** is followed by a vowel sound, the preceding vowel is not nasal.

image	inutile	ami	amour

Prononcez Répétez les mots suivants à voix haute.

1. blond
2. dans
3. faim
4. entre
5. garçon
6. avant
7. maison
8. cinéma
9. quelqu'un
10. différent
11. amusant
12. télévision
13. impatient
14. rencontrer
15. informatique
16. comment

Articulez Répétez les phrases suivantes à voix haute.

1. Mes parents ont cinquante ans.
2. Tu prends une limonade, Martin?
3. Le Printemps est un grand magasin.
4. Lucien va prendre le train à Montauban.
5. Pardon, Monsieur, l'addition s'il vous plaît!
6. Jean-François a les cheveux bruns et les yeux marron.

Dictons Répétez les dictons à voix haute.

N'allonge pas ton bras au-delà de ta manche.[2]

L'appétit vient en mangeant.[1]

[1] Appetite comes from eating.

[2] Don't bite off more than you can chew. (lit. Don't stretch your arm out farther than your sleeve.)

ressources

v̂Text

CE
p. 100

vhlcentral.com
Leçon 4B

L'heure du déjeuner

 Video: *Roman-photo* Record & Compare

PERSONNAGES

Amina

David

Michèle

Rachid

Sandrine

Valérie

Près du café...

AMINA J'ai très faim. J'ai envie de manger un sandwich.

SANDRINE Moi aussi, j'ai faim, et puis j'ai soif. J'ai envie d'une bonne boisson. Eh, les garçons, on va au café?

RACHID Moi, je rentre à l'appartement étudier pour un examen de sciences po. David, tu vas au café avec les filles?

DAVID Non, je rentre avec toi. J'ai envie de dessiner un peu.

AMINA Bon, alors, à tout à l'heure.

Au café...

VALÉRIE Bonjour, les filles! Alors, ça va, les études?

AMINA Bof, ça va. Qu'est-ce qu'il y a de bon à manger, aujourd'hui?

VALÉRIE Eh bien, j'ai une soupe de poisson maison délicieuse! Il y a aussi des sandwichs jambon-fromage, des frites... Et, comme d'habitude, j'ai des éclairs, euh...

VALÉRIE Et pour toi, Amina?

AMINA Hmm... Pour moi, un sandwich jambon-fromage avec des frites.

VALÉRIE Très bien, et je vous apporte du pain tout de suite.

SANDRINE ET AMINA Merci!

Au bar...

VALÉRIE Alors, pour la table d'Amina et Sandrine, une soupe du jour, un sandwich au fromage... Pour la table sept, une limonade, un café, un jus d'orange et trois croissants.

MICHÈLE D'accord! Je prépare ça tout de suite. Mais Madame Forestier, j'ai un problème avec l'addition de la table huit.

VALÉRIE Ah, bon?

MICHÈLE Le monsieur ne comprend pas pourquoi ça coûte onze euros cinquante. Je ne comprends pas non plus. Regardez.

VALÉRIE Ah, non! Avec tout le travail que nous avons cet après-midi, des problèmes d'addition aussi?!

ACTIVITÉS

1 **Identifiez** Trouvez à qui correspond chacune (*each*) des phrases. Écrivez **A** pour Amina, **D** pour David, **M** pour Michèle, **R** pour Rachid, **S** pour Sandrine et **V** pour Valérie.

____ 1. Je ne comprends pas non plus.

____ 2. Vous prenez du jus d'orange uniquement le matin.

____ 3. Tu bois de l'eau aussi?

____ 4. Je prépare ça tout de suite.

____ 5. Je ne bois pas de limonade.

____ 6. Je vais apprendre à préparer des éclairs.

____ 7. J'ai envie de dessiner un peu.

____ 8. Je vous apporte du pain tout de suite.

____ 9. Moi, je rentre à l'appartement étudier pour un examen de sciences po.

____10. Qu'est-ce qu'il y a de bon à manger, aujourd'hui?

Practice more at **vhlcentral.com**.

Amina et Sandrine déjeunent au café.

SANDRINE Oh, Madame Forestier, j'adore! Un jour, je vais apprendre à préparer des éclairs. Et une bonne soupe maison. Et beaucoup d'autres choses.

AMINA Mais pas aujourd'hui. J'ai trop faim!

SANDRINE Alors, je choisis la soupe et un sandwich au fromage.

VALÉRIE Et comme boisson?

SANDRINE Une bouteille d'eau minérale, s'il vous plaît. Tu bois de l'eau aussi? Avec deux verres, alors.

VALÉRIE Ah, ça y est! Je comprends! La boisson gazeuse coûte un euro vingt-cinq, pas un euro soixante-quinze. C'est noté, Michèle?

MICHÈLE Merci, Madame Forestier. Excusez-moi. Je vais expliquer ça au monsieur. Et voilà, tout est prêt pour la table d'Amina et Sandrine.

VALÉRIE Merci, Michèle.

À la table des filles...

VALÉRIE Voilà, une limonade, un café, un jus d'orange et trois croissants.

AMINA Oh? Mais Madame Forestier, je ne bois pas de limonade!

VALÉRIE Et vous prenez du jus d'orange uniquement le matin, n'est-ce pas? Ah! Excusez-moi, les filles!

Expressions utiles

Talking about food

- **Moi aussi, j'ai faim, et puis j'ai soif.**
  Me too, I am hungry, and I am thirsty as well.
- **J'ai envie d'une bonne boisson.**
  I feel like having a nice drink.
- **Qu'est-ce qu'il y a de bon à manger, aujourd'hui?**
  What looks good on the menu today?
- **Une soupe de poisson maison délicieuse.**
  A delicious homemade fish soup.
- **Je vais apprendre à préparer des éclairs.**
  I am going to learn (how) to prepare éclairs.
- **Je choisis la soupe.**
  I choose the soup.
- **Tu bois de l'eau aussi?**
  Are you drinking water too?
- **Vous prenez du jus d'orange uniquement le matin.**
  You only have orange juice in the morning.

Additional vocabulary

- **On va au café?**
  Shall we go to the café?
- **Bof, ça va.**
  So-so.
- **comme d'habitude**
  as usual
- **Le monsieur ne comprend pas pourquoi ça coûte onze euros cinquante.**
  The gentleman doesn't understand why this costs 11,50€.
- **Je ne comprends pas non plus.**
  I don't understand either.
- **Je prépare ça tout de suite.**
  I am going to prepare this right away.
- **Ça y est! Je comprends!**
  That's it! I get it!
- **C'est noté?**
  Understood?/Got it?
- **Tout est prêt.**
  Everything is ready.

2 **Mettez dans l'ordre** Numérotez les phrases suivantes dans l'ordre correspondant à l'histoire.

_____ a. Michèle a un problème avec l'addition.

_____ b. Amina prend (*gets*) un sandwich jambon-fromage.

_____ c. Sandrine dit qu'elle (*says that she*) a soif.

_____ d. Rachid rentre à l'appartement.

_____ e. Valérie va chercher du pain.

_____ f. Tout est prêt pour la table d'Amina et Sandrine.

3 **Conversez** Au moment où Valérie apporte le plateau (*tray*) de la table sept à Sandrine et Amina, Michèle apporte le plateau de Sandrine et Amina à la table sept. Avec trois partenaires, écrivez la conversation entre Michèle et les client(e)s et jouez-la devant la classe.

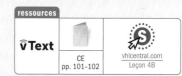

ressources

v̂Text

CE
pp. 101–102

vhlcentral.com
Leçon 4B

A C T I V I T É S

Reading
Video: *Flash culture*

CULTURE À LA LOUPE

Le café français

À Toute Heure

Quiches	3,50€
Pâtisseries	3,50€
Omelettes	5,25€
Thé	1,50€
Glaces	5,50€
Café	1,50€
Cappuccino	2,00€
Chocolat chaud	2,30€

Le premier café français, le Procope, a ouvert° ses portes à Paris en 1686. C'était° un lieu° pour boire du café, qui était une boisson exotique à l'époque°. On pouvait° aussi manger un sorbet dans des tasses en porcelaine. Benjamin Franklin et Napoléon Bonaparte fréquentaient le Procope.

Le café est une partie importante de la culture française. Les Français adorent passer du temps° à la terrasse des cafés. C'est un des symboles de l'art de vivre° à la française.

Le matin, ils y° vont pour prendre un café et un croissant. À midi, pour le déjeuner, ils y vont pour manger un plat du jour° ou un sandwich. Après le travail, ils y vont pour prendre l'apéritif°. L'apéritif, c'est un moment où on boit un verre pour se détendre° avec ses amis. Les élèves et les étudiants se retrouvent souvent° au café, près de leur lycée ou de leur faculté, pour étudier ou prendre un verre.

Il y a de très célèbres cafés à Paris: «Les Deux Magots» ou le «Café de Flore» par exemple, dans le quartier° de Saint-Germain. Ils sont connus° parce que c'était le rendez-vous des intellectuels et des écrivains°, comme Jean-Paul Sartre, Simone de Beauvoir et Albert Camus, après la Deuxième Guerre mondiale°.

a ouvert *opened* C'était *It was* lieu *place* à l'époque *at the time* pouvait *could* fréquentaient *used to frequent* passer du temps *spending time* vivre *living* y *there* plat du jour *lunch special* apéritif *before-dinner drink* se détendre *to relax* souvent *often* célèbres *famous* quartier *neighborhood* connus *known* écrivains *writers* Deuxième Guerre mondiale *World War II*

A C T I V I T É S

1 **Vrai ou faux?** Indiquez si les phrases sont **vraies** ou **fausses**. Corrigez les phrases fausses.

1. Le premier café parisien date des années 1686.

2. Les Français vont au café uniquement le matin.

3. Napoléon Bonaparte et Benjamin Franklin sont d'anciens clients du Procope.

4. Le café est une partie importante de la culture française.

5. Les Français évitent (*avoid*) les terrasses des cafés.

6. Le matin, les Français prennent du jambon et du fromage.

7. Les Français ne prennent pas leur apéritif au café.

8. Les élèves et les étudiants se retrouvent souvent avec leurs amis au café.

9. «Les Deux Magots» et le «Café de Flore» sont deux cafés célèbres à Paris.

10. Les intellectuels français fréquentent les cafés après la Première Guerre mondiale.

Practice more at **vhlcentral.com**.

J'ai faim!

avoir les crocs	to be hungry
avoir un petit creux	to be slightly hungry
boire à petites gorgées	to sip
bouffer	to eat
dévorer	to devour
grignoter	to snack on
mourir de faim	to be starving
siroter	to sip (with pleasure)

LE MONDE FRANCOPHONE

Des spécialités à grignoter

Voici quelques spécialités à grignoter dans les pays et régions francophones.

En Afrique du Nord la merguez (saucisse épicée°) et le makroud (pâtisserie° au miel° et aux dattes)

En Côte d'Ivoire l'aloco (bananes plantains frites°)

En France le pan-bagnat (sandwich avec de la salade, des tomates, des œufs durs° et du thon°) et les crêpes (pâte° cuite° composée de farine°, d'œufs et de lait, de forme ronde)

À la Martinique les accras de morue° (beignets° à la morue)

Au Québec la poutine (frites avec du fromage fondu° et de la sauce)

Au Sénégal le chawarma (de la viande°, des oignons et des tomates dans du pain pita)

saucisse épicée *spicy sausage* pâtisserie *pastry* miel *honey* frites *fried* œufs durs *hard-boiled eggs* thon *tuna* pâte *batter* cuite *cooked* farine *flour* morue *cod* beignets *fritters* fondu *melted* viande *meat*

Les cafés nord-africains

Comme en France, les cafés ont une grande importance culturelle en Afrique du Nord. C'est le lieu où les amis se rencontrent pour discuter° ou pour jouer aux cartes° ou aux dominos. Les cafés ont une variété de boissons, mais ils n'offrent° pas d'alcool. La boisson typique, au café comme à la maison, est le thé à la menthe°. Il a peu de caféine, mais il a des vertus énergisantes et il favorise la digestion. En général, ce sont les hommes qui le° préparent. C'est la boisson qu'on vous sert° quand vous êtes invité, et ce n'est pas poli de refuser!

pour discuter *to chat*
jouer aux cartes *play cards*
offrent *offer* menthe *mint*
le *it* on vous sert *you are served*

Sur Internet

Comment prépare-t-on le thé à la menthe au Maghreb?

Go to **vhlcentral.com** to find more information related to this **Culture** section. Then watch the corresponding **Flash culture**.

---

2 **Compréhension** Complétez les phrases.

1. Quand on a un peu soif, on a tendance à (*tends to*) boire _____.
2. On ne peut pas boire de/d' _____ dans un café nord-africain.
3. Les hommes préparent _____ en Afrique du Nord.
4. Il n'est pas poli de _____ une tasse de thé en Afrique du Nord.
5. Si vous aimez les frites, vous allez aimer _____ au Québec.

3 **Un café francophone** Par groupes de quatre, préparez une liste de suggestions pour un nouveau café francophone: noms pour le café, idées (*ideas*) pour le menu, prix, heures, etc. Indiquez où le café va être situé et qui va fréquenter ce café.

ressources
vText | CE pp. 103–104 | vhlcentral.com Leçon 4B

ACTIVITÉS

4B.1

The verbs *prendre* and *boire*; Partitives

Presentation Grammar Tutorial

Point de départ The verbs **prendre** (*to take, to have food or drink*) and **boire** (*to drink*), like **être**, **avoir**, and **aller**, are irregular.

Je prends la soupe et un sandwich au fromage.

Je ne bois pas de limonade.

prendre					
je prends	*I take*		nous prenons	*we take*
tu prends	*you take*		vous prenez	*you take*
il/elle/on prend	*he/she/it/one takes*		ils/elles prennent	*they take*

Brigitte **prend** le métro le soir.
Brigitte takes the subway in the evening.

Nous **prenons** un café chez moi.
We are having a coffee at my house.

- The forms of the verbs **apprendre** (*to learn*) and **comprendre** (*to understand*) follow the same pattern as that of **prendre**.

Tu ne **comprends** pas l'espagnol?
Don't you understand Spanish?

Elles **apprennent** beaucoup.
They're learning a lot.

Je ne comprends pas non plus.

Un jour, je vais apprendre à préparer des éclairs.

boire					
je bois	*I drink*		nous buvons	*we drink*
tu bois	*you drink*		vous buvez	*you drink*
il/elle/on boit	*he/she/it/one drinks*		ils/elles boivent	*they drink*

Ton père **boit** un jus d'orange.
Your father is drinking an orange juice.

Vous **buvez** un chocolat chaud, M. Dion?
Are you drinking hot chocolate, Mr. Dion?

Je **bois** toujours du lait.
I always drink milk.

Nous ne **buvons** pas de café.
We don't drink coffee.

Partitives

- Use partitive articles in French to express *some* or *any*. To form the partitive, use the preposition **de** followed by a definite article. Although the words *some* and *any* are often omitted in English, the partitive must always be used in French.

À noter

The partitives follow the same pattern of contraction as the possessive **de** + [*definite article*] you learned in **Structures 3A.2: du, de la, de l'**.

masculine singular	feminine singular	singular noun beginning with a vowel
du thé	**de la** limonade	**de l'**eau

Je bois **du** thé chaud.
I drink (some) hot tea.

Tu bois **de la** limonade?
Are you drinking (any) lemon soda?

Elle prend **de l'**eau?
Is she having (some) water?

- Note that partitive articles are only used with non-count nouns (nouns whose quantity cannot be expressed by a number).

PARTITIVE NON-COUNT
ARTICLE NOUN
Tu prends **du** pain tous les jours.
You have (some) bread every day.

INDEFINITE COUNT
ARTICLE NOUN
Tu prends **une** banane, aussi.
You have a banana, too.

- The article **des** also means *some,* but it is the plural form of the indefinite article, not the partitive.

PARTITIVE
ARTICLE
Vous prenez **de la limonade**.
You're having (some) lemon soda.

INDEFINITE
ARTICLE
Nous prenons **des croissants**.
We're having (some) croissants.

- As with the indefinite articles, the partitives **du, de la** and **de l'** also become **de** (meaning *not any*) in a negative sentence.

Boîte à outils

Partitives are used to say that you want *some* of an item, whereas indefinite articles are used to say that you want *a whole item* or *several whole items*.
Tu prends de la pizza?
(part of a whole pizza)
Tu prends une pizza?
(a whole pizza)

Est-ce qu'il y a **du** lait?
Is there (any) milk?

Non, il n'y a pas **de** lait.
No, there isn't (any) milk.

Prends-tu **de la** soupe?
Will you have (some) soup?

Non, je ne prends pas **de** soupe.
No, I'm not having (any) soup.

Essayez! **Complétez les phrases. Utilisez la forme correcte du verbe entre parenthèses et l'article qui convient.**

1. Ma sœur ___prend___ (prendre) ___des___ éclairs.
2. Tes parents _____ (boire) _____ café?
3. Louise ne _____ (boire) pas _____ thé.
4. Est-ce qu'il y _____ (avoir) _____ sucre?
5. Nous _____ (boire) _____ limonade.
6. Non, merci. Je ne _____ (prendre) pas _____ frites.
7. Vous _____ (prendre) _____ taxi?
8. Nous _____ (apprendre) _____ français.

Mise en pratique

1 **Au café** Indiquez l'article correct.

MODÈLE

Avez-vous ___du___ lait froid?

1. Prenez-vous _____ thé glacé?
2. Je voudrais _____ baguette, s'il vous plaît.
3. Elle prend _____ croissant.
4. Nous ne prenons pas _____ sucre dans le café.
5. Tu ne laisses pas _____ pourboire?
6. Vous mangez _____ frites.
7. Zeina commande _____ boisson gazeuse.
8. Voici _____ eau minérale.
9. Nous mangeons _____ pain.
10. Je ne prends pas _____ fromage.

2 **Des suggestions** Laurent est au café avec des amis et il fait (*makes*) des suggestions. Que suggère-t-il?

▶ **MODÈLE**

On prend du jus d'orange?

1. _____ 2. _____ 3. _____ 4. _____

3 **Au restaurant** Alain est au restaurant avec toute sa famille. Il note les préférences de tout le monde. Utilisez le verbe indiqué.

MODÈLE

Oncle Lucien aime bien le café. (prendre) *Il prend un café.*

1. Marie-Hélène et papa adorent le thé. (prendre)
2. Tu adores le chocolat chaud. (boire)
3. Vous aimez bien le jus de pomme. (prendre)
4. Mes nièces aiment la limonade. (boire)
5. Tu aimes les boissons gazeuses. (prendre)
6. Vous adorez le café. (boire)

Practice more at **vhlcentral.com.**

Communication

4 **Échanges** Posez les questions à un(e) partenaire.

1. Qu'est-ce que tu bois quand tu as très soif?
2. Qu'est-ce que tu apprends au lycée?
3. Quelles langues est-ce que tes parents comprennent?
4. Est-ce que tu bois beaucoup de café? Pourquoi?
5. Qu'est-ce que tu prends à manger à midi?
6. Quelle langue est-ce que ton/ta meilleur(e) ami(e) apprend?
7. Où est-ce que tu prends tes repas (*meals*)?
8. Qu'est-ce que tu bois le matin? À midi? Le soir?

5 **Je bois, je prends** Votre professeur va vous donner une feuille d'activités. Circulez dans la classe pour demander à vos camarades s'ils prennent rarement, une fois (*once*) par semaine ou tous les jours la boisson ou le plat (*dish*) indiqués. Écrivez (*Write*) les noms sur la feuille, puis présentez vos réponses à la classe.

MODÈLE

Élève 1: *Est-ce que tu bois du café?*
Élève 2: *Oui, je bois du café une fois par semaine. Et toi?*

Boisson ou plat	rarement	une fois par semaine	tous les jours
1. café		Didier	
2. fromage			
3. thé			
4. soupe			
5. chocolat chaud			
6. jambon			

6 **Après les cours** Des amis se retrouvent au café. Par groupes de quatre, jouez (*play*) les rôles d'un(e) serveur/serveuse et de trois clients. Utilisez les mots de la liste et présentez la scène à la classe.

addition	chocolat chaud	frites
avoir faim	coûter	prix
avoir soif	croissant	sandwich
boisson	eau minérale	soupe
éclair	jambon	limonade

4B.2 Regular *-ir* verbs

Presentation
Grammar Tutorial

Point de départ In Leçon 2A, you learned the pattern of **-er** verbs. Verbs that end in **-ir** follow a different pattern.

finir	
je finis	nous finissons
tu finis	vous finissez
il/elle/on finit	ils/elles finissent

Je **finis** mes devoirs.
I'm finishing my homework.

Alain et Chloé **finissent** leurs sandwichs.
Alain and Chloé are finishing their sandwiches.

- Here are some other verbs that follow the same pattern as **finir**.

Other regular *-ir* verbs			
choisir	to choose	réfléchir (à)	to think (about), to reflect (on)
grandir	to grow		
grossir	to gain weight	réussir (à)	to succeed (in doing something)
maigrir	to lose weight		
obéir (à)	to obey	rougir	to blush
réagir	to react	vieillir	to grow old

Je **choisis** un chocolat chaud.
I choose a hot chocolate.

Vous **réfléchissez** à ma question?
Are you thinking about my question?

Une minute...
je réfléchis.

Je choisis
un sandwich.

- Like for **-er** verbs, use present tense verb forms to give commands.

Réagis vite!   **Obéissez**-moi.   **Réfléchissons** bien.   Ne **rougis** pas.
React quickly!   *Obey me.*   *Let's think well.*   *Don't blush.*

Essayez!   **Complétez les phrases.**

1. Quand on ne mange pas beaucoup, on ___maigrit___ (maigrir).
2. Il _____ (réussir) son examen.
3. Vous _____ (finir) vos devoirs?
4. Lundi prochain nous _____ (finir) le livre.

5. Les enfants _____ (grandir) très vite (*fast*).
6. Vous _____ (choisir) le fromage?
7. Ils n' _____ (obéir) pas à leur parents.
8. Je _____ (réfléchir) beaucoup à ce problème.

Boîte à outils

Use the constructions **finir de** + [*infinitive*] and **choisir de** + [*infinitive*] to mean *to finish doing* and *to choose to do something*.

Je **finis de manger**.
I'm finishing eating.

Nous **choisissons de rester** ici.
We choose to stay here.

À noter

In **Leçon 2A**, you learned the phrase **être reçu(e) à un examen**. You can also use the phrase **réussir un examen** to mean *to pass a test or exam*.

Le français vivant

Café du Marché

Formule petit-déjeuner simple   5,50€

boisson chaude + croissant +
jus de fruits (au choix°) ou
boisson chaude + mini-baguette avec
du beurre + jus de fruits (au choix)

✳✳✳

Formule petit-déjeuner complet   7,50€

boisson chaude +
sandwich jambon-fromage +
jus de fruits (au choix)

Boissons

Café .... 1,50€
Café déca .... 1,60€
Café crème .... 2,00€
Chocolat chaud ..... 2,20€   Eau minérale .... 2,50€
Thé .... 2,20€   Jus de fruits .... 2,80€
                                Limonade .... 2,80€

au choix *your choice of*

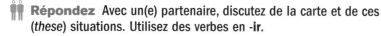 **Répondez** Avec un(e) partenaire, discutez de la carte et de ces (*these*) situations. Utilisez des verbes en -**ir**.

1. Je prends quatre croissants.

2. J'ai très faim.

3. Je ne mange pas beaucoup.

4. Je ne commande pas encore.

5. Je bois toute la bouteille d'eau minérale.

Mise en pratique

1 **On fait quoi?** Choisissez la forme correcte du verbe en **-ir**.

1. Nous (finissons / grandissons) nos devoirs avant le dîner.

2. Ursula (choisis / choisit) un croissant.

3. Eva et Léo (rougissent / réussissent) à faire un gâteau.

4. Omar (réfléchit / réfléchis) à ses problèmes.

5. Nous essayons de ne pas (grandir / grossir).

6. Tu manges une salade parce que tu essaies de (vieillir / maigrir)?

2 **Au restaurant** Complétez le dialogue avec la forme correcte du verbe entre parenthèses.

SERVEUR   Vous désirez?

MARC   Nous (1) _____ (réfléchir) encore.

FANNY   Je pense savoir ce que je veux (*know what I want*).

SERVEUR   Que (2) _____ (choisir)-vous, Mademoiselle?

FANNY   Je (3) _____ (choisir) un hamburger avec des frites. Et toi?

MARC   Euh... je (4) _____ (réfléchir). La soupe ou la salade, je pense... Oui, je prends la salade.

SERVEUR   Très bien. Je vous apporte ça tout de suite (*right away*).

FANNY   Tu n'as pas très faim?

MARC   Non, pas trop. Et je suis au régime (*on a diet*). J'ai besoin de (5) _____ (maigrir) un peu.

FANNY   Tu (6) _____ (réussir) déjà. Ton jean est trop grand. Tu n'as pas envie de partager mon éclair?

MARC   Mais non! Je vais (7) _____ (grossir)!

FANNY   Alors, je (8) _____ (finir) l'éclair.

3 **Complétez** Complétez les phrases avec la forme correcte des verbes de la liste. N'utilisez les verbes qu'une seule fois.

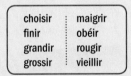

choisir	maigrir
finir	obéir
grandir	rougir
grossir	vieillir

1. Nous _____ l'endroit où nous allons déjeuner.

2. Corinne _____ quand elle a honte.

3. Mes frères cadets _____ encore. Ils sont déjà (*already*) très grands!

4. Vous ne mangez pas assez et vous _____.

5. Nous _____ aux profs.

6. Sylvie _____ ses études cette année.

7. Mes grands-parents _____.

8. Quand on mange beaucoup de chocolat, on _____.

Communication

4 **Ça, c'est moi!** Avec un(e) partenaire, complétez les phrases suivantes pour parler de vous-même.

1. Je ne finis jamais (de)...
2. Je grossis quand...
3. Je maigris quand...
4. Au restaurant, je choisis souvent...
5. Je réfléchis quelquefois (*sometimes*) à...
6. Je réussis toujours (à)...

5 **Assemblez** Avec un(e) partenaire, assemblez les éléments des trois colonnes pour créer des phrases. Attention! Quelques verbes sont irréguliers.

A	B	C
je	choisir	aujourd'hui
tu	finir	beaucoup
le prof	grandir	cette (this)
mon frère	grossir	année
mes parents	maigrir	cours
ma sœur	réfléchir	devoirs
mon/ma petit(e)	réussir	diplôme
ami(e)	rougir	encore
mes camarades	vieillir	problème
de classe		vite
?		?

6 **Votre vie au lycée** Posez ces questions à un(e) partenaire puis présentez vos réponses à la classe.

1. Pendant ce semestre, dans quel cours réussis-tu le mieux (*best*)?
2. Comment est-ce que tu choisis un/une ami(e)?
3. En général, est-ce que tu réussis aux examens de français? Comment les trouves-tu?
4. Est-ce que tu maigris ou grossis au lycée? Pourquoi?
5. À quelle heure est-ce que tes cours finissent le vendredi? Que fais-tu après les cours?
6. Que font tes parents pour toi quand tu réussis tes examens?
7. Quand fais-tu tes devoirs? À quelle heure finis-tu tes devoirs?

7 **Qui...?** Posez (*Ask*) des questions pour trouver une personne dans la classe qui fait ces (*does these*) choses.

MODÈLE

Élève 1: *Est-ce que tu rougis facilement?*
Élève 2: *Non, je ne rougis pas facilement.*

1. rougir facilement (*easily*)
2. réagir vite
3. obéir à ses parents
4. finir toujours ses devoirs
5. choisir bien sa nourriture (*food*)

Révision

1 **Ils aiment apprendre** Vous demandez à Sylvie et à Jérôme pourquoi ils aiment apprendre. Un(e) partenaire va poser des questions et l'autre partenaire va jouer les rôles de Jérôme et de Sylvie.

MODÈLE

Élève 1: *Pourquoi est-ce que tu apprends à travailler sur l'ordinateur?*
Élève 2: *J'apprends parce que j'aime les ordinateurs.*

1.

4.

2.

5.

3.

6.

2 **Quelle boisson?** Interviewez une personne de votre classe. Que boit-on dans ces circonstances? Ensuite (*Then*), posez les questions à une personne différente. Utilisez des articles partitifs dans vos réponses.

1. au café
2. au cinéma
3. en classe
4. le dimanche matin
5. le matin très tôt
6. quand il/elle passe des examens
7. quand il/elle a très soif
8. quand il/elle étudie toute la nuit

3 **Notre café** Vous et votre partenaire allez créer un café français. Choisissez le nom du café et huit boissons. Pour chaque (*each*) boisson, inventez deux prix, un pour le comptoir (*bar*) et un pour la terrasse. Comparez votre café au café d'un autre groupe.

4 **La terrasse du café** Avec un(e) partenaire, observez les deux dessins et trouvez au minimum quatre différences. Comparez votre liste à la liste d'un autre groupe. Ensuite, écrivez (*write*) un paragraphe sur ces trois personnages en utilisant (*by using*) des verbes en –**ir**.

MODÈLE

Élève 1: *Mylène prend une limonade.*
Élève 2: *Mylène prend de la soupe.*

Patrick   Mylène   Djamel

5 **Dialogue** Avec un(e) partenaire, créez un dialogue avec les éléments de la liste.

choisir	du chocolat
grossir	de l'eau minérale
maigrir	un sandwich au jambon
réagir	des frites
réfléchir (à)	de la soupe
réussir (à)	du jus de pomme

6 **La famille Arnal au café** Votre professeur va vous donner, à vous et à votre partenaire, des photos de la famille Arnal. Attention! Ne regardez pas la feuille de votre partenaire.

MODÈLE

Élève 1: *Qui prend un sandwich?*
Élève 2: *La grand-mère prend un sandwich.*

À l'écoute

 Audio: Activities

Listening for the gist

Listening for the general idea, or gist, can help you follow what someone is saying even if you can't hear or understand some of the words. When you listen for the gist, you try to capture the essence of what you hear without focusing on individual words.

🎧 To help you practice this strategy, you will listen to three sentences. Jot down a brief summary of what you hear.

Préparation

Regardez la photo. Combien de personnes y a-t-il? Où sont Charles et Gina? Qu'est-ce qu'ils vont manger? Boire? Quelle heure est-il? Qu'est-ce qu'ils vont faire (*to do*) cet après-midi?

À vous d'écouter 🎧

Écoutez la conversation entre Charles, Gina et leur serveur. Écoutez une deuxième fois (*a second time*) et indiquez quelles activités ils vont faire.

_____ 1. acheter un livre

_____ 2. aller à la librairie

_____ 3. aller à l'église

_____ 4. aller chez des grands-parents

_____ 5. boire un coca

_____ 6. danser

_____ 7. dépenser de l'argent

_____ 8. étudier

_____ 9. manger au restaurant

_____ 10. manger un sandwich

Compréhension

Un résumé Complétez ce résumé (*summary*) de la conversation entre Charles et Gina avec des mots et expressions de la liste.

aller au cinéma	une eau minérale
aller au gymnase	en boîte de nuit
avec son frère	faim
café	un jus d'orange
chez ses grands-parents	manger au restaurant
des copains	du pain
un croissant	soif

Charles et Gina sont au (1) _____. Charles va boire (2) _____. Gina n'a pas très (3) _____. Elle va manger (4) _____. Cet après-midi, Charles va (5) _____. Ce soir, il va (6) _____ avec (7) _____. Cet après-midi, Gina va peut-être (8) _____. Ce soir, elle va manger (9) _____. À onze heures, elle va aller (10) _____ avec Charles.

Et vous? Avec un(e) camarade, discutez de vos projets (*plans*) pour ce week-end. Où est-ce que vous allez aller? Qu'est-ce que vous allez faire (*to do*)?

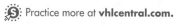

Panorama

Interactive Map Reading

La Normandie

La région en chiffres

- **Superficie:** *29.906 km² (vingt-neuf mille neuf cent six kilomètres carrés°)*
- **Population:** *3.248.000 (trois millions deux cent quarante-huit mille)*
  SOURCE: Institut National de la Statistique et des Études Économiques (INSEE)
- **Industries principales:** *élevage bovin°, énergie nucléaire, raffinage° du pétrole*
- **Villes principales:** *Alençon, Caen, Évreux, Le Havre, Rouen*

Personnes célèbres

- **la comtesse de Ségur,** *femme écrivain° (1799–1874)*
- **Guy de Maupassant,** *écrivain (1850–1893)*
- **Christian Dior,** *couturier° (1905–1957)*

La Bretagne

La région en chiffres

- **Superficie:** *27.208 km² (vingt-sept mille deux cent huit kilomètres carrés)*
- **Population:** *3.011.000 (trois millions onze mille)*
- **Industries principales:** *agriculture, élevage°, pêche°, tourisme*
- **Villes principales:** *Brest, Quimper, Rennes, Saint-Brieuc, Vannes*

Personnes célèbres

- **Anne de Bretagne,** *reine° de France (1477–1514)*
- **Jacques Cartier,** *explorateur (1491–1557)*
- **Bernard Hinault,** *cycliste (1954–)*

carrés *squared* élevage bovin *cattle raising* raffinage *refining* femme écrivain *writer* couturier *fashion designer* élevage *livestock raising* pêche *fishing* reine *queen* les plus grandes marées *the highest tides* presqu'île *peninsula* entourée de sables mouvants *surrounded by quicksand* basse *low* île *island* haute *high* chaque *each* onzième siècle *11ᵗʰ century* pèlerinage *pilgrimage* falaises *cliffs* faire *make* moulin *mill*

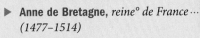
les falaises° d'Étretat

LE ROYAUME-UNI

LA MANCHE

LA FRANCE

Cherbourg
Dieppe
Le Havre
la Seine
Rouen
Deauville
HAUTE-NORMANDIE
Caen
Évreux
BASSE-NORMANDIE
Brest
St-Brieuc
Le Mont-St-Michel
Alençon
Quimper
BRETAGNE
Rennes
Lorient
Vannes

Belle Île en Mer

L'OCÉAN ATLANTIQUE

0   50 miles
0   50 kilomètres

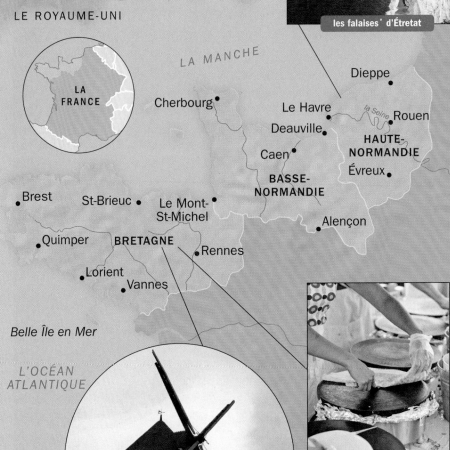
un moulin° e

l'art de faire° les crêpes

Incroyable mais vrai!

C'est au Mont-Saint-Michel qu'il y a les plus grandes marées° d'Europe. Le Mont-Saint-Michel, presqu'île° entourée de sables mouvants° à marée basse°, est transformé en île° à marée haute°. Trois millions de touristes visitent chaque° année l'église du onzième siècle°, centre de pèlerinage° depuis 1000 (mille) ans.

La gastronomie

Les crêpes et galettes bretonnes et le camembert normand

Les crêpes et les galettes sont une des spécialités culinaires de Bretagne; en Normandie, c'est le camembert. Les crêpes sont appréciées sucrées, salées°, flambées... Dans les crêperies°, le menu est complètement composé de galettes et de crêpes! Le camembert normand est un des grands symboles gastronomiques de la France. Il est vendu° dans la fameuse boîte en bois ronde° pour une bonne conservation.

Les arts

Giverny et les impressionnistes

La maison° de Claude Monet, maître du mouvement impressionniste, est à Giverny, en Normandie. Après des rénovations, la résidence et les deux jardins° ont aujourd'hui leur ancienne° splendeur. Le légendaire jardin d'eau est la source d'inspiration pour les célèbres peintures° «Les Nymphéas°» et «Le pont japonais°». Depuis la fin° du dix-neuvième siècle°, beaucoup d'artistes américains, influencés par les techniques impressionnistes, font de la peinture à Giverny.

Les monuments

Les menhirs et les dolmens

À Carnac, en Bretagne, il y a 3.000 (trois mille) menhirs et dolmens. Les menhirs sont d'énormes pierres° verticales. Alignés ou en cercle, ils ont une fonction rituelle associée au culte de la fécondité ou à des cérémonies en l'honneur du soleil°.

Les plus anciens° datent de 4.500 (quatre mille cinq cents) ans avant J.-C.° Les dolmens servent de° sépultures° collectives et ont une fonction culturelle comme° le rite funéraire du passage de la vie° à la mort°.

Les destinations

Deauville: station balnéaire de réputation internationale

Deauville, en Normandie, est une station balnéaire° de luxe et un centre de thalassothérapie°. La ville est célèbre pour sa marina, ses courses hippiques°, son casino, ses grands hôtels et son festival du film américain. La clientèle internationale apprécie beaucoup la plage°, le polo et le golf. L'hôtel le Royal Barrière est un palace° du début° du vingtième° siècle.

 Compréhension Complétez ces phrases.

1. _____ est un explorateur breton.
2. Le Mont-Saint-Michel est une _____ à marée haute.
3. _____ sont une spécialité bretonne.
4. Dans _____, on mange uniquement des crêpes.
5. _____ est vendu dans une boîte en bois ronde.
6. Le _____ de Monet est la source d'inspiration de beaucoup de peintures.
7. Beaucoup d'artistes _____ font de la peinture à Giverny.
8. Les menhirs ont une fonction _____.
9. Les dolmens servent de _____.
10. Deauville est une _____ de luxe.

Sur Internet

1. Cherchez des informations sur les marées du Mont-Saint-Michel. À quelle heure est la marée haute aujourd'hui?
2. Cherchez des informations sur deux autres impressionnistes. Trouvez deux peintures que vous aimez et dites (*say*) pourquoi.

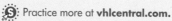 Practice more at **vhlcentral.com**.

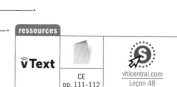

ressources

v̂ Text CE pp. 111–112 vhlcentral.com Leçon 4B

salées *salty* crêperies *crêpes restaurants* vendu *sold* boîte en bois ronde *round, wooden box* maison *house* jardins *gardens* ancienne *former* peintures *paintings* Nymphéas *Waterlilies* pont japonais *Japanese Bridge* Depuis la fin *Since the end* dix-neuvième siècle *19th century* pierres *stones* soleil *sun* Les plus anciens *The oldest* avant J.-C. *B.C.* servent de *serve as* sépultures *graves* comme *such as* vie *life* mort *death* station balnéaire *seaside resort* thalassothérapie *seawater therapy* courses hippiques *horse races* plage *beach* palace *luxury hotel* début *beginning* vingtième *twentieth*

Lecture

 Audio: Synced Reading

Avant la lecture

Examinez le texte

Regardez le texte et indiquez huit mots apparentés (*cognates*) que vous trouvez.

1. _____   5. _____
2. _____   6. _____
3. _____   7. _____
4. _____   8. _____

Trouvez

Regardez le document. Indiquez si les informations suivantes sont présentes dans le texte.

_____ 1. une adresse

_____ 2. le nombre d'ordinateurs

_____ 3. un plat du jour (*daily special*)

_____ 4. une terrasse

_____ 5. les noms des propriétaires

_____ 6. des prix réduits pour les jeunes

_____ 7. de la musique *live*

_____ 8. les heures d'ouverture (*business hours*)

_____ 9. un numéro de téléphone

_____ 10. une librairie à l'intérieur

Décrivez

Regardez les photos. Écrivez un paragraphe succinct pour décrire (*describe*) le cybercafé. Comparez votre paragraphe avec le paragraphe d'un(e) camarade.

Cybercafé Le

- Ouvert° du lundi au samedi, de 7h00 à 20h00
- Snack et restauration rapide
- Accès Internet et jeux° vidéo

Cybercafé Le connecté

MENU

PETIT-DÉJEUNER°   12,00€
FRANÇAIS
Café, thé, chocolat chaud ou lait
Pain, beurre et confiture°
Orange pressée

VIENNOISERIES°   3,00€
Croissant, pain au chocolat, brioche°, pain aux raisins

SANDWICHS ET SALADES
Sandwich (jambon ou   7,50€
   fromage; baguette ou pain
   de campagne)
Croque-monsieur°   7,80€
Salade verte°   6,20€

BOISSONS CHAUDES
Café/Déca   3,80€
Grand crème   5,50€
Chocolat chaud   5,80€
Thé   5,50€
Lait chaud   4,80€

Propriétaires: Bernard et Marie-Claude Fouchier

PETIT-DÉJEUNER   15,00€
ANGLAIS
Café, thé, chocolat chaud ou lait
Œufs° (au plat° ou brouillés°), bacon, toasts
Orange pressée

DESSERTS
Tarte aux fruits   7,50€
Banana split   6,40€

AUTRES SÉLECTIONS CHAUDES
Frites   4,30€
Soupe à l'oignon   6,40€
Omelette au fromage   8,50€
Omelette au jambon   8,50€

BOISSONS FROIDES
Eau minérale non gazeuse   3,00€
Eau minérale gazeuse   3,50€
Jus de fruits (orange...)   5,80€
Soda, limonade   5,50€
Café, thé glacé°   5,20€

connecté

- **Le connecté, le cybercafé préféré des étudiants**

- **Ordinateurs disponibles° de 10h00 à 18h00, 1,50€ les 10 minutes**

24, place des Terreaux
69001 LYON
Tél. 04.72.45.87.90
www.leconnecte.fr

Place des Terreaux

Rue d'Algérie

Rue Paul Chenavard

Musée des
Beaux-Arts
de Lyon

Rue de Constantine

Situé en face du musée
des Beaux-Arts

Ouvert *Open* **jeux** *games* **Petit-déjeuner** *Breakfast* **confiture** *jam* **Viennoiseries**
Breakfast pastries **brioche** *a light, slightly-sweet bread* **Croque-monsieur** *Grilled
sandwich with cheese and ham* **verte** *green* **Œufs** *Eggs* **au plat** *fried* **brouillés**
scrambled **glacé** *iced* **disponibles** *available*

Après la lecture

Répondez Répondez aux questions par des phrases complètes.

1. Combien coûte un sandwich?

2. Quand est-ce qu'on peut (*can*) surfer sur Internet?

3. Qui adore ce cybercafé?

4. Quelles sont les deux boissons gazeuses? Combien coûtent-elles?

5. Combien de desserts sont proposés?

6. Vous aimez le sucre. Qu'est-ce que vous allez manger? (2 sélections)

Choisissez Indiquez qui va prendre quoi. Écrivez des phrases complètes.

MODÈLE

Julie a soif. Elle n'aime pas les boissons gazeuses. Elle a 6 euros.
Julie va prendre un jus d'orange.

1. Lise a froid. Elle a besoin d'une boisson chaude. Elle a 4 euros et 90 centimes.

2. Nathan a faim et soif. Il a 14 euros.

3. Julien va prendre un plat chaud. Il a 8 euros et 80 centimes.

4. Annie a chaud et a très soif. Elle a 5 euros et 75 centimes.

5. Martine va prendre une boisson gazeuse. Elle a 4 euros et 20 centimes.

6. Ève va prendre un dessert. Elle n'aime pas les bananes. Elle a 8 euros.

L'invitation Avec un(e) camarade, jouez (*play*) cette scène: vous invitez un ami à déjeuner au cybercafé Le connecté. Parlez de ce que vous allez manger et boire. Puis (*Then*), bavardez de vos activités de l'après-midi et du soir.

ressources

v̂ Text

vhlcentral.com
Leçon 4B

Écriture

Adding details

How can you make your writing more informative or more interesting? You can add details by answering the "W" questions: Who? What? When? Where? Why? The answers to these questions will provide useful and interesting details that can be incorporated into your writing. You can use the same strategy when writing in French. Here are some useful question words that you have already learned:

(À/Avec) Qui?	À quelle heure?
Quoi?	Où?
Quand?	Pourquoi?

Compare these two sentences.

Je vais aller nager.

Aujourd'hui, à quatre heures, je vais aller nager à la piscine du parc avec mon ami Paul, parce que nous avons chaud.

While both sentences give the same basic information (the writer is going to go swimming), the second, with its detail, is much more informative.

Thème

Un petit mot 🔊

Avant l'écriture

1. Vous passez un an en France et vous vivez (*are living*) dans une famille d'accueil (*host family*). C'est samedi, et vous allez passer la journée en ville avec des amis. Écrivez un petit mot (*note*) pour informer votre famille de vos projets (*plans*) pour la journée.

2. D'abord (*First*), choisissez (*choose*) cinq activités que vous allez faire (*to do*) avec vos amis aujourd'hui.

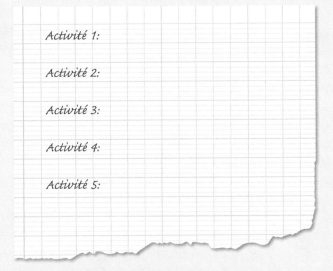

Activité 1:

Activité 2:

Activité 3:

Activité 4:

Activité 5:

3. Ensuite (*Then*), complétez ce tableau (*this chart*) pour organiser vos idées. Répondez à (*Answer*) toutes les questions.

	Activité 1	Activité 2	Activité 3	Activité 4	Activité 5
Qui?					
Quoi?					
Quand?					
Où?					
Comment?					
Pourquoi?					

4. Maintenant (*Now*), comparez votre tableau à celui (*to the one*) d'un(e) partenaire. Avez-vous tous les deux (*both of you*) cinq activités? Avez-vous des informations dans toutes les colonnes? Avez-vous répondu à toutes les questions?

Écriture

Écrivez la note à votre famille d'accueil. Référez-vous au tableau que vous avez créé (*have created*) et incluez toutes les informations. Utilisez les verbes **aller**, **boire** et **prendre**, et le vocabulaire de l'unité. Organisez vos idées de manière logique.

Chère famille,
Aujourd'hui, je vais visiter
la ville avec Xavier et
Laurent, deux élèves belges
du lycée...

Après l'écriture

1. Échangez votre tableau et votre note avec ceux (*the ones*) d'un(e) partenaire. Faites des commentaires sur son travail (*work*) d'après (*according to*) ces questions:

■ Votre partenaire a-t-il/elle inclus dans la note toutes les informations du tableau?

■ A-t-il/elle correctement (*correctly*) utilisé le vocabulaire de l'unité?

■ A-t-il/elle utilisé la forme correcte des verbes **aller**, **boire** et **prendre**?

■ A-t-il/elle présenté ses informations de manière logique?

2. Corrigez (*Correct*) votre note d'après les commentaires de votre partenaire. Relisez votre travail pour éliminer ces (*these*) problèmes:

■ des fautes (*errors*) d'orthographe

■ des fautes de ponctuation

■ des fautes de conjugaison

■ des fautes d'accord (*agreement*) des adjectifs

Dans la ville

une boîte (de nuit)	nightclub
un bureau	office; desk
un centre commercial	shopping center, mall
un cinéma (ciné)	movie theater, movies
une église	church
une épicerie	grocery store
un grand magasin	department store
un gymnase	gym
un hôpital	hospital
un kiosque	kiosk
un magasin	store
une maison	house
un marché	market
un musée	museum
un parc	park
une piscine	pool
une place	square; place
un restaurant	restaurant
une terrasse de café	café terrace
une banlieue	suburbs
un centre-ville	city/town center, downtown
un endroit	place
un lieu	place
une montagne	mountain
une ville	city, town

Les questions

à quelle heure?	at what time?
à qui?	to whom?
avec qui?	with whom?
combien (de)?	how many?; how much?
comment?	how?; what?
où?	where?
parce que	because
pour qui?	for whom?
pourquoi?	why?
quand?	when?
quel(le)(s)?	which?; what?
que/qu'...?	what?
qui?	who?; whom?
quoi?	what?

À table

avoir faim	to be hungry
avoir soif	to be thirsty
manger quelque chose	to eat something
une baguette	baguette (long, thin loaf of bread)
le beurre	butter
un croissant	croissant (flaky, crescent-shaped roll)
un éclair	éclair (pastry filled with cream)
des frites (f.)	French fries
un fromage	cheese
le jambon	ham
un pain (de campagne)	(country-style) bread
un sandwich	sandwich
une soupe	soup
le sucre	sugar
une boisson (gazeuse)	(soft) (carbonated) drink/beverage
un café	coffee
un chocolat (chaud)	(hot) chocolate
une eau (minérale)	(mineral) water
un jus (d'orange, de pomme, etc.)	(orange, apple, etc.) juice
le lait	milk
une limonade	lemon soda
un thé (glacé)	(iced) tea

Activités

bavarder	to chat
danser	to dance
déjeuner	to eat lunch
dépenser de l'argent (m.)	to spend money
explorer	to explore
fréquenter	to frequent; to visit
inviter	to invite
nager	to swim
passer chez quelqu'un	to stop by someone's house
patiner	to skate
quitter la maison	to leave the house

Expressions utiles	See pp. 139 and 157.
Prepositions	See p. 143.
Partitives	See p. 161.

Expressions de quantité

(pas) assez (de)	(not) enough (of)
beaucoup (de)	a lot (of)
d'autres	others
une bouteille (de)	bottle (of)
un morceau (de)	piece, bit (of)
un peu (plus/moins) (de)	little (more/less) (of)
plusieurs	several
quelque chose	something; anything
quelques	some
une tasse (de)	cup (of)
tous (m. pl.)	all
tout (m. sing.)	all
tout le/tous les (m.)	all the
toute la/toutes les (f.)	all the
trop (de)	too many/much (of)
un verre (de)	glass (of)

Au café

apporter	to bring, to carry
coûter	to cost
laisser un pourboire	to leave a tip
l'addition (f.)	check, bill
Combien coûte(nt)...?	How much is/are...?
un prix	price
un serveur/une serveuse	server

Verbes

aller	to go
apprendre	to learn
boire	to drink
comprendre	to understand
prendre	to take; to have

Verbes réguliers en -ir

choisir	to choose
finir	to finish
grandir	to grow
grossir	to gain weight
maigrir	to lose weight
obéir (à)	to obey
réagir	to react
réfléchir (à)	to think (about), to reflect (on)
réussir (à)	to succeed (in doing something)
rougir	to blush
vieillir	to grow old

Appendices

The *impératif*

Point de départ The impératif is the form of a verb that is used to give commands or to offer directions, hints, and suggestions. With command forms, you do not use subject pronouns.

- Form the **tu** command of **-er** verbs by dropping the **-s** from the present tense form. Note that **aller** also follows this pattern.

Réserve deux chambres.	**Ne travaille pas.**	**Va** au marché.
Reserve two rooms.	*Don't work.*	*Go to the market.*

- The **nous** and **vous** command forms of **-er** verbs are the same as the present tense forms.

Nettoyez votre chambre.	**Mangeons** au restaurant ce soir.
Clean your room.	*Let's eat at the restaurant tonight.*

- For **-ir** verbs, **-re** verbs, and most irregular verbs, the command forms are identical to the present tense forms.

Finis la salade.	**Attendez** dix minutes.	**Faisons** du yoga.
Finish the salad.	*Wait ten minutes.*	*Let's do some yoga.*

The *impératif* of *avoir* and *être*

	avoir	être
(tu)	aie	sois
(nous)	ayons	soyons
(vous)	ayez	soyez

- The forms of **avoir** and **être** in the **impératif** are irregular.

Aie confiance.	Ne **soyons** pas en retard.
Have confidence.	*Let's not be late.*

- An object pronoun can be added to the end of an affirmative command. Use a hyphen to separate them. Use **moi** and **toi** for the first- and second-person object pronouns.

Permettez-moi de vous aider.	Achète le dictionnaire et **utilise-le.**
Allow me to help you.	*Buy the dictionary and use it.*

- In negative commands, place object pronouns between **ne** and the verb. Use **me** and **te** for the first- and second-person object pronouns.

Ne **me montre** pas les réponses, **s'il te plaît.**	Cette photo est fragile. Ne **la touchez** pas.
Please don't show me the answers.	*That picture is fragile. Don't touch it.*

Glossary of Grammatical Terms

ADJECTIVE A word that modifies, or describes, a noun or pronoun.

des livres **amusants**	une **jolie** fleur
*some **funny** books*	*a **pretty** flower*

Demonstrative adjective An adjective that specifies which noun a speaker is referring to.

cette chemise	**ce** placard
this shirt	*this closet*
cet hôtel	**ces** boîtes
this hotel	*these boxes.*

Possessive adjective An adjective that indicates ownership or possession.

ma belle montre	C'est **son** cousin.
my beautiful watch	*This is **his/her** cousin.*
tes crayons	Ce sont **leurs** tantes.
your pencils	*Those are **their** aunts.*

ADVERB A word that modifies, or describes, a verb, adjective, or other adverb.

Michael parle **couramment** français.
*Michael speaks French **fluently**.*

Elle lui parle **très** franchement.
*She speaks to him **very** candidly.*

ARTICLE A word that points out a noun in either a specific or a non-specific way.

Definite article An article that points out a noun in a specific way.

le marché	**la** valise
the market	*the suitcase*
les dictionnaires	**les** mots
the dictionaries	*the words*

Indefinite article An article that points out a noun in a general, non-specific way.

un vélo	**une** fille
a bike	*a girl*
des oiseaux	**des** affiches
some birds	*some posters*

CLAUSE A group of words that contains both a conjugated verb and a subject, either expressed or implied.

Main (or Independent) clause A clause that can stand alone as a complete sentence.

J'ai un manteau vert.
I have a green coat.

Subordinate (or Dependent) clause A clause that does not express a complete thought and therefore cannot stand alone as a sentence.

Je travaille dans un restaurant **parce que j'ai besoin d'argent**.
*I work in a restaurant **because I need money.***

COMPARATIVE A construction used with an adjective or adverb to express a comparison between two people, places, or things.

Thomas est **plus petit** qu'Adrien.
*Thomas is **shorter than** Adrien.*

En Corse, il pleut **moins souvent qu'**en Alsace.
*In Corsica, it rains **less often than** in Alsace.*

Cette maison n'a pas **autant de fenêtres** que l'autre.
*This house does not have **as many windows as** the other one.*

CONJUGATION A set of the forms of a verb for a specific tense or mood, or the process by which these verb forms are presented.

Imparfait conjugation of **chanter**:
je chant**ais**   nous chant**ions**
tu chant**ais**   vous chant**iez**
il/elle chant**ait**   ils/elles chant**aient**

CONJUNCTION A word used to connect words, clauses, or phrases.

Suzanne **et** Pierre habitent en Suisse.
*Suzanne **and** Pierre live in Switzerland.*

Je ne dessine pas très bien, **mais** j'aime les cours de dessin.
*I don't draw very well, **but** I like art classes.*

CONTRACTION The joining of two words into one. In French, the contractions are **au, aux, du,** and **des**.

Ma sœur est allée **au** concert hier soir.
*My sister went **to a** concert last night.*

Il a parlé **aux** voisins cet après-midi.
*He talked **to the** neighbors this afternoon.*

Je retire de l'argent **du** distributeur automatique.
*I withdraw money **from the** ATM machine.*

Nous avons campé près **du** village.
*We camped **near the** village.*

DIRECT OBJECT A noun or pronoun that directly receives the action of the verb.

Thomas lit **un livre**.   Je **l'**ai vu hier.
*Thomas reads **a book**.   I saw **him** yesterday.*

GENDER The grammatical categorizing of certain kinds of words, such as nouns and pronouns, as masculine, feminine, or neuter.

Masculine
articles **le, un**
pronouns **il, lui, le, celui-ci, celui-là, lequel**
adjective **élégant**

Feminine
articles **la, une**
pronouns **elle, la, celle-ci, celle-là, laquelle**
adjective **élégante**

IMPERSONAL EXPRESSION A third-person expression with no expressed or specific subject.

Il pleut.   **C'est** très important.
It's raining.   *It's very important.*

INDIRECT OBJECT A noun or pronoun that receives the action of the verb indirectly; the object, often a living being, to or for whom an action is performed.

Éric donne un livre **à Linda**.
*Éric gave a book **to Linda**.*

Le professeur **m'**a donné une bonne note.
*The teacher gave **me** a good mark.*

INFINITIVE The basic form of a verb. Infinitives in French end in **-er, -ir, -oir,** or **-re**.

parler   **finir**   **savoir**   **prendre**
to speak   *to finish*   *to know*   *to take*

INTERROGATIVE An adjective or pronoun used to ask a question.

Qui parle?
***Who** is speaking?*

Combien de biscuits as-tu achetés?
***How many** cookies did you buy?*

Que penses-tu faire aujourd'hui?
***What** do you plan to do today?*

INVERSION Changing the word order of a sentence, often to form a question.

Statement: Elle a vendu sa voiture.

Inversion: A-t-elle vendu sa voiture?

MOOD A grammatical distinction of verbs that indicates whether the verb is intended to make a statement or command or to express a doubt, emotion, or condition contrary to fact.

Glossary of Grammatical Terms

Conditional mood Verb forms used to express what would be done or what would happen under certain circumstances, or to make a polite request, soften a demand, express what someone could or should do, or to state a contrary-to-fact situation.

Il irait se promener s'il avait le temps.
He would go for a walk if he had the time.

Pourrais-tu éteindre la lumière, s'il te plaît?
Would you turn off the light, please?

Je devrais lui parler gentiment.
I should talk to her nicely.

Imperative mood Verb forms used to make commands or suggestions.

Parle lentement.   **Venez** avec moi.
Speak slowly.   *Come with me.*

Indicative mood Verb forms used to state facts, actions, and states considered to be real.

Je sais qu'**il a** un chat.
I know that he has a cat.

Subjunctive mood Verb forms used principally in subordinate (dependent) clauses to express wishes, desires, emotions, doubts, and certain conditions, such as contrary-to-fact situations.

Il est important que **tu finisses** tes devoirs.
*It's important that **you finish** your homework.*

Je doute que **Louis ait** assez d'argent.
*I doubt that **Louis has** enough money.*

NOUN A word that identifies people, animals, places, things, and ideas.

homme	chat	Belgique
man	*cat*	*Belgium*
maison	livre	amitié
house	*book*	*friendship*

NUMBER A grammatical term that refers to singular or plural. Nouns in French and English have number. Other parts of a sentence, such as adjectives, articles, and verbs, can also have number.

Singular	Plural
une chose	des choses
a thing	*some things*
le professeur	les professeurs
the teacher	*the teachers*
the professor	*the professors*

NUMBERS Words that represent amounts.

Cardinal numbers Words that show specific amounts.

cinq minutes	l'année **deux mille six**
five minutes	*the year **2006***

Ordinal numbers Words that indicate the order of a noun in a series.

le **quatrième** joueur	la **dixième** fois
*the **fourth** player*	*the **tenth** time*

PAST PARTICIPLE A past form of the verb used in compound tenses. The past participle may also be used as an adjective, but it must then agree in number and gender with the word it modifies.

Ils ont beaucoup **marché**.
*They have **walked** a lot.*

Je n'ai pas **préparé** mon examen.
*I haven't **prepared** for my exam.*

Il y a une fenêtre **ouverte** dans le salon.
*There is an **open** window in the living room.*

PERSON The form of the verb or pronoun that indicates the speaker, the one spoken to, or the one spoken about. In French, as in English, there are three persons: first, second, and third.

Person	Singular		Plural	
1st	**je**	*I*	**nous**	*we*
2nd	**tu**	*you*	**vous**	*you*
3rd	**il/elle**	*he/she/it*	**ils/elles**	*they*
	on	*one*		

PREPOSITION A word or words that describe(s) the relationship, most often in time or space, between two other words.

Annie habite **loin de** Paris.
*Annie lives **far from** Paris.*

Le blouson est **dans** la voiture.
*The jacket is **in** the car.*

Martine s'est coiffée **avant de** sortir.
*Martine combed her hair **before** going out.*

PRONOUN A word that takes the place of a noun or nouns.

Demonstrative pronoun A pronoun that takes the place of a specific noun.

Je veux **celui-ci**.
*I want **this one**.*

Marc préférait **ceux-là**.
*Marc preferred **those**.*

Object pronoun A pronoun that functions as a direct or indirect object of the verb.

Elle **lui** donne un cadeau.
*She gives **him** a present.*

Frédéric **me l'**a apporté.
*Frédéric brought **it** to **me**.*

Reflexive pronoun A pronoun that indicates that the action of a verb is performed by the subject on itself. These pronouns are often expressed in English with -self: myself, yourself, etc.

Je **me lave** avant de sortir.
*I **wash (myself)** before going out.*

Marie **s'est couchée** à onze heures et demie.
*Marie **went to bed** at eleven-thirty.*

Relative pronoun A pronoun that connects a subordinate clause to a main clause.

Le garçon **qui** nous a écrit vient nous voir demain.
*The boy **who** wrote us is coming to visit tomorrow.*

Je sais **que** nous avons beaucoup de choses à faire.
*I know **that** we have a lot of things to do.*

Subject pronoun A pronoun that replaces the name or title of a person or thing, and acts as the subject of a verb.

Tu vas partir.
***You** are going to leave.*

Il arrive demain.
***He** arrives tomorrow.*

SUBJECT A noun or pronoun that performs the action of a verb and is often implied by the verb.

Marine va au supermarché.
***Marine** goes to the supermarket.*

Ils travaillent beaucoup.
***They** work a lot.*

Ces livres sont très chers.
***Those books** are very expensive.*

SUPERLATIVE A word or construction used with an adjective, adverb or a noun to express the highest or lowest degree of a specific quality among three or more people, places, or things.

Le cours de français est **le plus intéressant**.
*The French class is **the most interesting**.*

Romain court **le moins rapidement**.
*Romain runs **the least fast**.*

C'est son jardin qui a **le plus d'arbres**.
*It is her garden that has **the most trees**.*

TENSE A set of verb forms that indicates the time of an action or state: past, present, or future

Compound tense A two-word tense made up of an auxiliary verb and a present or past participle. In French, there are two auxiliary verbs: **être** and **avoir**.

Le colis n'**est** pas encore **arrivé**.
*The package **has** not **arrived** yet.*

Elle **a réussi** son examen.
*She **has passed** her exam.*

Simple tense A tense expressed by a single verb form.

Timothée **jouait** au volley-ball pendant les vacances.
*Timothée **played** volleyball during his vacation.*

Joëlle **parlera** à sa mère demain.
*Joëlle **will speak** with her mom tomorrow.*

VERB A word that expresses actions or states-of-being.

Auxiliary verb A verb used with a present or past participle to form a compound tense. **Avoir** is the most commonly used auxiliary verb in French.

Ils **ont** vu les éléphants.
*They **have** seen the elephants.*

J'espère que tu **as** mangé.
*I hope you **have** eaten.*

Reflexive verb A verb that describes an action performed by the subject on itself and is always used with a reflexive pronoun.

Je **me suis acheté** une voiture neuve.
*I **bought myself** a new car.*

Pierre et Adeline **se lèvent** très tôt.
*Pierre and Adeline **get (themselves) up** very early.*

Spelling-change verb A verb that undergoes a predictable change in spelling in the various conjugations.

acheter	e → è	nous achetons	j'ach**è**te
espérer	é → è	nous espérons	j'esp**è**re
appeler	l → ll	nous appelons	j'appe**ll**e
envoyer	y → i	nous envoyons	j'envo**i**e
essayer	y → i	nous essayons	j'essa**i**e/ j'essa**y**e

Verb Conjugation Tables

Each verb in this list is followed by a model verb conjugated according to the same pattern. The number in parentheses indicates where in the verb tables you can find the conjugated forms of the model verb. Reminder: All reflexive (pronominal) verbs use **être** as their auxiliary verb in the **passé composé**. The infinitives of reflexive verbs begin with **se** (**s'**).

* = This verb, unlike its model, takes **être** in the **passé composé**.

† = This verb, unlike its model, takes **avoir** in the **passé composé**.

In the tables you will find the infinitive, past participles, and all the forms of each model verb you have learned.

abolir like finir (2)
aborder like parler (1)
abriter like parler (1)
accepter like parler (1)
accompagner like parler (1)
accueillir like ouvrir (31)
acheter (7)
adorer like parler (1)
afficher like parler (1)
aider like parler (1)
aimer like parler (1)
aller (13) **p.c.** with **être**
allumer like parler (1)
améliorer like parler (1)
amener like acheter (7)
animer like parler (1)
apercevoir like recevoir (36)
appeler (8)
applaudir like finir (2)
apporter like parler (1)
apprendre like prendre (35)
arrêter like parler (1)
arriver* like parler (1)
assister like parler (1)
attacher like parler (1)
attendre like vendre (3)
attirer like parler (1)
avoir (4)
balayer like essayer (10)
bavarder like parler (1)
boire (15)
bricoler like parler (1)
bronzer like parler (1)
célébrer like préférer (12)
chanter like parler (1)
chasser like parler (1)

chercher like parler (1)
choisir like finir (2)
classer like parler (1)
commander like parler (1)
commencer (9)
composer like parler (1)
comprendre like prendre (35)
compter like parler (1)
conduire (16)
connaître (17)
consacrer like parler (1)
considérer like préférer (12)
construire like conduire (16)
continuer like parler (1)
courir (18)
coûter like parler (1)
couvrir like ouvrir (31)
croire (19)
cuisiner like parler (1)
danser like parler (1)
débarrasser like parler (1)
décider like parler (1)
découvrir like ouvrir (31)
décrire like écrire (22)
décrocher like parler (1)
déjeuner like parler (1)
demander like parler (1)
démarrer like parler (1)
déménager like manger (11)
démissionner like parler (1)
dépasser like parler (1)
dépendre like vendre (3)
dépenser like parler (1)
déposer like parler (1)
descendre* like vendre (3)
désirer like parler (1)

dessiner like parler (1)
détester like parler (1)
détruire like conduire (16)
développer like parler (1)
devenir like venir (41)
devoir (20)
dîner like parler (1)
dire (21)
diriger like parler (1)
discuter like parler (1)
divorcer like commencer (9)
donner like parler (1)
dormir† like partir (32)
douter like parler (1)
durer like parler (1)
échapper like parler (1)
échouer like parler (1)
écouter like parler (1)
écrire (22)
effacer like commencer (9)
embaucher like parler (1)
emménager like manger (11)
emmener like acheter (7)
employer like essayer (10)
emprunter like parler (1)
enfermer like parler (1)
enlever like acheter (7)
enregistrer like parler (1)
enseigner like parler (1)
entendre like vendre (3)
entourer like parler (1)
entrer* like parler (1)
entretenir like tenir (40)
envahir like finir (2)
envoyer like essayer (10)
épouser like parler (1)

espérer like préférer (12)
essayer (10)
essuyer like essayer (10)
éteindre (24)
éternuer like parler (1)
étrangler like parler (1)
être (5)
étudier like parler (1)
éviter like parler (1)
exiger like manger (11)
expliquer like parler (1)
explorer like parler (1)
faire (25)
falloir (26)
fermer like parler (1)
fêter like parler (1)
finir (2)
fonctionner like parler (1)
fonder like parler (1)
freiner like parler (1)
fréquenter like parler (1)
fumer like parler (1)
gagner like parler (1)
garder like parler (1)
garer like parler (1)
gaspiller like parler (1)
enfler like parler (1)
goûter like parler (1)
graver like parler (1)
grossir like finir (2)
guérir like finir (2)
habiter like parler (1)
imprimer like parler (1)
indiquer like parler (1)
interdire like dire (21)
inviter like parler (1)

jeter like appeler (8)
jouer like parler (1)
laisser like parler (1)
laver like parler (1)
lire (27)
loger like manger (11)
louer like parler (1)
lutter like parler (1)
maigrir like finir (2)
maintenir like tenir (40)
manger (11)
marcher like parler (1)
mêler like préférer (12)
mener like parler (1)
mettre (28)
monter* like parler (1)
montrer like parler (1)
mourir (29); **p.c.** with **être**
nager like manger (11)
naître (30); **p.c.** with **être**
nettoyer like essayer (10)
noter like parler (1)
obtenir like tenir (40)
offrir like ouvrir (31)
organiser like parler (1)
oublier like parler (1)
ouvrir (31)
parler (1)
partager like manger (11)
partir (32); **p.c.** with **être**
passer like parler (1)
patienter like parler (1)
patiner like parler (1)
payer like essayer (10)
penser like parler (1)
perdre like vendre (3)
permettre like mettre (28)
pleuvoir (33)
plonger like manger (11)
polluer like parler (1)
porter like parler (1)
poser like parler (1)
posséder like préférer (12)
poster like parler (1)
pouvoir (34)
pratiquer like parler (1)
préférer (12)

prélever like parler (1)
prendre (35)
préparer like parler (1)
présenter like parler (1)
préserver like parler (1)
prêter like parler (1)
prévenir like tenir (40)
produire like conduire (16)
profiter like parler (1)
promettre like mettre (28)
proposer like parler (1)
protéger like préférer (12)
provenir like venir (41)
publier like parler (1)
quitter like parler (1)
raccrocher like parler (1)
ranger like manger (11)
réaliser like parler (1)
recevoir (36)
recommander like parler (1)
reconnaître like connaître (17)
recycler like parler (1)
réduire like conduire (16)
réfléchir like finir (2)
regarder like parler (1)
régner like préférer (12)
remplacer like parler (1)
remplir like finir (2)
rencontrer like parler (1)
rendre like vendre (3)
rentrer* like parler (1)
renvoyer like essayer (10)
réparer like parler (1)
repasser like parler (1)
répéter like préférer (12)
repeupler like parler (1)
répondre like vendre (3)
réserver like parler (1)
rester* like parler (1)
retenir like tenir (40)
retirer like parler (1)
retourner* like parler (1)
retrouver like parler (1)
réussir like finir (2)
revenir like venir (41)

revoir like voir (42)
rire (37)
rouler like parler (1)
salir like finir (2)
s'amuser like se laver (6)
s'asseoir (14)
sauvegarder like parler (1)
sauver like parler (1)
savoir (38)
se brosser like se laver (6)
se coiffer like se laver (6)
se composer like se laver (6)
se connecter like se laver (6)
se coucher like se laver (6)
se croiser like se laver (6)
se dépêcher like se laver (6)
se déplacer* like commencer (9)
se déshabiller like se laver (6)
se détendre* like vendre (3)
se disputer like se laver (6)
s'embrasser like se laver (6)
s'endormir like partir (32)
s'énerver like se laver (6)
s'ennuyer* like essayer (10)
s'excuser like se laver (6)
se fouler like se laver (6)
s'installer like se laver (6)
se laver (6)
se lever* like acheter (7)
se maquiller like se laver (6)
se marier like se laver (6)
se promener* like acheter (7)
se rappeler* like appeler (8)
se raser like se laver (6)
se rebeller like se laver (6)
se réconcilier like se laver (6)
se relever* like acheter (7)
se reposer like se laver (6)
se réveiller like se laver (6)

servir† like partir (32)
se sécher* like préférer (12)
se souvenir like venir (41)
se tromper like se laver (6)
s'habiller like se laver (6)
sentir† like partir (32)
signer like parler (1)
s'inquiéter* like préférer (12)
s'intéresser like se laver (6)
skier like parler (1)
s'occuper like se laver (6)
sonner like parler (1)
s'orienter like se laver (6)
sortir like partir (32)
sourire like rire (37)
souffrir like ouvrir (31)
souhaiter like parler (1)
subvenir† like venir (41)
suffire like lire (27)
suggérer like préférer (12)
suivre (39)
surfer like parler (1)
surprendre like prendre (35)
télécharger like parler (1)
téléphoner like parler (1)
tenir (40)
tomber* like parler (1)
tourner like parler (1)
tousser like parler (1)
traduire like conduire (16)
travailler like parler (1)
traverser like parler (1)
trouver like parler (1)
tuer like parler (1)
utiliser like parler (1)
valoir like falloir (26)
vendre (3)
venir (41); **p.c.** with **être**
vérifier like parler (1)
visiter like parler (1)
vivre like suivre (39)
voir (42)
vouloir (43)
voyager like manger (11)

Verb Conjugation Tables

Regular verbs

Infinitive / Past participle	Subject Pronouns	INDICATIVE Present	Passé composé	Imperfect	Future	CONDITIONAL Present	SUBJUNCTIVE Present	IMPERATIVE
1 parler *(to speak)* parlé	je (j')	parle	ai parlé	parlais	parlerai	parlerais	parle	
	tu	parles	as parlé	parlais	parleras	parlerais	parles	parle
	il/elle/on	parle	a parlé	parlait	parlera	parlerait	parle	
	nous	parlons	avons parlé	parlions	parlerons	parlerions	parlions	parlons
	vous	parlez	avez parlé	parliez	parlerez	parleriez	parliez	parlez
	ils/elles	parlent	ont parlé	parlaient	parleront	parleraient	parlent	
2 finir *(to finish)* fini	je (j')	finis	ai fini	finissais	finirai	finirais	finisse	
	tu	finis	as fini	finissais	finiras	finirais	finisses	finis
	il/elle/on	finit	a fini	finissait	finira	finirait	finisse	
	nous	finissons	avons fini	finissions	finirons	finirions	finissions	finissons
	vous	finissez	avez fini	finissiez	finirez	finiriez	finissiez	finissez
	ils/elles	finissent	ont fini	finissaient	finiront	finiraient	finissent	
3 vendre *(to sell)* vendu	je (j')	vends	ai vendu	vendais	vendrai	vendrais	vende	
	tu	vends	as vendu	vendais	vendras	vendrais	vendes	vends
	il/elle/on	vend	a vendu	vendait	vendra	vendrait	vende	
	nous	vendons	avons vendu	vendions	vendrons	vendrions	vendions	vendons
	vous	vendez	avez vendu	vendiez	vendrez	vendriez	vendiez	vendez
	ils/elles	vendent	ont vendu	vendaient	vendront	vendraient	vendent	

Auxiliary verbs: *avoir* and *être*

Infinitive / Past participle	Subject Pronouns	INDICATIVE Present	INDICATIVE Passé composé	INDICATIVE Imperfect	INDICATIVE Future	CONDITIONAL Present	SUBJUNCTIVE Present	IMPERATIVE
4 avoir (*to have*) eu	j'	ai	ai eu	avais	aurai	aurais	aie	
	tu	as	as eu	avais	auras	aurais	aies	aie
	il/elle/on	a	a eu	avait	aura	aurait	ait	
	nous	avons	avons eu	avions	aurons	aurions	ayons	ayons
	vous	avez	avez eu	aviez	aurez	auriez	ayez	ayez
	ils/elles	ont	ont eu	avaient	auront	auraient	aient	
5 être (*to be*) été	je (j')	suis	ai été	étais	serai	serais	sois	
	tu	es	as été	étais	seras	serais	sois	sois
	il/elle/on	est	a été	était	sera	serait	soit	
	nous	sommes	avons été	étions	serons	serions	soyons	soyons
	vous	êtes	avez été	étiez	serez	seriez	soyez	soyez
	ils/elles	sont	ont été	étaient	seront	seraient	soient	

Reflexive (Pronominal)

Infinitive / Past participle	Subject Pronouns	INDICATIVE Present	INDICATIVE Passé composé	INDICATIVE Imperfect	INDICATIVE Future	CONDITIONAL Present	SUBJUNCTIVE Present	IMPERATIVE
6 se laver (*to wash oneself*) lavé	je	me lave	me suis lavé(e)	me lavais	me laverai	me laverais	me lave	
	tu	te laves	t'es lavé(e)	te lavais	te laveras	te laverais	te laves	lave-toi
	il/elle/on	se lave	s'est lavé(e)	se lavait	se lavera	se laverait	se lave	
	nous	nous lavons	nous sommes lavé(e)s	nous lavions	nous laverons	nous laverions	nous lavions	lavons-nous
	vous	vous lavez	vous êtes lavé(e)s	vous laviez	vous laverez	vous laveriez	vous laviez	lavez-vous
	ils/elles	se lavent	se sont lavé(e)s	se lavaient	se laveront	se laveraient	se lavent	

Verbs with spelling changes

Infinitive / Past participle	Subject Pronouns	INDICATIVE Present	Passé composé	Imperfect	Future	CONDITIONAL Present	SUBJUNCTIVE Present	IMPERATIVE
7 acheter (*to buy*) acheté	j'	achète	ai acheté	achetais	achèterai	achèterais	achète	
	tu	achètes	as acheté	achetais	achèteras	achèterais	achètes	achète
	il/elle/on	achète	a acheté	achetait	achètera	achèterait	achète	
	nous	achetons	avons acheté	achetions	achèterons	achèterions	achetions	achetons
	vous	achetez	avez acheté	achetiez	achèterez	achèteriez	achetiez	achetez
	ils/elles	achètent	ont acheté	achetaient	achèteront	achèteraient	achètent	
8 appeler (*to call*) appelé	j'	appelle	ai appelé	appelais	appellerai	appellerais	appelle	
	tu	appelles	as appelé	appelais	appelleras	appellerais	appelles	appelle
	il/elle/on	appelle	a appelé	appelait	appellera	appellerait	appelle	
	nous	appelons	avons appelé	appelions	appellerons	appellerions	appelions	appelons
	vous	appelez	avez appelé	appeliez	appellerez	appelleriez	appeliez	appelez
	ils/elles	appellent	ont appelé	appelaient	appelleront	appelleraient	appellent	
9 commencer (*to begin*) commencé	je (j')	commence	ai commencé	commençais	commencerai	commencerais	commence	
	tu	commences	as commencé	commençais	commenceras	commencerais	commences	commence
	il/elle/on	commence	a commencé	commençait	commencera	commencerait	commence	
	nous	commençons	avons commencé	commencions	commencerons	commencerions	commencions	commençons
	vous	commencez	avez commencé	commenciez	commencerez	commenceriez	commenciez	commencez
	ils/elles	commencent	ont commencé	commençaient	commenceront	commenceraient	commencent	
10 essayer (*to try*) essayé	j'	essaie	ai essayé	essayais	essaierai	essaierais	essaie	
	tu	essaies	as essayé	essayais	essaieras	essaierais	essaies	essaie
	il/elle/on	essaie	a essayé	essayait	essaiera	essaierait	essaie	
	nous	essayons	avons essayé	essayions	essaierons	essaierions	essayions	essayons
	vous	essayez	avez essayé	essayiez	essaierez	essaieriez	essayiez	essayez
	ils/elles	essayent	ont essayé	essayaient	essaieront	essaieraient	essaient	
11 manger (*to eat*) mangé	je (j')	mange	ai mangé	mangeais	mangerai	mangerais	mange	
	tu	manges	as mangé	mangeais	mangeras	mangerais	manges	mange
	il/elle/on	mange	a mangé	mangeait	mangera	mangerait	mange	
	nous	mangeons	avons mangé	mangions	mangerons	mangerions	mangions	mangeons
	vous	mangez	avez mangé	mangiez	mangerez	mangeriez	mangiez	mangez
	ils/elles	mangent	ont mangé	mangeaient	mangeront	mangeraient	mangent	

Infinitive / Past participle	Subject Pronouns	INDICATIVE				CONDITIONAL	SUBJUNCTIVE	IMPERATIVE
		Present	Passé composé	Imperfect	Future	Present	Present	
12 préférer *(to prefer)* préféré	je (j')	préfère	ai préféré	préférais	préférerai	préférerais	préfère	
	tu	préfères	as préféré	préférais	préféreras	préférerais	préfères	préfère
	il/elle/on	préfère	a préféré	préférait	préférera	préférerait	préfère	
	nous	préférons	avons préféré	préférions	préférerons	préférerions	préférions	préférons
	vous	préférez	avez préféré	préfériez	préférerez	préféreriez	préfériez	préférez
	ils/elles	préfèrent	ont préféré	préféraient	préféreront	préféreraient	préfèrent	

Irregular verbs

Infinitive / Past participle	Subject Pronouns	INDICATIVE				CONDITIONAL	SUBJUNCTIVE	IMPERATIVE
		Present	Passé composé	Imperfect	Future	Present	Present	
13 aller *(to go)* allé	je (j')	vais	suis allé(e)	allais	irai	irais	aille	
	tu	vas	es allé(e)	allais	iras	irais	ailles	va
	il/elle/on	va	est allé(e)	allait	ira	irait	aille	
	nous	allons	sommes allé(e)s	allions	irons	irions	allions	allons
	vous	allez	êtes allé(e)s	alliez	irez	iriez	alliez	allez
	ils/elles	vont	sont allé(e)s	allaient	iront	iraient	aillent	
14 s'asseoir *(to sit down, to be seated)* assis	je	m'assieds	me suis assis(e)	m'asseyais	m'assiérai	m'assiérais	m'asseye	
	tu	t'assieds	t'es assis(e)	t'asseyais	t'assiéras	t'assiérais	t'asseyes	assieds-toi
	il/elle/on	s'assied	s'est assis(e)	s'asseyait	s'assiéra	s'assiérait	s'asseye	
	nous	nous asseyons	nous sommes assis(e)s	nous asseyions	nous assiérons	nous assiérions	nous asseyions	asseyons-nous
	vous	vous asseyez	vous êtes assis(e)s	vous asseyiez	vous assiérez	vous assiériez	vous asseyiez	asseyez-vous
	ils/elles	s'asseyent	se sont assis(e)s	s'asseyaient	s'assiéront	s'assiéraient	s'asseyent	
15 boire *(to drink)* bu	je (j')	bois	ai bu	buvais	boirai	boirais	boive	
	tu	bois	as bu	buvais	boiras	boirais	boives	bois
	il/elle/on	boit	a bu	buvait	boira	boirait	boive	
	nous	buvons	avons bu	buvions	boirons	boirions	buvions	buvons
	vous	buvez	avez bu	buviez	boirez	boiriez	buviez	buvez
	ils/elles	boivent	ont bu	buvaient	boiront	boiraient	boivent	

Infinitive / Past participle	Subject Pronouns	INDICATIVE Present	Passé composé	Imperfect	Future	CONDITIONAL Present	SUBJUNCTIVE Present	IMPERATIVE
16 conduire *(to drive; to lead)* conduit	je (j')	conduis	ai conduit	conduisais	conduirai	conduirais	conduise	
	tu	conduis	as conduit	conduisais	conduiras	conduirais	conduises	conduis
	il/elle/on	conduit	a conduit	conduisait	conduira	conduirait	conduise	
	nous	conduisons	avons conduit	conduisions	conduirons	conduirions	conduisions	conduisons
	vous	conduisez	avez conduit	conduisiez	conduirez	conduiriez	conduisiez	conduisez
	ils/elles	conduisent	ont conduit	conduisaient	conduiront	conduiraient	conduisent	
17 connaître *(to know, to be acquainted with)* connu	je (j')	connais	ai connu	connaissais	connaîtrai	connaîtrais	connaisse	
	tu	connais	as connu	connaissais	connaîtras	connaîtrais	connaisses	connais
	il/elle/on	connaît	a connu	connaissait	connaîtra	connaîtrait	connaisse	
	nous	connaissons	avons connu	connaissions	connaîtrons	connaîtrions	connaissions	connaissons
	vous	connaissez	avez connu	connaissiez	connaîtrez	connaîtriez	connaissiez	connaissez
	ils/elles	connaissent	ont connu	connaissaient	connaîtront	connaîtraient	connaissent	
18 courir *(to run)* couru	je (j')	cours	ai couru	courais	courrai	courrais	coure	
	tu	cours	as couru	courais	courras	courrais	coures	cours
	il/elle/on	court	a couru	courait	courra	courrait	coure	
	nous	courons	avons couru	courions	courrons	courrions	courions	courons
	vous	courez	avez couru	couriez	courrez	courriez	couriez	courez
	ils/elles	courent	ont couru	couraient	courront	courraient	courent	
19 croire *(to believe)* cru	je (j')	crois	ai cru	croyais	croirai	croirais	croie	
	tu	crois	as cru	croyais	croiras	croirais	croies	crois
	il/elle/on	croit	a cru	croyait	croira	croirait	croie	
	nous	croyons	avons cru	croyions	croirons	croirions	croyions	croyons
	vous	croyez	avez cru	croyiez	croirez	croiriez	croyiez	croyez
	ils/elles	croient	ont cru	croyaient	croiront	croiraient	croient	
20 devoir *(to have to; to owe)* dû	je (j')	dois	ai dû	devais	devrai	devrais	doive	
	tu	dois	as dû	devais	devras	devrais	doives	dois
	il/elle/on	doit	a dû	devait	devra	devrait	doive	
	nous	devons	avons dû	devions	devrons	devrions	devions	devons
	vous	devez	avez dû	deviez	devrez	devriez	deviez	devez
	ils/elles	doivent	ont dû	devaient	devront	devraient	doivent	

Infinitive / Past participle	Subject Pronouns	INDICATIVE Present	INDICATIVE Passé composé	INDICATIVE Imperfect	INDICATIVE Future	CONDITIONAL Present	SUBJUNCTIVE Present	IMPERATIVE
21 dire (*to say; to tell*) dit	je (j')	dis	ai dit	disais	dirai	dirais	dise	
	tu	dis	as dit	disais	diras	dirais	dises	dis
	il/elle/on	dit	a dit	disait	dira	dirait	dise	
	nous	disons	avons dit	disions	dirons	dirions	disions	disons
	vous	dites	avez dit	disiez	direz	diriez	disiez	dites
	ils/elles	disent	ont dit	disaient	diront	diraient	disent	
22 écrire (*to write*) écrit	j'	écris	ai écrit	écrivais	écrirai	écrirais	écrive	
	tu	écris	as écrit	écrivais	écriras	écrirais	écrives	écris
	il/elle/on	écrit	a écrit	écrivait	écrira	écrirait	écrive	
	nous	écrivons	avons écrit	écrivions	écrirons	écririons	écrivions	écrivons
	vous	écrivez	avez écrit	écriviez	écrirez	écririez	écriviez	écrivez
	ils/elles	écrivent	ont écrit	écrivaient	écriront	écriraient	écrivent	
23 envoyer (*to send*) envoyé	j'	envoie	ai envoyé	envoyais	enverrai	enverrais	envoie	
	tu	envoies	as envoyé	envoyais	enverras	enverrais	envoies	envoie
	il/elle/on	envoie	a envoyé	envoyait	enverra	enverrait	envoie	
	nous	envoyons	avons envoyé	envoyions	enverrons	enverrions	envoyions	envoyons
	vous	envoyez	avez envoyé	envoyiez	enverrez	enverriez	envoyiez	envoyez
	ils/elles	envoient	ont envoyé	envoyaient	enverront	enverraient	envoient	
24 éteindre (*to turn off*) éteint	j'	éteins	ai éteint	éteignais	éteindrai	éteindrais	éteigne	
	tu	éteins	as éteint	éteignais	éteindras	éteindrais	éteignes	éteins
	il/elle/on	éteint	a éteint	éteignait	éteindra	éteindrait	éteigne	
	nous	éteignons	avons éteint	éteignions	éteindrons	éteindrions	éteignions	éteignons
	vous	éteignez	avez éteint	éteigniez	éteindrez	éteindriez	éteigniez	éteignez
	ils/elles	éteignent	ont éteint	éteignaient	éteindront	éteindraient	éteignent	
25 faire (*to do; to make*) fait	je (j')	fais	ai fait	faisais	ferai	ferais	fasse	
	tu	fais	as fait	faisais	feras	ferais	fasses	fais
	il/elle/on	fait	a fait	faisait	fera	ferait	fasse	
	nous	faisons	avons fait	faisions	ferons	ferions	fassions	faisons
	vous	faites	avez fait	faisiez	ferez	feriez	fassiez	faites
	ils/elles	font	ont fait	faisaient	feront	feraient	fassent	
26 falloir (*to be necessary*) fallu	il	faut	a fallu	fallait	faudra	faudrait	faille	

#	Infinitive / Past participle	Subject Pronouns	INDICATIVE Present	Passé composé	Imperfect	Future	CONDITIONAL Present	SUBJUNCTIVE Present	IMPERATIVE
27	lire (to read) / lu	je (j')	lis	ai lu	lisais	lirai	lirais	lise	
		tu	lis	as lu	lisais	liras	lirais	lises	lis
		il/elle/on	lit	a lu	lisait	lira	lirait	lise	
		nous	lisons	avons lu	lisions	lirons	lirions	lisions	lisons
		vous	lisez	avez lu	lisiez	lirez	liriez	lisiez	lisez
		ils/elles	lisent	ont lu	lisaient	liront	liraient	lisent	
28	mettre (to put) / mis	je (j')	mets	ai mis	mettais	mettrai	mettrais	mette	
		tu	mets	as mis	mettais	mettras	mettrais	mettes	mets
		il/elle/on	met	a mis	mettait	mettra	mettrait	mette	
		nous	mettons	avons mis	mettions	mettrons	mettrions	mettions	mettons
		vous	mettez	avez mis	mettiez	mettrez	mettriez	mettiez	mettez
		ils/elles	mettent	ont mis	mettaient	mettront	mettraient	mettent	
29	mourir (to die) / mort	je	meurs	suis mort(e)	mourais	mourrai	mourrais	meure	
		tu	meurs	es mort(e)	mourais	mourras	mourrais	meures	meurs
		il/elle/on	meurt	est mort(e)	mourait	mourra	mourrait	meure	
		nous	mourons	sommes mort(e)s	mourions	mourrons	mourrions	mourions	mourons
		vous	mourez	êtes mort(e)s	mouriez	mourrez	mourriez	mouriez	mourez
		ils/elles	meurent	sont mort(e)s	mouraient	mourront	mourraient	meurent	
30	naître (to be born) / né	je	nais	suis né(e)	naissais	naîtrai	naîtrais	naisse	
		tu	nais	es né(e)	naissais	naîtras	naîtrais	naisses	nais
		il/elle/on	naît	est né(e)	naissait	naîtra	naîtrait	naisse	
		nous	naissons	sommes né(e)s	naissions	naîtrons	naîtrions	naissions	naissons
		vous	naissez	êtes né(e)s	naissiez	naîtrez	naîtriez	naissiez	naissez
		ils/elles	naissent	sont né(e)s	naissaient	naîtront	naîtraient	naissent	
31	ouvrir (to open) / ouvert	j'	ouvre	ai ouvert	ouvrais	ouvrirai	ouvrirais	ouvre	
		tu	ouvres	as ouvert	ouvrais	ouvriras	ouvrirais	ouvres	ouvre
		il/elle/on	ouvre	a ouvert	ouvrait	ouvrira	ouvrirait	ouvre	
		nous	ouvrons	avons ouvert	ouvrions	ouvrirons	ouvririons	ouvrions	ouvrons
		vous	ouvrez	avez ouvert	ouvriez	ouvrirez	ouvririez	ouvriez	ouvrez
		ils/elles	ouvrent	ont ouvert	ouvraient	ouvriront	ouvriraient	ouvrent	

Infinitive / Past participle	Subject Pronouns	INDICATIVE Present	INDICATIVE Passé composé	INDICATIVE Imperfect	INDICATIVE Future	CONDITIONAL Present	SUBJUNCTIVE Present	IMPERATIVE
32 partir (to leave) / parti	je	pars	suis parti(e)	partais	partirai	partirais	parte	
	tu	pars	es parti(e)	partais	partiras	partirais	partes	pars
	il/elle/on	part	est parti(e)	partait	partira	partirait	parte	
	nous	partons	sommes parti(e)s	partions	partirons	partirions	partions	partons
	vous	partez	êtes parti(e)(s)	partiez	partirez	partiriez	partiez	partez
	ils/elles	partent	sont parti(e)s	partaient	partiront	partiraient	partent	
33 pleuvoir (to rain) / plu	il	pleut	a plu	pleuvait	pleuvra	pleuvrait	pleuve	
34 pouvoir (to be able) / pu	je (j')	peux	ai pu	pouvais	pourrai	pourrais	puisse	
	tu	peux	as pu	pouvais	pourras	pourrais	puisses	
	il/elle/on	peut	a pu	pouvait	pourra	pourrait	puisse	
	nous	pouvons	avons pu	pouvions	pourrons	pourrions	puissions	
	vous	pouvez	avez pu	pouviez	pourrez	pourriez	puissiez	
	ils/elles	peuvent	ont pu	pouvaient	pourront	pourraient	puissent	
35 prendre (to take) / pris	je (j')	prends	ai pris	prenais	prendrai	prendrais	prenne	
	tu	prends	as pris	prenais	prendras	prendrais	prennes	prends
	il/elle/on	prend	a pris	prenait	prendra	prendrait	prenne	
	nous	prenons	avons pris	prenions	prendrons	prendrions	prenions	prenons
	vous	prenez	avez pris	preniez	prendrez	prendriez	preniez	prenez
	ils/elles	prennent	ont pris	prenaient	prendront	prendraient	prennent	
36 recevoir (to receive) / reçu	je (j')	reçois	ai reçu	recevais	recevrai	recevrais	reçoive	
	tu	reçois	as reçu	recevais	recevras	recevrais	reçoives	reçois
	il/elle/on	reçoit	a reçu	recevait	recevra	recevrait	reçoive	
	nous	recevons	avons reçu	recevions	recevrons	recevrions	recevions	recevons
	vous	recevez	avez reçu	receviez	recevrez	recevriez	receviez	recevez
	ils/elles	reçoivent	ont reçu	recevaient	recevront	recevraient	reçoivent	
37 rire (to laugh) / ri	je (j')	ris	ai ri	riais	rirai	rirais	rie	
	tu	ris	as ri	riais	riras	rirais	ries	ris
	il/elle/on	rit	a ri	riait	rira	rirait	rie	
	nous	rions	avons ri	riions	rirons	ririons	riions	rions
	vous	riez	avez ri	riiez	rirez	ririez	riiez	riez
	ils/elles	rient	ont ri	riaient	riront	riraient	rient	

38 — savoir (to know) — Past participle: su

Subject Pronouns	INDICATIVE Present	Passé composé	Imperfect	Future	CONDITIONAL Present	SUBJUNCTIVE Present	IMPERATIVE
je (j')	sais	ai su	savais	saurai	saurais	sache	
tu	sais	as su	savais	sauras	saurais	saches	sache
il/elle/on	sait	a su	savait	saura	saurait	sache	
nous	savons	avons su	savions	saurons	saurions	sachions	sachons
vous	savez	avez su	saviez	saurez	sauriez	sachiez	sachez
ils/elles	savent	ont su	savaient	sauront	sauraient	sachent	

39 — suivre (to follow) — Past participle: suivi

Subject Pronouns	INDICATIVE Present	Passé composé	Imperfect	Future	CONDITIONAL Present	SUBJUNCTIVE Present	IMPERATIVE
je (j')	suis	ai suivi	suivais	suivrai	suivrais	suive	
tu	suis	as suivi	suivais	suivras	suivrais	suives	suis
il/elle/on	suit	a suivi	suivait	suivra	suivrait	suive	
nous	suivons	avons suivi	suivions	suivrons	suivrions	suivions	suivons
vous	suivez	avez suivi	suiviez	suivrez	suivriez	suiviez	suivez
ils/elles	suivent	ont suivi	suivaient	suivront	suivraient	suivent	

40 — tenir (to hold) — Past participle: tenu

Subject Pronouns	INDICATIVE Present	Passé composé	Imperfect	Future	CONDITIONAL Present	SUBJUNCTIVE Present	IMPERATIVE
je (j')	tiens	ai tenu	tenais	tiendrai	tiendrais	tienne	
tu	tiens	as tenu	tenais	tiendras	tiendrais	tiennes	tiens
il/elle/on	tient	a tenu	tenait	tiendra	tiendrait	tienne	
nous	tenons	avons tenu	tenions	tiendrons	tiendrions	tenions	tenons
vous	tenez	avez tenu	teniez	tiendrez	tiendriez	teniez	tenez
ils/elles	tiennent	ont tenu	tenaient	tiendront	tiendraient	tiennent	

41 — venir (to come) — Past participle: venu

Subject Pronouns	INDICATIVE Present	Passé composé	Imperfect	Future	CONDITIONAL Present	SUBJUNCTIVE Present	IMPERATIVE
je	viens	suis venu(e)	venais	viendrai	viendrais	vienne	
tu	viens	es venu(e)	venais	viendras	viendrais	viennes	viens
il/elle/on	vient	est venu(e)	venait	viendra	viendrait	vienne	
nous	venons	sommes venu(e)s	venions	viendrons	viendrions	venions	venons
vous	venez	êtes venu(e)(s)	veniez	viendrez	viendriez	veniez	venez
ils/elles	viennent	sont venu(e)s	venaient	viendront	viendraient	viennent	

42 — voir (to see) — Past participle: vu

Subject Pronouns	INDICATIVE Present	Passé composé	Imperfect	Future	CONDITIONAL Present	SUBJUNCTIVE Present	IMPERATIVE
je (j')	vois	ai vu	voyais	verrai	verrais	voie	
tu	vois	as vu	voyais	verras	verrais	voies	vois
il/elle/on	voit	a vu	voyait	verra	verrait	voie	
nous	voyons	avons vu	voyions	verrons	verrions	voyions	voyons
vous	voyez	avez vu	voyiez	verrez	verriez	voyiez	voyez
ils/elles	voient	ont vu	voyaient	verront	verraient	voient	

43 — vouloir (to want, to wish) — Past participle: voulu

Subject Pronouns	INDICATIVE Present	Passé composé	Imperfect	Future	CONDITIONAL Present	SUBJUNCTIVE Present	IMPERATIVE
je (j')	veux	ai voulu	voulais	voudrai	voudrais	veuille	
tu	veux	as voulu	voulais	voudras	voudrais	veuilles	veuille
il/elle/on	veut	a voulu	voulait	voudra	voudrait	veuille	
nous	voulons	avons voulu	voulions	voudrons	voudrions	voulions	veuillons
vous	voulez	avez voulu	vouliez	voudrez	voudriez	vouliez	veuillez
ils/elles	veulent	ont voulu	voulaient	voudront	voudraient	veuillent	

Guide to Vocabulary

This glossary contains the words and expressions listed on the **Vocabulaire** page found at the end of each unit in **D'ACCORD!** Levels 1 & 2. The number following an entry indicates the **D'ACCORD!** level and unit where the term was introduced. For example, the first entry in the glossary, **à**, was introduced in **D'ACCORD!** Level 1, Unit 4. Note that **II–P** refers to the **Unité Préliminaire** in **D'ACCORD!** Level 2.

Abbreviations used in this glossary

adj.	adjective	*f.*	feminine	*i.o.*	indirect object	*prep.*	preposition
adv.	adverb	*fam.*	familiar	*m.*	masculine	*pron.*	pronoun
art.	article	*form.*	formal	*n.*	noun	*refl.*	reflexive
comp.	comparative	*imp.*	imperative	*obj.*	object	*rel.*	relative
conj.	conjunction	*indef.*	indefinite	*part.*	partitive	*sing.*	singular
def.	definite	*interj.*	interjection	*p.p.*	past participle	*sub.*	subject
dem.	demonstrative	*interr.*	interrogative	*pl.*	plural	*super.*	superlative
disj.	disjunctive	*inv.*	invariable	*poss.*	possessive	*v.*	verb
d.o.	direct object						

French-English

A

à *prep.* at; in; to I-4
  À bientôt. See you soon. I-1
  à condition que on the condition that, provided that II-7
  à côté de *prep.* next to I-3
  À demain. See you tomorrow. I-1
  à droite (de) *prep.* to the right (of) I-3
  à gauche (de) *prep.* to the left (of) I-3
  à ... heure(s) at ... (o'clock) I-4
  à la radio on the radio II-7
  à la télé(vision) on television II-7
  à l'étranger abroad, overseas I-7
  à mi-temps half-time (*job*) II-5
  à moins que unless II-7
  à plein temps full-time (*job*) II-5
  À plus tard. See you later. I-1
  À quelle heure? What time?; When? I-2
  À qui? To whom? I-4
  À table! Let's eat! Food is on! II-1
  à temps partiel part-time (*job*) II-5
  À tout à l'heure. See you later. I-1
  au bout (de) *prep.* at the end (of) II-4
  au contraire on the contrary II-7
  au fait by the way I-3
  au printemps in the spring I-5
  Au revoir. Good-bye. I-1
  au secours help II-3
  au sujet de on the subject of, about II-6
abolir *v.* to abolish II-6
absolument *adv.* absolutely I-8, II-P
accident *m.* accident II-3
  avoir un accident to have/to be in an accident II-3
accompagner *v.* to accompany II-4
acheter *v.* to buy I-5
acteur *m.* actor I-1
actif/active *adj.* active I-3
activement *adv.* actively I-8, II-P
actrice *f.* actress I-1
addition *f.* check, bill I-4
adieu farewell II-6
adolescence *f.* adolescence I-6
adorer *v.* to love I-2
  J'adore... I love... I-2
adresse *f.* address II-4
aérobic *m.* aerobics I-5
  faire de l'aérobic *v.* to do aerobics I-5
aéroport *m.* airport I-7
affaires *f., pl.* business I-3
affiche *f.* poster I-8, II-P
afficher *v.* to post II-5
âge *m.* age I-6
  âge adulte *m.* adulthood I-6
agence de voyages *f.* travel agency I-7
agent *m.* officer; agent II-3

agent de police *m.* police officer II-3
agent de voyages *m.* travel agent I-7
agent immobilier *m.* real estate agent II-5
agréable *adj.* pleasant I-1
agriculteur/agricultrice *m., f.* farmer II-5
aider (à) *v.* to help (*to do something*) I-5
aie (avoir) *imp. v.* have I-7
ail *m.* garlic II-1
aimer *v.* to like I-2
  aimer mieux to prefer I-2
  aimer que... to like that... II-6
  J'aime bien... I really like... I-2
  Je n'aime pas tellement... I don't like ... very much. I-2
aîné(e) *adj.* elder I-3
algérien(ne) *adj.* Algerian I-1
aliment *m.* food item; a food II-1
Allemagne *f.* Germany I-7
allemand(e) *adj.* German I-1
aller *v.* to go I-4
  aller à la pêche to go fishing I-5
  aller aux urgences to go to the emergency room II-2
  aller avec to go with I-6
  aller-retour *adj.* round-trip I-7
  billet aller-retour *m.* round-trip ticket I-7
  Allons-y! Let's go! I-2
  Ça va? What's up?; How are things? I-1
  Comment allez-vous? *form.* How are you? I-1
  Comment vas-tu? *fam.* How are you? I-1

Je m'en vais. I'm leaving. I-8, II-P

Je vais bien/mal. I am doing well/badly. I-1

J'y vais. I'm going/coming. I-8, II-P

Nous y allons. We're going/coming. II-1

allergie *f.* allergy II-2

Allez. Come on. I-5

allô *(on the phone)* hello I-1

allumer *v.* to turn on II-3

alors *adv.* so, then; at that moment I-2

améliorer *v.* to improve II-5

amende *f.* fine II-3

amener *v.* to bring *(someone)* I-5

américain(e) *adj.* American I-1

football américain *m.* football I-5

ami(e) *m., f.* friend I-1

petit(e) ami(e) *m., f.* boyfriend/girlfriend I-1

amitié *f.* friendship I-6

amour *m.* love I-6

amoureux/amoureuse *adj.* in love I-6

tomber amoureux/amoureuse *v.* to fall in love I-6

amusant(e) *adj.* fun I-1

an *m.* year I-2

ancien(ne) *adj.* ancient, old; former II-7

ange *m.* angel I-1

anglais(e) *adj.* English I-1

angle *m.* corner II-4

Angleterre *f.* England I-7

animal *m.* animal II-6

année *f.* year I-2

cette année this year I-2

anniversaire *m.* birthday I-5

C'est quand l'anniversaire de … ? When is …'s birthday? I-5

C'est quand ton/votre anniversaire? When is your birthday? I-5

annuler (une réservation) *v.* to cancel (a reservation) I-7

anorak *m.* ski jacket, parka I-6

antipathique *adj.* unpleasant I-3

août *m.* August I-5

apercevoir *v.* to see, to catch sight of II-4

aperçu (apercevoir) *p.p.* seen, caught sight of II-4

appareil *m.* (on the phone) telephone II-5

appareil (électrique/ménager) *m.* (electrical/household) appliance I-8, II-P

appareil photo (numérique) *m.* (digital) camera II-3

C'est M./Mme/Mlle … à l'appareil. It's Mr./Mrs./Miss … on the phone. II-5

Qui est à l'appareil? Who's calling, please? II-5

appartement *m.* apartment II-7

appeler *v.* to call I-7

applaudir *v.* to applaud II-7

applaudissement *m.* applause II-7

apporter *v.* to bring, to carry *(something)* I-4

apprendre (à) *v.* to teach; to learn *(to do something)* I-4

appris (apprendre) *p.p., adj.* learned I-6

après (que) *adv.* after I-2

après-demain *adv.* day after tomorrow I-2

après-midi *m.* afternoon I-2

cet après-midi this afternoon I-2

de l'après-midi in the afternoon I-2

demain après-midi *adv.* tomorrow afternoon I-2

hier après-midi *adv.* yesterday afternoon I-7

arbre *m.* tree II-6

architecte *m., f.* architect I-3

architecture *f.* architecture I-2

argent *m.* money II-4

dépenser de l'argent *v.* to spend money I-4

déposer de l'argent *v.* to deposit money II-4

retirer de l'argent *v.* to withdraw money II-4

armoire *f.* armoire, wardrobe I-8, II-P

arrêt d'autobus (de bus) *m.* bus stop I-7

arrêter (de faire quelque chose) *v.* to stop (doing something) II-3

arrivée *f.* arrival I-7

arriver (à) *v.* to arrive; to manage *(to do something)* I-2

art *m.* art I-2

beaux-arts *m., pl.* fine arts II-7

artiste *m., f.* artist I-3

ascenseur *m.* elevator I-7

aspirateur *m.* vacuum cleaner I-8, II-P

passer l'aspirateur to vacuum I-8, II-P

aspirine *f.* aspirin II-2

Asseyez-vous! (s'asseoir) *imp. v.* Have a seat! II-2

assez *adv.* *(before adjective or adverb)* pretty; quite I-8, II-P

assez (de) *(before noun)* enough (of) I-4

pas assez (de) not enough (of) I-4

assiette *f.* plate II-1

assis (s'asseoir) *p.p., adj. (used as past participle)* sat down; *(used as adjective)* sitting, seated II-2

assister *v.* to attend I-2

assurance (maladie/vie) *f.* (health/life) insurance II-5

athlète *m., f.* athlete I-3

attacher *v.* to attach II-3

attacher sa ceinture de sécurité to buckle one's seatbelt II-3

attendre *v.* to wait I-6

attention *f.* attention I-5

faire attention (à) *v.* to pay attention (to) I-5

au (à + le) *prep.* to/at the I-4

auberge de jeunesse *f.* youth hostel I-7

aucun(e) *adj.* no; *pron.* none II-2

ne… aucun(e) none, not any II-4

augmentation (de salaire) *f.* raise (in salary) II-5

aujourd'hui *adv.* today I-2

auquel (à + lequel) *pron., m., sing.* which one II-5

aussi *adv.* too, as well; as I-1

Moi aussi. Me too. I-1

aussi … que *(used with an adjective)* as … as II-1

autant de … que *adv. (used with noun to express quantity)* as much/as many … as II-6

auteur/femme auteur *m., f.* author II-7

autobus *m.* bus I-7

arrêt d'autobus (de bus) *m.* bus stop I-7

prendre un autobus to take a bus I-7

automne *m.* fall I-5

à l'automne in the fall I-5

autoroute *f.* highway II-3

autour (de) *prep.* around II-4

autrefois *adv.* in the past I-8, II-P

aux (à + les) to/at the I-4

auxquelles (à + lesquelles) *pron., f., pl.* which ones II-5

auxquels (à + lesquels) *pron., m., pl.* which ones II-5

avance *f.* advance I-2

en avance *adv.* early I-2

avant (de/que) *adv.* before I-7

avant-hier *adv.* day before yesterday I-7

avec *prep.* with I-1

Avec qui? With whom? I-4
aventure *f.* adventure II-7
  film d'aventures *m.*
  adventure film II-7
avenue *f.* avenue II-4
avion *m.* airplane I-7
  prendre un avion *v.* to take
  a plane I-7
avocat(e) *m., f.* lawyer I-3
avoir *v.* to have I-2
  aie *imp. v.* have I-2
  avoir besoin (de) to need
  (*something*) I-2
  avoir chaud to be hot I-2
  avoir de la chance to be
  lucky I-2
  avoir envie (de) to feel like
  (*doing something*) I-2
  avoir faim to be hungry I-4
  avoir froid to be cold I-2
  avoir honte (de) to be
  ashamed (of) I-2
  avoir mal to have an ache II-2
  avoir mal au cœur to feel
  nauseated II-2
  avoir peur (de/que) to be
  afraid (of/that) I-2
  avoir raison to be right I-2
  avoir soif to be thirsty I-4
  avoir sommeil to be sleepy I-2
  avoir tort to be wrong I-2
  avoir un accident to have/to
  be in an accident II-3
  avoir un compte bancaire to
  have a bank account II-4
  en avoir marre to be fed up I-3
avril *m.* April I-5
ayez (avoir) *imp. v.* have I-7
ayons (avoir) *imp. v.* let's have I-7

B

bac(alauréat) *m.* an important
  exam taken by high-school
  students in France I-2
baguette *f.* baguette I-4
baignoire *f.* bathtub I-8, II-P
bain *m.* bath I-6
  salle de bains *f.* bathroom
  I-8, II-P
balai *m.* broom I-8, II-P
balayer *v.* to sweep I-8, II-P
balcon *m.* balcony I-8, II-P
banane *f.* banana II-1
banc *m.* bench II-4
bancaire *adj.* banking II-4
  avoir un compte bancaire *v.*
  to have a bank account II-4
bande dessinée (B.D.) *f.*
  comic strip I-5
banlieue *f.* suburbs I-4
banque *f.* bank II-4

banquier/banquière *m., f.*
  banker II-5
barbant *adj.*, **barbe** *f.* drag I-3
baseball *m.* baseball I-5
basket(-ball) *m.* basketball I-5
baskets *f., pl.* tennis shoes I-6
bateau *m.* boat I-7
  prendre un bateau *v.* to take
  a boat I-7
bateau-mouche *m.* riverboat I-7
bâtiment *m.* building II-4
batterie *f.* drums II-7
bavarder *v.* to chat I-4
beau (belle) *adj.* handsome;
  beautiful I-3
  faire quelque chose de
  beau *v.* to be up to something
  interesting II-4
  Il fait beau. The weather is
  nice. I-5
beaucoup (de) *adv.* a lot (of) 4
  Merci (beaucoup). Thank
  you (very much). I-1
beau-frère *m.* brother-in-law I-3
beau-père *m.* father-in-law;
  stepfather I-3
beaux-arts *m., pl.* fine arts II-7
belge *adj.* Belgian I-7
Belgique *f.* Belgium I-7
belle *adj., f. (feminine form of*
  beau) beautiful I-3
belle-mère *f.* mother-in-law;
  stepmother I-3
belle-sœur *f.* sister-in-law I-3
besoin *m.* need I-2
  avoir besoin (de) to need
  (*something*) I-2
beurre *m.* butter 4
bibliothèque *f.* library I-1
bien *adv.* well I-7
  bien sûr *adv.* of course I-2
  Je vais bien. I am doing
  well. I-1
  Très bien. Very well. I-1
bientôt *adv.* soon I-1
  À bientôt. See you soon. I-1
bienvenu(e) *adj.* welcome I-1
bière *f.* beer I-6
bijouterie *f.* jewelry store II-4
billet *m. (travel)* ticket I-7;
  (*money*) bills, notes II-4
  billet aller-retour *m.* round-
  trip ticket I-7
biologie *f.* biology I-2
biscuit *m.* cookie I-6
blague *f.* joke I-2
blanc(he) *adj.* white I-6
blessure *f.* injury, wound II-2
bleu(e) *adj.* blue I-3
blond(e) *adj.* blonde I-3
blouson *m.* jacket I-6
bœuf *m.* beef II-1

boire *v.* to drink I-4
bois *m.* wood II-6
boisson (gazeuse) *f.* (carbonated)
  drink/beverage I-4
boîte *f.* box; can II-1
  boîte aux lettres *f.* mailbox II-4
  boîte de conserve *f.* can
  (of food) II-1
  boîte de nuit *f.* nightclub I-4
bol *m.* bowl II-1
bon(ne) *adj.* kind; good I-3
  bon marché *adj.* inexpensive I-6
  Il fait bon. The weather is
  good/warm. I-5
bonbon *m.* candy I-6
bonheur *m.* happiness I-6
Bonjour. Good morning.;
  Hello. I-1
Bonsoir. Good evening.;
  Hello. I-1
bouche *f.* mouth II-2
boucherie *f.* butcher's shop II-1
boulangerie *f.* bread shop,
  bakery II-1
boulevard *m.* boulevard II-4
  suivre un boulevard *v.* to
  follow a boulevard II-4
bourse *f.* scholarship, grant I-2
bout *m.* end II-4
  au bout (de) *prep.* at the end
  (of) II-4
bouteille (de) *f.* bottle (of) I-4
boutique *f.* boutique, store II-4
bras *m.* arm II-2
brasserie *f.* café; restaurant II-4
Brésil *m.* Brazil II-2
brésilien(ne) *adj.* Brazilian I-7
bricoler *v.* to tinker; to do odd
  jobs I-5
brillant(e) *adj.* bright I-1
bronzer *v.* to tan I-6
brosse (à cheveux/à dents) *f.*
  (hair/tooth)brush II-2
brun(e) *adj.* (*hair*) dark I-3
bu (boire) *p.p.* drunk I-6
bureau *m.* desk; office I-1
  bureau de poste *m.* post
  office II-4
bus *m.* bus I-7
  arrêt d'autobus (de bus)
  m. bus stop I-7
  prendre un bus *v.* to take a
  bus I-7

C

ça *pron.* that; this; it I-1
  Ça dépend. It depends. I-4
  Ça ne nous regarde pas.
  That has nothing to do with us.;
  That is none of our business. II-6

Ça suffit. That's enough. I-5
Ça te dit? Does that appeal to you? II-6
Ça va? What's up?; How are things? I-1
ça veut dire that is to say II-2
Comme ci, comme ça. So-so. I-1
cabine téléphonique *f.* phone booth II-4
cadeau *m.* gift I-6
  paquet cadeau wrapped gift I-6
cadet(te) *adj.* younger I-3
cadre/femme cadre *m., f.* executive II-5
café *m.* café; coffee I-1
  terrasse de café *f.* café terrace I-4
  cuillére à café *f.* teaspoon II-1
cafetière *f.* coffeemaker I-8, II-P
cahier *m.* notebook I-1
calculatrice *f.* calculator I-1
calme *adj.* calm I-1; *m.* calm I-1
camarade *m., f.* friend I-1
  camarade de chambre *m., f.* roommate I-1
  camarade de classe *m., f.* classmate I-1
caméra vidéo *f.* camcorder II-3
caméscope *m.* camcorder II-3
campagne *f.* country(side) I-7
  pain de campagne *m.* country-style bread I-4
  pâté (de campagne) *m.* pâté, meat spread II-1
camping *m.* camping I-5
  faire du camping *v.* to go camping I-5
Canada *m.* Canada I-7
canadien(ne) *adj.* Canadian I-1
canapé *m.* couch I-8, II-P
candidat(e) *m., f.* candidate; applicant II-5
cantine *f.* (school) cafeteria II-1
capitale *f.* capital I-7
capot *m.* hood II-3
carafe (d'eau) *f.* pitcher (of water) II-1
carotte *f.* carrot II-1
carrefour *m.* intersection II-4
carrière *f.* career II-5
carte *f.* map I-1; menu II-1; card II-4
  payer avec une carte de crédit to pay with a credit card II-4
  carte postale *f.* postcard II-4
  cartes *f. pl.* (*playing*) cards I-5

casquette *f.* (baseball) cap I-6
cassette vidéo *f.* videotape II-3
catastrophe *f.* catastrophe II-6
cave *f.* basement, cellar I-8, II-P
CD *m.* CD(s) II-3
ce *dem. adj., m., sing.* this; that I-6
  ce matin this morning I-2
  ce mois-ci this month I-2
  Ce n'est pas grave. It's no big deal. I-6
  ce soir this evening I-2
  ce sont... those are... I-1
  ce week-end this weekend I-2
ceinture *f.* belt I-6
  attacher sa ceinture de sécurité *v.* to buckle one's seatbelt II-3
célèbre *adj.* famous II-7
célébrer *v.* to celebrate I-5
célibataire *adj.* single I-3
celle *pron., f., sing.* this one; that one; the one II-6
celles *pron., f., pl.* these; those; the ones II-6
celui *pron., m., sing.* this one; that one; the one II-6
cent *m.* one hundred I-3
  cent mille *m.* one hundred thousand I-5
  cent un *m.* one hundred one I-5
  cinq cents *m.* five hundred I-5
centième *adj.* hundredth I-7
centrale nucléaire *f.* nuclear plant II-6
centre commercial *m.* shopping center, mall I-4
centre-ville *m.* city/town center, downtown I-4
certain(e) *adj.* certain II-1
  Il est certain que... It is certain that... II-7
  Il n'est pas certain que... It is uncertain that... II-7
ces *dem. adj., m., f., pl.* these; those I-6
c'est... it/that is... I-1
  C'est de la part de qui? On behalf of whom? II-5
  C'est le 1er (premier) octobre. It is October first. I-5
  C'est M./Mme/Mlle ... (à l'appareil). It's Mr./Mrs./Miss ... (on the phone). II-5
  C'est quand l'anniversaire de... ? When is ...'s birthday? I-5
  C'est quand ton/votre anniversaire? When is your birthday? I-5

Qu'est-ce que c'est? What is it? I-1
cet *dem. adj., m., sing.* this; that I-6
  cet après-midi this afternoon I-2
cette *dem. adj., f., sing.* this; that I-6
  cette année this year I-2
  cette semaine this week I-2
ceux *pron., m., pl.* these; those; the ones II-6
chaîne (de télévision) *f.* (television) channel II-3
chaîne stéréo *f.* stereo system I-3
chaise *f.* chair I-1
chambre *f.* bedroom I-8, II-P
  chambre (individuelle) *f.* (single) room I-7
  camarade de chambre *m., f.* roommate I-1
champ *m.* field II-6
champagne *m.* champagne I-6
champignon *m.* mushroom II-1
chance *f.* luck I-2
  avoir de la chance *v.* to be lucky I-2
chanson *f.* song II-7
chanter *v.* to sing I-5
chanteur/chanteuse *m., f.* singer I-1
chapeau *m.* hat I-6
chaque *adj.* each I-6
charcuterie *f.* delicatessen II-1
charmant(e) *adj.* charming I-1
chasse *f.* hunt II-6
chasser *v.* to hunt II-6
chat *m.* cat I-3
châtain *adj.* (*hair*) brown I-3
chaud *m.* heat I-2
  avoir chaud *v.* to be hot I-2
  Il fait chaud. (*weather*) It is hot. I-5
chauffeur de taxi/de camion *m.* taxi/truck driver II-5
chaussette *f.* sock I-6
chaussure *f.* shoe I-6
chef d'entreprise *m.* head of a company II-5
chef-d'œuvre *m.* masterpiece II-7
chemin *m.* path; way II-4
  suivre un chemin *v.* to follow a path II-4
chemise (à manches courtes/ longues) *f.* (short-/long-sleeved) shirt I-6
chemisier *m.* blouse I-6
chèque *m.* check II-4
  compte-chèques *m.* checking account II-4
  payer par chèque *v.* to pay by check II-4

cher/chère *adj.* expensive I-6
chercher *v.* to look for I-2
  chercher un/du travail to look for work II-4
chercheur/chercheuse *m., f.* researcher II-5
chéri(e) *adj.* dear, beloved, darling I-2
cheval *m.* horse I-5
  faire du cheval *v.* to go horseback riding I-5
cheveux *m., pl.* hair II-1
  brosse à cheveux *f.* hairbrush II-2
  cheveux blonds blond hair I-3
  cheveux châtains brown hair I-3
  se brosser les cheveux *v.* to brush one's hair II-1
cheville *f.* ankle II-2
  se fouler la cheville *v.* to twist/sprain one's ankle II-2
chez *prep.* at (*someone's*) house I-3, at (*a place*) I-3
  passer chez quelqu'un *v.* to stop by someone's house I-4
chic *adj.* chic I-4
chien *m.* dog I-3
chimie *f.* chemistry I-2
Chine *f.* China I-7
chinois(e) *adj.* Chinese 7
chocolat (chaud) *m.* (hot) chocolate I-4
chœur *m.* choir, chorus II-7
choisir *v.* to choose I-4
chômage *m.* unemployment II-5
  être au chômage *v.* to be unemployed II-5
chômeur/chômeuse *m., f.* unemployed person II-5
chose *f.* thing I-1
  quelque chose *m.* something; anything I-4
chrysanthèmes *m., pl.* chrysanthemums II-1
chut shh II-7
-ci (*used with demonstrative adjective* **ce** *and noun or with demonstrative pronoun* **celui**) here I-6
  ce mois-ci this month I-2
ciel *m.* sky II-6
cinéma (ciné) *m.* movie theater, movies I-4
cinq *m.* five I-1
cinquante *m.* fifty I-1
cinquième *adj.* fifth 7
circulation *f.* traffic II-3
clair(e) *adj.* clear II-7
  Il est clair que... It is clear that... II-7
classe *f.* (*group of students*) class I-1

camarade de classe *m., f.* classmate I-1
  salle de classe *f.* classroom I-1
clavier *m.* keyboard II-3
clé *f.* key I-7
client(e) *m., f.* client; guest I-7
cœur *m.* heart II-2
  avoir mal au cœur to feel nauseated II-2
coffre *m.* trunk II-3
coiffeur/coiffeuse *m., f.* hairdresser I-3
coin *m.* corner II-4
colis *m.* package II-4
colocataire *m., f.* roommate (*in an apartment*) I-1
Combien (de)... ? *adv.* How much/many... ? I-1
  Combien coûte... ? How much is... ? I-4
combiné *m.* receiver II-5
comédie (musicale) *f.* comedy (musical) II-7
commander *v.* to order II-1
comme *adv.* how; like, as I-2
  Comme ci, comme ça. So-so. I-1
commencer (à) *v.* to begin (*to do something*) I-2
comment *adv.* how I-4
  Comment? *adv.* What? I-4
  Comment allez-vous?, *form.* How are you? I-1
  Comment t'appelles-tu? *fam.* What is your name? I-1
  Comment vas-tu? *fam.* How are you? I-1
  Comment vous appelez-vous? *form.* What is your name? I-1
commerçant(e) *m., f.* shopkeeper II-1
commissariat de police *m.* police station II-4
commode *f.* dresser, chest of drawers I-8, II-P
compact disque *m.* compact disc II-3
complet (complète) *adj.* full (no vacancies) I-7
composer (un numéro) *v.* to dial (a number) II-3
compositeur *m.* composer II-7
comprendre *v.* to understand I-4
compris (comprendre) *p.p., adj.* understood; included I-6
comptable *m., f.* accountant II-5
compte *m.* account (*at a bank*) II-4
  avoir un compte bancaire *v.* to have a bank account II-4
  compte de chèques *m.* checking account II-4

compte d'épargne *m.* savings account II-4
  se rendre compte *v.* to realize II-2
compter sur quelqu'un *v.* to count on someone I-8, II-P
concert *m.* concert II-7
condition *f.* condition II-7
  à condition que on the condition that..., provided that... II-7
conduire *v.* to drive I-6
conduit (conduire) *p.p., adj.* driven I-6
confiture *f.* jam II-1
congé *m.* day off I-7
  jour de congé *m.* day off I-7
  prendre un congé *v.* to take time off II-5
congélateur *m.* freezer I-8, II-P
connaissance *f.* acquaintance I-5
  faire la connaissance de *v.* to meet (*someone*) I-5
connaître *v.* to know, to be familiar with I-8, II-P
connecté(e) *adj.* connected II-3
  être connecté(e) avec quelqu'un *v.* to be online with someone I-7, II-3
connu (connaître) *p.p., adj.* known; famous I-8, II-P
conseil *m.* advice II-5
conseiller/conseillère *m., f.* consultant; advisor II-5
considérer *v.* to consider I-5
constamment *adv.* constantly I-8, II-P
construire *v.* to build, to construct I-6
conte *m.* tale II-7
content(e) *adj.* happy II-5
  être content(e) que... *v.* to be happy that... II-6
continuer (à) *v.* to continue (*doing something*) II-4
contraire *adj.* contrary II-7
  au contraire on the contrary II-7
copain/copine *m., f.* friend I-1
corbeille (à papier) *f.* wastebasket I-1
corps *m.* body II-2
costume *m.* (*man's*) suit I-6
côte *f.* coast II-6
coton *m.* cotton II-4
cou *m.* neck II-2
couche d'ozone *f.* ozone layer II-6
  trou dans la couche d'ozone *m.* hole in the ozone layer II-6
couleur *f.* color 6
  De quelle couleur... ? What color... ? I-6

couloir *m.* hallway I-8, II-P
couple *m.* couple I-6
courage *m.* courage II-5
courageux/courageuse *adj.* courageous, brave I-3
couramment *adv.* fluently I-8, II-P
courir *v.* to run I-5
courrier *m.* mail II-4
cours *m.* class, course I-2
course *f.* errand II-1
    faire les courses *v.* to go (grocery) shopping II-1
court(e) *adj.* short I-3
    chemise à manches courtes *f.* short-sleeved shirt I-6
couru (courir) *p.p.* run I-6
cousin(e) *m., f.* cousin I-3
couteau *m.* knife II-1
coûter *v.* to cost I-4
    Combien coûte... ? How much is... ? I-4
couvert (couvrir) *p.p.* covered II-3
couverture *f.* blanket I-8, II-P
couvrir *v.* to cover II-3
covoiturage *m.* carpooling II-6
cravate *f.* tie I-6
crayon *m.* pencil I-1
crème *f.* cream II-1
    crème à raser *f.* shaving cream II-2
crêpe *f.* crêpe I-5
crevé(e) *adj.* deflated; blown up II-3
    pneu crevé *m.* flat tire II-3
critique *f.* review; criticism II-7
croire (que) *v.* to believe (that) II-7
    ne pas croire que... to not believe that... II-7
croissant *m.* croissant I-4
croissant(e) *adj.* growing II-6
    population croissante *f.* growing population II-6
cru (croire) *p.p.* believed II-7
cruel/cruelle *adj.* cruel I-3
cuillère (à soupe/à café) *f.* (soup/tea)spoon II-1
cuir *m.* leather II-4
cuisine *f.* cooking; kitchen 5
    faire la cuisine *v.* to cook 5
cuisiner *v.* to cook II-1
cuisinier/cuisinière *m., f.* cook II-5
cuisinière *f.* stove I-8, II-P
curieux/curieuse *adj.* curious I-3
curriculum vitæ (C.V.) *m.* résumé II-5
cybercafé *m.* cybercafé II-4

D

d'abord *adv.* first I-7
d'accord (*tag question*) all right? I-2; (*in statement*) okay I-2
    être d'accord to be in agreement I-2
d'autres *m., f.* others I-4
d'habitude *adv.* usually I-8, II-P
danger *m.* danger, threat II-6
dangereux/dangereuse *adj.* dangerous II-3
dans *prep.* in I-3
danse *f.* dance II-7
danser *v.* to dance I-4
danseur/danseuse *m., f.* dancer II-7
date *f.* date I-5
    Quelle est la date? What is the date? I-5
de/d' *prep.* of I-3; from I-1
    de l'après-midi in the afternoon I-2
    de laquelle *pron., f., sing.* which one II-5
    De quelle couleur... ? What color... ? I-6
    De rien. You're welcome. I-1
    de taille moyenne of medium height I-3
    de temps en temps *adv.* from time to time I-8, II-P
débarrasser la table *v.* to clear the table I-8, II-P
déboisement *m.* deforestation II-6
début *m.* beginning; debut II-7
décembre *m.* December I-5
déchets toxiques *m., pl.* toxic waste II-6
décider (de) *v.* to decide (to do something) II-3
découvert (découvrir) *p.p.* discovered II-3
découvrir *v.* to discover II-3
décrire *v.* to describe I-7
décrocher *v.* to pick up II-5
décrit (décrire) *p.p., adj.* described I-7
degrés *m., pl.* (*temperature*) degrees I-5
    Il fait ... degrés. (*to describe weather*) It is ... degrees. I-5
déjà *adv.* already I-5
déjeuner *m.* lunch II-1; *v.* to eat lunch I-4
de l' *part. art., m., f., sing.* some I-4
de la *part. art., f., sing.* some I-4
délicieux/délicieuse delicious I-8, II-P
demain *adv.* tomorrow I-2

À demain. See you tomorrow. I-1
    après-demain *adv.* day after tomorrow I-2
    demain matin/après-midi/ soir *adv.* tomorrow morning/ afternoon/evening I-2
demander (à) *v.* to ask (someone), to make a request (of someone) I-6
    demander que... *v.* to ask that... II-6
démarrer *v.* to start up II-3
déménager *v.* to move out I-8, II-P
demie half I-2
    et demie half past ... (o'clock) I-2
demi-frère *m.* half-brother, stepbrother I-3
demi-sœur *f.* half-sister, stepsister I-3
démissionner *v.* to resign II-5
dent *f.* tooth II-1
    brosse à dents *f.* toothbrush II-2
    se brosser les dents *v.* to brush one's teeth II-1
dentifrice *m.* toothpaste II-2
dentiste *m., f.* dentist I-3
départ *m.* departure I-7
dépasser *v.* to go over; to pass II-3
dépense *f.* expenditure, expense II-4
dépenser *v.* to spend I-4
    dépenser de l'argent *v.* to spend money I-4
déposer de l'argent *v.* to deposit money II-4
déprimé(e) *adj.* depressed II-2
depuis *adv.* since; for II-1
dernier/dernière *adj.* last I-2
dernièrement *adv.* lastly, finally I-8, II-P
derrière *prep.* behind I-3
des *part. art., m., f., pl.* some I-4
des (de + les) *m., f., pl.* of the I-3
dès que *adv.* as soon as II-5
désagréable *adj.* unpleasant I-1
descendre (de) *v.* to go downstairs; to get off; to take down I-6
désert *m.* desert II-6
désirer (que) *v.* to want (that) I-5
désolé(e) *adj.* sorry I-6
    être désolé(e) que... to be sorry that... II-6
desquelles (de + lesquelles) *pron., f., pl.* which ones II-5
desquels (de + lesquels) *pron., m., pl.* which ones II-5

dessert *m.* dessert I-6
dessin animé *m.* cartoon II-7
dessiner *v.* to draw I-2
détester *v.* to hate I-2
  Je déteste… I hate… I-2
détruire *v.* to destroy I-6
détruit (détruire) *p.p., adj.*
  destroyed I-6
deux *m.* two I-1
deuxième *adj.* second I-7
devant *prep.* in front of I-3
développer *v.* to develop II-6
devenir *v.* to become II-1
devoir *m.* homework I-2; *v.* to
  have to, must II-1
dictionnaire *m.* dictionary I-1
différemment *adv.* differently
  I-8, II-P
différence *f.* difference I-1
différent(e) *adj.* different I-1
difficile *adj.* difficult I-1
dimanche *m.* Sunday I-2
dîner *m.* dinner II-1; *v.* to have
  dinner I-2
diplôme *m.* diploma, degree I-2
dire *v.* to say I-7
  Ça te dit? Does that appeal
  to you? II-6
  ça veut dire that is to say II-2
  veut dire *v.* means, signifies
  II-1
diriger *v.* to manage II-5
discret/discrète *adj.* discreet;
  unassuming I-3
discuter *v.* discuss I-6
disque *m.* disk II-3
  compact disque *m.* compact
  disc II-3
  disque dur *m.* hard drive II-3
dissertation *f.* essay II-3
distributeur automatique/de
  billets *m.* ATM II-4
dit (dire) *p.p., adj.* said I-7
divorce *m.* divorce I-6
divorcé(e) *adj.* divorced I-3
divorcer *v.* to divorce I-3
dix *m.* ten I-1
dix-huit *m.* eighteen I-1
dixième *adj.* tenth I-7
dix-neuf *m.* nineteen I-1
dix-sept *m.* seventeen I-1
documentaire *m.*
  documentary II-7
doigt *m.* finger II-2
doigt de pied *m.* toe II-2
domaine *m.* field II-5
dommage *m.* harm II-6
  Il est dommage que… It's a
  shame that… II-6
donc *conj.* therefore I-7
donner (à) *v.* to give (*to*
  someone) I-2

dont *rel. pron.* of which; of
  whom; that II-3
dormir *v.* to sleep I-5
dos *m.* back II-2
  sac à dos *m.* backpack I-1
douane *f.* customs I-7
douche *f.* shower I-8, II-P
  prendre une douche *v.* to
  take a shower II-2
doué(e) *adj.* talented, gifted II-7
douleur *f.* pain II-2
douter (que) *v.* to doubt
  (that) II-7
douteux/douteuse *adj.*
  doubtful II-7
  Il est douteux que… It is
  doubtful that… II-7
doux/douce *adj.* sweet; soft I-3
douze *m.* twelve I-1
dramaturge *m.* playwright II-7
drame (psychologique) *m.*
  (psychological) drama II-7
draps *m., pl.* sheets I-8, II-P
droit *m.* law I-2
droite *f.* the right (side) I-3
  à droite de *prep.* to the right
  of I-3
drôle *adj.* funny I-3
du *part. art., m., sing.* some I-4
du (de + le) *m., sing.* of the I-3
dû (devoir) *p.p., adj. (used with*
  infinitive) had to; (*used with*
  noun) due, owed II-1
duquel (de + lequel) *pron., m.,*
  sing. which one II-5

E

eau (minérale) *f.* (mineral)
  water I-4
  carafe d'eau *f.* pitcher of
  water II-1
écharpe *f.* scarf I-6
échecs *m., pl.* chess I-5
échouer *v.* to fail I-2
éclair *m.* éclair I-4
école *f.* school I-2
écologie *f.* ecology II-6
écologique *adj.* ecological II-6
économie *f.* economics I-2
écotourisme *m.* ecotourism II-6
écouter *v.* to listen (to) I-2
écouteurs *m.* headphones II-3
écran *m.* screen 11
écrire *v.* to write I-7
écrivain/femme écrivain *m., f.*
  writer II-7
écrit (écrire) *p.p., adj.* written I-7
écureuil *m.* squirrel II-6
éducation physique *f.* physical
  education I-2

effacer *v.* to erase II-3
effet de serre *m.* greenhouse
  effect II-6
égaler *v.* to equal I-3
église *f.* church I-4
égoïste *adj.* selfish I-1
Eh! *interj.* Hey! I-2
électrique *adj.* electric I-8, II-P
  appareil électrique/ménager
  m. electrical/household
  appliance I-8, II-P
électricien/électricienne *m., f.*
  electrician II-5
élégant(e) *adj.* elegant 1
élevé *adj.* high II-5
élève *m., f.* pupil, student I-1
elle *pron., f.* she; it I-1; her I-3
  elle est… she/it is… I-1
elles *pron., f.* they I-1; them I-3
  elles sont… they are… I-1
e-mail *m.* e-mail II-3
emballage (en plastique) *m.*
  (plastic) wrapping/
  packaging II-6
embaucher *v.* to hire II-5
embrayage *m.* (*automobile*)
  clutch II-3
émission (de télévision) *f.*
  (television) program II-7
emménager *v.* to move in
  I-8, II-P
emmener *v.* to take (*someone*) I-5
emploi *m.* job II-5
  emploi à mi-temps/à temps
  partiel *m.* part-time job II-5
  emploi à plein temps *m.*
  full-time job II-5
employé(e) *m., f.* employee II-5
employer *v.* to use, to employ I-5
emprunter *v.* to borrow II-4
en *prep.* in I-3
  en automne in the fall I-5
  en avance early I-2
  en avoir marre to be fed up I-6
  en effet indeed; in fact II-6
  en été in the summer I-5
  en face (de) *prep.* facing,
  across (from) I-3
  en fait in fact I-7
  en général *adv.* in general
  I-8, II-P
  en hiver in the winter I-5
  en plein air in fresh air II-6
  en retard late I-2
  en tout cas in any case 6
  en vacances on vacation 7
  être en ligne to be online II-3
en *pron.* some of it/them; about
  it/them; of it/them; from it/
  them II-2
  Je vous en prie. *form.*
  Please.; You're welcome. I-1

Qu'en penses-tu? What do you think about that? II-6
enceinte *adj.* pregnant II-2
Enchanté(e). Delighted. I-1
encore *adv.* again; still I-3
endroit *m.* place I-4
énergie (nucléaire/solaire) *f.* (nuclear/solar) energy II-6
enfance *f.* childhood I-6
enfant *m., f.* child I-3
enfin *adv.* finally, at last I-7
enlever la poussière *v.* to dust I-8, II-P
ennuyeux/ennuyeuse *adj.* boring I-3
énorme *adj.* enormous, huge I-2
enregistrer *v.* to record II-3
enregistreur DVR *m.* DVR II-3
enseigner *v.* to teach I-2
ensemble *adv.* together I-6
ensuite *adv.* then, next I-7
entendre *v.* to hear I-6
entracte *m.* intermission II-7
entre *prep.* between I-3
entrée *f.* appetizer, starter II-1
entreprise *f.* firm, business II-5
entrer *v.* to enter I-7
entretien: passer un entretien to have an interview II-5
enveloppe *f.* envelope II-4
envie *f.* desire, envy I-2
avoir envie (de) to feel like (*doing something*) I-2
environnement *m.* environment II-6
envoyer (à) *v.* to send (*to someone*) I-5
épargne *f.* savings II-4
compte d'épargne *m.* savings account II-4
épicerie *f.* grocery store I-4
épouser *v.* to marry I-3
épouvantable *adj.* dreadful 5
Il fait un temps épouvantable. The weather is dreadful. I-5
époux/épouse *m., f.* husband/wife I-3
équipe *f.* team I-5
escalier *m.* staircase I-8, II-P
escargot *m.* escargot, snail II-1
espace *m.* space II-6
Espagne *f.* Spain 7
espagnol(e) *adj.* Spanish I-1
espèce (menacée) *f.* (endangered) species II-6
espérer *v.* to hope I-5
essayer *v.* to try I-5
essence *f.* gas II-3
réservoir d'essence *m.* gas tank II-3

voyant d'essence *m.* gas warning light II-3
essentiel(le) *adj.* essential II-6
Il est essentiel que... It is essential that... II-6
essuie-glace *m.* (**essuie-glaces** *pl.*) windshield wiper(s) II-3
essuyer (la vaiselle/la table) *v.* to wipe (the dishes/the table) I-8, II-P
est *m.* east II-4
Est-ce que... ? (*used in forming questions*) I-2
et *conj.* and I-1
Et toi? *fam.* And you? I-1
Et vous? *form.* And you? I-1
étage *m.* floor I-7
étagère *f.* shelf I-8, II-P
étape *f.* stage I-6
état civil *m.* marital status I-6
États-Unis *m., pl.* United States I-7
été *m.* summer I-5
en été in the summer I-5
été (être) *p.p.* been I-6
éteindre *v.* to turn off II-3
éternuer *v.* to sneeze II-2
étoile *f.* star II-6
étranger/étrangère *adj.* foreign I-2
langues étrangères *f., pl.* foreign languages I-2
étranger *m.* (*places that are*) abroad, overseas I-7
à l'étranger abroad, overseas I-7
étrangler *v.* to strangle II-5
être *v.* to be I-1
être bien/mal payé(e) to be well/badly paid II-5
être connecté(e) avec quelqu'un to be online with someone I-7, II-3
être en ligne avec to be online with II-3
être en pleine forme to be in good shape II-2
études (supérieures) *f., pl.* studies; (higher) education I-2
étudiant(e) *m., f.* student I-1
étudier *v.* to study I-2
eu (avoir) *p.p.* had I-6
eux *disj. pron., m., pl.* they, them I-3
évidemment *adv.* obviously, evidently; of course I-8, II-P
évident(e) *adj.* evident, obvious II-7
Il est évident que... It is evident that... II-7
évier *m.* sink I-8, II-P

éviter (de) *v.* to avoid (*doing something*) II-2
exactement *adv.* exactly II-1
examen *m.* exam; test I-1
être reçu(e) à un examen *v.* to pass an exam I-2
passer un examen *v.* to take an exam I-2
Excuse-moi. *fam.* Excuse me. I-1
Excusez-moi. *form.* Excuse me. I-1
exercice *m.* exercise II-2
faire de l'exercice *v.* to exercise II-2
exigeant(e) *adj.* demanding II-5
profession (exigeante) *f.* a (demanding) profession II-5
exiger (que) *v.* to demand (that) II-6
expérience (professionnelle) *f.* (professional) experience II-5
expliquer *v.* to explain I-2
explorer *v.* to explore I-4
exposition *f.* exhibit II-7
extinction *f.* extinction II-6

F

facile *adj.* easy I-2
facilement *adv.* easily I-8, II-P
facteur *m.* mailman II-4
faculté *f.* university; faculty I-1
faible *adj.* weak I-3
faim *f.* hunger I-4
avoir faim *v.* to be hungry I-4
faire *v.* to do; to make I-5
faire attention (à) *v.* to pay attention (to) I-5
faire quelque chose de beau *v.* to be up to something interesting II-4
faire de l'aérobic *v.* to do aerobics I-5
faire de la gym *v.* to work out I-5
faire de la musique *v.* to play music II-5
faire de la peinture *v.* to paint II-7
faire de la planche à voile *v.* to go windsurfing I-5
faire de l'exercice *v.* to exercise II-2
faire des projets *v.* to make plans II-5
faire du camping *v.* to go camping I-5
faire du cheval *v.* to go horseback riding I-5
faire du jogging *v.* to go jogging I-5

faire du shopping *v.* to go shopping I-7

faire du ski *v.* to go skiing I-5

faire du sport *v.* to do sports I-5

faire du vélo *v.* to go bike riding I-5

faire la connaissance de *v.* to meet (*someone*) I-5

faire la cuisine *v.* to cook I-5

faire la fête *v.* to party I-6

faire la lessive *v.* to do the laundry I-8, II-P

faire la poussière *v.* to dust I-8, II-P

faire la queue *v.* to wait in line II-4

faire la vaisselle *v.* to do the dishes I-8, II-P

faire le lit *v.* to make the bed I-8, II-P

faire le ménage *v.* to do the housework I-8, II-P

faire le plein *v.* to fill the tank II-3

faire les courses *v.* to run errands II-1

faire les musées *v.* to go to museums II-7

faire les valises *v.* to pack one's bags I-7

faire mal *v.* to hurt II-2

faire plaisir à quelqu'un *v.* to please someone II-5

faire sa toilette *v.* to wash up II-2

faire une piqûre *v.* to give a shot 10

faire une promenade *v.* to go for a walk I-5

faire une randonnée *v.* to go for a hike I-5

faire un séjour *v.* to spend time (*somewhere*) I-7

faire un tour (en voiture) *v.* to go for a walk (drive) I-5

faire visiter *v.* to give a tour I-8, II-P

fait (faire) *p.p., adj.* done; made I-6

falaise *f.* cliff II-6

faut (falloir) *v. (used with infinitive)* is necessary to... I-5

Il a fallu... It was necessary to... I-6

Il fallait... One had to... I-8, II-P

Il faut que... One must.../It is necessary that... II-6

fallu (falloir) *p.p (used with infinitive)* had to... I-6

Il a fallu... It was necessary to... I-6

famille *f.* family I-3

fatigué(e) *adj.* tired I-3

fauteuil *m.* armchair I-8, II-P

favori/favorite *adj.* favorite I-3

fax *m.* fax (machine) II-3

félicitations congratulations II-7

femme *f.* woman; wife I-1

femme d'affaires businesswoman I-3

femme au foyer housewife II-5

femme auteur author II-7

femme cadre executive II-5

femme écrivain writer II-7

femme peintre painter II-7

femme politique politician II-5

femme pompier firefighter II-5

femme sculpteur sculptor II-7

fenêtre *f.* window I-1

fer à repasser *m.* iron I-8, II-P

férié(e) *adj.* holiday I-6

jour férié *m.* holiday I-6

fermé(e) *adj.* closed II-4

fermer *v.* to close; to shut off II-3

festival (festivals *pl.*) *m.* festival II-7

fête *f.* party; celebration I-6

faire la fête *v.* to party I-6

fêter *v.* to celebrate I-6

feu de signalisation *m.* traffic light II-4

feuille de papier *f.* sheet of paper I-1

feuilleton *m.* soap opera II-7

février *m.* February I-5

fiancé(e) *adj.* engaged I-3

fiancé(e) *m., f.* fiancé I-6

fichier *m.* file II-3

fier/fière *adj.* proud I-3

fièvre *f.* fever II-2

avoir de la fièvre *v.* to have a fever II-2

fille *f.* girl; daughter I-1

film (d'aventures, d'horreur, de science-fiction, policier) *m.* (adventure, horror, science-fiction, crime) film II-7

fils *m.* son I-3

fin *f.* end II-7

finalement *adv.* finally I-7

fini (finir) *p.p., adj.* finished, done, over I-4

finir (de) *v.* to finish (*doing something*) I-4

fleur *f.* flower I-8, II-P

fleuve *m.* river II-6

fois *f.* time I-8, II-P

une fois *adv.* once I-8, II-P

deux fois *adv.* twice I-8, II-P

fonctionner *v.* to work, to function II-3

fontaine *f.* fountain II-4

foot(ball) *m.* soccer I-5

football américain *m.* football I-5

forêt (tropicale) *f.* (tropical) forest II-6

formation *f.* education; training II-5

forme *f.* shape; form II-2

être en pleine forme *v.* to be in good shape II-2

formidable *adj.* great I-7

formulaire *m.* form II-4

remplir un formulaire to fill out a form II-4

fort(e) *adj.* strong I-3

fou/folle *adj.* crazy I-3

four (à micro-ondes) *m.* (microwave) oven I-8, II-P

fourchette *f.* fork II-1

frais/fraîche *adj.* fresh; cool I-5

Il fait frais. (*weather*) It is cool. I-5

fraise *f.* strawberry II-1

français(e) *adj.* French I-1

France *f.* France I-7

franchement *adv.* frankly, honestly I-8, II-P

freiner *v.* to brake II-3

freins *m., pl.* brakes II-3

fréquenter *v.* to frequent; to visit I-4

frère *m.* brother I-3

beau-frère *m.* brother-in-law I-3

demi-frère *m.* half-brother, stepbrother I-3

frigo *m.* refrigerator I-8, II-P

frisé(e) *adj.* curly I-3

frites *f., pl.* French fries I-4

froid *m.* cold I-2

avoir froid to be cold I-2

Il fait froid. (*weather*) It is cold. I-5

fromage *m.* cheese I-4

fruit *m.* fruit II-1

fruits de mer *m., pl.* seafood II-1

fumer *v.* to smoke II-2

funérailles *f., pl.* funeral II-1

furieux/furieuse *adj.* furious II-6

être furieux/furieuse que... *v.* to be furious that... II-6

G

---

gagner *v.* to win I-5; to earn II-5

gant *m.* glove I-6

garage *m.* garage I-8, II-P

garanti(e) *adj.* guaranteed 5

garçon *m.* boy I-1

garder la ligne *v.* to stay slim II-2

gare (routière) *f.* train station (bus station) I-7

gaspillage *m.* waste II-6

gaspiller *v.* to waste II-6
gâteau *m.* cake I-6
gauche *f.* the left (side) I-3
  à gauche (de) *prep.* to the left (of) I-3
gazeux/gazeuse *adj.* carbonated, fizzy 4
  boisson gazeuse *f.* carbonated drink/beverage I-4
généreux/généreuse *adj.* generous I-3
génial(e) *adj.* great I-3
genou *m.* knee II-2
genre *m.* genre II-7
gens *m., pl.* people I-7
gentil/gentille *adj.* nice I-3
gentiment *adv.* nicely I-8, II-P
géographie *f.* geography I-2
gérant(e) *m., f.* manager II-5
gestion *f.* business administration I-2
glace *f.* ice cream I-6
glaçon *m.* ice cube I-6
glissement de terrain *m.* landslide II-6
golf *m.* golf I-5
enfler *v.* to swell II-2
gorge *f.* throat II-2
goûter *m.* afternoon snack II-1; *v.* to taste II-1
gouvernement *m.* government II-6
grand(e) *adj.* big I-3
  grand magasin *m.* department store I-4
grand-mère *f.* grandmother I-3
grand-père *m.* grandfather I-3
grands-parents *m., pl.* grandparents I-3
gratin *m.* gratin II-1
gratuit(e) *adj.* free II-7
grave *adj.* serious II-2
  Ce n'est pas grave. It's okay.; No problem. I-6
graver *v.* to record, to burn (CD, DVD) II-3
grille-pain *m.* toaster I-8, II-P
grippe *f.* flu II-2
gris(e) *adj.* gray I-6
gros(se) *adj.* fat I-3
grossir *v.* to gain weight I-4
guérir *v.* to get better II-2
guitare *f.* guitar II-7
gym *f.* exercise I-5
  faire de la gym *v.* to work out I-5
gymnase *m.* gym I-4

H

habitat *m.* habitat II-6
  sauvetage des habitats *m.* habitat preservation II-6

habiter (à) *v.* to live (in/at) I-2
haricots verts *m., pl.* green beans II-1
Hein? *interj.* Huh?; Right? I-3
herbe *f.* grass II-6
hésiter (à) *v.* to hesitate (*to do something*) II-3
heure(s) *f.* hour, o'clock; time I-2
  à … heure(s) at … (o'clock) I-4
  À quelle heure? What time?; When? I-2
  À tout à l'heure. See you later. I-1
  Quelle heure avez-vous? *form.* What time do you have? I-2
  Quelle heure est-il? What time is it? I-2
heureusement *adv.* fortunately I-8, II-P
heureux/heureuse *adj.* happy I-3
  être heureux/heureuse que… to be happy that… II-6
hier (matin/après-midi/soir) *adv.* yesterday (morning/afternoon/evening) I-7
  avant-hier *adv.* day before yesterday I-7
histoire *f.* history; story I-2
hiver *m.* winter I-5
  en hiver in the winter I-5
homme *m.* man I-1
  homme d'affaires *m.* businessman I-3
  homme politique *m.* politician II-5
honnête *adj.* honest II-7
honte *f.* shame I-2
  avoir honte (de) *v.* to be ashamed (of) I-2
hôpital *m.* hospital I-4
horloge *f.* clock I-1
hors-d'œuvre *m.* hors d'œuvre, appetizer II-1
hôte/hôtesse *m., f.* host I-6
hôtel *m.* hotel I-7
hôtelier/hôtelière *m., f.* hotel keeper I-7
huile *f.* oil II-1
  huile *f.* (automobile) oil II-3
  huile d'olive *f.* olive oil II-1
  vérifier l'huile to check the oil II-3
  voyant d'huile *m.* oil warning light II-3
huit *m.* eight I-1
huitième *adj.* eighth I-7
humeur *f.* mood I-8, II-P
  être de bonne/mauvaise humeur *v.* to be in a good/bad mood I-8, II-P

I

ici *adv.* here I-1
idée *f.* idea I-3
il *sub. pron.* he; it I-1
  il est… he/it is… I-1
  Il n'y a pas de quoi. It's nothing.; You're welcome. I-1
  Il vaut mieux que… It is better that… II-6
Il faut (falloir) *v.* (*used with infinitive*) It is necessary to… I-6
  Il a fallu… It was necessary to… I-6
  Il fallait… One had to… I-8, II-P
  Il faut (que)… One must…/ It is necessary that… II-6
il y a there is/are I-1
  il y a eu there was/were 6
  il y avait there was/were I-8, II-P
  Qu'est-ce qu'il y a? What is it?; What's wrong? I-1
  Y a-t-il… ? Is/Are there… ? I-2
il y a… (*used with an expression of time*) … ago II-1
île *f.* island II-6
ils *sub. pron., m., pl.* they I-1
  ils sont… they are… I-1
immeuble *m.* building I-8, II-P
impatient(e) *adj.* impatient I-1
imperméable *m.* rain jacket I-5
important(e) *adj.* important I-1
  Il est important que… It is important that… II-6
impossible *adj.* impossible II-7
  Il est impossible que… It is impossible that… II-7
imprimante *f.* printer II-3
imprimer *v.* to print II-3
incendie *m.* fire II-6
  prévenir l'incendie to prevent a fire II-6
incroyable *adj.* incredible II-3
indépendamment *adv.* independently I-8, II-P
indépendant(e) *adj.* independent I-1
indications *f.* directions II-4
indiquer *v.* to indicate I-5
indispensable *adj.* essential, indispensable II-6
  Il est indispensable que… It is essential that… II-6
individuel(le) *adj.* single, individual I-7
  chambre individuelle *f.* single (hotel) room I-7
infirmier/infirmière *m., f.* nurse II-2

informations (infos) *f., pl.* news II-7
informatique *f.* computer science I-2
ingénieur *m.* engineer I-3
inquiet/inquiète *adj.* worried I-3
instrument *m.* instrument I-1
intellectuel(le) *adj.* intellectual I-3
intelligent(e) *adj.* intelligent I-1
interdire *v.* to forbid, to prohibit II-6
intéressant(e) *adj.* interesting I-1
inutile *adj.* useless I-2
invité(e) *m., f.* guest I-6
inviter *v.* to invite I-4
irlandais(e) *adj.* Irish I-7
Irlande *f.* Ireland I-7
Italie *f.* Italy I-7
italien(ne) *adj.* Italian I-1

jaloux/jalouse *adj.* jealous I-3
jamais *adv.* never I-5
ne... jamais never, not ever II-4
jambe *f.* leg II-2
jambon *m.* ham I-4
janvier *m.* January I-5
Japon *m.* Japan I-7
japonais(e) *adj.* Japanese I-1
jardin *m.* garden; yard I-8, II-P
jaune *adj.* yellow I-6
je/j' *sub. pron.* I I-1
Je vous en prie. *form.* Please.; You're welcome. I-1
jean *m., sing.* jeans I-6
jeter *v.* to throw away II-6
jeu *m.* game I-5
jeu télévisé *m.* game show II-7
jeu vidéo (des jeux vidéo) *m.* video game(s) II-3
jeudi *m.* Thursday I-2
jeune *adj.* young I-3
jeunes mariés *m., pl.* newly-weds I-6
jeunesse *f.* youth I-6
auberge de jeunesse *f.* youth hostel I-7
jogging *m.* jogging I-5
faire du jogging *v.* to go jogging I-5
joli(e) *adj.* handsome; beautiful I-3
joue *f.* cheek II-2
jouer (à/de) *v.* to play (a sport/a musical instrument) I-5
jouer un rôle *v.* to play a role II-7
joueur/joueuse *m., f.* player I-5
jour *m.* day I-2

jour de congé *m.* day off I-7
jour férié *m.* holiday I-6
Quel jour sommes-nous? *What day is it?* I-2
journal *m.* newspaper; journal I-7
journaliste *m., f.* journalist I-3
journée *f.* day I-2
juillet *m.* July I-5
juin *m.* June I-5
jungle *f.* jungle II-6
jupe *f.* skirt I-6
jus (d'orange/de pomme) *m.* (orange/apple) juice I-4
jusqu'à (ce que) *prep.* until II-4
juste *adv.* just; right I-3
juste à côté right next door I-3

kilo(gramme) *m.* kilo(gram) II-1
kiosque *m.* kiosk I-4

l' *def. art., m., f. sing.* the I-1; *d.o. pron., m., f.* him; her; it I-7
la *def. art., f. sing.* the I-1; *d.o. pron., f.* her; it I-7
là(-bas) (over) there I-1
-là *(used with demonstrative adjective* **ce** *and noun or with demonstrative pronoun* **celui***)* there I-6
lac *m.* lake II-6
laid(e) *adj.* ugly I-3
laine *f.* wool II-4
laisser *v.* to let, to allow II-3
laisser tranquille *v.* to leave alone II-2
laisser un message *v.* to leave a message II-5
laisser un pourboire *v.* to leave a tip I-4
lait *m.* milk I-4
laitue *f.* lettuce II-1
lampe *f.* lamp I-8, II-P
langues (étrangères) *f., pl.* (foreign) languages I-2
lapin *m.* rabbit II-6
laquelle *pron., f., sing.* which one II-5
à laquelle *pron., f., sing.* which one II-5
de laquelle *pron., f., sing.* which one II-5
large *adj.* loose; big I-6
lavabo *m.* bathroom sink I-8, II-P
lave-linge *m.* washing machine I-8, II-P
laver *v.* to wash I-8, II-P
laverie *f.* laundromat II-4

lave-vaisselle *m.* dishwasher I-8, II-P
le *def. art., m. sing.* the I-1; *d.o. pron.* him; it I-7
lecteur MP3 / (de) CD/ DVD *m.* MP3/CD/DVD player II-3
légume *m.* vegetable II-1
lent(e) *adj.* slow I-3
lequel *pron., m., sing.* which one II-5
auquel (à + lequel) *pron., m., sing.* which one II-5
duquel (de + lequel) *pron., m., sing.* which one II-5
les *def. art., m., f., pl.* the I-1; *d.o. pron., m., f., pl.* them I-7
lesquelles *pron., f., pl.* which ones II-5
auxquelles (à + lesquelles) *pron., f., pl.* which ones II-5
desquelles (de + lesquelles) *pron., f., pl.* which ones II-5
lesquels *pron., m., pl.* which ones II-5
auxquels (à + lesquels) *pron., m., pl.* which ones II-5
desquels (de + lesquels) *pron., m., pl.* which ones II-5
lessive *f.* laundry I-8, II-P
faire la lessive *v.* to do the laundry I-8, II-P
lettre *f.* letter II-4
boîte aux lettres *f.* mailbox II-4
lettre de motivation *f.* letter of application II-5
lettre de recommandation *f.* letter of recommendation, reference letter II-5
lettres *f., pl.* humanities I-2
leur *i.o. pron., m., f., pl.* them I-6
leur(s) *poss. adj., m., f.* their I-3
librairie *f.* bookstore I-1
libre *adj.* available I-7
lien *m.* link II-3
lieu *m.* place I-4
ligne *f.* figure, shape II-2
garder la ligne *v.* to stay slim II-2
limitation de vitesse *f.* speed limit II-3
limonade *f.* lemon soda I-4
linge *m.* laundry I-8, II-P
lave-linge *m.* washing machine I-8, II-P
sèche-linge *m.* clothes dryer I-8, II-P
liquide *m.* cash (*money*) II-4
payer en liquide *v.* to pay in cash II-4
lire *v.* to read I-7
lit *m.* bed I-7

faire le lit *v.* to make the bed I-8, II-P
littéraire *adj.* literary II-7
littérature *f.* literature I-1
livre *m.* book I-1
logement *m.* housing I-8, II-P
logiciel *m.* software, program II-3
loi *f.* law II-6
loin de *prep.* far from I-3
loisir *m.* leisure activity I-5
long(ue) *adj.* long I-3
  **chemise à manches
  longues** *f.* long-sleeved shirt I-6
longtemps *adv.* a long time I-5
louer *v.* to rent I-8, II-P
loyer *m.* rent I-8, II-P
lu (lire) *p.p.* read I-7
lui *pron., sing.* he I-1; him I-3;
  i.o. pron. (attached to imperative)
  to him/her II-1
l'un(e) à l'autre to one
  another II-3
l'un(e) l'autre one another II-3
lundi *m.* Monday I-2
Lune *f.* moon II-6
lunettes (de soleil) *f., pl.*
  (sun)glasses I-6
lycée *m.* high school I-1
lycéen(ne) *m., f.* high school
  student I-2

M

ma *poss. adj., f., sing.* my I-3
Madame *f.* Ma'am; Mrs. I-1
Mademoiselle *f.* Miss I-1
magasin *m.* store I-4
  grand magasin *m.* department
  store I-4
magazine *m.* magazine II-7
magnétophone *m.* tape
  recorder II-3
magnétoscope *m.* videocassette
  recorder (VCR) II-3
mai *m.* May I-5
maigrir *v.* to lose weight I-4
maillot de bain *m.* swimsuit,
  bathing suit I-6
main *f.* hand I-5
  sac à main *m.* purse,
  handbag I-6
maintenant *adv.* now I-5
maintenir *v.* to maintain II-1
mairie *f.* town/city hall; mayor's
  office II-4
mais *conj.* but I-1
  mais non (but) of course not;
  no I-2
maison *f.* house I-4
  rentrer à la maison *v.* to
  return home I-2
mal *adv.* badly I-7

Je vais mal. I am doing
  badly. I-1
le plus mal *super. adv.* the
  worst II-1
se porter mal *v.* to be doing
  badly II-2
mal *m.* illness; ache, pain II-2
  avoir mal *v.* to have an ache II-2
  avoir mal au cœur *v.* to feel
  nauseated II-2
  faire mal *v.* to hurt II-2
malade *adj.* sick, ill II-2
  tomber malade *v.* to get
  sick II-2
maladie *f.* illness II-5
  assurance maladie *f.* health
  insurance II-5
malheureusement *adv.*
  unfortunately I-2
malheureux/malheureuse *adj.*
  unhappy I-3
manche *f.* sleeve I-6
  **chemise à manches courtes/
  longues** *f.* short-/long-sleeved
  shirt I-6
manger *v.* to eat I-2
  salle à manger *f.* dining
  room I-8, II-P
manteau *m.* coat I-6
maquillage *m.* makeup II-2
marchand de journaux *m.*
  newsstand II-4
marché *m.* market I-4
  bon marché *adj.* inexpensive I-6
marcher *v.* to walk (person) I-5;
  to work (thing) II-3
mardi *m.* Tuesday I-2
mari *m.* husband I-3
mariage *m.* marriage; wedding
  (ceremony) I-6
marié(e) *adj.* married I-3
mariés *m., pl.* married couple I-6
  jeunes mariés *m., pl.*
  newlyweds I-6
marocain(e) *adj.* Moroccan I-1
marron *adj., inv.* (not for hair)
  brown I-3
mars *m.* March I-5
martiniquais(e) *adj.* from
  Martinique I-1
match *m.* game I-5
mathématiques (maths) *f.,
  pl.* mathematics I-2
matin *m.* morning I-2
  ce matin *adv.* this morning I-2
  demain matin *adv.* tomorrow
  morning I-2
  hier matin *adv.* yesterday
  morning I-7
matinée *f.* morning I-2
mauvais(e) *adj.* bad I-3
  Il fait mauvais. The weather
  is bad. I-5

le/la plus mauvais(e) *super.
  adj.* the worst II-1
mayonnaise *f.* mayonnaise II-1
me/m' *pron., sing.* me; myself I-6
mec *m.* guy II-2
mécanicien *m.* mechanic II-3
mécanicienne *f.* mechanic II-3
méchant(e) *adj.* mean I-3
médecin *m.* doctor I-3
médicament (contre/pour) *m.*
  medication (against/for) II-2
meilleur(e) *comp. adj.* better II-1
  le/la meilleur(e) *super. adj.*
  the best II-1
membre *m.* member II-7
même *adj.* even I-5; same
-même(s) *pron.* -self/-selves I-6
menacé(e) *adj.* endangered II-6
  espèce menacée *f.* endangered species II-6
ménage *m.* housework I-8, II-P
  faire le ménage *v.* to do
  housework I-8, II-P
ménager/ménagère *adj.*
  household I-8, II-P
  appareil ménager *m.* household appliance I-8, II-P
  tâche ménagère *f.* household
  chore I-8, II-P
mention *f.* distinction II-5
menu *m.* menu II-1
mer *f.* sea I-7
Merci (beaucoup). Thank you
  (very much). I-1
mercredi *m.* Wednesday I-2
mère *f.* mother I-3
  belle-mère *f.* mother-in-law;
  stepmother I-3
mes *poss. adj., m., f., pl.* my I-3
message *m.* message II-5
  laisser un message *v.* to
  leave a message II-5
messagerie *f.* voicemail II-5
météo *f.* weather II-7
métier *m.* profession II-5
métro *m.* subway I-7
  station de métro *f.* subway
  station I-7
metteur en scène *m.* director
  (of a play) II-7
mettre *v.* to put, to place 6
  mettre la table to set the
  table I-8, II-P
meuble *m.* piece of furniture
  I-8, II-P
mexicain(e) *adj.* Mexican I-1
Mexique *m.* Mexico I-7
Miam! *interj.* Yum! I-5
micro-onde *m.* microwave oven
  I-8, II-P
  four à micro-ondes *m.*
  microwave oven I-8, II-P
midi *m.* noon I-2

après-midi *m.* afternoon I-2
mieux *comp. adv.* better II-1
  aimer mieux *v.* to prefer I-2
  le mieux *super. adv.* the best II-1
  se porter mieux *v.* to be doing better II-2
mille *m.* one thousand I-5
  cent mille *m.* one hundred thousand I-5
million, un *m.* one million I-5
  deux millions *m.* two million I-5
minuit *m.* midnight I-2
miroir *m.* mirror I-8, II-P
mis (mettre) *p.p.* put, placed I-6
mode *f.* fashion I-2
modeste *adj.* modest II-5
moi *disj. pron., sing.* I, me I-3; *pron. (attached to an imperative)* to me, to myself II-1
  Moi aussi. Me too. I-1
  Moi non plus. Me neither. I-2
moins *adv.* before… (o'clock) I-2
moins (de) *adv.* less (of); fewer I-4
  le/la moins *super. adv. (used with verb or adverb)* the least II-1
  le moins de… *(used with noun to express quantity)* the least… II-6
  moins de… que… *(used with noun to express quantity)* less… than… II-6
mois *m.* month I-2
  ce mois-ci this month I-2
moment *m.* moment I-1
mon *poss. adj., m., sing.* my I-3
monde *m.* world I-7
moniteur *m.* monitor II-3
monnaie *f.* change, coins; money II-4
Monsieur *m.* Sir; Mr. I-1
montagne *f.* mountain I-4
monter *v.* to go up, to come up; to get in/on I-7
montre *f.* watch I-1
montrer (à) *v.* to show (to someone) I-6
morceau (de) *m.* piece, bit (of) I-4
mort *f.* death I-6
mort (mourir) *p.p., adj. (as past participle)* died; *(as adjective)* dead I-7
mot de passe *m.* password II-3
moteur *m.* engine II-3
mourir *v.* to die I-7
moutarde *f.* mustard II-1
moyen(ne) *adj.* medium I-3
  de taille moyenne of medium height I-3
MP3 *m.* MP3 II-3
mur *m.* wall I-8, II-P
musée *m.* museum I-4

faire les musées *v.* to go to museums II-7
musical(e) *adj.* musical II-7
  comédie musicale *f.* musical II-7
musicien(ne) *m., f.* musician I-3
musique: faire de la musique *v.* to play music II-7

N

nager *v.* to swim I-4
naïf/naïve *adj.* naïve I-3
naissance *f.* birth I-6
naître *v.* to be born I-7
nappe *f.* tablecloth II-1
nationalité *f.* nationality I-1
  Je suis de nationalité… I am of … nationality. I-1
  Quelle est ta nationalité? *fam.* What is your nationality? I-1
  Quelle est votre nationalité? *fam., pl., form.* What is your nationality? I-1
nature *f.* nature II-6
naturel(le) *adj.* natural II-6
  ressource naturelle *f.* natural resource II-6
né (naître) *p.p., adj.* born I-7
ne/n' no, not I-1
  ne… aucun(e) none, not any II-4
  ne… jamais never, not ever II-4
  ne… ni… ni… neither… nor… II-4
  ne… pas no, not I-2
  ne… personne nobody, no one II-4
  ne… plus no more, not anymore II-4
  ne… que only II-4
  ne… rien nothing, not anything II-4
  N'est-ce pas? *(tag question)* Isn't it? I-2
nécessaire *adj.* necessary II-6
  Il est nécessaire que… It is necessary that… II-6
neiger *v.* to snow I-5
  Il neige. It is snowing. I-5
nerveusement *adv.* nervously I-8, II-P
nerveux/nerveuse *adj.* nervous I-3
nettoyer *v.* to clean I-5
neuf *m.* nine I-1
neuvième *adj.* ninth I-7
neveu *m.* nephew I-3
nez *m.* nose II-2
ni nor II-4

ne… ni… ni… neither… nor II-4
nièce *f.* niece I-3
niveau *m.* level II-5
noir(e) *adj.* black I-3
non no I-2
  mais non (but) of course not; no I-2
nord *m.* north II-4
nos *poss. adj., m., f., pl.* our I-3
note *f. (academics)* grade I-2
notre *poss. adj., m., f., sing.* our I-3
nourriture *f.* food, sustenance II-1
nous *pron.* we I-1; us I-3; ourselves II-2
nouveau/nouvelle *adj.* new I-3
nouvelles *f., pl.* news II-7
novembre *m.* November I-5
nuage de pollution *m.* pollution cloud II-6
nuageux/nuageuse *adj.* cloudy I-5
  Le temps est nuageux. It is cloudy. I-5
nucléaire *adj.* nuclear II-6
  centrale nucléaire *f.* nuclear plant II-6
  énergie nucléaire *f.* nuclear energy II-6
nuit *f.* night I-2
  boîte de nuit *f.* nightclub I-4
nul(le) *adj.* useless I-2
numéro *m.* (telephone) number II-3
  composer un numéro *v.* to dial a number II-3
  recomposer un numéro *v.* to redial a number II-3

O

objet *m.* object I-1
obtenir *v.* to get, to obtain II-5
occupé(e) *adj.* busy I-1
octobre *m.* October I-5
œil (les yeux) *m.* eye (eyes) II-2
œuf *m.* egg II-1
œuvre *f.* artwork, piece of art II-7
  chef-d'œuvre *m.* masterpiece II-7
  hors-d'œuvre *m.* hors d'œuvre, starter II-1
offert (offrir) *p.p.* offered II-3
office du tourisme *m.* tourist office II-4
offrir *v.* to offer II-3
oignon *m.* onion II-1
oiseau *m.* bird I-3
olive *f.* olive II-1
  huile d'olive *f.* olive oil II-1
omelette *f.* omelette I-5
on *sub. pron., sing.* one (we) I-1
  on y va let's go II-2

oncle *m.* uncle I-3
onze *m.* eleven I-1
onzième *adj.* eleventh I-7
opéra *m.* opera II-7
optimiste *adj.* optimistic I-1
orageux/orageuse *adj.*
 stormy I-5
 Le temps est orageux. It is
 stormy. I-5
orange *adj. inv.* orange I-6;
 f. orange II-1
orchestre *m.* orchestra II-7
ordinateur *m.* computer I-1
ordonnance *f.* prescription II-2
ordures *f., pl.* trash II-6
 ramassage des ordures *m.*
 garbage collection II-6
oreille *f.* ear II-2
oreiller *m.* pillow I-8, II-P
organiser (une fête) *v.* to
 organize/to plan (a party) I-6
origine *f.* heritage I-1
 Je suis d'origine... I am of...
 heritage. I-1
orteil *m.* toe II-2
ou *or* I-3
où *adv., rel. pron.* where 4
ouais *adv.* yeah I-2
oublier (de) *v.* to forget (*to do
 something*) I-2
ouest *m.* west II-4
oui *adv.* yes I-2
ouvert (ouvrir) *p.p., adj.* (*as past
 participle*) opened; (*as adjective*)
 open II-3
ouvrier/ouvrière *m., f.* worker,
 laborer II-5
ouvrir *v.* to open II-3
ozone *m.* ozone II-6
 **trou dans la couche
 d'ozone** *m.* hole in the ozone
 layer II-6

P

page d'accueil *f.* home page II-3
pain (de campagne) *m.*
 (country-style) bread I-4
panne *f.* breakdown,
 malfunction II-3
 tomber en panne *v.* to break
 down II-3
pantalon *m., sing.* pants I-6
pantoufle *f.* slipper II-2
papeterie *f.* stationery store II-4
papier *m.* paper I-1
 corbeille à papier
 f. wastebasket I-1
 feuille de papier *f.* sheet of
 paper I-1
paquet cadeau *m.* wrapped
 gift I-6
par *prep.* by I-3

par jour/semaine/mois/an
 per day/week/month/year I-5
parapluie *m.* umbrella I-5
parc *m.* park I-4
parce que *conj.* because I-2
Pardon. Pardon (me). I-1
Pardon? What? I-4
pare-brise *m.* windshield II-3
pare-chocs *m.* bumper II-3
parents *m., pl.* parents I-3
paresseux/paresseuse *adj.*
 lazy I-3
parfait(e) *adj.* perfect I-4
parfois *adv.* sometimes I-5
parking *m.* parking lot II-3
parler (à) *v.* to speak (to) I-6
 parler (au téléphone) *v.* to
 speak (on the phone) I-2
partager *v.* to share I-2
partir *v.* to leave I-5
 partir en vacances *v.* to go
 on vacation I-7
pas (de) *adv.* no, none II-4
 ne... pas no, not I-2
 pas de problème no
 problem II-4
 pas du tout not at all I-2
 pas encore not yet I-8, II-P
 Pas mal. Not badly. I-1
passager/passagère *m., f.*
 passenger I-7
passeport *m.* passport I-7
passer *v.* to pass by; to spend
 time I-7
 passer chez quelqu'un *v.* to
 stop by someone's house I-4
 passer l'aspirateur *v.* to
 vacuum I-8, II-P
 passer un examen *v.* to take
 an exam I-2
passe-temps *m.* pastime,
 hobby I-5
pâté (de campagne) *m.* pâté,
 meat spread II-1
pâtes *f., pl.* pasta II-1
patiemment *adv.* patiently
 I-8, II-P
patient(e) *m., f.* patient II-2;
 adj. patient I-1
patienter *v.* to wait (on the
 phone), to be on hold II-5
patiner *v.* to skate I-4
pâtisserie *f.* pastry shop, bakery,
 pastry II-1
patron(ne) *m., f.* boss II-5
pauvre *adj.* poor I-3
payé (payer) *p.p., adj.* paid II-5
 être bien/mal payé(e) *v.* to
 be well/badly paid II-5
payer *v.* to pay I-5
 **payer avec une carte de
 crédit** *v.* to pay with a credit
 card II-4

payer en liquide *v.* to pay in
 cash II-4
payer par chèque *v.* to pay
 by check II-4
pays *m.* country I-7
peau *f.* skin II-2
pêche *f.* fishing I-5; peach II-1
 aller à la pêche *v.* to go
 fishing I-5
peigne *m.* comb II-2
peintre/femme peintre *m., f.*
 painter I-7
peinture *f.* painting II-7
pendant (que) *prep.* during,
 while I-7
 pendant (*with time expression*)
 prep. for II-1
pénible *adj.* tiresome I-3
penser (que) *v.* to think (that) I-2
 ne pas penser que... to not
 think that... II-7
 Qu'en penses-tu? What do
 you think about that? II-6
perdre *v.* to lose I-6
 perdre son temps *v.* to lose/
 to waste time I-6
perdu *p.p., adj.* lost II-4
 être perdu(e) to be lost II-4
père *m.* father I-3
 beau-père *m.* father-in-law;
 stepfather I-3
permettre (de) *v.* to allow (*to
 do something*) I-6
permis *m.* permit; license II-3
 permis de conduire *m.* driver's
 license II-3
permis (permettre) *p.p., adj.*
 permitted, allowed I-6
personnage (principal) *m.*
 (main) character II-7
personne *f.* person I-1; *pron.* no
 one II-4
 ne... personne nobody, no
 one II-4
pessimiste *adj.* pessimistic I-1
petit(e) *adj.* small I-3; short
 (*stature*) I-3
 petit(e) ami(e) *m., f.* boy-
 friend/girlfriend I-1
petit-déjeuner *m.* breakfast II-1
petite-fille *f.* granddaughter I-3
petit-fils *m.* grandson I-3
petits-enfants *m., pl.* grandchildren I-3
petits pois *m., pl.* peas II-1
peu (de) *adv.* little; not much
 (of) I-2
peur *f.* fear I-2
 avoir peur (de/que) *v.* to be
 afraid (of/that) I-2
peut-être *adv.* maybe, perhaps I-2
phares *m., pl.* headlights II-3
pharmacie *f.* pharmacy II-2

pharmacien(ne) *m., f.* pharmacist II-2
philosophie *f.* philosophy I-2
photo(graphie) *f.* photo (graph) I-3
physique *f.* physics I-2
piano *m.* piano II-7
pièce *f.* room I-8, II-P
pièce de théâtre *f.* play II-7
pièces de monnaie *f., pl.* change II-4
pied *m.* foot II-2
pierre *f.* stone II-6
pilule *f.* pill II-2
pique-nique *m.* picnic II-6
piqûre *f.* shot, injection II-2
  faire une piqûre *v.* to give a shot II-2
pire *comp. adj.* worse II-1
  le/la pire *super. adj.* the worst II-1
piscine *f.* pool I-4
placard *m.* closet; cupboard I-8, II-P
place *f.* square; place I-4; *f.* seat II-7
plage *f.* beach I-7
plaisir *m.* pleasure, enjoyment II-5
  faire plaisir à quelqu'un *v.* to please someone II-5
plan *m.* map I-7
  utiliser un plan *v.* to use a map I-7
planche à voile *f.* windsurfing I-5
  faire de la planche à voile *v.* to go windsurfing I-5
planète *f.* planet II-6
  sauver la planète *v.* to save the planet II-6
plante *f.* plant II-6
plastique *m.* plastic II-6
  emballage en plastique *m.* plastic wrapping/packaging II-6
plat (principal) *m.* (main) dish II-1
plein air *m.* outdoor, open-air II-6
pleine forme *f.* good shape, good state of health II-2
  être en pleine forme *v.* to be in good shape II-2
pleurer *v.* to cry
pleuvoir *v.* to rain I-5
  Il pleut. It is raining. I-5
plombier *m.* plumber II-5
plu (pleuvoir) *p.p.* rained I-6
pluie acide *f.* acid rain II-6
plus *adv. (used in comparatives, superlatives, and expressions of quantity)* more I-4
  le/la plus ... *super. adv. (used with adjective)* the most II-1
  le/la plus mauvais(e) *super. adj.* the worst II-1

le plus *super. adv. (used with verb or adverb)* the most II-1
le plus de... *(used with noun to express quantity)* the most... II-6
le plus mal *super. adv.* the worst II-1
plus... que *(used with adjective)* more... than II-1
plus de more of I-4
plus de... que *(used with noun to express quantity)* more... than II-6
plus mal *comp. adv.* worse II-1
plus mauvais(e) *comp. adj.* worse II-1
plus *adv.* no more, not any-more II-4
  ne... plus no more, not any-more II-4
plusieurs *adj.* several I-4
plutôt *adv.* rather I-2
pneu (crevé) *m.* (flat) tire II-3
  vérifier la pression des pneus *v.* to check the tire pressure II-3
poème *m.* poem II-7
poète/poétesse *m., f.* poet II-7
point *m. (punctuation mark)* period II-3
poire *f.* pear II-1
poisson *m.* fish I-3
poissonnerie *f.* fish shop II-1
poitrine *f.* chest II-2
poivre *m. (spice)* pepper II-1
poivron *m. (vegetable)* pepper II-1
poli(e) *adj.* polite I-1
police *f.* police II-3
  agent de police *m.* police officer II-3
  commissariat de police *m.* police station II-4
policier *m.* police officer II-3
  film policier *m.* detective film II-7
policière *f.* police officer II-3
poliment *adv.* politely I-8, II-P
politique *adj.* political I-2
  femme politique *f.* politician II-5
  homme politique *m.* politician II-5
  sciences politiques (sciences po) *f., pl.* political science I-2
polluer *v.* to pollute II-6
pollution *f.* pollution II-6
  nuage de pollution *m.* pollution cloud II-6
pomme *f.* apple II-1
pomme de terre *f.* potato II-1
pompier/femme pompier *m., f.* firefighter II-5
pont *m.* bridge II-4

population croissante *f.* growing population II-6
porc *m.* pork II-1
portable *m.* cell phone II-3
porte *f.* door I-1
porter *v.* to wear I-6
portière *f.* car door II-3
portrait *m.* portrait I-5
poser une question (à) *v.* to ask *(someone)* a question I-6
posséder *v.* to possess, to own I-5
possible *adj.* possible II-7
  Il est possible que... It is possible that... II-6
poste *f.* postal service; post office II-4
  bureau de poste *m.* post office II-4
poste *m.* position II-5
poste de télévision *m.* television set II-3
poster une lettre *v.* to mail a letter II-4
postuler *v.* to apply II-5
poulet *m.* chicken II-1
pour *prep.* for I-5
  pour qui? for whom? I-4
  pour rien for no reason I-4
  pour que so that II-7
pourboire *m.* tip I-4
  laisser un pourboire *v.* to leave a tip I-4
pourquoi? *adv.* why? I-2
poussière *f.* dust I-8, II-P
  enlever/faire la poussière *v.* to dust I-8, II-P
pouvoir *v.* to be able to; can II-1
pratiquer *v.* to play regularly, to practice I-5
préféré(e) *adj.* favorite, preferred I-2
préférer (que) *v.* to prefer (that) I-5
premier *m.* the first *(day of the month)* I-5
  C'est le 1er (premier) octobre. It is October first. I-5
premier/première *adj.* first I-2
prendre *v.* to take I-4; to have I-4
  prendre sa retraite *v.* to retire I-6
  prendre un train/avion/ taxi/autobus/bateau *v.* to take a train/plane/taxi/bus/ boat I-7
  prendre un congé *v.* to take time off II-5
  prendre une douche *v.* to take a shower II-2
  prendre (un) rendez-vous *v.* to make an appointment II-5
préparer *v.* to prepare (for) I-2

près (de) *prep.* close (to), near I-3
  tout près (de) very close
  (to) II-4
présenter *v.* to present, to
  introduce II-7
  Je te présente… *fam.* I would
  like to introduce… to you. I-1
  Je vous présente… *fam., form.*
  I would like to introduce… to
  you. I-1
préservation *f.* protection II-6
préserver *v.* to preserve II-6
presque *adv.* almost I-2
pressé(e) *adj.* hurried II-1
pression *f.* pressure II-3
  vérifier la pression des pneus
  to check the tire pressure II-3
prêt(e) *adj.* ready I-3
prêter (à) *v.* to lend
  (*to someone*) I-6
prévenir l'incendie *v.* to prevent
  a fire II-6
principal(e) *adj.* main,
  principal II-1
  personnage principal *m.*
  main character II-7
  plat principal *m.* main dish II-1
printemps *m.* spring I-5
  au printemps in the spring I-5
pris (prendre) *p.p., adj.* taken I-6
prix *m.* price I-4
problème *m.* problem I-1
prochain(e) *adj.* next I-2
produire *v.* to produce I-6
produit *m.* product II-6
produit (produire) *p.p., adj.*
  produced I-6
professeur *m.* teacher, professor I-1
profession (exigeante) *f.*
  (demanding) profession II-5
professionnel(le) *adj.*
  professional II-5
  expérience professionnelle *f.*
  professional experience II-5
profiter (de) *v.* to take advantage
  (of); to enjoy II-7
programme *m.* program II-7
projet *m.* project II-5
  faire des projets *v.* to make
  plans II-5
promenade *f.* walk, stroll I-5
  faire une promenade *v.* to go
  for a walk I-5
promettre *v.* to promise I-6
promis (promettre) *p.p., adj.*
  promised I-6
promotion *f.* promotion II-5
proposer (que) *v.* to propose
  (that) II-6
  proposer une solution *v.* to
  propose a solution II-6
propre *adj.* clean I-8, II-P

propriétaire *m., f.* owner I-8, II-P;
  landlord/landlady I-8, II-P
protection *f.* protection II-6
protéger *v.* to protect 5
psychologie *f.* psychology I-2
psychologique *adj.*
  psychological II-7
psychologue *m., f.* psychologist II-5
pu (pouvoir) *p.p. (used with
  infinitive)* was able to 9
publicité (pub) *f.* advertisement II-7
publier *v.* to publish II-7
puis *adv.* then I-7
pull *m.* sweater I-6
pur(e) *adj.* pure II-6

Q

quand *adv.* when I-4
  **C'est quand l'anniversaire
  de … ?** When is …'s
  birthday? I-5
  **C'est quand ton/votre
  anniversaire?** When is your
  birthday? I-5
quarante *m.* forty I-1
quart *m.* quarter I-2
  et quart a quarter after…
  (o'clock) I-2
quartier *m.* area,
  neighborhood I-8, II-P
quatorze *m.* fourteen I-1
quatre *m.* four I-1
quatre-vingts *m.* eighty I-3
quatre-vingt-dix *m.* ninety I-3
quatrième *adj.* fourth I-7
que/qu' *rel. pron.* that; which II-3;
  conj. than II-1, II-6
  plus/moins … que (*used with
  adjective*) more/less … than II-1
  plus/moins de … que (*used
  with noun to express quantity*)
  more/less … than II-6
que/qu'…? *interr. pron.* what? I-4
  Qu'en penses-tu? What do
  you think about that? II-6
  Qu'est-ce que c'est? What is
  it? I-1
  Qu'est-ce qu'il y a? What is
  it?; What's wrong? I-1
que *adv.* only II-4
  ne… que only II-4
québécois(e) *adj.* from Quebec I-1
quel(le)(s)? *interr. adj.* which? I-4;
  what? I-4
  À quelle heure? What time?;
  When? I-2
  Quel jour sommes-nous?
  What day is it? I-2
  Quelle est la date? What is
  the date? I-5

  Quelle est ta nationalité?
  fam. What is your nationality? I-1
  Quelle est votre nationalité?
  form. What is your nationality? I-1
  Quelle heure avez-vous?
  form. What time do you have? I-2
  Quelle heure est-il? What
  time is it? I-2
  Quelle température fait-il?
  (*weather*) What is the
  temperature? I-5
  Quel temps fait-il? What is
  the weather like? I-5
quelqu'un *pron.* someone II-4
quelque chose *m.* something;
  anything I-4
  Quelque chose ne va pas.
  Something's not right. I-5
quelquefois *adv.* sometimes
  I-8, II-P
quelques *adj.* some I-4
question *f.* question I-6
  poser une question (à) to ask
  (*someone*) a question I-6
queue *f.* line II-4
  faire la queue *v.* to wait in
  line II-4
qui? *interr. pron.* who? I-4;
  whom? I-4; *rel. pron.* who,
  that II-3
  à qui? to whom? I-4
  avec qui? with whom? I-4
  C'est de la part de qui? On
  behalf of whom? II-5
  Qui est à l'appareil? Who's
  calling, please? II-5
  Qui est-ce? Who is it? I-1
quinze *m.* fifteen I-1
quitter (la maison) *v.* to leave
  (the house) I-4
  Ne quittez pas. Please
  hold. II-5
quoi? *interr. pron.* what? I-1
  Il n'y a pas de quoi. It's
  nothing.; You're welcome. I-1
  quoi que ce soit whatever it
  may be II-5

R

raccrocher *v.* to hang up II-5
radio *f.* radio II-7
  à la radio on the radio II-7
raide *adj.* straight I-3
raison *f.* reason; right I-2
  avoir raison *v.* to be right I-2
ramassage des ordures *m.*
  garbage collection II-6
randonnée *f.* hike I-5
  faire une randonnée *v.* to go
  for a hike I-5
ranger *v.* to tidy up, to put away
  I-8, II-P

rapide *adj.* fast I-3
rapidement *adv.* rapidly I-8, II-P
rarement *adv.* rarely I-5
rasoir *m.* razor II-2
ravissant(e) *adj.* beautiful; delightful II-5
réalisateur/réalisatrice *m., f.* director (*of a movie*) II-7
récent(e) *adj.* recent II-7
réception *f.* reception desk I-7
recevoir *v.* to receive II-4
réchauffement de la Terre *m.* global warming II-6
rechercher *v.* to search for, to look for II-5
recommandation *f.* recommen-dation II-5
recommander (que) *v.* to recommend (that) II-6
recomposer (un numéro) *v.* to redial (a number) II-3
reconnaître *v.* to recognize I-8, II-P
reconnu (reconnaître) *p.p., adj.* recognized I-8, II-P
reçu *m.* receipt II-4
reçu (recevoir) *p.p., adj.* received I-7
  être reçu(e) à un examen to pass an exam I-2
recyclage *m.* recycling II-6
recycler *v.* to recycle II-6
redémarrer *v.* to restart, to start again II-3
réduire *v.* to reduce I-6
réduit (réduire) *p.p., adj.* reduced I-6
référence *f.* reference II-5
réfléchir (à) *v.* to think (about), to reflect (on) I-4
refuser (de) *v.* to refuse (*to do something*) II-3
regarder *v.* to watch I-2
  Ça ne nous regarde pas. That has nothing to do with us.; That is none of our busi-ness. II-6
régime *m.* diet II-2
  être au régime *v.* to be on a diet II-1
région *f.* region II-6
regretter (que) *v.* to regret (that) II-6
remplir (un formulaire) *v.* to fill out (a form) II-4
rencontrer *v.* to meet I-2
rendez-vous *m.* date; appointment I-6
  prendre (un) rendez-vous *v.* to make an appointment II-5
rendre (à) *v.* to give back, to return (to) I-6
  rendre visite (à) *v.* to visit I-6

rentrer (à la maison) *v.* to return (home) I-2
  rentrer (dans) *v.* to hit II-3
renvoyer *v.* to dismiss, to let go II-5
réparer *v.* to repair II-3
repartir *v.* to go back II-7
repas *m.* meal II-1
repasser *v.* to take again II-7
  repasser (le linge) *v.* to iron (the laundry) I-8, II-P
  fer à repasser *m.* iron I-8, II-P
répéter *v.* to repeat; to rehearse I-5
répondeur (téléphonique) *m.* answering machine II-3
répondre (à) *v.* to respond, to answer (to) I-6
réseau (social) *m.* (social) network II-3
réservation *f.* reservation I-7
  annuler une réservation *v.* to cancel a reservation I-7
réservé(e) *adj.* reserved I-1
réserver *v.* to reserve I-7
réservoir d'essence *m.* gas tank II-3
résidence universitaire *f.* dorm I-8, II-P
ressource naturelle *f.* natural resource II-6
restaurant *m.* restaurant I-4
  restaurant universitaire (resto U) *m.* university cafeteria I-2
rester *v.* to stay I-7
résultat *m.* result I-2
retenir *v.* to keep, to retain II-1
retirer (de l'argent) *v.* to withdraw (money) II-4
retourner *v.* to return I-7
retraite *f.* retirement I-6
  prendre sa retraite *v.* to retire I-6
retraité(e) *m., f.* retired person II-5
retrouver *v.* to find (again); to meet up with I-2
rétroviseur *m.* rear-view mirror II-3
réunion *f.* meeting II-5
réussir (à) *v.* to succeed (*in doing something*) I-4
réussite *f.* success II-5
réveil *m.* alarm clock II-2
revenir *v.* to come back II-1
rêver (de) *v.* to dream about II-3
revoir *v.* to see again II-7
  Au revoir. Good-bye. I-1
revu (revoir) *p.p.* seen again II-7
rez-de-chaussée *m.* ground floor I-7

rhume *m.* cold II-2
ri (rire) *p.p.* laughed I-6
rideau *m.* curtain I-8, II-P
rien *m.* nothing II-4
  De rien. You're welcome. I-1
  ne... rien nothing, not anything II-4
  ne servir à rien *v.* to be good for nothing II-1
rire *v.* to laugh I-6
rivière *f.* river II-6
riz *m.* rice II-1
robe *f.* dress I-6
rôle *m.* role II-6
  jouer un rôle *v.* to play a role II-7
roman *m.* novel II-7
rose *adj.* pink I-6
roue (de secours) *f.* (emergency) tire II-3
rouge *adj.* red I-6
rouler en voiture *v.* to ride in a car I-7
rue *f.* street II-3
  suivre une rue *v.* to follow a street II-4

S

s'adorer *v.* to adore one another II-3
s'aider *v.* to help one another II-3
s'aimer (bien) *v.* to love (like) one another II-3
s'allumer *v.* to light up II-3
s'amuser *v.* to play; to have fun II-2
  s'amuser à *v.* to pass time by II-3
s'apercevoir *v.* to notice; to realize II-4
s'appeler *v.* to be named, to be called II-2
  Comment t'appelles-tu? *fam.* What is your name? I-1
  Comment vous appelez-vous? *form.* What is your name? I-1
  Je m'appelle... My name is... I-1
s'arrêter *v.* to stop II-2
s'asseoir *v.* to sit down II-2
sa *poss. adj., f., sing.* his; her; its I-3
sac *m.* bag I-1
  sac à dos *m.* backpack I-1
  sac à main *m.* purse, handbag I-6
sain(e) *adj.* healthy II-2
saison *f.* season I-5
salade *f.* salad II-1
salaire (élevé/modeste) *m.* (high/low) salary II-5
  augmentation de salaire *f.* raise in salary II-5

sale *adj.* dirty I-8, II-P

salir *v.* to soil, to make dirty I-8, II-P

salle *f.* room I-8, II-P
  salle à manger *f.* dining room I-8, II-P
  salle de bains *f.* bathroom I-8, II-P
  salle de classe *f.* classroom I-1
  salle de séjour *f.* living/family room I-8, II-P

salon *m.* formal living room, sitting room I-8, II-P
  salon de beauté *m.* beauty salon II-4

Salut! Hi!; Bye! I-1

samedi *m.* Saturday I-2

sandwich *m.* sandwich I-4

sans *prep.* without I-8, II-P
  sans que *conj.* without II-7

santé *f.* health II-2
  être en bonne/mauvaise santé *v.* to be in good/bad health II-2

saucisse *f.* sausage II-1

sauvegarder *v.* to save II-3

sauver (la planète) *v.* to save (the planet) II-6

sauvetage des habitats *m.* habitat preservation II-6

savoir *v.* to know (*facts*), to know how to do something I-8, II-P
  savoir (que) *v.* to know (that) II-7
  Je n'en sais rien. I don't know anything about it. II-6

savon *m.* soap II-2

sciences *f., pl.* science I-2
  sciences politiques (sciences po) *f., pl.* political science I-2

sculpture *f.* sculpture II-7

sculpteur/femme sculpteur *m., f.* sculptor II-7

se/s' *pron., sing., pl. (used with reflexive verb)* himself; herself; itself; 10 (*used with reciprocal verb*) each other II-3

séance *f.* show; screening II-7

se blesser *v.* to hurt oneself II-2

se brosser (les cheveux/les dents) *v.* to brush one's (hair/teeth) II-1

se casser *v.* to break II-2

sèche-linge *m.* clothes dryer I-8, II-P

se coiffer *v.* to do one's hair II-2

se connaître *v.* to know one another II-3

se coucher *v.* to go to bed II-2

secours *m.* help II-3
  Au secours! Help! II-3

s'écrire *v.* to write one another II-3

sécurité *f.* security; safety
  attacher sa ceinture de sécurité *v.* to buckle one's seatbelt II-3

se dépêcher *v.* to hurry II-2

se déplacer *v.* to move, to change location II-4

se déshabiller *v.* to undress II-2

se détendre *v.* to relax II-2

se dire *v.* to tell one another II-3

se disputer (avec) *v.* to argue (with) II-2

se donner *v.* to give one another II-3

se fouler (la cheville) *v.* to twist/to sprain one's (ankle) II-2

se garer *v.* to park II-3

seize *m.* sixteen I-1

séjour *m.* stay I-7
  faire un séjour *v.* to spend time (*somewhere*) I-7
  salle de séjour *f.* living room I-8, II-P

sel *m.* salt II-1

se laver (les mains) *v.* to wash oneself (one's hands) II-2

se lever *v.* to get up, to get out of bed II-2

semaine *f.* week I-2
  cette semaine this week I-2

s'embrasser *v.* to kiss one another II-3

se maquiller *v.* to put on makeup II-2

se mettre *v.* to put (*something*) on (yourself) II-2
  se mettre à *v.* to begin to II-2
  se mettre en colère *v.* to become angry II-2

s'endormir *v.* to fall asleep, to go to sleep II-2

s'énerver *v.* to get worked up, to become upset II-2

sénégalais(e) *adj.* Senegalese I-1

s'ennuyer *v.* to get bored II-2

s'entendre bien (avec) *v.* to get along well (with one another) II-2

sentier *m.* path II-6

sentir *v.* to feel; to smell; to sense I-5

séparé(e) *adj.* separated I-3

se parler *v.* to speak to one another II-3

se porter mal/mieux *v.* to be ill/better II-2

se préparer (à) *v.* to get ready; to prepare (*to do something*) II-2

se promener *v.* to take a walk II-2

sept *m.* seven I-1

septembre *m.* September I-5

septième *adj.* seventh I-7

se quitter *v.* to leave one another II-3

se raser *v.* to shave oneself II-2

se réconcilier *v.* to make up II-7

se regarder *v.* to look at oneself; to look at each other II-2

se relever *v.* to get up again II-2

se rencontrer *v.* to meet one another, to make each other's acquaintance II-3

se rendre compte *v.* to realize II-2

se reposer *v.* to rest II-2

se retrouver *v.* to meet one another (*as planned*) II-3

se réveiller *v.* to wake up II-2

se sécher *v.* to dry oneself II-2

se sentir *v.* to feel II-2

sérieux/sérieuse *adj.* serious I-3

serpent *m.* snake II-6

serre *f.* greenhouse II-6
  effet de serre *m.* greenhouse effect II-6

serré(e) *adj.* tight I-6

serveur/serveuse *m., f.* server I-4

serviette *f.* napkin II-1
  serviette (de bain) *f.* (bath) towel II-2

servir *v.* to serve I-5

ses *poss. adj., m., f., pl.* his; her; its I-3

se souvenir (de) *v.* to remember II-2

se téléphoner *v.* to phone one another II-3

se tourner *v.* to turn (oneself) around II-2

se tromper (de) *v.* to be mistaken (about) II-2

se trouver *v.* to be located II-2

seulement *adv.* only I-8, II-P

s'habiller *v.* to dress II-2

shampooing *m.* shampoo II-2

shopping *m.* shopping I-7
  faire du shopping *v.* to go shopping I-7

short *m., sing.* shorts I-6

si *conj.* if II-5

si *adv. (when contradicting a negative statement or question)* yes I-2

signer *v.* to sign II-4

S'il te plaît. *fam.* Please. I-1

S'il vous plaît. *form.* Please. I-1

sincère *adj.* sincere I-1

s'inquiéter *v.* to worry II-2

s'intéresser (à) *v.* to be interested (in) II-2

site Internet/web *m.* web site II-3

six *m.* six I-1

sixième *adj.* sixth I-7

ski *m.* skiing I-5
  faire du ski *v.* to go skiing I-5
  station de ski *f.* ski resort I-7

skier *v.* to ski I-5

smartphone *m.* smartphone II-3
SMS *m.* text message II-3
s'occuper (de) *v.* to take care (*of something*), to see to II-2
sociable *adj.* sociable I-1
sociologie *f.* sociology I-1
sœur *f.* sister I-3
  belle-sœur *f.* sister-in-law I-3
  demi-sœur *f.* half-sister, stepsister I-3
soie *f.* silk II-4
soif *f.* thirst I-4
  avoir soif *v.* to be thirsty I-4
soir *m.* evening I-2
  ce soir *adv.* this evening I-2
  demain soir *adv.* tomorrow evening I-2
  du soir *adv.* in the evening I-2
  hier soir *adv.* yesterday evening I-7
soirée *f.* evening I-2
sois (être) *imp. v.* be I-2
soixante *m.* sixty I-1
soixante-dix *m.* seventy I-3
solaire *adj.* solar II-6
  énergie solaire *f.* solar energy II-6
soldes *f., pl.* sales I-6
soleil *m.* sun I-5
  Il fait (du) soleil. It is sunny. I-5
solution *f.* solution II-6
  proposer une solution *v.* to propose a solution II-6
sommeil *m.* sleep I-2
  avoir sommeil *v.* to be sleepy I-2
son *poss. adj., m., sing.* his; her; its I-3
sonner *v.* to ring II-3
s'orienter *v.* to get one's bearings II-4
sorte *f.* sort, kind II-7
sortie *f.* exit I-7
sortir *v.* to go out, to leave I-5; to take out I-8, II-P
  sortir la/les poubelle(s) *v.* to take out the trash I-8, II-P
soudain *adv.* suddenly I-8, II-P
souffrir *v.* to suffer II-3
souffert (souffrir) *p.p.* suffered II-3
souhaiter (que) *v.* to wish (that) II-6
soupe *f.* soup I-4
  cuillère à soupe *f.* soupspoon II-1
sourire *v.* to smile I-6; *m.* smile II-4
souris *f.* mouse II-3
sous *prep.* under I-3
sous-sol *m.* basement I-8, II-P
sous-vêtement *m.* underwear I-6
souvent *adv.* often I-5

soyez (être) *imp. v.* be I-7
soyons (être) *imp. v.* let's be I-7
spécialiste *m., f.* specialist II-5
spectacle *m.* show I-5
spectateur/spectatrice *m., f.* spectator II-7
sport *m.* sport(s) I-5
  faire du sport *v.* to do sports I-5
sportif/sportive *adj.* athletic I-3
stade *m.* stadium I-5
stage *m.* internship; professional training II-5
station (de métro) *f.* (subway) station I-7
station de ski *f.* ski resort I-7
station-service *f.* service station I-3
statue *f.* statue II-4
steak *m.* steak II-1
studio *m.* studio (*apartment*) I-8, II-P
stylisme *m.* **de mode** *f.* fashion design I-2
stylo *m.* pen I-1
su (savoir) *p.p.* known I-8, II-P
sucre *m.* sugar I-4
sud *m.* south II-4
suggérer (que) *v.* to suggest (that) II-6
sujet *m.* subject II-6
  au sujet de on the subject of; about II-6
suisse *adj.* Swiss I-1
Suisse *f.* Switzerland I-7
suivre (un chemin/une rue/ un boulevard) *v.* to follow (a path/a street/a boulevard) II-4
supermarché *m.* supermarket II-1
sur *prep.* on I-3
sûr(e) *adj.* sure, certain II-1
  bien sûr of course I-2
  Il est sûr que... It is sure that... II-7
  Il n'est pas sûr que... It is not sure that... II-7
surfer sur Internet *v.* to surf the Internet II-1
surpopulation *f.* overpopulation II-6
surpris (surprendre) *p.p., adj.* surprised I-6
  être surpris(e) que... *v.* to be surprised that... II-6
  faire une surprise à quelqu'un *v.* to surprise someone I-6
surtout *adv.* especially; above all I-2
sympa(thique) *adj.* nice I-1
symptôme *m.* symptom II-2
syndicat *m.* (*trade*) union II-5

ta *poss. adj., f., sing.* your I-3
table *f.* table I-1
  À table! Let's eat! Food is ready! II-1
  débarrasser la table *v.* to clear the table I-8, II-P
  mettre la table *v.* to set the table I-8, II-P
tableau *m.* blackboard; picture I-1; *m.* painting II-7
tablette (tactile) *f.* tablet computer II-3
tâche ménagère *f.* household chore I-8, II-P
taille *f.* size; waist I-6
  de taille moyenne of medium height I-3
tailleur *m.* (*woman's*) suit; tailor I-6
tante *f.* aunt I-3
tapis *m.* rug I-8, II-P
tard *adv.* late I-2
  À plus tard. See you later. I-1
tarte *f.* pie; tart I-8, II-P
tasse (de) *f.* cup (of) I-4
taxi *m.* taxi I-7
  prendre un taxi *v.* to take a taxi I-7
te/t' *pron., sing., fam.* you I-7; yourself II-2
tee-shirt *m.* tee shirt I-6
télécarte *f.* phone card II-5
télécharger *v.* to download II-3
télécommande *f.* remote control II-3
téléphone *m.* telephone I-2
  parler au téléphone *v.* to speak on the phone I-2
téléphoner (à) *v.* to telephone (*someone*) I-2
téléphonique *adj.* (*related to the*) telephone II-4
  cabine téléphonique *f.* phone booth II-4
télévision *f.* television I-1
  à la télé(vision) on television II-7
  chaîne (de télévision) *f.* television channel II-3
tellement *adv.* so much I-2
  Je n'aime pas tellement... I don't like... very much. I-2
température *f.* temperature I-5
  Quelle température fait-il? What is the temperature? I-5
temps *m., sing.* weather I-5
  Il fait un temps épouvantable. The weather is dreadful. I-5
  Le temps est nuageux. It is cloudy. I-5
  Le temps est orageux. It is stormy. I-5

Quel temps fait-il? What is the weather like? I-5

temps *m., sing.* time I-5

de temps en temps *adv.* from time to time I-8, II-P

emploi à mi-temps/à temps partiel *m.* part-time job II-5

emploi à plein temps *m.* full-time job II-5

temps libre *m.* free time I-5

Tenez! (tenir) *imp. v.* Here! II-1

tenir *v.* to hold II-1

tennis *m.* tennis I-5

terrasse (de café) *f.* (café) terrace I-4

Terre *f.* Earth II-6

réchauffement de la Terre *m.* global warming II-6

tes *poss. adj., m., f., pl.* your I-3

tête *f.* head II-2

texto *m.* text message II-3

thé *m.* tea I-4

théâtre *m.* theater II-7

thon *m.* tuna II-1

ticket de bus/métro *m.* bus/ subway ticket I-7

Tiens! (tenir) *imp. v.* Here! II-1

timbre *m.* stamp II-4

timide *adj.* shy I-1

tiret *m.* (*punctuation mark*) dash; hyphen II-3

tiroir *m.* drawer I-8, II-P

toi *disj. pron., sing., fam.* you I-3; *refl. pron., sing., fam. (attached to imperative)* yourself II-2

toi non plus you neither I-2

toilette *f.* washing up, grooming II-2

faire sa toilette to wash up II-2

toilettes *f., pl.* restroom(s) I-8, II-P

tomate *f.* tomato II-1

tomber *v.* to fall I-7

tomber amoureux/ amoureuse *v.* to fall in love I-6

tomber en panne *v.* to break down II-3

tomber/être malade *v.* to get/ be sick II-2

tomber sur quelqu'un *v.* to run into someone I-7

ton *poss. adj., m., sing.* your I-3

tort *m.* wrong; harm I-2

avoir tort *v.* to be wrong I-2

tôt *adv.* early I-2

toujours *adv.* always I-8, II-P

tour *m.* tour I-5

faire un tour (en voiture) *v.* to go for a walk (drive) I-5

tourisme *m.* tourism II-4

office du tourisme *m.* tourist office II-4

tourner *v.* to turn II-4

tousser *v.* to cough II-2

tout *m., sing.* all I-4

tous les (*used before noun*) all the... I-4

tous les jours *adv.* every day I-8, II-P

toute la *f., sing.* (*used before noun*) all the... I-4

toutes les *f., pl.* (*used before noun*) all the... I-4

tout le *m., sing.* (*used before noun*) all the... I-4

tout le monde everyone II-1

tout(e) *adv.* (*before adjective or adverb*) very, really I-3

À tout à l'heure. See you later. I-1

tout à coup suddenly I-7

tout à fait absolutely; completely II-4

tout de suite right away I-7

tout droit straight ahead II-4

tout d'un coup *adv.* all of a sudden I-8, II-P

tout près (de) really close by, really close (to) I-3

toxique *adj.* toxic II-6

déchets toxiques *m., pl.* toxic waste II-6

trac *m.* stage fright II-5

traduire *v.* to translate I-6

traduit (traduire) *p.p., adj.* translated I-6

tragédie *f.* tragedy II-7

train *m.* train I-7

tranche *f.* slice II-1

tranquille *adj.* calm, serene II-2

laisser tranquille *v.* to leave alone II-2

travail *m.* work II-4

chercher un/du travail *v.* to look for work II-4

trouver un/du travail *v.* to find a job II-5

travailler *v.* to work I-2

travailleur/travailleuse *adj.* hard-working I-3

traverser *v.* to cross II-4

treize *m.* thirteen I-1

trente *m.* thirty I-1

très *adv.* (*before adjective or adverb*) very, really I-8, II-P

Très bien. Very well. I-1

triste *adj.* sad I-3

être triste que... *v.* to be sad that... II-6

trois *m.* three I-1

troisième *adj.* third 7

trop (de) *adv.* too many/much (of) I-4

tropical(e) *adj.* tropical II-6

forêt tropicale *f.* tropical forest II-6

trou (dans la couche d'ozone) *m.* hole (in the ozone layer) II-6

troupe *f.* company, troupe II-7

trouver *v.* to find; to think I-2

trouver un/du travail *v.* to find a job II-5

truc *m.* thing I-7

tu *sub. pron., sing., fam.* you I-1

U

un *m.* (*number*) one I-1

un(e) *indef. art.* a; an I-1

universitaire *adj.* (*related to the*) university I-1

restaurant universitaire (resto U) *m.* university cafeteria I-2

université *f.* university I-1

urgences *f., pl.* emergency room II-2

aller aux urgences *v.* to go to the emergency room II-2

usine *f.* factory II-6

utile *adj.* useful I-2

utiliser (un plan) *v.* use (a map) I-7

V

vacances *f., pl.* vacation I-7

partir en vacances *v.* to go on vacation I-7

vache *f.* cow II-6

vaisselle *f.* dishes I-8, II-P

faire la vaisselle *v.* to do the dishes I-8, II-P

lave-vaisselle *m.* dishwasher I-8, II-P

valise *f.* suitcase I-7

faire les valises *v.* to pack one's bags I-7

vallée *f.* valley II-6

variétés *f., pl.* popular music II-7

vaut (valloir) *v.*

Il vaut mieux que It is better that II-6

vélo *m.* bicycle I-5

faire du vélo *v.* to go bike riding I-5

velours *m.* velvet II-4

vendeur/vendeuse *m., f.* seller I-6

vendre *v.* to sell I-6

vendredi *m.* Friday I-2

venir *v.* to come II-1

venir de *v.* (*used with an infinitive*) to have just II-1

vent *m.* wind I-5

Il fait du vent. It is windy. I-5

ventre *m.* stomach II-2

vérifier (l'huile/la pression des pneus) *v.* to check (the oil/the tire pressure) II-3

véritable *adj.* true, real II-4

verre (de) *m.* glass (of) I-4

vers *adv.* about I-2

vert(e) *adj.* green I-3
   haricots verts *m., pl.* green beans II-1

vêtements *m., pl.* clothing I-6
   sous-vêtement *m.* underwear I-6

vétérinaire *m., f.* veterinarian II-5

veuf/veuve *adj.* widowed I-3

veut dire (vouloir dire) *v.* means, signifies II-1

viande *f.* meat II-1

vie *f.* life I-6
   assurance vie *f.* life insurance II-5

vieille *adj., f. (feminine form of vieux)* old I-3

vieillesse *f.* old age I-6

vietnamien(ne) *adj.* Vietnamese I-1

vieux/vieille *adj.* old I-3

ville *f.* city; town I-4

vin *m.* wine I-6

vingt *m.* twenty I-1

vingtième *adj.* twentieth I-7

violet(te) *adj.* purple; violet I-6

violon *m.* violin II-7

visage *m.* face II-2

visite *f.* visit I-6
   rendre visite (à) *v.* to visit *(a person or people)* I-6

visiter *v.* to visit *(a place)* I-2
   faire visiter *v.* to give a tour I-8, II-P

vite *adv.* quickly I-1; quick, hurry I-4

vitesse *f.* speed II-3

voici here is/are I-1

voilà there is/are I-1

voir *v.* to see II-7

voisin(e) *m., f.* neighbor I-3

voiture *f.* car II-3
   faire un tour en voiture *v.* to go for a drive I-5
   rouler en voiture *v.* to ride in a car I-7

vol *m.* flight I-7

volant *m.* steering wheel II-3

volcan *m.* volcano II-6

volley(-ball) *m.* volleyball I-5

volontiers *adv.* willingly II-2

vos *poss. adj., m., f., pl.* your I-3

votre *poss. adj., m., f., sing.* your I-3

vouloir *v.* to want; to mean *(with dire)* II-1
   ça veut dire that is to say II-2
   veut dire *v.* means, signifies II-1

vouloir (que) *v.* to want (that) II-6

voulu (vouloir) *p.p., adj. (used with infinitive)* wanted to… ; *(used with noun)* planned to/for II-1

vous *pron., sing., pl., fam., form.* you I-1; *d.o. pron.* you I-7; yourself, yourselves II-2

voyage *m.* trip I-7
   agence de voyages *f.* travel agency I-7
   agent de voyages *m.* travel agent I-7

voyager *v.* to travel I-2

voyant (d'essence/d'huile) *m.* (gas/oil) warning light 11

vrai(e) *adj.* true; real I-3
   Il est vrai que… It is true that… II-7
   Il n'est pas vrai que… It is untrue that… II-7

vraiment *adv.* really, truly I-5

vu (voir) *p.p.* seen II-7

W

W.-C. *m., pl.* restroom(s) I-8, II-P

week-end *m.* weekend I-2
   ce week-end this weekend I-2

Y

y *pron.* there; at *(a place)* II-2
   j'y vais I'm going/coming I-8, II-P
   nous y allons we're going/coming II-1
   on y va let's go II-2
   Y a-t-il… ? Is/Are there… ? I-2

yaourt *m.* yogurt II-1

yeux (œil) *m., pl.* eyes I-3

Z

zéro *m.* zero I-1

zut *interj.* darn I-6

English-French

A

a **un(e)** *indef. art.* I-1
able: to be able to **pouvoir** *v.* II-1
abolish **abolir** *v.* II-6
about **vers** *adv.* I-2
abroad **à l'étranger** I-7
absolutely **absolument**
   adv. I-8, II-P;
   tout à fait *adv.* I-6
accident **accident** *m.* II-2
   to have/to be in an accident
   avoir un accident *v.* II-3
accompany **accompagner** *v.* II-4
account *(at a bank)* **compte**
   m. II-4
   checking account **compte** *m.*
   de chèques II-4
   to have a bank account **avoir**
   un compte bancaire *v.* II-4
accountant **comptable** *m., f.* II-5
acid rain **pluie acide** *f.* II-6
across from **en face de** *prep.* I-3
acquaintance **connaissance** *f.* I-5
active **actif/active** *adj.* I-3
actively **activement** *adv.* I-8, II-P
actor **acteur/actrice** *m., f.* I-1
address **adresse** *f.* II-4
administration: business
   administration **gestion** *f.* I-2
adolescence **adolescence** *f.* I-6
adore **adorer** I-2
   I love… **J'adore…** I-2
   to adore one another
   s'adorer *v.* II-3
adulthood **âge adulte** *m.* I-6
adventure **aventure** *f.* II-7
   adventure film **film** *m.*
   d'aventures II-7
advertisement **publicité (pub)**
   f. II-7
advice **conseil** *m.* II-5
advisor **conseiller/conseillère**
   m., f. II-5
aerobics **aérobic** *m.* I-5
   to do aerobics **faire de**
   l'aérobic *v.* I-5
afraid: to be afraid of/that **avoir**
   peur de/que *v.* II-6
after **après (que)** *adv.* I-7
afternoon **après-midi** *m.* I-2
   … (o'clock) in the afternoon
   … **heure(s) de l'après-midi** I-2
afternoon snack **goûter** *m.* II-1
again **encore** *adv.* I-3
age **âge** *m.* I-6

agent: travel agent **agent de**
   voyages *m.* I-7
   real estate agent **agent**
   immobilier *m.* II-5
ago *(with an expression of time)*
   il y a… II-1
agree: to agree (with) **être**
   d'accord (avec) *v.* I-2
airport **aéroport** *m.* I-7
alarm clock **réveil** *m.* II-2
Algerian **algérien(ne)** *adj.* I-1
all **tout** *m., sing.* I-4
   all of a sudden **soudain** *adv.*
   I-8, II-P; **tout à coup** *adv.;* **tout**
   d'un coup *adv.* I-7
all right? *(tag question)*
   d'accord? I-2
allergy **allergie** *f.* II-2
allow *(to do something)* **laisser** *v.*
   II-3; **permettre (de)** *v.* I-6
allowed **permis (permettre)**
   p.p., adj. I-6
all the… *(agrees with noun that*
   follows) **tout le…** *m., sing;*
   toute la… *f., sing;* **tous les…**
   m., pl.; **toutes les…** *f., pl.* I-4
almost **presque** *adv.* I-5
a lot (of) **beaucoup (de)** *adv.* I-4
alone: to leave alone **laisser**
   tranquille *v.* II-2
already **déjà** *adv.* I-3
always **toujours** *adv.* I-8, II-P
American **américain(e)** *adj.* I-1
an **un(e)** *indef. art.* I-1
ancient *(placed after noun)*
   ancien(ne) *adj.* II-7
and **et** *conj.* I-1
   And you? **Et toi?**, *fam.;* **Et**
   vous? *form.* I-1
angel **ange** *m.* I-1
angry: to become angry
   s'énerver *v.* II-2; **se mettre**
   en colère *v.* II-2
animal **animal** *m.* II-6
ankle **cheville** *f.* II-2
answering machine **répondeur**
   téléphonique *m.* II-3
apartment **appartement** *m.* I-7
appetizer **entrée** *f.* II-1;
   hors-d'œuvre *m.* II-1
apple **pomme** *f.* II-1
appliance **appareil** *m.* I-8, II-P
   electrical/household appliance
   appareil *m.* **électrique/**
   ménager I-8, II-P
applicant **candidat(e)** *m., f.* II-5
apply **postuler** *v.* II-5

appointment **rendez-vous** *m.* II-5
   to make an appointment
   prendre (un) rendez-vous
   v. II-5
April **avril** *m.* I-5
architect **architecte** *m., f.* I-3
architecture **architecture** *f.* I-2
Are there… ? **Y a-t-il… ?** I-2
area **quartier** *m.* I-8, II-P
argue (with) **se disputer**
   (avec) *v.* II-2
arm **bras** *m.* II-2
armchair **fauteuil** *m.* I-8, II-P
armoire **armoire** *f.* I-8, II-P
around **autour (de)** *prep.* II-4
arrival **arrivée** *f.* I-7
arrive **arriver (à)** *v.* I-2
art **art** *m.* I-2
   artwork, piece of art **œuvre**
   f. II-7
   fine arts **beaux-arts** *m., pl.* II-7
artist **artiste** *m., f.* I-3
as *(like)* **comme** *adv.* I-6
   as … as *(used with adjective to*
   compare) **aussi … que** II-1
   as much … as *(used with*
   noun to express comparative
   quality) **autant de … que** II-6
   as soon as **dès que** *adv.* II-5
ashamed: to be ashamed of
   avoir honte de *v.* I-2
ask **demander** *v.* I-2
   to ask *(someone)* **demander**
   (à) *v.* I-6
   to ask *(someone)* a question
   poser une question (à) *v.* I-6
   to ask that… **demander**
   que… II-6
aspirin **aspirine** *f.* II-2
at **à** *prep.* I-4
   at … (o'clock) **à … heure(s)** I-4
   at the doctor's office **chez le**
   médecin *prep.* I-2
   at (someone's) house **chez…**
   prep. I-2
   at the end (of) **au bout (de)**
   prep. II-4
   at last **enfin** *adv.* II-3
athlete **athlète** *m., f.* I-3
ATM **distributeur** *m.* **automa-**
   tique/de billets *m.* II-4
attend **assister** *v.* I-2
August **août** *m.* I-5
aunt **tante** *f.* I-3
author **auteur/femme auteur**
   m., f. II-7
autumn **automne** *m.* I-5
   in autumn **en automne** I-5
available *(free)* **libre** *adj.* I-7
avenue **avenue** *f.* II-4
avoid **éviter de** *v.* II-2

B

back **dos** *m.* II-2
backpack **sac à dos** *m.* I-1
bad **mauvais(e)** *adj.* I-3
  to be in a bad mood **être de mauvaise humeur** I-8, II-P
  to be in bad health **être en mauvaise santé** II-2
badly **mal** *adv.* I-7
  I am doing badly. **Je vais mal.** I-1
  to be doing badly **se porter mal** *v.* II-2
baguette **baguette** *f.* I-4
bakery **boulangerie** *f.* II-1
balcony **balcon** *m.* I-8, II-P
banana **banane** *f.* II-1
bank **banque** *f.* II-4
  to have a bank account **avoir un compte bancaire** *v.* II-4
banker **banquier/banquière** *m., f.* II-5
banking **bancaire** *adj.* II-4
baseball **baseball** *m.* I-5
baseball cap **casquette** *f.* I-6
basement **sous-sol** *m.;* **cave** *f.* I-8, II-P
basketball **basket(-ball)** *m.* I-5
bath **bain** *m.* I-6
bathing suit **maillot de bain** *m.* I-6
bathroom **salle de bains** *f.* I-8, II-P
bathtub **baignoire** *f.* I-8, II-P
be **être** *v.* I-1
  sois (être) *imp. v.* I-7;
  soyez (être) *imp. v.* I-7
beach **plage** *f.* I-7
beans **haricots** *m., pl.* II-1
  green beans **haricots verts** *m., pl.* II-1
bearings: to get one's bearings **s'orienter** *v.* II-4
beautiful **beau (belle)** *adj.* I-3
beauty salon **salon** *m.* **de beauté** II-4
because **parce que** *conj.* I-2
become **devenir** *v.* II-1
bed **lit** *m.* I-7
  to go to bed **se coucher** *v.* II-2
bedroom **chambre** *f.* I-8, II-P
beef **bœuf** *m.* II-1
been **été (être)** *p.p.* I-6
beer **bière** *f.* I-6
before **avant (de/que)** *adv.* I-7
  before (o'clock) **moins** *adv.* I-2
begin (to do something) **commencer (à)** *v.* I-2;
  se mettre à *v.* II-2
beginning **début** *m.* II-7
behind **derrière** *prep.* I-3

Belgian **belge** *adj.* I-7
Belgium **Belgique** *f.* I-7
believe (that) **croire (que)** *v.* II-7
believed **cru (croire)** *p.p.* II-7
belt **ceinture** *f.* I-6
  to buckle one's seatbelt **attacher sa ceinture de sécurité** *v.* II-3
bench **banc** *m.* II-4
best: the best **le mieux** *super. adv.* II-1; **le/la meilleur(e)** *super. adj.* II-1
better **meilleur(e)** *comp. adj.;* **mieux** *comp. adv.* II-1
  It is better that… **Il vaut mieux que/qu'…** II-6
  to be doing better **se porter mieux** *v.* II-2
  to get better (from illness) **guérir** *v.* II-2
between **entre** *prep.* I-3
beverage (carbonated) **boisson** *f.* **(gazeuse)** I-4
bicycle **vélo** *m.* I-5
  to go bike riding **faire du vélo** *v.* I-5
big **grand(e)** *adj.* I-3; (clothing) **large** *adj.* I-6
bill (in a restaurant) **addition** *f.* I-4
bills (money) **billets** *m., pl.* II-4
biology **biologie** *f.* I-2
bird **oiseau** *m.* I-3
birth **naissance** *f.* I-6
birthday **anniversaire** *m.* I-5
bit (of) **morceau (de)** *m.* I-4
black **noir(e)** *adj.* I-3
blackboard **tableau** *m.* I-1
blanket **couverture** *f.* I-8, II-P
blonde **blond(e)** *adj.* I-3
blouse **chemisier** *m.* I-6
blue **bleu(e)** *adj.* I-3
boat **bateau** *m.* I-7
body **corps** *m.* II-2
book **livre** *m.* I-1
bookstore **librairie** *f.* I-1
bored: to get bored **s'ennuyer** *v.* II-2
boring **ennuyeux/ennuyeuse** *adj.* I-3
born: to be born **naître** *v.* I-7; **né (naître)** *p.p., adj.* I-7
borrow **emprunter** *v.* II-4
bottle (of) **bouteille (de)** *f.* I-4
boulevard **boulevard** *m.* II-4
boutique **boutique** *f.* II-4
bowl **bol** *m.* II-1
box **boîte** *f.* II-1
boy **garçon** *m.* I-1
boyfriend **petit ami** *m.* I-1
brake **freiner** *v.* II-3
brakes **freins** *m., pl.* II-3
brave **courageux/courageuse** *adj.* I-3

Brazil **Brésil** *m.* I-7
Brazilian **brésilien(ne)** *adj.* I-7
bread **pain** *m.* I-4
  country-style bread **pain** *m.* **de campagne** I-4
bread shop **boulangerie** *f.* II-1
break **se casser** *v.* II-2
breakdown **panne** *f.* II-3
break down **tomber en panne** *v.* II-3
break up (to leave one another) **se quitter** *v.* II-3
breakfast **petit-déjeuner** *m.* II-1
bridge **pont** *m.* II-4
bright **brillant(e)** *adj.* I-1
bring (a person) **amener** *v.* I-5; (a thing) **apporter** *v.* I-4
broom **balai** *m.* I-8, II-P
brother **frère** *m.* I-3
brother-in-law **beau-frère** *m.* I-3
brown **marron** *adj., inv.* I-3
  brown (hair) **châtain** *adj.* I-3
brush (hair/tooth) **brosse** *f.* **(à cheveux/à dents)** II-2
  to brush one's hair/teeth **se brosser les cheveux/les dents** *v.* II-1
buckle: to buckle one's seatbelt **attacher sa ceinture de sécurité** *v.* II-3
build **construire** *v.* I-6
building **bâtiment** *m.* II-4; **immeuble** *m.* I-8, II-P
bumper **pare-chocs** *m.* II-3
burn (CD/DVD) **graver** *v.* II-3
bus **autobus** *m.* I-7
bus stop **arrêt d'autobus (de bus)** *m.* I-7
bus terminal **gare** *f.* **routière** I-7
business (profession) **affaires** *f., pl.* I-3; (company) **entreprise** *f.* II-5
business administration **gestion** *f.* I-2
businessman **homme d'affaires** *m.* I-3
businesswoman **femme d'affaires** *f.* I-3
busy **occupé(e)** *adj.* I-1
but **mais** *conj.* I-1
butcher's shop **boucherie** *f.* II-1
butter **beurre** *m.* I-4
buy **acheter** *v.* I-5
by **par** *prep.* I-3
Bye! **Salut!** *fam.* I-1

C

cabinet **placard** *m.* I-8, II-P
café **café** *m.* I-1; **brasserie** *f.* II-4
  café terrace **terrasse** *f.* **de café** I-4

cybercafé **cybercafé** *m.* II-4
cafeteria (school) **cantine** *f.* II-1
cake **gâteau** *m.* I-6
calculator **calculatrice** *f.* I-1
call **appeler** *v.* II-5
calm **calme** *adj.* I-1; **calme** *m.* I-1
camcorder **caméra vidéo** *f.* II-3; **caméscope** *m.* II-3
camera **appareil photo** *m.* II-3
  digital camera **appareil photo** *m.* **numérique** II-3
camping **camping** *m.* I-5
  to go camping **faire du camping** *v.* I-5
can (of food) **boîte (de conserve)** *f.* II-1
Canada **Canada** *m.* I-7
Canadian **canadien(ne)** *adj.* I-1
cancel (a reservation) **annuler (une réservation)** *v.* I-7
candidate **candidat(e)** *m., f.* II-5
candy **bonbon** *m.* I-6
cap: baseball cap **casquette** *f.* I-6
capital **capitale** *f.* I-7
car **voiture** *f.* II-3
  to ride in a car **rouler en voiture** *v.* I-7
card (letter) **carte postale** *f.* II-4; credit card **carte** *f.* **de crédit** II-4
  to pay with a credit card **payer avec une carte de crédit** *v.* II-4
  cards (playing) **cartes** *f.* I-5
carbonated drink/beverage **boisson** *f.* **gazeuse** I-4
career **carrière** *f.* II-5
carpooling **covoiturage** *m.* II-6
carrot **carotte** *f.* II-1
carry **apporter** *v.* I-4
cartoon **dessin animé** *m.* II-7
case: in any case **en tout cas** I-6
cash **liquide** *m.* II-4
  to pay in cash **payer en liquide** *v.* II-4
cat **chat** *m.* I-3
catastrophe **catastrophe** *f.* II-6
catch sight of **apercevoir** *v.* II-4
CD(s) **CD** *m.* II-3
CD/DVD /MP3 player **lecteur (de) CD/DVD / lecteur MP3** *m.* II-3
celebrate **célébrer** *v.* I-5; **fêter** *v.* I-6
celebration **fête** *f.* I-6
cellar **cave** *f.* I-8, II-P
cell(ular) phone **portable** *m.* II-3
center: city/town center **centre-ville** *m.* I-4
certain **certain(e)** *adj.* II-1; **sûr(e)** *adj.* II-7

It is certain that… **Il est certain que…** II-7
It is uncertain that… **Il n'est pas certain que…** II-7
chair **chaise** *f.* I-1
champagne **champagne** *m.* I-6
change (coins) **(pièces** *f. pl.* **de) monnaie** II-4
channel (television) **chaîne** *f.* **(de télévision)** II-3
character **personnage** *m.* II-7
  main character **personnage principal** *m.* II-7
charming **charmant(e)** *adj.* I-1
chat **bavarder** *v.* I-4
check **chèque** *m.* II-4; (bill) **addition** *f.* I-4
  to pay by check **payer par chèque** *v.* II-4;
  to check (the oil/the air pressure) **vérifier (l'huile/la pression des pneus)** *v.* II-3
checking account **compte** *m.* **de chèques** II-4
cheek **joue** *f.* II-2
cheese **fromage** *m.* I-4
chemistry **chimie** *f.* I-2
chess **échecs** *m., pl.* I-5
chest **poitrine** *f.* II-2
  chest of drawers **commode** *f.* I-8, II-P
chic **chic** *adj.* I-4
chicken **poulet** *m.* II-1
child **enfant** *m., f.* I-3
childhood **enfance** *f.* I-6
China **Chine** *f.* I-7
Chinese **chinois(e)** *adj.* I-7
choir **chœur** *m.* II-7
choose **choisir** *v.* I-4
chorus **chœur** *m.* II-7
chrysanthemums **chrysanthèmes** *m., pl.* II-1
church **église** *f.* I-4
city **ville** *f.* I-4
city hall **mairie** *f.* II-4
city/town center **centre-ville** *m.* I-4
class (group of students) **classe** *f.* I-1; (course) **cours** *m.* I-2
classmate **camarade de classe** *m., f.* I-1
classroom **salle** *f.* **de classe** I-1
clean **nettoyer** *v.* I-5; **propre** *adj.* I-8, II-P
clear **clair(e)** *adj.* II-7
  It is clear that… **Il est clair que…** II-7
  to clear the table **débarrasser la table** I-8, II-P
client **client(e)** *m., f.* I-7
cliff **falaise** *f.* II-6
clock **horloge** *f.* I-1
  alarm clock **réveil** *m.* II-2

close (to) **près (de)** *prep.* I-3
  very close (to) **tout près (de)** II-4
close **fermer** *v.* II-3
closed **fermé(e)** *adj.* II-4
closet **placard** *m.* I-8, II-P
clothes dryer **sèche-linge** *m.* I-8, II-P
clothing **vêtements** *m., pl.* I-6
cloudy **nuageux/nuageuse** *adj.* I-5
  It is cloudy. **Le temps est nuageux.** I-5
clutch **embrayage** *m.* II-3
coast **côte** *f.* II-6
coat **manteau** *m.* I-6
coffee **café** *m.* I-1
coffeemaker **cafetière** *f.* I-8, II-P
coins **pièces** *f. pl.* **de monnaie** II-4
cold **froid** *m.* I-2
  to be cold **avoir froid** *v.* I-2
  (weather) It is cold. **Il fait froid.** I-5
cold **rhume** *m.* II-2
color **couleur** *f.* I-6
  What color is… ? **De quelle couleur est… ?** I-6
comb **peigne** *m.* II-2
come **venir** *v.* I-7
come back **revenir** *v.* II-1
Come on. **Allez.** I-2
comedy **comédie** *f.* II-7
comic strip **bande dessinée (B.D.)** *f.* I-5
compact disc **compact disque** *m.* II-3
company (troop) **troupe** *f.* II-7
completely **tout à fait** *adv.* I-6
composer **compositeur** *m.* II-7
computer **ordinateur** *m.* I-1
computer science **informatique** *f.* I-2
concert **concert** *m.* II-7
congratulations **félicitations** II-7
consider **considérer** *v.* I-5
constantly **constamment** *adv.* I-8, II-P
construct **construire** *v.* I-6
consultant **conseiller/ conseillère** *m., f.* II-5
continue (doing something) **continuer (à)** *v.* II-4
cook **cuisiner** *v.* II-1; **faire la cuisine** *v.* I-5; **cuisinier/ cuisinière** *m., f.* II-5
cookie **biscuit** *m.* I-6
cooking **cuisine** *f.* I-5
cool: (weather) It is cool. **Il fait frais.** I-5
corner **angle** *m.* II-4; **coin** *m.* II-4
cost **coûter** *v.* I-4

cotton **coton** *m.* I-6

couch **canapé** *m.* I-8, II-P

cough **tousser** *v.* II-2

count (on someone) **compter (sur quelqu'un)** *v.* I-8, II-P

country **pays** *m.* I-7

country(side) **campagne** *f.* I-7

country-style **de campagne** *adj.* I-4

couple **couple** *m.* I-6

courage **courage** *m.* II-5

courageous **courageux/ courageuse** *adj.* I-3

course **cours** *m.* I-2

cousin **cousin(e)** *m., f.* I-3

cover **couvrir** *v.* II-3

covered **couvert (couvrir)** *p.p.* II-3

cow **vache** *f.* II-6

crazy **fou/folle** *adj.* I-3

cream **crème** *f.* II-1

credit card **carte** *f.* **de crédit** II-4

to pay with a credit card **payer avec une carte de crédit** *v.* II-4

crêpe **crêpe** *f.* I-5

crime film **film policier** *m.* II-7

croissant **croissant** *m.* I-4

cross **traverser** *v.* II-4

cruel **cruel/cruelle** *adj.* I-3

cry **pleurer** *v.*

cup (of) **tasse (de)** *f.* I-4

cupboard **placard** *m.* I-8, II-P

curious **curieux/ curieuse** *adj.* I-3

curly **frisé(e)** *adj.* I-3

currency **monnaie** *f.* II-4

curtain **rideau** *m.* I-8, II-P

customs **douane** *f.* I-7

cybercafé **cybercafé** *m.* II-4

D

dance **danse** *f.* II-7

to dance **danser** *v.* I-4

danger **danger** *m.* II-6

dangerous **dangereux/ dangereuse** *adj.* II-3

dark (hair) **brun(e)** *adj.* I-3

darling **chéri(e)** *adj.* I-2

darn **zut** II-3

dash (punctuation mark) **tiret** *m.* II-3

date (day, month, year) **date** *f.* I-5; (meeting) **rendez-vous** *m.* I-6

to make a date **prendre (un) rendez-vous** *v.* II-5

daughter **fille** *f.* I-1

day **jour** *m.* I-2; **journée** *f.* I-2

day after tomorrow **après-demain** *adv.* I-2

day before yesterday **avant-hier** *adv.* I-7

day off **congé** *m.*, **jour de congé** I-7

dear **cher/chère** *adj.* I-2

death **mort** *f.* I-6

December **décembre** *m.* I-5

decide (to do something) **décider (de)** *v.* II-3

deforestation **déboisement** *m.* II-6

degree **diplôme** *m.* I-2

degrees (temperature) **degrés** *m., pl.* I-5

It is... degrees. **Il fait... degrés.** I-5

delicatessen **charcuterie** *f.* II-1

delicious **délicieux/délicieuse** *adj.* I-4

Delighted. **Enchanté(e).** *p.p., adj.* I-1

demand (that) **exiger (que)** *v.* II-6

demanding **exigeant(e)** *adj.*

demanding profession **profession** *f.* **exigeante** II-5

dentist **dentiste** *m., f.* I-3

department store **grand magasin** *m.* I-4

departure **départ** *m.* I-7

deposit: to deposit money **déposer de l'argent** *v.* II-4

depressed **déprimé(e)** *adj.* II-2

describe **décrire** *v.* I-7

described **décrit (décrire)** *p.p., adj.* I-7

desert **désert** *m.* II-6

design (fashion) **stylisme (de mode)** *m.* I-2

desire **envie** *f.* I-2

desk **bureau** *m.* I-1

dessert **dessert** *m.* I-6

destroy **détruire** *v.* I-6

destroyed **détruit (détruire)** *p.p., adj.* I-6

detective film **film policier** *m.* II-7

detest **détester** *v.* I-2

I hate... **Je déteste...** I-2

develop **développer** *v.* II-6

dial (a number) **composer (un numéro)** *v.* II-3

dictionary **dictionnaire** *m.* I-1

die **mourir** *v.* I-7

died **mort (mourir)** *p.p., adj.* I-7

diet **régime** *m.* II-2

to be on a diet **être au régime** II-1

difference **différence** *f.* I-1

different **différent(e)** *adj.* I-1

differently **différemment** *adv.* I-8, II-P

difficult **difficile** *adj.* I-1

digital camera **appareil photo** *m.* **numérique** II-3

dining room **salle à manger** *f.* I-8, II-P

dinner **dîner** *m.* II-1

to have dinner **dîner** *v.* I-2

diploma **diplôme** *m.* I-2

directions **indications** *f.* II-4

director (movie) **réalisateur/ réalisatrice** *m., f.;* (play/show) **metteur en scène** *m.* II-7

dirty **sale** *adj.* I-8, II-P

discover **découvrir** *v.* II-3

discovered **découvert (découvrir)** *p.p.* II-3

discreet **discret/discrète** *adj.* I-3

discuss **discuter** *v.* II-3

dish (food) **plat** *m.* II-1

to do the dishes **faire la vaisselle** *v.* I-8, II-P

dishwasher **lave-vaisselle** *m.* I-8, II-P

dismiss **renvoyer** *v.* II-5

distinction **mention** *f.* II-5

divorce **divorce** *m.* I-6

to divorce **divorcer** *v.* I-3

divorced **divorcé(e)** *p.p., adj.* I-3

do (make) **faire** *v.* I-5

to do odd jobs **bricoler** *v.* I-5

doctor **médecin** *m.* I-3

documentary **documentaire** *m.* II-7

dog **chien** *m.* I-3

done **fait (faire)** *p.p., adj.* I-6

door (building) **porte** *f.* I-1; (automobile) **portière** *f.* II-3

dorm **résidence** *f.* **universitaire** I-8, II-P

doubt (that)... **douter (que)...** *v.* II-7

doubtful **douteux/douteuse** *adj.* II-7

It is doubtful that... **Il est douteux que...** II-7

download **télécharger** *v.* II-3

downtown **centre-ville** *m.* I-4

drag **barbant** *adj.* I-3; **barbe** *f.* I-3

drape **rideau** *m.* I-8, II-P

draw **dessiner** *v.* I-2

drawer **tiroir** *m.* I-8, II-P

dreadful **épouvantable** *adj.* I-5

dream (about) **rêver (de)** *v.* II-3

dress **robe** *f.* I-6

to dress **s'habiller** *v.* II-2

dresser **commode** *f.* I-8, II-P

drink (carbonated) **boisson** *f.* (**gazeuse**) I-4

to drink **boire** *v.* I-4

drive **conduire** *v.* I-6

to go for a drive **faire un tour en voiture** I-5

driven **conduit (conduire)** *p.p.* I-6

driver (taxi/truck) **chauffeur (de taxi/de camion)** *m.* II-5
driver's license **permis** *m.* **de conduire** I-3
drums **batterie** *f.* II-7
drunk **bu (boire)** *p.p.* I-6
dryer *(clothes)* **sèche-linge** *m.* I-8, II-P
dry oneself **se sécher** *v.* II-2
due **dû(e) (devoir)** *adj.* II-1
during **pendant** *prep.* I-7
dust **enlever/faire la poussière** *v.* I-8, II-P
DVR **enregistreur DVR** *m.* II-3

E

each **chaque** *adj.* I-6
ear **oreille** *f.* II-2
early **en avance** *adv.* I-2; **tôt** *adv.* I-2
earn **gagner** *v.* II-5
Earth **Terre** *f.* II-6
easily **facilement** *adv.* I-8, II-P
east **est** *m.* II-4
easy **facile** *adj.* I-2
eat **manger** *v.* I-2
    to eat lunch **déjeuner** *v.* I-4
éclair **éclair** *m.* I-4
ecological **écologique** *adj.* II-6
ecology **écologie** *f.* II-6
economics **économie** *f.* I-2
ecotourism **écotourisme** *m.* II-6
education **formation** *f.* II-5
effect: in effect **en effet** II-6
egg **œuf** *m.* II-1
eight **huit** *m.* I-1
eighteen **dix-huit** *m.* I-1
eighth **huitième** *adj.* I-7
eighty **quatre-vingts** *m.* I-3
eighty-one **quatre-vingt-un** *m.* I-3
elder **aîné(e)** *adj.* I-3
electric **électrique** *adj.* I-8, II-P
    electrical appliance **appareil** *m.* **électrique** I-8, II-P
electrician **électricien/ électricienne** *m., f.* II-5
elegant **élégant(e)** *adj.* I-1
elevator **ascenseur** *m.* I-7
eleven **onze** *m.* I-1
eleventh **onzième** *adj.* I-7
e-mail **e-mail** *m.* II-3
emergency room **urgences** *f., pl.* II-2
    to go to the emergency room **aller aux urgences** *v.* II-2
employ **employer** *v.* I-5
end **fin** *f.* II-7
endangered **menacé(e)** *adj.* II-6
    endangered species **espèce** *f.* **menacée** II-6
engaged **fiancé(e)** *adj.* I-3

engine **moteur** *m.* II-3
engineer **ingénieur** *m.* I-3
England **Angleterre** *f.* I-7
English **anglais(e)** *adj.* I-1
enormous **énorme** *adj.* I-2
enough (of) **assez (de)** *adv.* I-4
    not enough (of) **pas assez (de)** I-4
enter **entrer** *v.* I-7
envelope **enveloppe** *f.* II-4
environment **environnement** *m.* II-6
equal **égaler** *v.* I-3
erase **effacer** *v.* II-3
errand **course** *f.* II-1
escargot **escargot** *m.* II-1
especially **surtout** *adv.* I-2
essay **dissertation** *f.* II-3
essential **essentiel(le)** *adj.* II-6
    It is essential that… **Il est essentiel/indispensable que…** II-6
even **même** *adv.* I-5
evening **soir** *m.*; **soirée** *f.* I-2
    … (o'clock) in the evening … **heures du soir** I-2
every day **tous les jours** *adv.* I-8, II-P
everyone **tout le monde** *m.* II-1
evident **évident(e)** *adj.* II-7
    It is evident that… **Il est évident que…** II-7
evidently **évidemment** *adv.* I-8, II-P
exactly **exactement** *adv.* II-1
exam **examen** *m.* I-1
Excuse me. **Excuse-moi.** *fam.* I-1; **Excusez-moi.** *form.* I-1
executive **cadre/femme cadre** *m., f.* II-5
exercise **exercice** *m.* II-2
    to exercise **faire de l'exercice** *v.* II-2
exhibit **exposition** *f.* II-7
exit **sortie** *f.* I-7
expenditure **dépense** *f.* II-4
expensive **cher/chère** *adj.* I-6
explain **expliquer** *v.* I-2
explore **explorer** *v.* I-4
extinction **extinction** *f.* II-6
eye (eyes) **œil (yeux)** *m.* II-2

F

face **visage** *m.* II-2
facing **en face (de)** *prep.* I-3
fact: in fact **en fait** I-7
factory **usine** *f.* II-6
fail **échouer** *v.* I-2
fall **automne** *m.* I-5
    in the fall **en automne** I-5
    to fall **tomber** *v.* I-7

to fall in love **tomber amoureux/amoureuse** *v.* I-6
to fall asleep **s'endormir** *v.* II-2
family **famille** *f.* I-3
famous **célèbre** *adj.* II-7; **connu (connaître)** *p.p., adj.* I-8, II-P
far (from) **loin (de)** *prep.* I-3
farewell **adieu** *m.* II-6
farmer **agriculteur/ agricultrice** *m., f.* II-5
fashion **mode** *f.* I-2
    fashion design **stylisme de mode** *m.* I-2
fast **rapide** *adj.* I-3; **vite** *adv.* I-8, II-P
fat **gros(se)** *adj.* I-3
father **père** *m.* I-3
father-in-law **beau-père** *m.* I-3
favorite **favori/favorite** *adj.* I-3; **préféré(e)** *adj.* I-2
fax machine **fax** *m.* II-3
fear **peur** *f.* I-2
    to fear that **avoir peur que** *v.* II-6
February **février** *m.* I-5
fed up: to be fed up **en avoir marre** *v.* I-3
feel *(to sense)* **sentir** *v.* I-5; *(state of being)* **se sentir** *v.* II-2
    to feel like *(doing something)* **avoir envie (de)** I-2
    to feel nauseated **avoir mal au cœur** II-2
festival (festivals) **festival (festivals)** *m.* II-7
fever **fièvre** *f.* II-2
    to have fever **avoir de la fièvre** *v.* II-2
fiancé **fiancé(e)** *m., f.* I-6
field *(terrain)* **champ** *m.* II-6; *(of study)* **domaine** *m.* II-5
fifteen **quinze** *m.* I-1
fifth **cinquième** *adj.* I-7
fifty **cinquante** *m.* I-1
figure *(physique)* **ligne** *f.* II-2
file **fichier** *m.* II-3
fill: to fill out a form **remplir un formulaire** *v.* II-4
    to fill the tank **faire le plein** *v.* II-3
film **film** *m.* II-7
    adventure/crime film **film** *m.* **d'aventures/policier** II-7
finally **enfin** *adv.* I-7; **finalement** *adv.* I-7; **dernièrement** *adv.* I-8, II-P
find (a job) **trouver (un/du travail)** *v.* II-5
    to find again **retrouver** *v.* I-2
fine **amende** *f.* II-3
fine arts **beaux-arts** *m., pl.* II-7
finger **doigt** *m.* II-2

finish *(doing something)* **finir (de)**
  v. I-4, II-3
fire **incendie** *m.* II-6
firefighter **pompier/femme
  pompier** *m., f.* II-5
firm *(business)* **entreprise** *f.* II-5;
first **d'abord** *adv.* I-7; **premier/
  première** *adj.* I-2; **premier** *m.* I-5
  It is October first. **C'est le 1ᵉʳ
  (premier) octobre.** I-5
fish **poisson** *m.* I-3
fishing **pêche** *f.* I-5
  to go fishing **aller à la
  pêche** *v.* I-5
fish shop **poissonnerie** *f.* II-1
five **cinq** *m.* I-1
flat tire **pneu** *m.* **crevé** II-3
flight *(air travel)* **vol** *m.* I-7
floor **étage** *m.* I-7
flower **fleur** *f.* I-8, II-P
flu **grippe** *f.* II-2
fluently **couramment** *adv.* I-8, II-P
follow *(a path/a street/a boulevard)*
  **suivre (un chemin/une rue/
  un boulevard)** *v.* II-4
food item **aliment** *m.* II-1;
  nourriture *f.* II-1
foot **pied** *m.* II-2
football **football américain** *m.* I-5
for **pour** *prep.* I-5; **pendant**
  prep. II-1
  For whom? **Pour qui?** I-4
forbid **interdire** *v.* II-6
foreign **étranger/étrangère**
  adj. I-2
  foreign languages **langues**
  f., pl. **étrangères** I-2
forest **forêt** *f.* II-6
  tropical forest **forêt tropicale**
  f. II-6
forget *(to do something)* **oublier
  (de)** *v.* I-2
fork **fourchette** *f.* II-1
form **formulaire** *m.* II-4
former *(placed before noun)*
  ancien(ne) *adj.* II-7
fortunately **heureusement**
  adv. I-8, II-P
forty **quarante** *m.* I-1
fountain **fontaine** *f.* II-4
four **quatre** *m.* I-1
fourteen **quatorze** *m.* I-1
fourth **quatrième** *adj.* I-7
France **France** *f.* I-7
frankly **franchement** *adv.* I-8, II-P
free *(at no cost)* **gratuit(e)** *adj.* II-7
free time **temps libre** *m.* I-5
freezer **congélateur** *m.* I-8, II-P
French **français(e)** *adj.* I-1
French fries **frites** *f., pl.* I-4
frequent *(to visit regularly)*
  fréquenter *v.* I-4

fresh **frais/fraîche** *adj.* I-5
Friday **vendredi** *m.* I-2
friend **ami(e)** *m., f.* I-1; **copain/
  copine** *m., f.* I-1
friendship **amitié** *f.* I-6
from **de/d'** *prep.* I-1
  from time to time **de temps en
  temps** *adv.* I-8, II-P
front: in front of **devant** *prep.* I-3
fruit **fruit** *m.* II-1
full *(no vacancies)* **complet
  (complète)** *adj.* I-7
full-time job **emploi** *m.*
  à plein temps II-5
fun **amusant(e)** *adj.* I-1
  to have fun *(doing something)*
  s'amuser (à) *v.* II-3
funeral **funérailles** *f., pl.* II-1
funny **drôle** *adj.* I-3
furious **furieux/furieuse** *adj.* II-6
  to be furious that… **être
  furieux/furieuse que…** *v.* II-6

G

gain: gain weight **grossir** *v.* I-4
game *(amusement)* **jeu** *m.* I-5;
  (sports) **match** *m.* I-5
game show **jeu télévisé** *m.* II-7
garage **garage** *m.* I-8, II-P
garbage **ordures** *f., pl.* II-6
garbage collection **ramassage**
  m. **des ordures** II-6
garden **jardin** *m.* I-8, II-P
garlic **ail** *m.* II-1
gas **essence** *f.* II-3
gas tank **réservoir d'essence**
  m. II-3
gas warning light **voyant** *m.*
  d'essence II-3
generally **en général** *adv.* I-8, II-P
generous **généreux/généreuse**
  adj. I-3
genre **genre** *m.* II-7
gentle **doux/douce** *adj.* I-3
geography **géographie** *f.* I-2
German **allemand(e)** *adj.* I-1
Germany **Allemagne** *f.* I-7
get *(to obtain)* **obtenir** *v.* II-5
get along well (with) **s'entendre
  bien (avec)** *v.* II-2
get off **descendre (de)** *v.* I-6
get up **se lever** *v.* II-2
  get up again **se relever** *v.* II-2
gift **cadeau** *m.* I-6
  wrapped gift **paquet cadeau**
  m. I-6
gifted **doué(e)** *adj.* II-7
girl **fille** *f.* I-1
girlfriend **petite amie** *f.* I-1
give *(to someone)* **donner (à)** *v.* I-2
  to give a shot **faire une
  piqûre** *v.* II-2

to give a tour **faire visiter**
  v. I-8, II-P
to give back **rendre (à)** *v.* I-6
to give one another **se donner**
  v. II-3
glass (of) **verre (de)** *m.* I-4
glasses **lunettes** *f., pl.* I-6
  sunglasses **lunettes de soleil**
  f., pl. I-6
global warming **réchauffement**
  m. **de la Terre** II-6
glove **gant** *m.* I-6
go **aller** *v.* I-4
  Let's go! **Allons-y!** I-4; **On y
  va!** II-2
  I'm going. **J'y vais.** I-8, II-P
  to go back **repartir** *v.* II-7
  to go downstairs **descendre
  (de)** *v.* I-6
  to go out **sortir** *v.* I-7
  to go over **dépasser** *v.* II-3
  to go up **monter** *v.* I-7
  to go with **aller avec** *v.* I-6
golf **golf** *m.* I-5
good **bon(ne)** *adj.* I-3
  Good evening. **Bonsoir.** I-1
  Good morning. **Bonjour.** I-1
  to be good for nothing **ne
  servir à rien** *v.* II-1
  to be in a good mood **être de
  bonne humeur** *v.* I-8, II-P
  to be in good health **être en
  bonne santé** *v.* II-2
  to be in good shape **être en
  pleine forme** *v.* II-2
  to be up to something
  interesting **faire quelque
  chose de beau** *v.* II-4
  Good-bye. **Au revoir.** I-1
government **gouvernement** *m.* II-6
grade *(academics)* **note** *f.* I-2
grandchildren **petits-enfants**
  m., pl. I-3
granddaughter **petite-fille** *f.* I-3
grandfather **grand-père** *m.* I-3
grandmother **grand-mère** *f.* I-3
grandparents **grands-parents**
  m., pl. I-3
grandson **petit-fils** *m.* I-3
grant **bourse** *f.* I-2
grass **herbe** *f.* II-6
gratin **gratin** *m.* II-1
gray **gris(e)** *adj.* I-6
great **formidable** *adj.* I-7;
  génial(e) *adj.* I-3
green **vert(e)** *adj.* I-3
green beans **haricots verts**
  m., pl. II-1
greenhouse **serre** *f.* II-6
  greenhouse effect **effet de serre**
  m. II-6
grocery store **épicerie** *f.* I-4

groom: to groom oneself (in the morning) **faire sa toilette** v. II-2
ground floor **rez-de-chaussée** m. I-7
growing population **population** f. **croissante** II-6
guaranteed **garanti(e)** p.p., adj. I-5
guest **invité(e)** m., f. I-6; **client(e)** m., f. I-7
guitar **guitare** f. II-7
guy **mec** m. II-2
gym **gymnase** m. I-4

H

habitat **habitat** m. II-6
 habitat preservation **sauvetage des habitats** m. II-6
had **eu (avoir)** p.p. I-6
 had to **dû (devoir)** p.p. II-1
hair **cheveux** m., pl. II-1
 to brush one's hair **se brosser les cheveux** v. II-1
 to do one's hair **se coiffer** v. II-2
hairbrush **brosse** f. **à cheveux** II-2
hairdresser **coiffeur/coiffeuse** m., f. I-3
half **demie** f. I-2
 half past … (o'clock) **… et demie** I-2
half-brother **demi-frère** m. I-3
half-sister **demi-sœur** f. I-3
half-time job **emploi** m. **à mi-temps** II-5
hallway **couloir** m. I-8, II-P
ham **jambon** m. I-4
hand **main** f. I-5
handbag **sac à main** m. I-6
handsome **beau** adj. I-3
hang up **raccrocher** v. II-5
happiness **bonheur** m. I-6
happy **heureux/heureuse** adj.; **content(e)** II-5
 to be happy that… **être content(e) que…** v. II-6; **être heureux/heureuse que…** v. II-6
hard drive **disque (dur)** m. II-3
hard-working **travailleur/travailleuse** adj. I-3
hat **chapeau** m. I-6
hate **détester** v. I-2
 I hate… **Je déteste…** I-2
have **avoir** v. I-2; **aie (avoir)** imp., v. I-7; **ayez (avoir)** imp. v. I-7; **prendre** v. I-4
 to have an ache **avoir mal** v. II-2

to have to (must) **devoir** v. II-1
he **il** sub. pron. I-1
head (body part) **tête** f. II-2; (of a company) **chef** m. **d'entreprise** II-5
headache: to have a headache **avoir mal à la tête** v. II-2
headlights **phares** m., pl. II-3
headphones **écouteurs** m. II-3
health **santé** f. II-2
 to be in good health **être en bonne santé** v. II-2
health insurance **assurance** f. **maladie** II-5
healthy **sain(e)** adj. II-2
hear **entendre** v. I-6
heart **cœur** m. II-2
heat **chaud** m. 2
hello (on the phone) **allô** I-1; (in the evening) **Bonsoir.** I-1; (in the morning or afternoon) **Bonjour.** I-1
help **au secours** II-3
 to help (to do something) **aider (à)** v. I-5
 to help one another **s'aider** v. II-3
her **la/l'** d.o. pron. I-7; **lui** i.o. pron. I-6; (attached to an imperative) **-lui** i.o. pron. II-1
her **sa** poss. adj., f., sing. I-3; **ses** poss. adj., m., f., pl. I-3; **son** poss. adj., m., sing. I-3
Here! **Tenez!** form., imp. v. II-1; **Tiens!** fam., imp., v. II-1
here **ici** adv. I-1; (used with demonstrative adjective ce and noun or with demonstrative pronoun celui); **-ci** I-6; Here is…. **Voici…** I-1
heritage: I am of… heritage. **Je suis d'origine…** I-1
herself (used with reflexive verb) **se/s'** pron. II-2
hesitate (to do something) **hésiter (à)** v. II-3
Hey! **Eh!** interj. 2
Hi! **Salut!** fam. I-1
high **élevé(e)** adj. II-5
high school **lycée** m. I-1
 high school student **lycéen(ne)** m., f. 2
higher education **études supérieures** f., pl. 2
highway **autoroute** f. II-3
hike **randonnée** f. I-5
 to go for a hike **faire une randonnée** v. I-5
him **lui** i.o. pron. I-6; **le/l'** d.o. pron. I-7; (attached to imperative) **-lui** i.o. pron. II-1
himself (used with reflexive verb) **se/s'** pron. II-2
hire **embaucher** v. II-5

his **sa** poss. adj., f., sing. I-3; **ses** poss. adj., m., f., pl. I-3; **son** poss. adj., m., sing. I-3
history **histoire** f. I-2
hit **rentrer (dans)** v. II-3
hold **tenir** v. II-1
 to be on hold **patienter** v. II-5
hole in the ozone layer **trou dans la couche d'ozone** m. II-6
holiday **jour férié** m. I-6; **férié(e)** adj. I-6
home (house) **maison** f. I-4
 at (someone's) home **chez…** prep. 4
home page **page d'accueil** f. II-3
homework **devoir** m. I-2
honest **honnête** adj. II-7
honestly **franchement** adv. I-8, II-P
hood **capot** m. II-3
hope **espérer** v. I-5
hors d'œuvre **hors-d'œuvre** m. II-1
horse **cheval** m. I-5
 to go horseback riding **faire du cheval** v. I-5
hospital **hôpital** m. I-4
host **hôte/hôtesse** m., f. I-6
hot **chaud** m. I-2
 It is hot (weather). **Il fait chaud.** I-5
 to be hot **avoir chaud** v. I-2
hot chocolate **chocolat chaud** m. I-4
hotel **hôtel** m. I-7
 (single) hotel room **chambre** f. **(individuelle)** I-7
hotel keeper **hôtelier/hôtelière** m., f. I-7
hour **heure** f. I-2
house **maison** f. I-4
 at (someone's) house **chez…** prep. I-2
 to leave the house **quitter la maison** v. I-4
 to stop by someone's house **passer chez quelqu'un** v. I-4
household **ménager/ménagère** adj. I-8, II-P
household appliance **appareil** m. **ménager** I-8, II-P
household chore **tâche ménagère** f. I-8, II-P
housewife **femme au foyer** f. II-5
housework: to do the housework **faire le ménage** v. I-8, II-P
housing **logement** m. I-8, II-P
how **comme** adv. I-2; **comment?** interr. adv. I-4
 How are you? **Comment allez-vous?** form. I-1; **Comment vas-tu?** fam. I-1
 How many/How much (of)? **Combien (de)?** I-1

How much is... ? **Combien coûte... ?** I-4

huge **énorme** *adj.* I-2

Huh? **Hein?** *interj.* I-3

humanities **lettres** *f., pl.* I-2

hundred: one hundred **cent** *m.* I-5
five hundred **cinq cents** *m.* I-5
one hundred one **cent un** *m.* I-5
one hundred thousand **cent mille** *m.* I-5

hundredth **centième** *adj.* I-7

hunger **faim** *f.* I-4

hungry: to be hungry **avoir faim** *v.* I-4

hunt **chasse** *f.* II-6
to hunt **chasser** *v.* II-6

hurried **pressé(e)** *adj.* II-1

hurry **se dépêcher** *v.* II-2

hurt **faire mal** *v.* II-2
to hurt oneself **se blesser** *v.* II-2

husband **mari** *m.;* **époux** *m.* I-3

hyphen *(punctuation mark)* **tiret** *m.* II-3

I

I **je** *sub. pron.* I-1; **moi** *disj. pron., sing.* I-3

ice cream **glace** *f.* I-6

ice cube **glaçon** *m.* I-6

idea **idée** *f.* I-3

if **si** *conj.* II-5

ill: to become ill **tomber malade** *v.* II-2

illness **maladie** *f.* II-5

immediately **tout de suite** *adv.* I-4

impatient **impatient(e)** *adj.* I-1

important **important(e)** *adj.* I-1
It is important that... **Il est important que...** II-6

impossible **impossible** *adj.* II-7
It is impossible that... **Il est impossible que...** II-7

improve **améliorer** *v.* II-5

in **dans** *prep.* I-3; **en** *prep.* I-3; **à** *prep.* I-4

included **compris (comprendre)** *p.p., adj.* I-6

incredible **incroyable** *adj.* II-3

independent **indépendant(e)** *adj.* I-1

independently **indépendamment** *adv.* I-8, II-P

indicate **indiquer** *v.* 5

indispensable **indispensable** *adj.* II-6

inexpensive **bon marché** *adj.* I-6

injection **piqûre** *f.* II-2

to give an injection **faire une piqûre** *v.* II-2

injury **blessure** *f.* II-2

instrument **instrument** *m.* I-1

insurance (health/life) **assurance** *f.* **(maladie/vie)** II-5

intellectual **intellectuel(le)** *adj.* I-3

intelligent **intelligent(e)** *adj.* I-1

interested: to be interested (in) **s'intéresser (à)** *v.* II-2

interesting **intéressant(e)** *adj.* I-1

intermission **entracte** *m.* II-7

internship **stage** *m.* II-5

intersection **carrefour** *m.* II-4

interview: to have an interview **passer un entretien** II-5

introduce **présenter** *v.* I-1
I would like to introduce (*name*) to you. **Je te présente...** , *fam.* I-1
I would like to introduce (*name*) to you. **Je vous présente...** , *form.* I-1

invite **inviter** *v.* I-4

Ireland **Irlande** *f.* I-7

Irish **irlandais(e)** *adj.* I-7

iron **fer à repasser** *m.* I-8, II-P
to iron (the laundry) **repasser (le linge)** *v.* I-8, II-P

isn't it? *(tag question)* **n'est-ce pas?** I-2

island **île** *f.* II-6

Italian **italien(ne)** *adj.* I-1

Italy **Italie** *f.* I-7

it: It depends. **Ça dépend.** I-4
It is... **C'est...** I-1

itself *(used with reflexive verb)* **se/s'** *pron.* II-2

J

jacket **blouson** *m.* I-6

jam **confiture** *f.* II-1

January **janvier** *m.* I-5

Japan **Japon** *m.* I-7

Japanese **japonais(e)** *adj.* I-1

jealous **jaloux/jalouse** *adj.* I-3

jeans **jean** *m. sing.* I-6

jewelry store **bijouterie** *f.* II-4

jogging **jogging** *m.* I-5
to go jogging **faire du jogging** *v.* I-5

joke **blague** *f.* I-2

journalist **journaliste** *m., f.* I-3

juice (orange/apple) **jus** *m.* **(d'orange/de pomme)** I-4

July **juillet** *m.* I-5

June **juin** *m.* I-5

jungle **jungle** *f.* II-6

just *(barely)* **juste** *adv.* I-3

K

keep **retenir** *v.* II-1

key **clé** *f.* I-7

keyboard **clavier** *m.* II-3

kilo(gram) **kilo(gramme)** *m.* II-1

kind **bon(ne)** *adj.* I-3

kiosk **kiosque** *m.* I-4

kiss one another **s'embrasser** *v.* II-3

kitchen **cuisine** *f.* I-8, II-P

knee **genou** *m.* II-2

knife **couteau** *m.* II-1

know *(as a fact)* **savoir** *v.* I-8, II-P; *(to be familiar with)* **connaître** *v.* I-8, II-P
to know one another **se connaître** *v.* II-3
I don't know anything about it. **Je n'en sais rien.** II-6
to know that... **savoir que...** II-7

known *(as a fact)* **su (savoir)** *p.p.* I-8, II-P; *(famous)* **connu (connaître)** *p.p., adj.* I-8, II-P

L

laborer **ouvrier/ouvrière** *m., f.* II-5

lake **lac** *m.* II-6

lamp **lampe** *f.* I-8, II-P

landlord **propriétaire** *m., f.* I-3

landslide **glissement de terrain** *m.* II-6

language **langue** *f.* I-2
foreign languages **langues** *f., pl.* **étrangères** I-2

last **dernier/dernière** *adj.* I-2

lastly **dernièrement** *adv.* I-8, II-P

late *(when something happens late)* **en retard** *adv.* I-2; *(in the evening, etc.)* **tard** *adv.* I-2

laugh **rire** *v.* I-6

laughed **ri (rire)** *p.p.* I-6

laundromat **laverie** *f.* II-4

laundry: to do the laundry **faire la lessive** *v.* I-8, II-P

law *(academic discipline)* **droit** *m.* I-2; *(ordinance or rule)* **loi** *f.* II-6

lawyer **avocat(e)** *m., f.* I-3

lay off *(let go)* **renvoyer** *v.* II-5

lazy **paresseux/paresseuse** *adj.* I-3

learned **appris (apprendre)** *p.p.* I-6

least **moins** II-1
the least... *(used with adjective)* **le/la moins...** *super. adv.* II-1
the least... , *(used with noun to express quantity)* **le moins de...** II-6

the least... *(used with verb or adverb)* **le moins...** *super. adv.* II-1
leather **cuir** *m.* I-6
leave **partir** *v.* I-5; **quitter** *v.* I-4
 to leave alone **laisser tranquille** *v.* II-2
 to leave one another **se quitter** *v.* II-3
 I'm leaving. **Je m'en vais.** I-8, II-P
left: to the left (of) **à gauche (de)** *prep.* I-3
leg **jambe** *f.* II-2
leisure activity **loisir** *m.* I-5
lemon soda **limonade** *f.* I-4
lend *(to someone)* **prêter (à)** *v.* I-6
less **moins** *adv.* I-4
 less of... *(used with noun to express quantity)* **moins de...** I-4
 less ... than *(used with noun to compare quantities)* **moins de... que** II-6
 less... than *(used with adjective to compare qualities)* **moins... que** II-1
let **laisser** *v.* II-3
 to let go *(to fire or lay off)* **renvoyer** *v.* II-5
 Let's go! **Allons-y!** I-4; **On y va!** II-2
letter **lettre** *f.* II-4
 letter of application **lettre** *f.* **de motivation** II-5
 letter of recommendation/reference **lettre** *f.* **de recommandation** II-5
lettuce **laitue** *f.* II-1
level **niveau** *m.* II-5
library **bibliothèque** *f.* I-1
license: driver's license **permis** *m.* **de conduire** II-3
life **vie** *f.* I-6
life insurance **assurance** *f.* **vie** II-5
light: warning light *(automobile)* **voyant** *m.* II-3
 oil/gas warning light **voyant** *m.* **d'huile/d'essence** II-3
 to light up **s'allumer** *v.* II-3
like *(as)* **comme** *adv.* I-6; to like **aimer** *v.* I-2
 I don't like ... very much. **Je n'aime pas tellement...** I-2
 I really like... **J'aime bien...** I-2
 to like one another **s'aimer bien** *v.* II-3
 to like that... **aimer que...** *v.* II-6
line **queue** *f.* II-4
 to wait in line **faire la queue** *v.* II-4
link **lien** *m.* II-3

listen (to) **écouter** *v.* I-2
literary **littéraire** *adj.* II-7
literature **littérature** *f.* I-1
little *(not much)* (of) **peu (de)** *adv.* I-4
live (in) **habiter (à)** *v.* I-2
living room *(informal room)* **salle de séjour** *f.* I-8, II-P; *(formal room)* **salon** *m.* I-8, II-P
located: to be located **se trouver** *v.* II-2
long **long(ue)** *adj.* I-3
 a long time **longtemps** *adv.* I-5
look *(at one another)* **se regarder** *v.* II-3; *(at oneself)* **se regarder** *v.* II-2
look for **chercher** *v.* I-2
 to look for work **chercher du/un travail** II-4
loose *(clothing)* **large** *adj.* I-6
lose: to lose (time) **perdre (son temps)** *v.* I-6
 to lose weight **maigrir** *v.* I-4
lost: to be lost **être perdu(e)** *v.* II-4
lot: a lot of **beaucoup de** *adv.* I-4
love **amour** *m.* I-6
 to love **adorer** *v.* I-2
 I love... **J'adore...** I-2
 to love one another **s'aimer** *v.* I-6
 to be in love **être amoureux/amoureuse** *v.* I-6
luck **chance** *f.* I-2
 to be lucky **avoir de la chance** *v.* I-2
lunch **déjeuner** *m.* II-1
 to eat lunch **déjeuner** *v.* I-4

M

ma'am **Madame.** *f.* I-1
machine: answering machine **répondeur** *m.* II-3
mad: to get mad **s'énerver** *v.* II-2
made **fait (faire)** *p.p., adj.* I-6
magazine **magazine** *m.* II-7
mail **courrier** *m.* II-4
mailbox **boîte** *f.* **aux lettres** II-4
mailman **facteur** *m.* II-4
main character **personnage principal** *m.* II-7
main dish **plat (principal)** *m.* II-1
maintain **maintenir** *v.* II-1
make **faire** *v.* I-5
makeup **maquillage** *m.* II-2
 to put on makeup **se maquiller** *v.* II-2
make up **se réconcilier** *v.* II-7
malfunction **panne** *f.* II-3
man **homme** *m.* I-1
manage *(in business)* **diriger** *v.* II-5; *(to do something)* **arriver à** *v.* I-2

manager **gérant(e)** *m., f.* II-5
many (of) **beaucoup (de)** *adv.* I-4
 How many (of)? **Combien (de)?** I-1
map *(of a city)* **plan** *m.* I-7; *(of the world)* **carte** *f.* I-1
March **mars** *m.* I-5
marital status **état civil** *m.* I-6
market **marché** *m.* I-4
marriage **mariage** *m.* I-6
married **marié(e)** *adj.* I-3
 married couple **mariés** *m., pl.* I-6
marry **épouser** *v.* I-3
Martinique: from Martinique **martiniquais(e)** *adj.* I-1
masterpiece **chef-d'œuvre** *m.* II-7
mathematics **mathématiques (maths)** *f., pl.* I-2
May **mai** *m.* I-5
maybe **peut-être** *adv.* I-2
mayonnaise **mayonnaise** *f.* II-1
mayor's office **mairie** *f.* II-4
me **moi** *disj. pron., sing.* I-3; *(attached to imperative)* **-moi** *pron.* II-1; **me/m'** *i.o. pron.* I-6; **me/m'** *d.o. pron.* I-7
 Me too. **Moi aussi.** I-1
 Me neither. **Moi non plus.** I-2
meal **repas** *m.* II-1
mean **méchant(e)** *adj.* I-3
 to mean *(with dire)* **vouloir** *v.* II-1
means: that means **ça veut dire** *v.* II-1
meat **viande** *f.* II-1
mechanic **mécanicien/mécanicienne** *m., f.* II-3
medication (against/for) **médicament (contre/pour)** *m., f.* II-2
meet *(to encounter, to run into)* **rencontrer** *v.* I-2; *(to make the acquaintance of)* **faire la connaissance de** *v.* I-5, **se rencontrer** *v.* II-3; *(planned encounter)* **se retrouver** *v.* II-3
meeting **réunion** *f.* II-5; **rendez-vous** *m.* I-6
member **membre** *m.* II-7
menu **menu** *m.* II-1; **carte** *f.* II-1
message **message** *m.* II-5
 to leave a message **laisser un message** *v.* II-5
Mexican **mexicain(e)** *adj.* I-1
Mexico **Mexique** *m.* I-7
microwave oven **four à micro-ondes** *m.* I-8, II-P
midnight **minuit** *m.* I-2
milk **lait** *m.* I-4
mineral water **eau** *f.* **minérale** I-4
mirror **miroir** *m.* I-8, II-P
Miss **Mademoiselle** *f.* I-1

mistaken: to be mistaken (*about something*) **se tromper (de)** *v.* II-2

modest **modeste** *adj.* II-5

moment **moment** *m.* I-1

Monday **lundi** *m.* I-2

money **argent** *m.* II-4; (*currency*) **monnaie** *f.* II-4

to deposit money **déposer de l'argent** *v.* II-4

monitor **moniteur** *m.* II-3

month **mois** *m.* I-2

this month **ce mois-ci** I-2

moon **Lune** *f.* II-6

more **plus** *adv.* I-4

more of **plus de** I-4

more … than (*used with noun to compare quantities*) **plus de… que** II-6

more … than (*used with adjective to compare qualities*) **plus… que** II-1

morning **matin** *m.* I-2; **matinée** *f.* I-2

this morning **ce matin** I-2

Moroccan **marocain(e)** *adj.* I-1

most **plus** II-1

the most… (*used with adjective*) **le/la plus…** *super. adv.* II-1

the most… (*used with noun to express quantity*) **le plus de…** II-6

the most… (*used with verb or adverb*) **le plus…** *super. adv.* II-1

mother **mère** *f.* I-3

mother-in-law **belle-mère** *f.* I-3

mountain **montagne** *f.* I-4

mouse **souris** *f.* II-3

mouth **bouche** *f.* II-2

move (*to get around*) **se déplacer** *v.* II-4

to move in **emménager** *v.* I-8, II-P

to move out **déménager** *v.* I-8, II-P

movie **film** *m.* II-7

adventure/horror/science-fiction/crime movie **film** *m.* **d'aventures/d'horreur/de science-fiction/policier** II-7

movie theater **cinéma (ciné)** *m.* I-4

MP3 **MP3** *m.* II-3

much (as much … as) (*used with noun to express quantity*) **autant de … que** *adv.* II-6

How much (*of something*)? **Combien (de)?** I-1

How much is… ? **Combien coûte… ?** I-4

museum **musée** *m.* I-4

to go to museums **faire les**

musées *v.* II-7

mushroom **champignon** *m.* II-1

music: to play music **faire de la musique** II-7

musical **comédie** *f.* **musicale** II-7; **musical(e)** *adj.* II-7

musician **musicien(ne)** *m., f.* I-3

must (*to have to*) **devoir** *v.* II-1

One must **Il faut…** I-5

mustard **moutarde** *f.* II-1

my **ma** *poss. adj., f., sing.* I-3; **mes** *poss. adj., m., f., pl.* I-3; **mon** *poss. adj., m., sing.* I-3

myself **me/m'** *pron., sing.* II-2; (*attached to an imperative*) **-moi** *pron.* II-1

N

naïve **naïf (naïve)** *adj.* I-3

name: My name is… **Je m'appelle…** I-1

named: to be named **s'appeler** *v.* II-2

napkin **serviette** *f.* II-1

nationality **nationalité** *f.*

I am of … nationality. **Je suis de nationalité…** I-1

natural **naturel(le)** *adj.* II-6

natural resource **ressource naturelle** *f.* II-6

nature **nature** *f.* II-6

nauseated: to feel nauseated **avoir mal au cœur** *v.* II-2

near (to) **près (de)** *prep.* I-3

very near (to) **tout près (de)** II-4

necessary **nécessaire** *adj.* II-6

It was necessary… (*followed by infinitive or subjunctive*) **Il a fallu…** I-6

It is necessary…. (*followed by infinitive or subjunctive*) **Il faut que…** I-5

It is necessary that… (*followed by subjunctive*) **Il est nécessaire que/qu'…** II-6

neck **cou** *m.* II-2

need **besoin** *m.* I-2

to need **avoir besoin (de)** *v.* I-2

neighbor **voisin(e)** *m., f.* I-3

neighborhood **quartier** *m.* I-8, II-P

neither… nor **ne… ni… ni…** *conj.* II-4

nephew **neveu** *m.* I-3

nervous **nerveux/nerveuse** *adj.* I-3

nervously **nerveusement** *adv.* I-8, II-P

network (social) **réseau (social)** *m.* II-3

never **jamais** *adv.* I-5; **ne… jamais** *adv.* II-4

new **nouveau/nouvelle** *adj.* I-3

newlyweds **jeunes mariés** *m., pl.* I-6

news **informations (infos)** *f., pl.* II-7; **nouvelles** *f., pl.* II-7

newspaper **journal** *m.* I-7

newsstand **marchand de journaux** *m.* II-4

next **ensuite** *adv.* I-7; **prochain(e)** *adj.* I-2

next to **à côté de** *prep.* I-3

nice **gentil/gentille** *adj.* I-3; **sympa(thique)** *adj.* I-1

nicely **gentiment** *adv.* I-8, II-P

niece **nièce** *f.* I-3

night **nuit** *f.* I-2

nightclub **boîte (de nuit)** *f.* I-4

nine **neuf** *m.* I-1

nine hundred **neuf cents** *m.* I-5

nineteen **dix-neuf** *m.* I-1

ninety **quatre-vingt-dix** *m.* I-3

ninth **neuvième** *adj.* I-7

no (*at beginning of statement to indicate disagreement*) **(mais) non** I-2; **aucun(e)** *adj.* II-2

no more **ne… plus** II-4

no problem **pas de problème** II-4

no reason **pour rien** I-4

no, none **pas (de)** II-4

nobody **ne… personne** II-4

none (not any) **ne… aucun(e)** II-4

noon **midi** *m.* I-2

no one **personne** *pron.* II-4

north **nord** *m.* II-4

nose **nez** *m.* II-2

not **ne… pas** I-2

not at all **pas du tout** *adv.* I-2

Not badly. **Pas mal.** I-1

to not believe that **ne pas croire que** *v.* II-7

to not think that **ne pas penser que** *v.* II-7

not yet **pas encore** *adv.* I-8, II-P

notebook **cahier** *m.* I-1

notes **billets** *m., pl.* II-3

nothing **rien** *indef. pron.* II-4

It's nothing. **Il n'y a pas de quoi.** I-1

notice **s'apercevoir** *v.* II-4

novel **roman** *m.* II-7

November **novembre** *m.* I-5

now **maintenant** *adv.* I-5

nuclear **nucléaire** *adj.* II-6

nuclear energy **énergie nucléaire** *f.* II-6

nuclear plant **centrale nucléaire** *f.* II-6

nurse **infirmier/infirmière** *m., f.* II-2

O

object **objet** *m.* I-1
obtain **obtenir** *v.* II-5
obvious **évident(e)** *adj.* II-7
   It is obvious that… **Il est
   évident que…** II-7
obviously **évidemment**
   adv. I-8, II-P
o'clock: It's… (o'clock). **Il est…
   heure(s).** I-2
   at … (o'clock) **à … heure(s)** I-4
October **octobre** *m.* I-5
of **de/d'** *prep.* I-3
   of medium height **de taille
   moyenne** *adj.* I-3
   of the **des (de + les)** I-3
   of the **du (de + le)** I-3
   of which, of whom **dont**
   rel. pron. II-3
of course **bien sûr** *adv.*;
   évidemment *adv.* I-2
   of course not *(at beginning
   of statement to indicate
   disagreement)* **(mais) non** I-2
offer **offrir** *v.* II-3
offered **offert (offrir)** *p.p.* II-3
office **bureau** *m.* I-4
   at the doctor's office **chez le
   médecin** *prep.* I-2
often **souvent** *adv.* I-5
oil **huile** *f.* II-1
   automobile oil **huile** *f.* II-3
   oil warning light **voyant** *m.*
   d'huile II-3
   olive oil **huile** *f.* **d'olive** II-1
   to check the oil **vérifier
   l'huile** *v.* II-3
okay **d'accord** I-2
old **vieux/vieille** *adj.*; *(placed
   after noun)* **ancien(ne)** *adj.* I-3
old age **vieillesse** *f.* I-6
olive **olive** *f.* II-1
olive oil **huile** *f.* **d'olive** II-1
omelette **omelette** *f.* I-5
on **sur** *prep.* I-3
   On behalf of whom? **C'est de
   la part de qui?** II-5
   on the condition that… **à
   condition que** II-7
   on television **à la
   télé(vision)** II-7
   on the contrary
   au contraire II-7
   on the radio **à la radio** II-7
   on the subject of **au sujet
   de** II-6
   on vacation **en vacances** I-7
once **une fois** *adv.* I-8, II-P
one **un** *m.* I-1
   one **on** *sub. pron., sing.* I-1
   one another **l'un(e) à
   l'autre** II-3

one another **l'un(e) l'autre** II-3
one had to… **il fallait…**
   I-8, II-P
One must… **Il faut que/
   qu'…** II-6
One must… **Il faut…** *(followed
   by infinitive or subjunctive)* I-5
one million **un million** *m.* I-5
   one million *(things)* **un
   million de…** I-5
onion **oignon** *m.* II-1
online **en ligne** II-3
   to be online **être en ligne** *v.* II-3
   to be online (with someone)
   **être connecté(e) (avec
   quelqu'un)** *v.* I-7, II-3
only **ne… que** II-4; **seulement**
   adv. I-8, II-P
open **ouvrir** *v.* II-3; **ouvert(e)**
   adj. II-3
opened **ouvert (ouvrir)** *p.p.* II-3
opera **opéra** *m.* II-7
optimistic **optimiste** *adj.* I-1
or **ou** I-3
orange **orange** *f.* II-1; **orange**
   inv.adj. I-6
orchestra **orchestre** *m.* II-7
order **commander** *v.* II-1
organize (a party) **organiser (une
   fête)** *v.* I-6
orient oneself **s'orienter** *v.* II-4
others **d'autres** I-4
our **nos** *poss. adj., m., f., pl.* I-3;
   notre *poss. adj., m., f., sing.* I-3
outdoor *(open-air)* **plein air** II-6
over **fini** *adj., p.p.* I-7
overpopulation **surpopulation**
   f. II-6
overseas **à l'étranger** *adv.* I-7
over there **là-bas** *adv.* I-1
owed **dû (devoir)** *p.p., adj.* II-1
own **posséder** *v.* I-5
owner **propriétaire** *m., f.* I-3
ozone **ozone** *m.* II-6
   hole in the ozone layer
   **trou dans la couche
   d'ozone** *m.* II-6

P

pack: to pack one's bags **faire les
   valises** I-7
package **colis** *m.* II-4
paid **payé (payer)** *p.p., adj.* II-5
   to be well/badly paid **être bien/
   mal payé(e)** II-5
pain **douleur** *f.* II-2
paint **faire de la peinture** *v.* II-7
painter **peintre/femme peintre**
   m., f. II-7
painting **peinture** *f.* II-7;
   tableau *m.* II-7
Palm Pilot **palm** *m.* I-1

pants **pantalon** *m., sing.* I-6
paper **papier** *m.* I-1
Pardon (me). **Pardon.** I-1
parents **parents** *m., pl.* I-3
park **parc** *m.* I-4
   to park **se garer** *v.* II-3
parka **anorak** *m.* I-6
parking lot **parking** *m.* II-3
part-time job **emploi** *m.* **à
   mi-temps/à temps partiel**
   m. II-5
party **fête** *f.* I-6
   to party **faire la fête** *v.* I-6
pass **dépasser** *v.* II-3; **passer**
   v. I-7
   to pass an exam **être reçu(e)
   à un examen** *v.* I-2
passenger **passager/passagère**
   m., f. I-7
passport **passeport** *m.* I-7
password **mot de passe** *m.* II-3
past: in the past **autrefois**
   adv. I-8, II-P
pasta **pâtes** *f., pl.* II-1
pastime **passe-temps** *m.* I-5
pastry **pâtisserie** *f.* II-1
pastry shop **pâtisserie** *f.* II-1
pâté **pâté (de campagne)** *m.* II-1
path **sentier** *m.* II-6; **chemin**
   m. II-4
patient **patient(e)** *adj.* I-1
patiently **patiemment**
   adv. I-8, II-P
pay **payer** *v.* I-5
   to pay by check **payer par
   chèque** *v.* II-4
   to pay in cash **payer en
   liquide** *v.* II-4
   to pay with a credit card **payer
   avec une carte de crédit**
   v. II-4
   to pay attention (to) **faire
   attention (à)** *v.* I-5
peach **pêche** *f.* II-1
pear **poire** *f.* II-1
peas **petits pois** *m., pl.* II-1
pen **stylo** *m.* I-1
pencil **crayon** *m.* I-1
people **gens** *m., pl.* I-7
pepper *(spice)* **poivre** *m.* II-1;
   (vegetable) **poivron** *m.* II-1
per day/week/month/year
   **par jour/semaine/mois/
   an** I-5
perfect **parfait(e)** *adj.* I-2
perhaps **peut-être** *adv.* I-2
period *(punctuation mark)* **point**
   m. II-3
permit **permis** *m.* II-3
permitted **permis (permettre)**
   p.p., adj. I-6
person **personne** *f.* I-1

pessimistic **pessimiste** *adj.* I-1
pharmacist **pharmacien(ne)**
   m., f. II-2
pharmacy **pharmacie** *f.* II-2
philosophy **philosophie** *f.* I-2
phone booth **cabine téléphonique** *f.* II-4
phone card **télécarte** *f.* II-5
phone one another **se téléphoner**
   v. II-3
photo(graph) **photo(graphie)**
   f. I-3
physical education **éducation
   physique** *f.* I-2
physics **physique** *f.* I-2
piano **piano** *m.* II-7
pick up **décrocher** *v.* II-5
picnic **pique-nique** *m.* II-6
picture **tableau** *m.* I-1
pie **tarte** *f.* II-1
piece (of) **morceau (de)** *m.* I-4
   piece of furniture **meuble**
   m. I-8, II-P
pill **pilule** *f.* II-2
pillow **oreiller** *m.* I-8, II-P
pink **rose** *adj.* I-6
pitcher (of water) **carafe (d'eau)**
   f. II-1
place **endroit** *m.* I-4; **lieu** *m.* I-4
planet **planète** *f.* II-6
plans: to make plans **faire des
   projets** *v.* II-5
plant **plante** *f.* II-6
plastic **plastique** *m.* II-6
plastic wrapping **emballage en
   plastique** *m.* II-6
plate **assiette** *f.* II-1
play **pièce de théâtre** *f.* II-7
play **s'amuser** *v.* II-2; (*a sport/a
   musical instrument*) **jouer
   (à/de)** *v.* I-5
   to play regularly **pratiquer** *v.* I-5
   to play sports **faire du
   sport** *v.* I-5
   to play a role **jouer un
   rôle** *v.* II-7
player **joueur/joueuse** *m., f.* I-5
playwright **dramaturge** *m.* II-7
pleasant **agréable** *adj.* I-1
please: to please someone **faire
   plaisir à quelqu'un** *v.* II-5
   Please. **S'il te plaît.** *fam.* I-1
   Please. **S'il vous plaît.** *form.* I-1
   Please. **Je vous en prie.**
   form. I-1
   Please hold. **Ne quittez
   pas.** II-5
plumber **plombier** *m.* II-5
poem **poème** *m.* II-7
poet **poète/poétesse** *m., f.* II-7
police **police** *f.* II-3; **policier**
   adj. II-7

police officer **agent de police**
   m. II-3; **policier** *m.* II-3;
   policière *f.* II-3
police station **commissariat de
   police** *m.* II-4
polite **poli(e)** *adj.* I-1
politely **poliment** *adv.* I-8, II-P
political science **sciences politiques (sciences po)** *f., pl.* I-2
politician **homme/femme
   politique** *m., f.* II-5
pollute **polluer** *v.* II-6
pollution **pollution** *f.* II-6
   pollution cloud **nuage de
   pollution** *m.* II-6
pool **piscine** *f.* I-4
poor **pauvre** *adj.* I-3
popular music **variétés** *f., pl.* II-7
population **population** *f.* II-6
   growing population **population**
   f. **croissante** II-6
pork **porc** *m.* II-1
portrait **portrait** *m.* I-5
position (*job*) **poste** *m.* II-5
possess (*to own*) **posséder** *v.* I-5
possible **possible** *adj.* II-7
   It is possible that… **Il est
   possible que…** II-6
post **afficher** *v.* II-5
post office **bureau de poste**
   m. II-4
postal service **poste** *f.* II-4
postcard **carte postale** *f.* II-4
poster **affiche** *f.* I-8, II-P
potato **pomme de terre** *f.* II-1
practice **pratiquer** *v.* I-5
prefer **aimer mieux** *v.* I-2;
   préférer (que) *v.* I-5
pregnant **enceinte** *adj.* II-2
prepare (for) **préparer** *v.* I-2
   to prepare (*to do something*) **se
   préparer (à)** *v.* II-2
prescription **ordonnance** *f.* II-2
present **présenter** *v.* II-7
preservation: habitat preservation
   sauvetage des habitats
   m. II-6
preserve **préserver** *v.* II-6
pressure **pression** *f.* II-3
   to check the tire pressure
   **vérifier la pression des
   pneus** *v.* II-3
pretty **joli(e)** *adj.* I-3; (*before an
   adjective or adverb*) **assez**
   adv. I-8, II-P
prevent: to prevent a fire **prévenir
   l'incendie** *v.* II-6
price **prix** *m.* I-4
principal **principal(e)** *adj.* II-4
print **imprimer** *v.* II-3
printer **imprimante** *f.* II-3
problem **problème** *m.* I-1
produce **produire** *v.* I-6

produced **produit (produire)**
   p.p., adj. I-6
product **produit** *m.* II-6
profession **métier** *m.* II-5;
   profession *f.* II-5
   demanding profession
   profession *f.* **exigeante** II-5
professional **professionnel(le)**
   adj. II-5
   professional experience **expérience professionnelle** *f.* II-5
program **programme** *m.* II-7;
   (*software*) **logiciel** *m.* II-3;
   (*television*) **émission** *f.* **de
   télévision** II-7
prohibit **interdire** *v.* II-6
project **projet** *m.* II-5
promise **promettre** *v.* I-6
promised **promis (promettre)**
   p.p., adj. I-6
promotion **promotion** *f.* II-5
propose that… **proposer que…**
   v. II-6
   to propose a solution
   proposer une solution *v.* II-6
protect **protéger** *v.* I-5
protection **préservation** *f.* II-6;
   protection *f.* II-6
proud **fier/fière** *adj.* I-3
psychological **psychologique**
   adj. II-7
psychological drama **drame
   psychologique** *m.* II-7
psychology **psychologie** *f.* I-2
psychologist **psychologue**
   m., f. II-5
publish **publier** *v.* II-7
pure **pur(e)** *adj.* II-6
purple **violet(te)** *adj.* I-6
purse **sac à main** *m.* I-6
put **mettre** *v.* I-6
   to put (on) (yourself) **se
   mettre** *v.* II-2
   to put away **ranger** *v.* I-8, II-P
   to put on makeup **se
   maquiller** *v.* II-2
   put **mis (mettre)** *p.p.* I-6

Q

quarter **quart** *m.* I-2
   a quarter after … (o'clock)
   … et quart I-2
Quebec: from Quebec
   québécois(e) *adj.* I-1
question **question** *f.* I-6
   to ask (*someone*) a question
   poser une question (à) *v.* I-6
quick **vite** *adv.* I-4
quickly **vite** *adv.* I-1
quite (*before an adjective or
   adverb*) **assez** *adv.* I-8, II-P

R

rabbit **lapin** *m.* II-6
rain **pleuvoir** *v.* I-5
  acid rain **pluie** *f.* **acide** II-6
  It is raining. **Il pleut.** I-5
  It was raining. **Il pleuvait.**
    I-8, II-P
rain forest **forêt tropicale** *f.* II-6
rain jacket **imperméable** *m.* I-5
rained **plu (pleuvoir)** *p.p.* I-6
raise (in salary) **augmentation
  (de salaire)** *f.* II-5
rapidly **rapidement** *adv.* I-8, II-P
rarely **rarement** *adv.* I-5
rather **plutôt** *adv.* I-1
ravishing **ravissant(e)** *adj.* II-5
razor **rasoir** *m.* II-2
read **lire** *v.* I-7
read **lu (lire)** *p.p., adj.* I-7
ready **prêt(e)** *adj.* I-3
real (*true*) **vrai(e)** *adj.;* **véritable**
  adj. I-3
real estate agent **agent immobilier**
  m., f. II-5
realize **se rendre compte** *v.* II-2
really **vraiment** *adv.* I-5; (*before
  adjective or adverb*) **tout(e)**
  adv. I-3; (*before adjective or
  adverb*) **très** *adv.* I-8, II-P
  really close by **tout près** I-3
rear-view mirror **rétroviseur**
  m. II-3
reason **raison** *f.* I-2
receive **recevoir** *v.* II-4
received **reçu (recevoir)** *p.p.,
  adj.* II-4
receiver **combiné** *m.* II-5
recent **récent(e)** *adj.* II-7
reception desk **réception** *f.* I-7
recognize **reconnaître** *v.* I-8, II-P
recognized **reconnu (reconnaître)**
  p.p., adj. I-8, II-P
recommend that… **recommander
  que…** *v.* II-6
recommendation
  recommandation *f.* II-5
record **enregistrer** *v.* II-3
  (*CD, DVD*) **graver** *v.* II-3
recycle **recycler** *v.* II-6
recycling **recyclage** *m.* II-6
red **rouge** *adj.* I-6
redial **recomposer (un numéro)**
  v. II-3
reduce **réduire** *v.* I-6
reduced **réduit (réduire)** *p.p.,
  adj.* I-6
reference **référence** *f.* II-5
reflect (on) **réfléchir (à)** *v.* I-4
refrigerator **frigo** *m.* I-8, II-P
refuse (*to do something*)
  refuser (de) *v.* II-3
region **région** *f.* II-6

regret that… **regretter que…** II-6
relax **se détendre** *v.* II-2
remember **se souvenir (de)**
  v. II-2
remote control **télécommande**
  f. II-3
rent **loyer** *m.* I-8, II-P
  to rent **louer** *v.* I-8, II-P
repair **réparer** *v.* II-3
repeat **répéter** *v.* I-5
research **rechercher** *v.* II-5
researcher **chercheur/
  chercheuse** *m., f.* II-5
reservation **réservation** *f.* I-7
  to cancel a reservation **annuler
  une réservation** I-7
reserve **réserver** *v.* I-7
reserved **réservé(e)** *adj.* I-1
resign **démissionner** *v.* II-5
resort (ski) **station** *f.* **(de ski)** I-7
respond **répondre (à)** *v.* I-6
rest **se reposer** *v.* II-2
restart **redémarrer** *v.* II-3
restaurant **restaurant** *m.* I-4
restroom(s) **toilettes** *f., pl.*
  I-8, II-P; **W.-C.** *m., pl.*
result **résultat** *m.* I-2
résumé **curriculum vitæ
  (C.V.)** *m.* II-5
retake **repasser** *v.* II-7
retire **prendre sa retraite** *v.* I-6
retired person **retraité(e)** *m.,
  f.* II-5
retirement **retraite** *f.* I-6
return **retourner** *v.* I-7
  to return (home) **rentrer (à la
  maison)** *v.* I-2
review (*criticism*) **critique** *f.* II-7
rice **riz** *m.* II-1
ride: to go horseback riding
  faire du cheval *v.* I-5
  to ride in a car **rouler en
  voiture** *v.* I-7
right **juste** *adv.* I-3
  to the right (of) **à droite
  (de)** *prep.* I-3
  to be right **avoir raison** I-2
  right away **tout de suite** I-7
  right next door **juste à
  côté** I-3
ring **sonner** *v.* II-3
river **fleuve** *m.* II-6; **rivière** *f.* II-6
riverboat **bateau-mouche** *m.* I-7
role **rôle** *m.* II-6
room **pièce** *f.* I-8, II-P; **salle** *f.*
  I-8, II-P
  bedroom **chambre** *f.* I-7
  classroom **salle** *f.* **de classe** I-1
  dining room **salle** *f.* **à manger**
  I-8, II-P
  single hotel room **chambre**
  f. **individuelle** I-7

roommate **camarade de
  chambre** *m., f.* I-1
  (*in an apartment*) **colocataire**
  m., f. I-1
round-trip **aller-retour** *adj.* I-7
  round-trip ticket **billet** *m.*
  aller-retour I-7
rug **tapis** *m.* I-8, II-P
run **courir** *v.* I-5; **couru (courir)**
  p.p., adj. I-6
  to run into someone **tomber
  sur quelqu'un** *v.* I-7

S

sad **triste** *adj.* I-3
  to be sad that… **être triste
  que…** *v.* II-6
safety **sécurité** *f.* II-3
said **dit (dire)** *p.p., adj.* I-7
salad **salade** *f.* II-1
salary (a high, low) **salaire
  (élevé, modeste)** *m.* II-5
sales **soldes** *f., pl.* I-6
salon: beauty salon **salon** *m.*
  de beauté II-4
salt **sel** *m.* II-1
sandwich **sandwich** *m.* I-4
sat (down) **assis (s'asseoir)**
  p.p. II-2
Saturday **samedi** *m.* I-2
sausage **saucisse** *f.* II-1
save **sauvegarder** *v.* II-3
  save the planet **sauver la
  planète** *v.* II-6
savings **épargne** *f.* II-4
savings account **compte
  d'épargne** *m.* II-4
say **dire** *v.* I-7
scarf **écharpe** *f.* I-6
scholarship **bourse** *f.* I-2
school **école** *f.* I-2
science **sciences** *f., pl.* I-2
  political science
  **sciences politiques
  (sciences po)** *f., pl.* I-2
screen **écran** *m.* II-3
screening **séance** *f.* II-7
sculpture **sculpture** *f.* II-7
sculptor **sculpteur/femme
  sculpteur** *m., f.* II-7
sea **mer** *f.* I-7
seafood **fruits de mer** *m., pl.* II-1
search for **chercher** *v.* I-2
  to search for work **chercher
  du travail** *v.* II-4
season **saison** *f.* I-5
seat **place** *f.* II-7
seatbelt **ceinture de sécurité**
  f. II-3
  to buckle one's seatbelt
  **attacher sa ceinture de
  sécurité** *v.* II-3

seated **assis(e)** *p.p., adj.* II-2
second **deuxième** *adj.* I-7
security **sécurité** *f.* II-3
see **voir** *v.* II-7; (*catch sight of*) **apercevoir** *v.* II-4
  to see again **revoir** *v.* II-7
  See you later. **À plus tard.** I-1
  See you later. **À tout à l'heure.** I-1
  See you soon. **À bientôt.** I-1
  See you tomorrow. **À demain.** I-1
seen **aperçu (apercevoir)** *p.p.* II-4; **vu (voir)** *p.p.* II-7
  seen again **revu (revoir)** *p.p.* II-7
self/-selves **même(s)** *pron.* I-6
selfish **égoïste** *adj.* I-1
sell **vendre** *v.* I-6
seller **vendeur/vendeuse** *m., f.* I-6
send **envoyer** *v.* I-5
  to send (*to someone*) **envoyer (à)** *v.* I-6
  to send a letter **poster une lettre** II-4
Senegalese **sénégalais(e)** *adj.* I-1
sense **sentir** *v.* I-5
separated **séparé(e)** *adj.* I-3
September **septembre** *m.* I-5
serious **grave** *adj.* II-2; **sérieux/sérieuse** *adj.* I-3
serve **servir** *v.* I-5
server **serveur/serveuse** *m., f.* I-4
service station **station-service** *f.* II-3
set the table **mettre la table** *v.* I-8, II-P
seven **sept** *m.* I-1
seven hundred **sept cents** *m.* I-5
seventeen **dix-sept** *m.* I-1
seventh **septième** *adj.* I-7
seventy **soixante-dix** *m.* I-3
several **plusieurs** *adj.* I-4
shame **honte** *f.* I-2
  It's a shame that… **Il est dommage que…** II-6
shampoo **shampooing** *m.* II-2
shape (*state of health*) **forme** *f.* II-2
share **partager** *v.* I-2
shave (oneself) **se raser** *v.* II-2
shaving cream **crème à raser** *f.* II-2
she **elle** *pron.* I-1
sheet of paper **feuille de papier** *f.* I-1
sheets **draps** *m., pl.* I-8, II-P
shelf **étagère** *f.* I-8, II-P
shh **chut** II-7
shirt (short-/long-sleeved) **chemise (à manches courtes/longues)** *f.* I-6
shoe **chaussure** *f.* I-6

shopkeeper **commerçant(e)** *m., f.* II-1
shopping **shopping** *m.* I-7
  to go shopping **faire du shopping** *v.* I-7
  to go (grocery) shopping **faire les courses** *v.* II-1
shopping center **centre commercial** *m.* I-4
short **court(e)** *adj.* I-3; (*stature*) **petit(e)** I-3
shorts **short** *m.* I-6
shot (*injection*) **piqûre** *f.* II-2
  to give a shot **faire une piqûre** *v.* II-2
show **spectacle** *m.* I-5; (*movie or theater*) **séance** *f.* II-7
  to show (*to someone*) **montrer (à)** *v.* I-6
shower **douche** *f.* I-8, II-P
shut off **fermer** *v.* II-3
shy **timide** *adj.* I-1
sick: to get/be sick **tomber/être malade** *v.* II-2
sign **signer** *v.* II-4
silk **soie** *f.* I-6
since **depuis** *adv.* II-1
sincere **sincère** *adj.* I-1
sing **chanter** *v.* I-5
singer **chanteur/chanteuse** *m., f.* I-1
single (*marital status*) **célibataire** *adj.* I-3
  single hotel room **chambre** *f.* **individuelle** I-7
sink **évier** *m.* I-8, II-P; (*bathroom*) **lavabo** *m.* I-8, II-P
sir **Monsieur** *m.* I-1
sister **sœur** *f.* I-3
sister-in-law **belle-sœur** *f.* I-3
sit down **s'asseoir** *v.* II-2
sitting **assis(e)** *adj.* II-2
six **six** *m.* I-1
six hundred **six cents** *m.* I-5
sixteen **seize** *m.* I-1
sixth **sixième** *adj.* I-7
sixty **soixante** *m.* I-1
size **taille** *f.* I-6
skate **patiner** *v.* I-4
ski **skier** *v.* I-5; **faire du ski** I-5
skiing **ski** *m.* I-5
ski jacket **anorak** *m.* I-6
ski resort **station** *f.* **de ski** I-7
skin **peau** *f.* II-2
skirt **jupe** *f.* I-6
sky **ciel** *m.* II-6
sleep **sommeil** *m.* I-2
  to sleep **dormir** *v.* I-5
  to be sleepy **avoir sommeil** *v.* I-2
sleeve **manche** *f.* I-6
slice **tranche** *f.* II-1
slipper **pantoufle** *f.* II-2

slow **lent(e)** *adj.* I-3
small **petit(e)** *adj.* I-3
smartphone **smartphone** *m.* II-3
smell **sentir** *v.* I-5
smile **sourire** *m.* I-6
  to smile **sourire** *v.* I-6
smoke **fumer** *v.* II-2
snack (afternoon) **goûter** *m.* II-1
snake **serpent** *m.* II-6
sneeze **éternuer** *v.* II-2
snow **neiger** *v.* I-5
  It is snowing. **Il neige.** I-5
  It was snowing… **Il neigeait…** I-8, II-P
so **si** II-3; **alors** *adv.* I-1
  so that **pour que** II-7
soap **savon** *m.* II-2
soap opera **feuilleton** *m.* II-7
soccer **foot(ball)** *m.* I-5
sociable **sociable** *adj.* I-1
sociology **sociologie** *f.* I-1
sock **chaussette** *f.* I-6
software **logiciel** *m.* II-3
soil (*to make dirty*) **salir** *v.* I-8, II-P
solar **solaire** *adj.* II-6
solar energy **énergie solaire** *f.* II-6
solution **solution** *f.* II-6
some **de l'** *part. art., m., f., sing.* I-4
  some **de la** *part. art., f., sing.* I-4
  some **des** *part. art., m., f., pl.* I-4
  some **du** *part. art., m., sing.* I-4
  some **quelques** *adj.* I-4
  some (of it/them) **en** *pron.* II-2
someone **quelqu'un** *pron.* II-4
something **quelque chose** *m.* I-4
  Something's not right. **Quelque chose ne va pas.** I-5
sometimes **parfois** *adv.* I-5; **quelquefois** *adv.* I-8, II-P
son **fils** *m.* I-3
song **chanson** *f.* II-7
sorry **désolé(e)** II-3
  to be sorry that… **être désolé(e) que…** *v.* II-6
sort **sorte** *f.* II-7
So-so. **Comme ci, comme ça.** I-1
soup **soupe** *f.* I-4
soupspoon **cuillère à soupe** *f.* II-1
south **sud** *m.* II-4
space **espace** *m.* II-6
Spain **Espagne** *f.* I-7
Spanish **espagnol(e)** *adj.* I-1
speak (on the phone) **parler (au téléphone)** *v.* I-2
  to speak (to) **parler (à)** *v.* I-6
  to speak to one another **se parler** *v.* II-3
specialist **spécialiste** *m., f.* II-5
species **espèce** *f.* II-6

endangered species **espèce** f.
menacée II-6
spectator **spectateur/**
spectatrice m., f. II-7
speed **vitesse** f. II-3
speed limit **limitation de vitesse**
f. II-3
spend **dépenser** v. I-4
to spend money **dépenser de**
l'argent I-4
to spend time **passer** v. I-7
to spend time (*somewhere*)
faire un séjour I-7
spoon **cuillère** f. II-1
sport(s) **sport** m. I-5
to play sports **faire du sport**
v. I-5
sporty **sportif/sportive** adj. I-3
sprain one's ankle **se fouler la**
cheville II-2
spring **printemps** m. I-5
in the spring **au printemps** I-5
square (*place*) **place** f. I-4
squirrel **écureuil** m. II-6
stadium **stade** m. I-5
stage (*phase*) **étape** f. I-6
stage fright **trac** II-5
staircase **escalier** m. I-8, II-P
stamp **timbre** m. II-4
star **étoile** f. II-6
starter **entrée** f. II-1
start up **démarrer** v. II-3
station **station** f. I-7
subway station **station** f. de
métro I-7
train station **gare** f. I-7
stationery store **papeterie** f. II-4
statue **statue** f. II-4
stay **séjour** m. I-7; **rester** v. I-7
to stay slim **garder la ligne**
v. II-2
steak **steak** m. II-1
steering wheel **volant** m. II-3
stepbrother **demi-frère** m. I-3
stepfather **beau-père** m. I-3
stepmother **belle-mère** f. I-3
stepsister **demi-sœur** f. I-3
stereo system **chaîne stéréo**
f. II-3
still **encore** adv. I-3
stomach **ventre** m. II-2
to have a stomach ache **avoir**
mal au ventre v. II-2
stone **pierre** f. II-6
stop (*doing something*) **arrêter**
(de faire quelque chose) v.;
(*to stop oneself*) **s'arrêter** v. II-2
to stop by someone's house
passer chez quelqu'un v. I-4
bus stop **arrêt d'autobus (de**
bus) m. I-7
store **magasin** m.; **boutique** f. II-4
grocery store **épicerie** f. I-4

stormy **orageux/orageuse**
adj. I-5
It is stormy. **Le temps est**
orageux. I-5
story **histoire** f. I-2
stove **cuisinière** f. I-8, II-P
straight **raide** adj. I-3
straight ahead **tout droit**
adv. II-4
strangle **étrangler** v. II-5
strawberry **fraise** f. II-1
street **rue** f. II-3
to follow a street **suivre une**
rue v. II-4
strong **fort(e)** adj. I-3
student **étudiant(e)** m., f. 1;
élève m., f. I-1
high school student **lycéen(ne)**
m., f. I-2
studies **études** f. I-2
studio (*apartment*) **studio**
m. I-8, II-P
study **étudier** v. I-2
suburbs **banlieue** f. I-4
subway **métro** m. I-7
subway station **station** f. de
métro I-7
succeed (*in doing something*)
réussir (à) v. I-4
success **réussite** f. II-5
suddenly **soudain** adv. I-8, II-P;
tout à coup adv. I-7.; *tout*
d'un coup adv. I-8, II-P
suffer **souffrir** v. II-3
suffered **souffert (souffrir)**
p.p. II-3
sugar **sucre** m. I-4
suggest (that) **suggérer (que)**
v. II-6
suit (*man's*) **costume** m. I-6;
(*woman's*) **tailleur** m. I-6
suitcase **valise** f. I-7
summer **été** m. I-5
in the summer **en été** I-5
sun **soleil** m. I-5
It is sunny. **Il fait (du)**
soleil. I-5
Sunday **dimanche** m. I-2
sunglasses **lunettes de soleil**
f., pl. I-6
supermarket **supermarché** m. II-1
sure **sûr(e)** II-1
It is sure that… **Il est sûr**
que… II-7
It is unsure that… **Il n'est**
pas sûr que… II-7
surf on the Internet **surfer sur**
Internet II-3
surprise (*someone*) **faire une**
surprise (à quelqu'un) v. I-6
surprised **surpris (surprendre)**
p.p., adj. I-6
to be surprised that… **être**
surpris(e) que… v. II-6

sweater **pull** m. I-6
sweep **balayer** v. I-8, II-P
swell **enfler** v. II-2
swim **nager** v. I-4
swimsuit **maillot de bain** m. I-6
Swiss **suisse** adj. I-1
Switzerland **Suisse** f. I-7
symptom **symptôme** m. II-2

T

table **table** f. I-1
to clear the table **débarrasser**
la table v. I-8, II-P
tablecloth **nappe** f. II-1
tablet computer **tablette**
(tactile) f. II-3
take **prendre** v. I-4
to take a shower **prendre une**
douche II-2
to take a train (plane, taxi, bus,
boat) **prendre un train (un**
avion, un taxi, un autobus,
un bateau) v. I-7
to take a walk **se promener**
v. II-2
to take advantage of **profiter**
de v. II-7
to take an exam **passer un**
examen v. I-2
to take care (of something)
s'occuper (de) v. II-2
to take out the trash **sortir la/**
les poubelle(s) v. I-8, II-P
to take time off **prendre un**
congé v. II-5
to take (*someone*) **emmener**
v. I-5
taken **pris (prendre)** p.p., adj. I-6
tale **conte** m. II-7
talented
(*gifted*) **doué(e)** adj. II-7
tan **bronzer** v. I-6
tape recorder **magnétophone**
m. II-3
tart **tarte** f. II-1
taste **goûter** v. II-1
taxi **taxi** m. I-7
tea **thé** m. I-4
teach **enseigner** v. I-2
to teach (*to do something*)
apprendre (à) v. I-4
teacher **professeur** m. I-1
team **équipe** f. I-5
teaspoon **cuillére à café** f. II-1
tee shirt **tee-shirt** m. I-6
teeth **dents** f., pl. II-1
to brush one's teeth **se brosser**
les dents v. II-1
telephone (*receiver*) **appareil**
m. II-5
to telephone (*someone*)
téléphoner (à) v. I-2

It's Mr./Mrs./Miss … (on the phone.) **C'est M./Mme/ Mlle … (à l'appareil.)** II-5
television **télévision** *f.* I-1
  television channel **chaîne** *f.* **(de télévision)** II-3
  television program **émission** *f.* **de télévision** II-7
  television set **poste de télévision** *m.* II-3
tell one another **se dire** *v.* II-3
temperature **température** *f.* I-5
ten **dix** *m.* I-1
tennis **tennis** *m.* I-5
tennis shoes **baskets** *f., pl.* I-6
tenth **dixième** *adj.* I-7
terminal (bus) **gare** *f.* **routière** I-7
terrace (café) **terrasse** *f.* **de café** I-4
test **examen** *m.* I-1
text message **texto, SMS** *m.* II-3
than **que/qu'** *conj.* II-1, II-6
thank: Thank you (very much). **Merci (beaucoup).** I-1
that **ce/c', ça** I-1; **que** *rel. pron.* II-3
  Is that… ? **Est-ce… ?** I-2
  That's enough. **Ça suffit.** I-5
  That has nothing to do with us. That is none of our business. **Ça ne nous regarde pas.** II-6
  that is… **c'est…** I-1
  that is to say **ça veut dire** II-2
theater **théâtre** *m.* II-7
their **leur(s)** *poss. adj., m., f.* I-3
them **les** *d.o. pron.* I-7, **leur** *i.o. pron., m., f., pl.* I-6
then **ensuite** *adv.* I-7, **puis** *adv.* I-7, **puis** I-4; **alors** *adv.* I-7
there **là** I-1; **y** *pron.* II-2
  Is there… ? **Y a-t-il… ?** I-2
  over there **là-bas** *adv.* I-1
  (over) there *(used with demonstrative adjective* ce *and noun or with demonstrative pronoun* celui*)* **-là** I-6
  There is/There are… **Il y a…** I-1
  There is/There are…. **Voilà…** I-1
  There was… **Il y a eu…** I-6; **Il y avait…** I-8, II-P
therefore **donc** *conj.* I-7
these/those **ces** *dem. adj., m., f., pl.* I-6
  these/those **celles** *pron., f., pl.* II-6
  these/those **ceux** *pron., m., pl.* II-6
they **ils** *sub. pron., m.* I-1; **elles** *sub. and disj. pron., f.* I-1; **eux** *disj. pron., pl.* I-3
thing **chose** *f.* I-1, **truc** *m.* I-7
think (about) **réfléchir (à)** *v.* I-4
  to think (that) **penser (que)** *v.* I-2

third **troisième** *adj.* I-7
thirst **soif** *f.* I-4
  to be thirsty **avoir soif** *v.* I-4
thirteen **treize** *m.* I-1
thirty **trente** *m.* I-1
thirty-first **trente et unième** *adj.* I-7
this/that **ce** *dem. adj., m., sing.* I-6; **cet** *dem. adj., m., sing.* I-6; **cette** *dem. adj., f., sing.* I-6
  this afternoon **cet après-midi** I-2
  this evening **ce soir** I-2
  this one/that one **celle** *pron., f., sing.* II-6; **celui** *pron., m., sing.* II-6
  this week **cette semaine** I-2
  this weekend **ce week-end** I-2
  this year **cette année** I-2
those are… **ce sont…** I-1
thousand: one thousand **mille** *m.* I-5
  one hundred thousand **cent mille** *m.* I-5
threat **danger** *m.* II-6
three **trois** *m.* I-1
three hundred **trois cents** *m.* I-5
throat **gorge** *f.* II-2
throw away **jeter** *v.* II-6
Thursday **jeudi** *m.* I-2
ticket **billet** *m.* I-7
  round-trip ticket **billet** *m.* **aller-retour** I-7 bus/subway ticket **ticket de bus/de métro** *m.* I-7
tie **cravate** *f.* I-6
tight **serré(e)** *adj.* I-6
time *(occurence)* **fois** *f.;* *(general sense)* **temps** *m., sing.* I-5
  a long time **longtemps** *adv.* I-5
  free time **temps libre** *m.* I-5
  from time to time **de temps en temps** *adv.* I-8, II-P
  to lose time **perdre son temps** *v.* I-6
tinker **bricoler** *v.* I-5
tip **pourboire** *m.* I-4
  to leave a tip **laisser un pourboire** *v.* I-4
tire **pneu** *m.* II-3
  flat tire **pneu** *m.* **crevé** II-3
  (emergency) tire **roue (de secours)** *f.* II-3
  to check the tire pressure **vérifier la pression des pneus** *v.* II-3
tired **fatigué(e)** *adj.* I-3
tiresome **pénible** *adj.* I-3
to **à** *prep.* I-4; **au (à + le)** I-4; **aux (à + les)** I-4
toaster **grille-pain** *m.* I-8, II-P
today **aujourd'hui** *adv.* I-2

toe **orteil** *m.* II-2; **doigt de pied** *m.* II-2
together **ensemble** *adv.* I-6
tomato **tomate** *f.* II-1
tomorrow (morning, afternoon, evening) **demain (matin, après-midi, soir)** *adv.* I-2
  day after tomorrow **après-demain** *adv.* I-2
too **aussi** *adv.* I-1
  too many/much (of) **trop (de)** I-4
tooth **dent** *f.* II-1
  to brush one's teeth **se brosser les dents** *v.* II-1
toothbrush **brosse** *f.* **à dents** II-2
toothpaste **dentifrice** *m.* II-2
tour **tour** *m.* I-5
tourism **tourisme** *m.* II-4
tourist office **office du tourisme** *m.* II-4
towel (bath) **serviette (de bain)** *f.* II-2
town **ville** *f.* I-4
town hall **mairie** *f.* II-4
toxic **toxique** *adj.* II-6
toxic waste **déchets toxiques** *m., pl.* II-6
traffic **circulation** *f.* II-3
traffic light **feu de signalisation** *m.* II-4
tragedy **tragédie** *f.* II-7
train **train** *m.* I-7
train station **gare** *f.* I-7; **station** *f.* **de train** I-7
training **formation** *f.* II-5
translate **traduire** *v.* I-6
translated **traduit (traduire)** *p.p., adj.* I-6
trash **ordures** *f., pl.* II-6
travel **voyager** *v.* I-2
travel agency **agence de voyages** *f.* I-7
travel agent **agent de voyages** *m.* I-7
tree **arbre** *m.* II-6
trip **voyage** *m.* I-7
troop *(company)* **troupe** *f.* II-7
tropical **tropical(e)** *adj.* II-6
  tropical forest **forêt tropicale** *f.* II-6
true **vrai(e)** *adj.* I-3; **véritable** *adj.* I-6
  It is true that… **Il est vrai que…** II-7
  It is untrue that… **Il n'est pas vrai que…** II-7
trunk **coffre** *m.* II-3
try **essayer** *v.* I-5
Tuesday **mardi** *m.* I-2
tuna **thon** *m.* II-1
turn **tourner** *v.* II-4
  to turn off **éteindre** *v.* II-3

to turn on **allumer** *v.* II-3
to turn (oneself) around **se tourner** *v.* II-2
twelve **douze** *m.* I-1
twentieth **vingtième** *adj.* I-7
twenty **vingt** *m.* I-1
twenty-first **vingt et unième** *adj.* I-7
twenty-second **vingt-deuxième** *adj.* I-7
twice **deux fois** *adv.* I-8, II-P
twist one's ankle **se fouler la cheville** *v.* II-2
two **deux** *m.* I-1
two hundred **deux cents** *m.* I-5
two million **deux millions** *m.* I-5
type **genre** *m.* II-7

U

ugly **laid(e)** *adj.* I-3
umbrella **parapluie** *m.* I-5
uncle **oncle** *m.* I-3
under **sous** *prep.* I-3
understand **comprendre** *v.* I-4
understood **compris (comprendre)** *p.p., adj.* I-6
underwear **sous-vêtement** *m.* I-6
undress **se déshabiller** *v.* II-2
unemployed person **chômeur/ chômeuse** *m., f.* II-5
to be unemployed **être au chômage** *v.* II-5
unemployment **chômage** *m.* II-5
unfortunately **malheureusement** *adv.* I-2
unhappy **malheureux/ malheureuse** *adj.* I-3
union **syndicat** *m.* II-5
United States **États-Unis** *m., pl.* I-7
university **faculté** *f.* I-1; **université** *f.* I-1
university cafeteria **restaurant universitaire (resto U)** *m.* I-2
unless **à moins que** *conj.* II-7
unpleasant **antipathique** *adj.* I-3; **désagréable** *adj.* I-1
until **jusqu'à** *prep.* II-4; **jusqu'à ce que** *conj.* II-7
upset: to become upset **s'énerver** *v.* II-2
us **nous** *i.o. pron.* I-6; **nous** *d.o. pron.* I-7
use **employer** *v.* I-5
to use a map **utiliser un plan** *v.* I-7
useful **utile** *adj.* I-2
useless **inutile** *adj.* I-2; **nul(le)** *adj.* I-2
usually **d'habitude** *adv.* I-8, II-P

V

vacation **vacances** *f., pl.* I-7
vacation day **jour de congé** *m.* I-7
vacuum **aspirateur** *m.* I-8, II-P
to vacuum **passer l'aspirateur** *v.* I-8, II-P
valley **vallée** *f.* II-6
vegetable **légume** *m.* II-1
velvet **velours** *m.* I-6
very (before adjective) **tout(e)** *adv.* I-3; (before adverb) **très** *adv.* I-8, II-P
Very well. **Très bien.** I-1
veterinarian **vétérinaire** *m., f.* II-5
videocassette recorder (VCR) **magnétoscope** *m.* II-3
video game(s) **jeu vidéo (des jeux vidéo)** *m.* II-3
videotape **cassette vidéo** *f.* II-3
Vietnamese **vietnamien(ne)** *adj.* I-1
violet **violet(te)** *adj.* I-6
violin **violon** *m.* II-7
visit **visite** *f.* I-6
to visit (a place) **visiter** *v.* I-2; (a person or people) **rendre visite (à)** *v.* I-6; (to visit regularly) **fréquenter** *v.* I-4
voicemail **messagerie** *f.* II-5
volcano **volcan** *m.* II-6
volleyball **volley(-ball)** *m.* I-5

W

waist **taille** *f.* I-6
wait **attendre** *v.* I-6
to wait (on the phone) **patienter** *v.* II-5
to wait in line **faire la queue** *v.* II-4
wake up **se réveiller** *v.* II-2
walk **promenade** *f.* I-5; **marcher** *v.* I-5
to go for a walk **faire une promenade** I-5; **faire un tour** I-5
wall **mur** *m.* I-8, II-P
want **désirer** *v.* I-5; **vouloir** *v.* II-1
wardrobe **armoire** *f.* I-8, II-P
warming: global warming **réchauffement de la Terre** *m.* II-6
warning light (gas/oil) **voyant** *m.* **(d'essence/d'huile)** II-3
wash **laver** *v.* I-8, II-P
to wash oneself (one's hands) **se laver (les mains)** *v.* II-2
to wash up (in the morning) **faire sa toilette** *v.* II-2
washing machine **lave-linge** *m.* I-8, II-P

waste **gaspillage** *m.* II-6; **gaspiller** *v.* II-6
wastebasket **corbeille (à papier)** *f.* I-1
waste time **perdre son temps** *v.* I-6
watch **montre** *f.* I-1; **regarder** *v.* I-2
water **eau** *f.* I-4
mineral water **eau** *f.* **minérale** I-4
way (by the way) **au fait** *I-3*; (path) **chemin** *m.* II-4
we **nous** *pron.* I-1
weak **faible** *adj.* I-3
wear **porter** *v.* I-6
weather **temps** *m., sing.* I-5; **météo** *f.* II-7
The weather is bad. **Il fait mauvais.** I-5
The weather is dreadful. **Il fait un temps épouvantable.** I-5
The weather is good/warm. **Il fait bon.** I-5
The weather is nice. **Il fait beau.** I-5
web site **site Internet/web** *m.* II-3
wedding **mariage** *m.* I-6
Wednesday **mercredi** *m.* I-2
weekend **week-end** *m.* I-2
this weekend **ce week-end** *m.* I-2
welcome **bienvenu(e)** *adj.* I-1
You're welcome. **Il n'y a pas de quoi.** I-1
well **bien** *adv.* I-7
I am doing well/badly. **Je vais bien/mal.** I-1
west **ouest** *m.* II-4
What? **Comment?** *adv.* I-4; **Pardon?** I-4; **Quoi?** I-1 *interr. pron.* I-4
What day is it? **Quel jour sommes-nous?** I-2
What is it? **Qu'est-ce que c'est?** *prep.* I-1
What is the date? **Quelle est la date?** I-5
What is the temperature? **Quelle température fait-il?** I-5
What is the weather like? **Quel temps fait-il?** I-5
What is your name? **Comment t'appelles-tu?** *fam.* I-1
What is your name? **Comment vous appelez-vous?** *form.* I-1
What is your nationality? **Quelle est ta nationalité?** *sing., fam.* I-1
What is your nationality? **Quelle est votre nationalité?** *sing., pl., fam., form.* I-1

What time do you have? **Quelle heure avez-vous?** *form.* I-2

What time is it? **Quelle heure est-il?** I-2

What time? **À quelle heure?** I-2

What do you think about that? **Qu'en penses-tu?** II-6

What's up? **Ça va?** I-1

whatever it may be **quoi que ce soit** II-5

What's wrong? **Qu'est-ce qu'il y a?** I-1

when **quand** *adv.* I-4

When is …'s birthday? **C'est quand l'anniversaire de …?** I-5

When is your birthday? **C'est quand ton/votre anniversaire?** I-5

where **où** *adv., rel. pron.* I-4

which? **quel(le)(s)?** *adj.* I-4

which one **à laquelle** *pron., f., sing.* II-5

which one **auquel (à + lequel)** *pron., m., sing.* II-5

which one **de laquelle** *pron., f., sing.* II-5

which one **duquel (de + lequel)** *pron., m., sing.* II-5

which one **laquelle** *pron., f., sing.* II-5

which one **lequel** *pron., m., sing.* II-5

which ones **auxquelles (à + lesquelles)** *pron., f., pl.* II-5

which ones **auxquels (à + lesquels)** *pron., m., pl.* II-5

which ones **desquelles (de + lesquelles)** *pron., f., pl.* II-5

which ones **desquels (de + lesquels)** *pron., m., pl.* II-5

which ones **lesquelles** *pron., f., pl.* II-5

which ones **lesquels** *pron., m., pl.* II-5

while **pendant que** *prep.* I-7

white **blanc(he)** *adj.* I-6

who? **qui?** *interr. pron.* I-4; **qui** *rel. pron.* II-3

Who is it? **Qui est-ce?** I-1

Who's calling, please? **Qui est à l'appareil?** II-5

whom? **qui?** *interr.* I-4

For whom? **Pour qui?** I-4

To whom? **À qui?** I-4

why? **pourquoi?** *adv.* I-2, I-4

widowed **veuf/veuve** *adj.* I-3

wife **femme** *f.* I-1; **épouse** *f.* I-3

willingly **volontiers** *adv.* II-2

win **gagner** *v.* I-5

wind **vent** *m.* I-5

It is windy. **Il fait du vent.** I-5

window **fenêtre** *f.* I-1

windshield **pare-brise** *m.* II-3

windshield wiper(s) **essuie-glace (essuie-glaces** *pl.*) *m.* II-3

windsurfing **planche à voile** *v.* I-5

to go windsurfing **faire de la planche à voile** *v.* I-5

wine **vin** *m.* I-6

winter **hiver** *m.* I-5

in the winter **en hiver** I-5

wipe (the dishes/the table) **essuyer (la vaisselle/la table)** *v.* I-8, II-P

wish that… **souhaiter que…** *v.* II-6

with **avec** *prep.* I-1

with whom? **avec qui?** I-4

withdraw money **retirer de l'argent** *v.* II-4

without **sans** *prep.* I-8, II-P; **sans que** *conj.* I-5

woman **femme** *f.* I-1

wood **bois** *m.* II-6

wool **laine** *f.* I-6

work **travail** *m.* II-4

to work **travailler** *v.* I-2; **marcher** *v.* II-3; **fonctionner** *v.* II-3

work out **faire de la gym** *v.* I-5

worker **ouvrier/ouvrière** *m., f.* II-5

world **monde** *m.* I-7

worried **inquiet/inquiète** *adj.* I-3

worry **s'inquiéter** *v.* II-2

worse **pire** *comp. adj.* II-1; **plus mal** *comp. adv.* II-1; **plus mauvais(e)** *comp. adj.* II-1

worst: the worst **le plus mal** *super. adv.* II-1; **le/la pire** *super. adj.* II-1; **le/la plus mauvais(e)** *super. adj.* II-1

wound **blessure** *f.* II-2

wounded: to get wounded **se blesser** *v.* II-2

write **écrire** *v.* I-7

to write one another **s'écrire** *v.* II-3

writer **écrivain/femme écrivain** *m., f.* II-7

written **écrit (écrire)** *p.p., adj.* I-7

wrong **tort** *m.* I-2

to be wrong **avoir tort** *v.* I-2

Y

yeah **ouais** I-2

year **an** *m.* I-2; **année** *f.* I-2

yellow **jaune** *adj.* I-6

yes **oui** I-2; *(when making a contradiction)* **si** I-2

yesterday (morning/afternoon evening) **hier (matin/après-midi/soir)** *adv.* I-7

day before yesterday **avant-hier** *adv.* I-7

yogurt **yaourt** *m.* II-1

you **toi** *disj. pron., sing., fam.* I-3; **tu** *sub. pron., sing., fam.* I-1; **vous** *pron., sing., pl., fam., form.* I-1

you neither **toi non plus** I-2

You're welcome. **De rien.** I-1

young **jeune** *adj.* I-3

younger **cadet(te)** *adj.* I-3

your **ta** *poss. adj., f., sing.* I-3; **tes** *poss. adj., m., f., pl.* I-3; **ton** *poss. adj., m., sing.* I-3; **vos** *poss. adj., m., f., pl.* I-3; **votre** *poss. adj., m., f., sing.* I-3;

yourself **te/t'** *refl. pron., sing., fam.* II-2; **toi** *refl. pron., sing., fam.* II-2; **vous** *refl. pron., form.* II-2

youth **jeunesse** *f.* I-6

youth hostel **auberge de jeunesse** *f.* I-7

Yum! **Miam!** *interj.* I-5

Z

zero **zéro** *m.* I-1

Vocabulaire supplémentaire

Mots utiles

absent(e) *absent*
un département *department*
une dictée *dictation*
une phrase *sentence*
une feuille d'activités
  activity sheet
l'horaire des cours (*m.*)
  class schedule
un paragraphe *paragraph*
une épreuve *quiz*
un examen *exam; test*
suivant(e) *following*

Expressions utiles

Asseyez-vous, s'il vous plaît.
  Sit down, please.
Avez-vous des questions?
  Do you have any questions?
**Comment dit-on _____ en
  français?** *How do you say
  _____ in French?*
**Comment écrit-on _____ en
  français?** *How do you write
  _____ in French?*
Écrivez votre nom. *Write
  your name.*
Étudiez la leçon trois. *Study
  lesson 3.*
Fermez votre livre. *Close your
  book(s).*
Je ne comprends pas. *I don't
  understand.*
Je ne sais pas. *I don't know.*
Levez la main. *Raise your hand(s).*
**Lisez la phrase à voix
  haute.** *Read the sentence aloud.*
**Ouvrez votre livre à la page
  deux.** *Open your book to
  page two.*
**Plus lentement, s'il vous
  plaît.** *Slower, please.*
Que signifie _____? *What
  does _____ mean?*
**Répétez, s'il vous
  plaît.** *Repeat, please.*
**Répondez à la/aux
  question(s).** *Answer the
  question(s).*
Vous comprenez? *Do you
  understand?*

Titres des sections
du livre

À l'écoute *Listening*
Après la lecture *After Reading*
Avant la lecture *Before Reading*
Coup de main *Helping Hand*
Culture à la loupe *Culture
  through a magnifying glass*
Écriture *Writing*
Essayez! *Try it!*
Incroyable mais vrai! *Incredible
  But True!*
Le français quotidien *Everyday
  French*
Le français vivant *French Live*
Lecture *Reading*
Les sons et les lettres *Sounds
  and Letters*
Mise en pratique *Putting it
  into Practice*
Le monde francophone *The
  Francophone World*
Pour commencer *To Begin*
Projet *Project*
Roman-photo *Story based
  on photographs*
Savoir-faire *Know-how*
Structures *Structures; Grammar*
Le zapping *Channel-surfing*

D'autres adjectifs de
nationalité en Europe

autrichien(ne) *Austrian*
belge *Belgian*
bulgare *Bulgarian*
danois(e) *Danish*
écossais(e) *Scottish*
finlandais(e) *Finnish*
grec/grecque *Greek*
hongrois(e) *Hungarian*
norvégien(ne) *Norwegian*
polonais(e) *Polish*
portugais(e) *Portuguese*
roumain(e) *Romanian*
russe *Russian*
slovaque *Slovakian*
slovène *Slovene; Slovenian*
suédois(e) *Swedish*
tchèque *Czech*
tunisien(ne) *Tunisian*

D'autres adjectifs de
nationalité en Afrique

africain(e) *African*
angolais(e) *Angolan*
béninois(e) *Beninese*
camerounais(e) *Cameroonian*
congolais(e) *Congolese*
égyptien(ne) *Egyptian*
éthiopien(ne) *Ethiopian*
kenyan(e) *Kenyan*
ivoirien(ne) *of the Ivory Coast*
nigérien(ne) *Nigerian*
somalien(ne) *Somali*
soudanais(e) *Sudanese*
sud-africain(e) *South African*
tchadien(ne) *Chadian*
togolais(e) *Togolese*
tunisien(ne) *Tunisian*

D'autres adjectifs
de nationalité dans
le monde

antillais(e) *Caribbean, West Indian*
argentin(e) *Argentinian*
asiatique *Asian*
australien(ne) *Australian*
bolivien(ne) *Bolivian*
chilien(ne) *Chilean*
chinois(e) *Chinese*
colombien(ne) *Colombian*
cubain(e) *Cuban*
haïtien(ne) *Haitian*
indien(ne) *Indian*
irakien(ne) *Iraqi*
iranien(ne) *Iranian*
israélien(ne) *Israeli*
libanais(e) *Lebanese*
néo-zélandais(e) *New Zealander*
pakistanais(e) *Pakistani*
péruvien(ne) *Peruvian*
portoricain(e) *Puerto Rican*
syrien(ne) *Syrian*
turc/turque *Turkish*
vénézuélien(ne) *Venezuelan*

D'autres cours

l'agronomie (f.) *agriculture*
l'algèbre (m.) *algebra*
l'anatomie (f.) *anatomy*
l'anthropologie (f.) *anthropology*
l'archéologie (f.) *archaeology*
l'architecture (f.) *architecture*
l'astronomie (f.) *astronomy*
la biochimie *biochemistry*
la botanique *botany*
le commerce *business*
l'éducation physique (f.)
  physical education
une filière *course of study*
le latin *Latin*
les langues romanes
  romance languages
la linguistique *linguistics*
le marketing *marketing*
les mathématiques
  supérieures,
  spéciales *calculus*
la médecine *medicine*
la musique *music*
la trigonométrie *trigonometry*
la zoologie *zoology*

D'autres mots utiles

une cantine *cafeteria*
un classeur *binder*
une gomme *eraser*
l'infirmerie (f.) *infirmary*
une règle *ruler*

D'autres animaux familiers

un cochon d'Inde *guinea pig*
un furet *ferret*
une gerbille *gerbil*
un hamster *hamster*
un rongeur *rodent*
une souris *mouse*
une tortue *turtle*

D'autres adjectifs pour décrire les gens

ambitieux/ambitieuse *ambitious*
arrogant(e) *arrogant*
calme *calm*
compétent(e) *competent*
excellent(e) *excellent*
franc/franche *frank, honest*
(mal)honnête *(dis)honest*
idéaliste *idealistic*
immature *immature*
mûr(e) *mature*
(ir)responsable *(ir)responsible*
romantique *romantic*
séduisant(e) *attractive*
sentimental(e) *sentimental*
sincère *sincere*
souple *flexible*
studieux/ieuse *studious*
tranquille *quiet*

D'autres professions

un boucher/une
  bouchère *butcher*
un boulanger/une
  boulangère *baker*
un caissier/une
  caissière *cashier*
un cordonnier *cobbler*
un dessinateur/une
  dessinatrice *illustrator*
un fermier/une fermière *farmer*
un(e) informaticien(ne)
  computer scientist
un instituteur/une institutrice
  nursery/elementary school teacher
un(e) photographe *photographer*
un(e) pilote *pilot*
un(e) styliste *fashion designer*
un tailleur (pour dames)
  (ladies') tailor
un teinturier *dry cleaner*

Au café

une brioche *brioche, bun*
un café crème *espresso with milk*
un croque-monsieur *toasted ham and cheese sandwich*
de l'eau gazeuse (f.) *sparkling mineral water*
de l'eau plate (f.) *plain water*
un garçon de café *waiter*
une omelette au jambon/au
  fromage *omelet with ham/ with cheese*
des œufs au/sur le plat
  (m.) *fried eggs*
une part de tarte *slice of a pie*
une tartine de beurre *slice of bread and butter*

Quelques fromages

du bleu des Causses *blue cheese made with cow's milk*
du camembert *soft cheese made with cow's milk*
du fromage de chèvre
  goat cheese
du gruyère *Swiss cheese*
du munster *semisoft cheese that can be sharp in flavor, made with cow's milk*
du reblochon *soft cheese made with cow's milk*
du roquefort *blue cheese made with sheep's milk*
de la tomme de Savoie
  cheese from the Alps made of scalded curds

Vocabulaire supplémentaire

D'autres loisirs

une bicyclette *bicycle*
bricolage (faire du) *fixing things*
collectionner les timbres *to collect stamps*
faire des mots croisés *to do a crossword puzzle*
une fête foraine/une foire *fair*
jouer à la pétanque/aux boules (f.) *to play the game of petanque*
jouer aux dames (f.) *to play checkers*
louer une vidéo/un DVD *to rent a video/DVD*
la natation (faire de) *swimming*
un parc d'attractions *amusement park*
tapisserie (faire de la) *needlework*
tricoter *knitting*
un vidéoclub *video store*

Des mots liés à la météo

une averse *shower*
la bise *North wind*
la brise *breeze*
un ciel couvert *overcast sky*
un ciel dégagé *clear sky*
une éclaircie *break in the weather; sunny spell*
la grêle *hale*
la grisaille *grayness*
de la neige fondue *sleet*
un nuage *cloud*
un orage *thunder storm*
une vague de chaleur *heat wave*
le verglas *black ice*

Des fêtes de famille

une bague de fiançailles *engagement ring*
un baptême *christening*
les fiançailles *engagement*
les noces d'argent *silver wedding anniversary*
les noces d'or *golden wedding anniversary*
un enterrement *funeral*

Des jours fériés

l'Action de grâce *Thanksgiving*
la fête de l'Indépendance *Independence Day*
une fête nationale *National holiday*
le Jour de l'an/la Saint-Sylvestre *New Year's Day*
le 14 juillet *Bastille Day*
la Saint-Valentin *Valentine's Day*

D'autres mots pour faire la fête

des accessoires de cotillon (m.) *party accessories*
des amuse-gueule (m.) *appetizers; nibbles*
un bal *ball*
des confettis *confetti*
une coupe *glass (champagne)*
des feux d'artifice *fireworks*
une flûte *flute (champagne)*
un serpentin *streamer*

Quelques vêtements

une doudoune *down coat*
un foulard *headscarf*
un gilet *cardigan; vest*
un moufle *mitten*
un pantacourt *capri pants*
un pull à col roulé *turtleneck*
un sweat-shirt *sweatshirt*
une veste *jacket*

Quelques pays d'Europe

l'/en Autriche (f.) *Austria*
la/en Bulgarie *Bulgaria*
le/au Danemark *Denmark*
l'/en Écosse (f.) *Scotland*
la/en Finlande *Finland*
la/en Grèce *Greece*
la/en Hongrie *Hungary*
la/en Norvège *Norway*
la/en Pologne *Poland*
le/au Portugal *Portugal*
la/en République tchèque *Czech Republic*
la/en Roumanie *Romania*
le/au Royaume-Uni *United Kingdom*
la/en Russie *Russia*
la/en Slovaquie *Slovakia*
la/en Slovénie *Slovenia*
la/en Suède *Sweden*

Quelques pays d'Afrique

l'/en Afrique du Sud (f.) *South Africa*
l'/en Algérie (f.) *Algeria*
l'/en Angola (f.) *Angola*
le/au Bénin *Benin*
le/au Cameroun *Cameroon*
le/au Congo *Congo*
la/en Côte d'Ivoire *Ivory Coast*
l'/en Égypte (f.) *Egypt*
l'/en Éthiopie (f.) *Ethiopia*
le/au Kenya *Kenya*
le/au Maroc *Morocco*
le/au Niger *Niger*
le/au Sénégal *Senegal*
la/en Somalie *Somalia*
le/au Soudan *Sudan*
le/au Tchad *Chad*
le/au Togo *Togo*
la/en Tunisie *Tunisia*

D'autres pays

l'/en Argentine (f.) *Argentina*
l'/en Australie (f.) *Australia*
la/en Bolivie *Bolivia*
le/au Chili *Chile*
la/en Colombie *Colombia*
(à) Cuba (f.) *Cuba*
(à) Haïti *Haiti*
l'/en Inde (f.) *India*
l'/en Irak (m.) *Iraq*
l'/en Iran (m.) *Iran*
(en) Israël (m.) *Israel*
le/au Liban *Lebanon*
la/en Nouvelle-Zélande *New Zealand*
le/au Pakistan *Pakistan*
le/au Pérou *Peru*
(à) Porto Rico (f.) *Puerto Rico*
la/en Syrie *Syria*
la/en Turquie *Turkey*
le/au Venezuela *Venezuela*

Partir en vacances

atterrir *to land*
l'atterrissage (m.) *landing*
une compagnie aérienne *airline*
une crème solaire *sunscreen*
une croisière *cruise*
le décollage *take-off*
décoller *to take off*
défaire ses valises *to unpack*
un douanier *customs officer*
une frontière *border*
un groom *bellhop*
un numéro de vol *flight number*
dormir à la belle étoile *to*
   sleep out in the open
une station balnéaire
   seaside resort

Dans la maison

allumer la lumière *to turn on*
   the light
du bois *wood*
le chauffage central
   central heating
la cheminé *chimney; fireplace*
la climatisation *air-conditioning*
la décoration intérieure
   interior design
en bas *downstairs*
en haut *upstairs*
éteindre la lumière *to turn off*
   the light
le fioul *heating oil*
le gaz *natural gas*
le grenier *attic*
la lumière *light*
une penderie *walk-in closet*
un plafond *ceiling*
le sol *floor*
le toit *roof*

Des tâches ménagères

aérer une pièce *to air a room*
arroser les plantes *to water*
   the plants
étendre le linge *to hang out/*
   hang up washing
laver les vitres *to clean*
   the windows
une vitre *windowpane*

Des meubles et des objets de la maison

une ampoule *light bulb*
une bougie *candle*
un buffet *sideboard*
une corde à linge *clothesline*
une couette *comforter*
le linge de maison *linen*
une persienne *shutter*
une pince à linge *clothes pin*
un portemanteau *coat rack*
un radiateur *radiator*
un robot ménager *food*
   processor
un store *blind*
un volet *shutter*

Index

Photography and Art Credits

All images ©Vista Higher Learning unless otherwise noted.

Cover: (tl) VHL; (tr) © Selitbul/iStockphoto; (bl) © Garry Black/Media Bakery; (br) © David Freund/Media Bakery.

Master Art: (banner background image) Jessica Beets.

Front Matter (SE): i: (tl) VHL; (tr) © Selitbul/iStockphoto; (bl) © Garry Black/Media Bakery; (br) © David Freund/Media Bakery; **xviii:** (l, r) © North Wind Picture Archives/Alamy; **xix:** (l) From Frank Bond, "Louisiana" and the Louisiana Purchase, Washington, Government Printing Office, 1912 Map No. 4. Courtesy of the Library of Congress; (r) © Design Pics Inc/Alamy; **xx:** Renoir, Pierre-Auguste *Dance in the Country* 1883. Oil on canvas 180cm x 90cm (71in x 35in). Location: Musée d'Orsay, Paris. Photo credit: © The Gallery Collection/Corbis; **xxi:** (tl) © Moodboard/Fotolia; (bl) © Moshimochi/Shutterstock; (br) © Wavebreakmedia Ltd/Shutterstock; **xxii:** © JTB Media Creation, Inc/Alamy; **xxiii:** (l) © Dave & Les Jacobs/Blend Images/Corbis; (r) © Yuri/iStockphoto; **xxiv:** © Pascal Fayolle/NRJ/SIPA/Newscom; **xxv:** (t) © Monkey Business Images/Fotolia; (b) © Yuri Arcurs/Fotolia; **xxvi:** (t) © Monkeybusinessimages/iStockphoto; (b) © Masterfile Royalty-Free; **xxvii:** © H. Schmid/Corbis.

Front Matter (TE): T1: (tl) VHL; (tr) © Selitbul/iStockphoto; (bl) © Garry Black/Media Bakery; (br) © David Freund/Media Bakery; **T10:** (l) © Mike Flippo/Shutterstock; (r) © Mr. Aesthetics/Shutterstock; **T11:** © Jordache/Dreamstime; **T12:** (l) © Mike Flippo/Shutterstock; **T29:** © SimmiSimons/iStockphoto; **T30:** © Monkeybusinessimages/Bigstock.

Unit 1: 1: Anne Loubet; **4:** (t) VHL; (b) Rossy Llano; **8:** (t, b) Anne Loubet; **9:** © Ian G. Dagnall/Alamy; **13:** (tl) © LdF/iStockphoto; (tm) Martín Bernetti; (tr, bmr) Rossy Llano; (bl) © 2009 Jupiterimages Corporation; (bml) © Auris/iStockphoto; (br) Anne Loubet; **15:** (bl, br) Anne Loubet; **17:** Pascal Pernix; **22:** Martín Bernetti; **26:** (r) Anne Loubet; (l) © Sam Edwards/Getty Images; **27:** Extrait de Superdupont – Tome 2 © Solé/Fluide Glacial; **28:** (l, r) Anne Loubet; **29:** (tl) Annie Pickert Fuller; (tr, bl) VHL; (br) © Masson/Shutterstock; **30:** (tl, tr) Martín Bernetti; (tm, br) VHL; (bl) © Niko Guido/iStockphoto; (bm) Anne Loubet; **31:** (tl) © Reuters/Corbis; (tm) © EdStock/iStockphoto; (tr) Darío Eusse Tobón; (bl) Anne Loubet; (bml, bmr) Martín Bernetti; (br) © Rasmus Rasmussen/iStockphoto; **33:** (l, r) VHL; **35:** © Masterfile Royalty-Free; **36:** (tl, tr, mtr, mbr, bl, br) Anne Loubet; (mtl) © Robert Lerich/Fotolia; (mbl) Rossy Llano; **37:** Pascal Pernix; **38:** (left col: t) © Hulton-Deutsch Collection/Corbis; (left col: mt) © Caroline Penn/Corbis; (left col: mb) © Allstar Picture Library/Alamy; (left col: b) © Eddy Lemaistre/For Picture/Corbis; (t) Photo courtesy of www.Tahiti-Tourisme.com; (m) © Lonely Planet Images/Ariadne Van Zandbergen/Getty Images; (b) © Eddy Lemaistre/For Picture/Corbis; **39:** (tl) Rossy Llano; (tr) © Antoine Gyori/Sygma/Corbis; (bl) © Owen Franken/Corbis; (br) Published with the kind authorization of the *Service de communication pour la Francophonie*; **42:** © Inspirestock Royalty-Free/Inmagine.

Unit 2: 45: © Auremar/Fotolia; **52:** Anne Loubet; **53:** © Jose Luis Pelaez, Inc/Blend Images/MaXx Images; **60:** Anne Loubet; **66:** (l) Martín Bernetti; (r) Pascal Pernix; **70:** Pascal Pernix; **71:** Pascal Pernix; **72:** (all) VHL; **73:** (all) Anne Loubet; **81:** Anne Loubet; **82:** (left col: t) Dante Gabriel Rossetti (1828–1882). *Joan of Arc Kissing the Sword of Deliverance*, 1863. Oil on canvas, 61 cm x 53 cm. Inv.55.996.8.1. Location: Musée d'Art Moderne et Contemporain, Strasbourg, France. Photo credit: © Christie's Images/Corbis; (left col: m) © Bettmann/Corbis; (left col: b) © Antoine Gyori/Sygma/Corbis; (t, b) Anne Loubet; (ml) © Claude Coquilleau/Fotolia; (mr) © Daniel Haller/iStockphoto; **83:** (tl) © David Gregs/Alamy; (tr, bl) Anne Loubet; (br) © Caroline Beecham/iStockphoto; **84:** (inset) Martín Bernetti; **84-85:** (background) © Art Kowalsky/Alamy; **85:** (inset) © Jon Feingersh/Blend Images/MaXx Images; **86:** Pascal Pernix; **87:** (l) Martín Bernetti; (r) Darío Eusse Tobón.

Unit 3: 89: Anne Loubet; **92:** Martín Bernetti; **96:** Anne Loubet; **97:** (l) © Elise Amendola/AP Images; (r) © Icon Sports Media/Corbis; **98:** (l) Martín Bernetti; (r) © FogStock LLC/Photolibrary; **100:** © Hemera Technologies/AbleStock.com/Jupiterimages; **101:** (t) © Tomasz Trojanowski/Shutterstock; (tl) © Brian McEntire/iStockphoto; (tm) © Anna Lurye/Shutterstock; (tr) © RJGrant/Bigstock; (bl) © Linda Kloosterhof/iStockphoto; (bm) © Dmitry Pistrov/Shutterstock; (br) © Oliveromg/Shutterstock; **104:** (tl, tr, bl, br) Martín Bernetti; (tm) © Dmitry Kutlayev/iStockphoto; (bml) VHL; (bmr) Anne Loubet; **105:** (t) © Gladiolus/iStockphoto; (bl) © Dynamic Graphics/Jupiterimages; (br) Rossy Llano; **109:** (l) Martín Bernetti; (m, r) Anne Loubet; **110:** (t, mml, mmr, br) Anne Loubet; (ml) © Hemera Technologies/Photos.com; (mr) © Vstock, LLC/Photolibrary; (bl) Martín Bernetti; (bml) © Photolibrary; (bmr) © Keith Levit Photography/Photolibrary; **114:** Anne Loubet; **115:** (l) © Anita Bugge/Getty Images; (tr) © Patrick Roncen/Kipa/Corbis; (br) © Pascalito/Sygma/Corbis; **117:** (inset: t) Ray Levesque; (inset: background) © Nigel Riches/Media Bakery; (inset: b) Anne Loubet; **119:** (t, br) Martín Bernetti; (tl) © David Lee/Alamy; (tml) © Nike Sh/Dreamstime; (tmr) © TpaBMa/Age Fotostock; (tr) © Igor Tarasov/Fotolia; (bl) © Creative Jen Designs/Shutterstock; (bmm) © Photofriday/Shutterstock; (bmr) © F9photos/Shutterstock; **122:** (tl) © Valua Vitaly/Shutterstock; (tm) © Roy Hsu/Media Bakery; (tr) © Don Mason/Getty Images; (bl) © Simon Kolton/Alamy; (bml) © Blend Images/Ariel Skelley/Getty Images; (bmr) © Jacek Chabraszewski/iStockphoto; (br) © Sergei Telegin/Shutterstock; **124:** Anne Loubet; **125:** Anne Loubet; **126:** (left col: t) © Stapleton Collection/Corbis; (left col: bl) © Kurt Krieger/Corbis; (left col: br) © Keystone Pictures USA/Alamy; (t) © Jeremy Reddington/Shutterstock; (ml) © Abadesign/Shutterstock; (mr) Anne Loubet; (b) © Benjamin Herzog/Fotolia; **127:** (tl) Tom Delano; (tr, br) Anne Loubet; (bl) Janet Dracksdorf; **128:** (t) © Juniors Bildarchiv/Alamy; (b) Martín Bernetti; **129:** Anne Loubet; **130:** Anne Loubet; **131:** Anne Loubet.

Video Credits

Production Company: Klic Video Productions, Inc.

Lead Photographer: Pascal Pernix

Photographer, Assistant Director: Barbara Ryan Malcolm

Photography Assistant: Pierre Halart

Television Credits

19 By permission of INPES.

63 By permission of Université de Moncton.

107 By permission of Pages d'Or.

151 By permission of Swiss International Airlines.